William Kirk Hobart

The medical language of St. Luke

A Proof from Internal Evidence

William Kirk Hobart

The medical language of St. Luke
A Proof from Internal Evidence

ISBN/EAN: 9783337084165

Printed in Europe, USA, Canada, Australia, Japan

Cover: Foto ©Lupo / pixelio.de

More available books at **www.hansebooks.com**

THE MEDICAL LANGUAGE OF ST. LUKE.

DUBLIN UNIVERSITY PRESS SERIES.

THE
MEDICAL LANGUAGE OF ST. LUKE:

A Proof from Internal Evidence

THAT

"THE GOSPEL ACCORDING TO ST. LUKE"

AND

"THE ACTS OF THE APOSTLES"

WERE WRITTEN BY THE SAME PERSON, AND THAT THE WRITER WAS A MEDICAL MAN.

BY THE

REV. WILLIAM KIRK HOBART, LL.D.,

EX-SCHOLAR, TRINITY COLLEGE, DUBLIN.

DUBLIN: HODGES, FIGGIS, & CO., GRAFTON-STREET.
LONDON: LONGMANS, GREEN, & CO., PATERNOSTER-ROW.

1882.

DUBLIN:
PRINTED AT THE UNIVERSITY PRESS,
BY PONSONBY AND WELDRICK.

TO THE

RIGHT REV. WILLIAM ALEXANDER, D.D., D.C.L.,

LORD BISHOP OF DERRY AND RAPHOE,

This Work

IS,

BY HIS LORDSHIP'S PERMISSION,

RESPECTFULLY INSCRIBED

BY

THE AUTHOR.

PREFACE.

THE words and phrases cited in this work are either peculiar to the third Gospel and the Acts of the Apostles, or else, though not peculiar to them, are for the most part more frequently employed in these writings than in those of the other N. T. authors.

The extant Greek medical writers from whom the examples of the medical use of such words are taken are Hippocrates, B.C. 460–357; Aretaeus, who lived in the first century after Christ, probably in the reign of Nero or Vespasian; Galen, A.D. 130–200; and Dioscorides, who lived in the first or second century of the Christian era.

The edition of these writers quoted is that of Kühn (Leipsic 1821–30). Hippocrates is quoted by the Sections of Foësius; Aretaeus, by those of the Ed. Oxon., both of which are given in Kühn; Dioscorides, by the usual division of chapters.

Galen's works are so extensive, occupying twenty-one volumes in Kühn's edition, that they have been quoted by the volume and page (appended in brackets), as well as by the titles and sections of the several treatises.

In order to bring the work within reasonable bounds, it was found necessary that the number of examples of the medical use of a word should not, in any case, exceed ten; in many instances they could be cited indefinitely. The few cases in which they are not of very frequent use in the medical authors have been noticed under the words, and the examples have, generally speaking, been taken, as far as possible, from all the medical authors, to show the continuous and varied use of the words in medical language. An asterisk has been prefixed to those words which are peculiar to the third Gospel and the Acts of the Apostles, and also to a few words, which, though not peculiar to these writings, are used in them alone of the New Testament in a medical sense.

A Note has been appended, at the end of the book, which, though not strictly connected with the subject of the work, has reference to a question which is of some interest in connexion with St. Luke in his medical capacity.

The author here desires to express the obligation he is under to the Provost and Senior Fellows of Trinity College, Dublin, for their favour and liberality in having admitted this book into the Dublin University Press Series, and in having given a donation towards defraying the expenses of publication. He also desires to return his thanks to the Rev. Henry Wall Pereira, M. A., M. R. I. A., of Sutton Wick, Berkshire, and William Millar, Esq., Ahoghill, Co. Antrim, for their valuable assistance and suggestions in the correction of the work as it passed through the press.

CONTENTS.

An asterisk has been prefixed to those words which are peculiar to the third Gospel and the Acts of the Apostles. It has also been prefixed to some words which, though not peculiar to these writings, are used in them alone of the N. T. in a medical sense.

PART I.

SECTION		PAGE
I.	Luke, iv. 23.—Ἰατρέ, θεράπευσον σεαυτόν·	1
II.	Luke, iv. 35.—Healing of the demoniac in the synagogue of Capernaum, . .	2
	*ῥίπτειν.	
	βλάπτειν.	
III.	Luke, iv. 38, 39, 40.—Healing of Simon's wife's mother, and of divers diseases, . .	3
	*πυρετὸς μέγας.	
	συνέχεσθαι.	
IV.	Luke, v. 12, and xvii. 12.—The cleansing of the leper, and the cleansing of the ten lepers,	5
	*πλήρης λέπρας.	
	λεπρός.	
V.	Luke, v. 18.—The healing of the paralytic,	6
	*παραλελυμένος.	
VI.	Luke, vi. 6.—The healing of the withered hand, .	7
	*ἡ δεξιὰ χείρ.	

CONTENTS.

SECTION   PAGE

VII. Luke, vi. 18, and Acts, v. 16.—"They that were vexed with unclean spirits," . . . 7
*ἐνοχλεῖσθαι.
*ὀχλεῖσθαι.

VIII. Luke, vi. 19.—"There went virtue out of him, and healed them all," 8
ἰᾶσθαι.
σώζειν.
διασώζειν.

IX. Luke, vii. 10.—The healing of the centurion's servant, ... 10
ὑγιαίνειν.

X. Luke. vii. 15.—The raising of the widow's son, . 11
*ἀνακαθίζειν.

XI. Luke, vii. 21.—"In that same hour he cured many of their infirmities and plagues, and of evil spirits," 12

XII. Luke, viii. 27.—The demoniac of Gadara, . . 13

XIII. Luke, viii. 43, 44.—The woman with an issue of blood, . 14
*ἱστάναι.
ῥύσις αἵματος.
*προσαναλίσκειν.

NOTE on the raising of Jairus's daughter.

XIV. Luke, ix. 11.—"And healed them that had need of healing," 16
θεραπεία.

XV. Luke, xi. 38, 39.—The healing of a demoniac child, ... 17
*ἀφρός.
ἀποχωρεῖν.
*ἐπιβλέπειν.
ἐξαίφνης.

CONTENTS.

SECTION		PAGE
XVI.	Luke, xiii. 11.—The woman with a spirit of infirmity, ...	20

*ἀνακύπτειν.
*ἀπολύειν.
*ἀνορθοῦν.

XVII. Luke, xiii. 32.—"Behold, I cast out devils, and I do cures," . . 23

*ἴασις.
ἀποτελεῖν.

XVIII. Luke, xiv. 2.—The healing of the man with a dropsy, ... 24

*ὑδρωπικός.

XIX. Luke, xviii. 40.—The healing of the blind man near Jericho, . . . 25

*προσάγειν.

XX. Luke, xxii. 50.—The healing of Malchus's ear, . 26

XXI. Luke, x. 30.—Parable of the good Samaritan, 26

*ἡμιθανής.
*καταδέειν.
*τραῦμα.
*ἐπιχέειν.
*ἔλαιον καὶ οἶνος.
*ἐπιμελεῖσθαι.
*ἐπανέρχεσθαι.
*ἀντιπαρέρχεσθαι.
*κατὰ συγκυρίαν.
περιπίπτειν.

XXII. Luke, xvi. 19.—Parable of the rich man and Lazarus, ... 31

*ἡλκωμένος.
ἕλκος.
*καταψύχειν.
*ὀδυνᾶσθαι.
*χάσμα.
στηρίζειν.

SECTION		PAGE
XXIII.	Acts, iii. 7, 8.—The healing of the lame man at the beautiful gate of the temple, . .	34
	*βάσις.	
	*σφυρά.	
	*στερεοῦν.	
	*ἐξάλλεσθαι.	
XXIV.	Acts, v. 5, 6.—Ananias and Sapphira struck dead,	37
	*ἐκψύχειν.	
	συστέλλειν.	
XXV.	Acts, ix. 18.—St. Paul's sight restored,	38
	*ἀποπίπτειν.	
	*λεπίδες.	
	*ἐνισχύειν.	
XXVI.	Acts, ix. 33.—Aeneas healed, .	40
	*παραλελυμένος.	
XXVII.	Acts, ix. 40.—Tabitha restored to life, .	40
	*ἀνακαθίζειν.	
XXVIII.	Acts, x. 10.—St. Peter's trance,	41
	*ἔκστασις.	
XXIX.	Acts, xii. 23.—Death of Herod Aggrippa I.,	42
	*σκωληκόβρωτος.	
	*ἐκψύχειν.	
XXX.	Acts, xiii. 11.—Elymas struck blind,	43
	*ἐπιπίπτειν.	
	*ἀχλύς.	
	*σκότος.	
XXXI.	Acts, xiv. 8.—The healing of the lame man at Lystra, ...	45
	*ἀδύνατος.	
	*ὀρθός.	
XXXII.	Acts, xix. 12.—Diseases cured at Ephesus,	47
	*ἀπαλλάσσειν.	

CONTENTS.

SECTION		PAGE
XXXIII.	Acts, xx. 8, 9.—Eutychus restored to life,	47

*καταφέρειν.
*ὕπνος βαθύς.

XXXIV. Acts, xxviii. 3–6.—The viper on St. Paul's hand innocuous, . . 50

*πίμπρασθαι.
*καταπίπτειν,
*θηρίον = ἔχιδνα,

XXXV. Acts, xxviii. 8.—The father of Publius healed, . 52

*πυρετοί.
*δυσεντερία.
*συνέχεσθαι.

PART II.

XXXVI. Luke, vi. 48, 49—Compared with Matt. vii. 27, . . 54

*πλημμύρα.
*προσρήγνυμι.
*συμπίπτειν.
*ῥῆγμα.

XXXVII. Luke, viii. 6, 7—Compared with Matt. xiii. 5, 6, 7, and Mark, iv. 5, 6, 7, . . 57

*φύειν.
*ἰκμάς.
*συμφύεσθαι.

XXXVIII. Luke, xviii. 25—Compared with Matt. xix. 24, and Mark, x. 25, . . . 60

*τρῆμα.
*βελόνη.

XXXIX. Luke, xi. 46—Compared with Matt. xxiii. 4, 61

*προσψαύειν ἑνὶ τῶν δακτύλων.

CONTENTS.

SECTION		PAGE
XL.	Luke, iv. 37—Compared with Mark, i. 28, . *ἦχος. St. Luke's use of ἀκοή, βασανίζειν, and βάσανος.	63
XLI.	Luke, viii. 14—Compared with Matt. xiii. 22, and Mark, iv. 19, . *τελεσφορεῖν.	65
XLII.	Luke, iii. 20—Compared with Matt. xiv. 3, and Mark, vi. 17, . *κατακλείειν.	66
XLIII.	Luke, v. 31—Compared with Matt. ix. 12, and Mark, ii. 17, . *ὑγιαίνειν.	67
XLIV.	Luke, ix. 38—Compared with Matt. xvii, 15, and Mark, ix. 17, . *ἐπιβλέπειν.	67
XLV.	Luke, ix. 41—Compared with Matt. xvii. 17, and Mark, ix. 19, . *προσάγειν.	68
XLVI.	Luke, ix. 14—Compared with Matt. xiv. 19; Mark, vi. 39; John, vi. 10, . *κατακλίνειν.	68
XLVII.	Luke, viii. 45—Compared with Mark, v. 31, *ἀποθλίβειν.	70
XLVIII.	Luke, v. 26—Compared with Matt. ix. 8, and Mark, ii. 12, . *παράδοξον.	71
XLIX.	Luke, xi. 17—Compared with Matt. xii. 25, *διανοήματα.	72
L.	Luke, xix. 36—Compared with Matt. xxi. 8, and Mark, xi. 8, . *ὑποστρώννυμι.	73

CONTENTS.

SECTION		PAGE
LI.	Luke, xiv. 35—Compared with Matt. v. 13, εὔθετος.	74
LII.	Luke, xxi. 30—Compared with Matt. xxiv. 32, and Mark, xiii. 28, *προβάλλειν.	75
LIII.	Luke, xxii. 56—Compared with Mark, xiv. 66, 67, ἀτενίζειν.	76
LIV.	Luke, xxii. 59—Compared with Matt. xxvi. 73, and Mark, xiv. 70, *διϊσχυρίζεσθαι.	77
LV.	Luke, vi. 44—Compared with Matt. vii. 16, *βάτος.	78
LVI.	Luke, xxii. 41-46—Compared with Matt. xxvi. 37-46, and Mark, xiv. 33, *ἐνισχύειν. *ἀγωνία. *ἱδρώς. *θρόμβοι αἵματος, καταβαίνειν. λύπη.	79
LVII.	Luke, i., *ἐπιχειρεῖν. *διήγησις. *αὐτόπτης. ὑπηρέτης. παρακολουθεῖν. *θυμιᾶν. *συλλαμβάνειν. *συλλαμβάνειν ἐν γαστρί. ἐν γαστρὶ ἔχειν. *ἔγκυος. *στεῖρα. *ἄτεκνος. *διαταράσσειν.	86

SECTION		PAGE
LVII.	Luke, i.—*continued.*	
	*ἐκταράσσειν.	
	τάραχος.	
	*γῆρας.	
	*ἀναφωνεῖν.	
	*πινακίδιον.	
	παραχρῆμα.	
LVIII.	Luke, ii.,	99
	*σπαργανοῦν.	
	*ἀνευρίσκειν.	
	*ἐθίζειν.	
	ἔθος.	
	ἔθειν (εἴωθα).	
LIX.	Luke, iii.,	101
	ἄφεσις.	
	*διασείειν.	
	*κατασείειν.	
	ἀνασείειν.	
	προστιθέναι.	
LX.	Luke, iv.,	106
	*ἀναπτύσσειν.	
	*πτύσσειν.	
	πίμπλημι.	
	ἐμπίμπλημι.	
	πλῆθος.	
	*ὀφρύς.	
LXI.	Luke, v.,	110
	*ἀποπλύνειν.	
	*ἀπομάσσειν.	
	ἐκμάσσειν.	
	λούειν.	
	ἀπολούειν.	
	χαλᾶν.	
	διαρρήγνυμι.	
	*περιρρήγνυμι.	
	*προσρήγνυμι.	

CONTENTS.

SECTION		PAGE
LXI.	Luke, v.—*continued.*	
	*ὑποχωρεῖν.	
	*ἐκχωρεῖν.	
	ἀποχωρεῖν.	
	*κλινίδιον.	
	*κλινάριον.	
	κλίνη.	
	κράββατος.	
LXII.	Luke, vi.,	117
	*διανυκτερεύειν.	
	*ἀπαιτεῖν.	
	*ἀπελπίζειν.	
	*πιέζειν.	
LXIII.	Luke, vii.,	120
	*διαλείπειν.	
	*ἐκλείπειν.	
LXIV.	Luke, viii.,	121
	*συμπληροῦν.	
	*ἐκπληροῦν.	
	*ἐκπλήρωσις.	
	*πλήρης.	
LXV.	Luke, ix.,	124
	*ἀνάληψις.	
	ἀναλαμβάνειν.	
	*ὑπολαμβάνειν.	
	*συλλαμβάνειν.	
	*συλλαμβάνειν ἐν γαστρί.	
	*συμπεριλαμβάνειν.	
	*διαχωρίζειν.	
	ἀποχωρίζειν.	
LXVI.	Luke, x.,	128
	κολλᾶσθαι.	
	*προσκολλᾶσθαι.	
	περιπίπτειν.	
	ἐμπίπτειν.	

CONTENTS.

LXVI. Luke, x.—*continued.*
   ἐκπίπτειν.
   *ἐπιπίπτειν.
   *καταπίπτειν.
   *συμπίπτειν.
   *ἀποπίπτειν.
   *ἀντιπίπτειν.

LXVII. Luke, xi., ... 131
   μεσονύκτιον.
   *μεσημβρία.
   *ἑσπέρα.
   ὄρθρος.
   *ὄρθριος.
   *καθημερινός.
   σκορπίος.
   *ὠόν.
   *τὰ ἐνόντα.

LXVIII. Luke, xii., ... 137
   *ἐμβάλλειν.
   *ἀναβάλλειν.
   *ἀντιβάλλειν.
   *διαβάλλειν.
   *μεταβάλλειν.
   *προβάλλειν.
   *συμβάλλειν.
   *ὑποβάλλειν.
   *ἀναβολή.
   *ἐκβολή.
   *βολή.
   *εὐφορεῖν.
   *τελεσφορεῖν.
   *μετεωρίζεσθαι.

LXIX. Luke, xiii., ... 145
   *ἀποκλείειν.
   *κατακλείειν.

SECTION		PAGE
LXX.	Luke, xiv., ...	146

   ἀνώτερον.
   *ἀνωτερικός.
   *προσαναβαίνειν.
   καταβαίνειν.
   *κατάβασις.
   *ἀνάπηρος.
   *ζεῦγος.

| LXXI. | Luke, xv., . . . | 150 |

   *δραχμή.
   *μνᾶ.

| LXXII. | Luke, xvi. and xvii., | 151 |

   *λυσιτελεῖν.
   *συκάμινος.
   *συκομορέα.
   *παρατήρησις.
   παρατηρεῖν.
   *διατηρεῖν.
   τήρησις.
   *ζωογονεῖν.

| LXXIII. | Luke, xviii. and xix., | . | 156 |

   ὑποδέχεσθαι.
   *διαδέχεσθαι.
   *διάδοχος.
   *δοχή.
   *ἐνδέχεσθαι.
   *πραγματεύεσθαι.
   *διαπραγματεύεσθαι.
   *ἐκκρέμασθαι.

| LXXIV. | Luke, xx. and xxi., | . | 161 |

   *φόβητρα.
   *προσδοκία.
   προσδοκᾶν.
   *ἀπορία.
   ἀπορεῖν.

CONTENTS.

SECTION   PAGE

LXXIV. Luke, xx. and xxi.—*continued*.
        *εὐπορία.
        *εὐπορεῖσθαι.
        *διαπορεῖν.
        *ἀποψύχειν.
        *ἀνάψυξις.
        *ἐκψύχειν.
        *καταψύχειν.
        *κραιπάλη.
        *βαρύνειν.

LXXV. Luke, xxii., ... 168
        ἀποσπᾶν.
        *ἀνασπᾶν.
        διασπᾶν.
        *περισπᾶν.
        *διϊστάναι.
        *διάστημα.

LXXVI. Luke, xxiii., . . . 172
        διαστρέφειν.
        *ἐπιστροφή.
        *συστρέφειν.
        *συστροφή.
        ὑποστρέφειν.
        *ἐπισχύειν.
        *ἐνισχύειν.
        ἰσχύειν.
        *ὑγρός.
        *συνακολουθεῖν.
        παρακολουθεῖν.
        *θεωρία.

LXXVII. Luke, xxiv., . . . 177
        *λῆρος.
        *ὁμιλεῖν.
        *παραβιάζεσθαι.
        βιάζεσθαι.
        *βίαιος.

CONTENTS. xxiii

SECTION   PAGE

LXXVII. Luke, xxiv.—*continued*.
      *βία.
      *ἀθροίζειν.
      *συναθροίζειν.
      *συναλίζειν.
      *ὀπτός.
      *κηρίον.

LXXVIII. Acts, i.,   .   .   .   183
      *τεκμήριον.
      *περιμένειν.
      *πρηνής.
      *ὑπερῷον.

LXXIX. Acts, ii.,   .   .   .   186
      *συγχέειν.
      *σύγχυσις.
      *ἐπιχέειν.
      *ἐπιδημεῖν.
      *γλεῦκος.
      *αὐστηρός.
      *μεστοῦσθαι.
      *προσπήγνυμι.

LXXX. Acts, iii.,   .   .   .   191
      *συντρέχειν.
      *συνδρομή.
      *ὑποτρέχειν.
      *κατατρέχειν.
      *ὁλοκληρία.
      *ἀποκατάστασις.

LXXXI. Acts, iv., ...   195
      *διαπονεῖν.
      καταπονεῖν.
      *διανέμειν.
      *καθόλου.
      *ἐνδεής.
      *προσδεῖσθαι.

CONTENTS.

SECTION   PAGE

LXXXII. Acts, v., ... 199
                ἀσφάλεια.
                ἀσφαλής.
                ἀσφαλῶς.
                *ἐπισφαλής.
                *διαχειρίζεσθαι.
                *προχειρίζεσθαι.
                *ἐπιχειρεῖν.
                *διαπρίειν.
                *διαλύειν.
                *ἀπολύειν.

LXXXIII. Acts, vi. and vii., . . 204
                *συγκινεῖν.
                κακοῦν.
                *συνελαύνειν.
                *ἀπελαύνειν.
                *ἀνατρέφειν.
                *βρύχειν.
                *ἐξωθεῖν.
                *σκληροτράχηλος.

LXXXIV. Acts, viii., ... 209
                *ἀναίρεσις.
                ἀναιρεῖν.
                *διασπείρειν.
                *λυμαίνεσθαι.
                κατέρχεσθαι.
                διέρχεσθαι.
                *διεξέρχεσθαι.
                *ἐπανέρχεσθαι.
                *ἀντιπαρέρχεσθαι.
                *προϋπάρχειν.
                ὑπάρχειν.

LXXXV. Acts, ix. and x., ... 215
                πειρᾶσθαι.
                *ὁδοιπορεῖν.
                *διοδεύειν.

SECTION		PAGE
LXXXV.	Acts, ix. and x.—*continued*.	
	*ἀρχή.	
	*ὀθόνη.	
	*εἰσκαλεῖν.	
	*μετακαλεῖν.	
LXXXVI.	Acts, xi. and xii., ...	220
	ἡσυχάζειν.	
	διατρίβειν.	
	*τακτός.	
LXXXVII.	Acts, xiii., . .	223
	*σύντροφος.	
	*συγγένεια.	
	*ὑπηρετεῖν.	
	ὑπηρέτης.	
	*παροτρύνειν.	
	*ἐπεγείρειν.	
	*προτρέπεσθαι.	
LXXXVIII.	Acts, xiv. and xv.,	227
	*ἐκπηδᾶν.	
	*ἐξάλλεσθαι.	
	*ζήτημα.	
	*ἐκδιηγεῖσθαι.	
	*διήγησις.	
	*ὀχλεῖν.	
	*ἐνοχλεῖν.	
	*παρενοχλεῖν.	
	*ὄχλον ποιεῖν.	
	*ἄτερ ὄχλου.	
	*ἀνασκευάζειν.	
	*ἀποσκευάζειν.	
	παροξυσμός.	
	παροξύνεσθαι.	
LXXXIX.	Acts, xvi. and xvii., ...	234
	*ἐπακροᾶσθαι.	
	*ἐκπέμπειν.	

SECTION		PAGE
LXXXIX.	Acts, xvi. and xvii.—*continued.*	
	ἀναπέμπειν.	
	*πνοή.	
	*ἐμπνέειν.	
	*ὑπερορᾶν.	
	ὁρίζειν.	
XC.	Acts, xviii., ...	238
	προσφάτως.	
	*ὁμότεχνος.	
	ἐκτινάσσειν.	
	*ἀποτινάσσειν.	
	*ἐπινεύειν.	
	*εὐτόνως.	
XCI.	Acts, xix., .	242
	*χρώς.	
	ἐργασία.	
	*συναρπάζειν.	
XCII.	Acts, xx., . . .	244
	*συνέπεσθαι.	
	*παρατείνειν.	
	*αὐγή.	
	ὑποστέλλειν.	
	*καταστέλλειν.	
	*συστέλλειν.	
XCIII.	Acts, xxi. and xxii., .	248
	*συνθρύπτειν.	
	*ἄσημος.	
	*ἀκρίβεια.	
	*ἀκριβής.	
	ἀκριβῶς.	
	*τιμωρεῖν.	
	*συνεῖναι.	
	*συμπαρεῖναι.	
	σύν.	
	*μαστίζειν.	

CONTENTS.

SECTION		PAGE
XCIV.	Acts, xxiii.,	255

*διαμάχεσθαι.
*διαγινώσκειν.
*διάγνωσις.
προγινώσκειν.
πρόγνωσις.
*ἐνέδρα.
*ἐνεδρεύειν.
*ἀναδιδόναι.

XCV. Acts, xxiv., ... 261

*κατόρθωμα.
*ἀνορθοῦν.
*ὀρθός.
*συντόμως.
*ἀσκεῖν.
ἄνεσις.

XCVI. Acts, xxv. and xxvi., 264

*φαντασία.
ἄλογος.
*κατὰ λόγον.
*ἐπικουρία.
*μανία.
*περιτρέπειν.
*προτρέπειν.

XCVII. Acts, xxvii., . . 269

*ἐπιμέλεια.
*ἐπιμελῶς.
*ἐπιμελεῖσθαι.
*ἐμβιβάζειν.
*παραινεῖν.
*ἀνεύθετος.
εὔθετος.
βοήθεια.
*ὑποζώννυμι.
*χειμάζεσθαι.
*σάλος.

SECTION

XCVII. Acts, xxvii.—*continued*

*ἀσιτία.
*ἄσιτος.
*σιτίον.
*διατελεῖν.
*ἐκτελεῖν.
ἀποτελεῖν.
*σκάφη.
*εὔθυμος.
*εὐθύμως.
εὐθυμεῖν.
*ἐρείδειν.
*ἀποῤῥίπτειν.
*ῥίπτειν.
*διαφεύγειν.
*κολύμβᾶν.
*κουφίζειν.

XCVIII. Acts, xxviii., ... 284

διασώζειν.
σώζειν.
σωτηρία.
*φρύγανον.
*θέρμη.
*καθάπτειν.
*ἄτοπος.
*ἐπιγίνεσθαι.
*ἀκωλύτως.

NOTE on the probability of St. Paul's employment of St. Luke's professional services, ... 292

INDEX, . . . 299

ERRATA.

Page 14, line 23, *for* Actius *read* Actius.
,, 294, ,, 14 from foot, *for* ὑπερ *read* ὑπὲρ.

INTRODUCTION.

THE purpose of this work is to show, from an examination of the language employed in the third Gospel and the Acts of the Apostles, that both are the works of a person well acquainted with the language of the Greek Medical Schools—a fact which, if established, will strongly confirm the belief that the writer of both was the same person, and was the person to whom they have been traditionally assigned by the Church (*a*), who is mentioned by St. Paul (Coloss. iv. 14) as "Luke, the beloved Physician"— an identity which some have doubted or denied.

The subject is one which has not hitherto, so far as the author is aware, been specially examined. The only notice of it with which he is acquainted is a paper in the *Gentleman's Magazine* for June, 1841, in which, among other interesting

---

(*a*) It is apparently assumed throughout this work that St. Luke was the writer of both the third Gospel and the Acts of the Apostles, but this has been done merely for convenience of reference, and to avoid the constant repetition of the expressions "the writer of the third Gospel" and "the writer of the Acts of the Apostles." The fact of the identity of authorship is intended to be left to be inferred from the evidence adduced in the work in connexion with the writer's phraseology and style.

remarks on the medical style of St. Luke, attention is called to the following words, viz., ὑδρωπικός, παραλελυμένος, ἀχλύς, παροξυσμός, κραιπάλη, πυρετὸς μέγας, and συνεχόμενος, as being technical medical terms employed by him. It will be seen, from the investigation which is the object of the present work, that these form but a small portion of *such words, either peculiar to St. Luke, or which, though not peculiar, are yet for the most part more frequently employed by him than by the other New Testament writers.*

The subject seemed to divide itself naturally into two heads, under which it has therefore been arranged:—

(1). Words and phrases, employed in the account of the miracles of healing, or of those of an opposite character, which show that the writer was more circumstantial in relating these than the other Evangelists, that he was also well acquainted with the diseases which he describes, and that in describing them he employs language such as scarcely anyone but a medical man would have used, and which exhibits a knowledge of the technical medical language which we meet with in the extant Greek medical writers.

(2). Words and phrases, employed in the general narrative not relating to medical subjects, which were common in the phraseology of the Greek Medical Schools, and which a physician from his medical training and habits would be likely to employ.

It may be noticed in connexion with this latter head that Greek medical language was particularly conservative in its character, the same class of words being employed in it from the time of Hippocrates to that of Galen.

It is remarkable, besides, that, with the exception of Hippocrates, all the extant Greek medical writers were Asiatic Greeks. Galen was a native of Pergamus in Mysia; Dioscorides, of Anazarba in Cilicia; Aretaeus was surnamed the Cappadocian from his native land; and Hippocrates, though not an Asiatic Greek, yet was born and lived in close proximity to the coast of Asia Minor, being a native of Cos, an island off the coast of Caria. Hence it is natural that a similarity of diction should occur in writers who were trained in the Medical Schools of Asia Minor.

St. Luke, too, was in all probability an Asiatic Greek. He was born at Antioch in Syria (Eusebius, *Hist. Eccl.* iii. 4), and "was probably of Gentile origin, if we may judge from Coloss. iv. 11, 14, where St. Paul, having saluted several persons—Aristarchus, Marcus, Jesus Justus—adds that they were *of the circumcision*, separating them in this manner from those mentioned immediately afterwards, among whom is Luke, and, as his name is a Greek one, he was in all probability a Greek." (Davidson: *Introduction to the New Testament.*)

It will be found in the second part of this work that, independently of such obvious medical phrases as τρῆμα βελόνης (Luke, xviii. 25), δακτύλῳ προσψαύειν (Luke, xi. 46), θρόμβοι αἵματος (Luke, xxii. 44), ἀρχαὶ ὀθόνης (Acts, x. 11), &c., there is a class of words running through the third Gospel and the Acts of the Apostles, and for the most part peculiar to these of the N. T. writings, with which a medical man must have been very familiar, as they formed part of the ordinary phraseology of Greek medical language. In thus using words to which he had become habituated through professional training, St. Luke would not be singular, for the Greek medical writers, also, when dealing with unprofessional subjects, show a leaning to the use of words to which they were accustomed in their professional language. A few instances of this, paralleled from St. Luke, may be given for the sake of illustration:—*ἄσημος, the technical term for a disease "without distinctive symptoms," is applied by Hippocrates to a city—μία πόλεων οὐκ ἄσημος (Hipp. Epis. 1273), just as it is by St. Luke (Acts, xxi. 39), οὐκ ἀσήμου πόλεως πολίτης. * ἀνάληψις, the technical term for "recovery from illness," or "the suspension of the arm, &c., in a sling," occurs in the expression τῆς ῥάβδου ἡ ἀνάληψις in Hippocrates, Epis. 1274, St. Luke's use of it, in Luke, ix. 51, τῆς ἀναλήψεως αὐτοῦ, being similar. * ἀναδιδόναι, a word applied to the distribution of nourishment throughout the body, or blood through the veins, is used by Hippocrates, instead of διδόναι or ἀποδιδόναι, of a messenger delivering a letter, οἱ τὴν τῆς πόλιος ἐπιστολὴν ἀναδόντες πρέσβεις (Hipp. Epis. 1275), St. Luke employing it in the same way in Acts, xxiii. 33, ἀναδόντες τὴν ἐπιστολὴν τῷ ἡγεμόνι. * ἐπιχειρεῖν, a word very much used in medical language, is employed by Hippocrates and Galen in the same way as it is by St. Luke in commencing his gospel—St. Luke, i. 1, ἐπειδήπερ πολλοὶ ἐπεχείρησαν ἀνατάξασθαι, Hippocrates beginning his treatise "De Prisca Medicina" in these words: ὁκόσοι ἐπεχείρησαν περὶ ἰητρικῆς λέγειν ἢ γράφειν; and Galen his "De Foetuum Formatione" thus: περὶ τῆς τῶν κυουμένων διπλάσεως ἐπεχείρησαν μὲν τε καὶ φιλόσοφοι γράφειν. Galen often employs παρακολουθεῖν exactly in the sense St. Luke does (ch. i. 3), while applying it elsewhere in a more strictly medical sense to the symptoms which accompany various diseases. In a similar way we find St. Luke using words in an ordinary sense in some places which he employs in a medical signification in others, e. g. ἀδύνατος, Luke, xviii. 27, meaning "impossible," in Acts, xiv. 8, "impotent"; θεραπεία, Luke, xii. 42, "a household," Luke, ix. 11, "medical treatment"; ἱστάναι, used in its ordinary sense elsewhere, and in Luke, viii. 44, in a medical application, ἔστη ἡ ῥύσις τοῦ αἵματος; ἔκστασις, Acts, iii. 10, "astonishment," and Acts, x. 10, "a trance." Instances such as the foregoing could easily be multiplied.

This medical bias in the diction of the general narrative in the third Gospel and Acts of the Apostles may be conveniently classified as follows:—

(a). We find running throughout the history a number of words which were either distinctly technical medical terms or commonly employed in medical language, e. g. * ἴασις, θεραπεία, * συνδρομή, * συστροφή, * ἀνάληψις, * ἀποκατάστασις, * διάγνωσις, * διαγινώσκειν, * κραιπάλη, * παρατήρησις, &c.

(b). It will be found that St. Luke runs on the same compounds of the simple word which the medical writers employ, and that these are either for the most part peculiar to him, or that he makes more frequent use of them than the other N. T. writers, e. g. * διασείειν, * κατασείειν, ἀνασείειν—περιπίπτειν, ἐμπίπτειν, ἐκπίπτειν, * ἐπιπίπτειν, * καταπίπτειν, * συμπίπτειν, * ἀποπίπτειν—* ἐμβάλλειν, * ἀναβάλλειν, * ἀντιβάλλειν, * διαβάλλειν, * μεταβάλλειν, * προβάλλειν, * συμβάλλειν, * ὑποβάλλειν, * βολή, * ἀναβολή, * ἐκβολή—ἀποσπᾶν,

*ἀνασπᾶν, διασπᾶν, *περισπᾶν — διαστρέφειν, *ἐπιστροφή, *συστρέφειν, *συστροφή, ὑποστρέφειν—*ὀχλεῖν, *ἐνοχλεῖν, *παρενοχλεῖν, *ὄχλον ποιεῖν—&c., &c.

(c). There are certain classes of words employed by St. Luke which were used in medical language in some special relation. Thus he alone uses the special medical terms for the distribution of nourishment, blood, nerves, &c., through the body, viz., *διανέμειν, *διασπείρειν, *ἀναδιδόναι; also the medical terms for "to stimulate," viz., *ἐπεγείρειν, *προτρέπειν, *παροτρύνειν; and the terms to denote an intermittent or a failing pulse, viz., *διαλείπειν and *ἐκλείπειν; &c.

(d). We meet with the same combinations of words as in the medical writers. In addition, for example, to such technical phrases as τρῆμα βελόνης — δακτύλῳ προσψαύειν — θρόμβοι αἵματος—ἀρχαὶ ὀθόνης, we find such expressions as ἄσιτος διατελεῖν—εἰς μανίαν περιτρέπειν—ἀκριβῶς διαγινώσκειν — ἀνώτερον προσαναβαίνειν — ἐπιχειρεῖν ἀνελεῖν, &c., which are met with also in medical language.

(e). There are some words which are confined to St. Luke and the medical writers in the sense which they bear in his writings, e. g. *ἐνισχύειν, "to impart physical strength"— *εὐφορεῖν, "to be productive."

(f). There are other words which are very rarely used by any except medical writers in the sense which they bear in St. Luke's writings, e. g. *ἀνακαθίζειν, "to sit up"—*ἐκψύχειν, "to expire."

(g). The medical style of St. Luke accounts for the very frequent use made by him of some words—a peculiarity which has been noticed by Dr. Davidson (*Introduction to* the *N. T.*) and others—*e. g.* προστιθέναι, ὑποστρέφειν, σύν, διέρχεσθαι, &c., these words being habitually employed, and indeed almost indispensable, in the vocabulary of a physician.

(*h*). This medical tinge in St. Luke's diction will account for his making freer use than the other N. T. writers of compound verbs, and also of those compounded with two prepositions—*e. g.* *ἐπανέρχεσθαι, *διεξέρχεσθαι, &c., such compounds being much employed by the medical writers.

There are in St. Luke's writings several other indications of the author being a medical man, which cannot strictly be classed under any of the above heads. Such are the marking of time by the words ὄρθρος, *μεσημβρία, *ἑσπέρα, μεσονύκτιον; the variety of words employed to describe the beds and stretchers for the sick—κλίνη, *κλινάριον, *κλινίδιον, κράββατος; the use of *δραχμὴ and *μνᾶ, the common terms for medical weights, to denote money; &c.

The argument from the language of the third Gospel and the Acts of the Apostles may be briefly stated as follows:—

We have in the account of the miracles of healing, or their opposites, in the third Gospel and the Acts of the Apostles, medical language employed.

In the general narrative, outside of medical subjects, we find, wherever we have an opportunity of comparing it with the other N. T. writers, that St. Luke strongly inclines to the use of medical language.

Even where in the general narrative a comparison cannot be instituted with other N. T. writers, we find words occurring uniformly throughout which were in use in medical phraseology, and which from habit and training a physician would be likely to employ.

In estimating the weight of the argument it should be remembered that the evidence is *cumulative*, and that the words adduced as examples are very numerous, considering the extent of St. Luke's writings.

It may be added that the prevailing tinge of medical diction in the third Gospel and in the Acts of the Apostles tends also to establish the *integrity* of these writings as we have them, inasmuch as the phraseology in question permeates the entire works, and shows the hand of a medical author continuously from the first verse of the Gospel to the last of the Acts of the Apostles.

THE
MEDICAL LANGUAGE OF ST. LUKE.

PART I.
MEDICAL LANGUAGE EMPLOYED IN THE ACCOUNT OF THE MIRACLES OF HEALING.

§ I.

LUKE, IV. 23 : And he said unto them, Ye will surely say unto me this proverb, *Physician, heal thyself* ('Ιατρέ, θεράπευσον σεαυτόν).

Here, at the commencement of the Gospel, there is a slight intimation of the professional character of the writer. St. Luke is the only one of the Evangelists who records this saying of our Lord. No doubt it came home with peculiar force to the medical Evangelist: besides, there would seem to have been somewhat similar sayings used in the profession to which he belonged. Galen speaks of a physician who should have cured himself before he attempted to attend patients, Comm. iv. 9, Epid. vi. (xvii. B. 151): ἕτερον δ' ἰατρὸν ἐπὶ τῆς ἡμετέρας Ἀσίας οἶδα δυσώδεις ἔχοντα τὰς μάλας ὡς διὰ τοῦτο μὴ φέρειν αὐτοῦ τὴν εἴσοδον ἄνθρωπον νοσοῦντα μηδένα καθάριον. ἐχρῆν οὖν αὐτὸν ἑαυτοῦ πρῶτον ἰᾶσθαι τὸ σύμπτωμα καὶ οὕτως ἐπιχειρεῖν ἑτέρους θεραπεύειν.

§ II.

*ῥίπτειν. βλάπτειν.

Healing of the demoniac in the synagogue of Capernaum.—
Luke, iv. 35: And Jesus rebuked him, saying, Hold thy peace, and come out of him. And when the devil had *thrown him in the midst* (ῥίψαν), he came out of him, and *hurt him not* (μηδὲν βλάψαν αὐτόν).

St. Luke here uses two medical words, ῥίπτειν and βλάπτειν: the former was used in medical language of convulsive fits and similar affections; the latter to denote the injury done to the system by disease, &c. Besides using these appropriate words, he alone records the fact that no permanent bodily injury was done to the man, and in doing this he writes quite in the manner and style of the medical authors.

*ῥίπτειν is used in connexion with disease in the N. T. by St. Luke alone. Hippocrates, Epid. 1160: καὶ ἀλγηδόνι μεγάλῃ εἴχετο καὶ τὰς χεῖρας προσέφερεν ὡς ἀγχόμενος καὶ ἐρρίπτει ἑωυτὸν καὶ σπασθεὶς ἔθανεν. Hipp. Nat. Mul. 567: ὑπὸ δὲ τῆς ὀδύνης οὐ δύναται ἡσυχάζειν ἀλλὰ ῥίπτει ἑωυτήν. Hipp. Morb. Mul. 589: ἀλύξει τε καὶ ῥίψει ἑωυτήν. Hipp. Morb. Mul. 590: καὶ πνεῦμα προσπταῖον καὶ ἀλύει καὶ ῥίπτει ἑωυτήν. Aretaeus, Cur. Acut. Morb. 94 (Epilepsy): ἦν δὲ καὶ σπᾶται ἢ διαστρέφηται τὴν κάτω γνάθον ἢ τὼ χεῖρε καὶ τὰ σκέλεα ῥίπτηται. Galen. De Comate, 3 (vii. 658): ἢ σύμπαν τὸ σῶμα ῥίπτουσιν ἀλόγως, ἐξαίφνης τε καὶ παραφρονητικῶς ἐξάλλονται σπασμοῦ δίκην. Hipp. Epid. 1133: ἐρριπτάζετο καί τι ἐσπᾶτο. Hipp. Morb. 487: βοᾷ τε καὶ ἀναΐσσει ὑπὸ τῆς ὀδύνης καὶ ὁκόταν ἀναστῇ αὖθις σπεύδει ἐπὶ τὴν κλίνην καταπεσεῖν καὶ ῥιπτάζει ἑωυτόν. Hipp. Morb. 467: καὶ ἀλύει καὶ ῥιπτάζει αὐτὸς ἑωυτὸν ὑπὸ τῆς ὀδύνης. Hipp. Morb. Acut. 393: δυσφορίην τε καὶ ῥιπτασμὸν τῶν μελέων ποιέει.

βλάπτειν, used only once elsewhere in N. T., St. Mark, xvi. 18, was in constant use in medical language as opposed to ὠφελεῖν—*e. g.* Hipp. Epid. 948: ἀσκεῖν περὶ τὰ νοσήματα δύο ὠφελέειν ἢ μὴ βλάπτειν. Hipp. De Arte, 4: καὶ τῷ ὠφελεῖσθαι πολλὴ ἀνάγκη αὐτούς ἐστιν ἐγνωκέναι ὅ τι ἦν τὸ ὠφέλησαν, καὶ εἴ τι τ' ἐβλάβησαν, καὶ τὸ βλαβῆναι, καὶ ὅ τι ἦν τὸ βλάψαν. τὰ γὰρ τῷ ὠφελεῖσθαι καὶ τὰ τῷ βεβλάφθαι ὡρισμένα οὐ πᾶς ἱκανὸς γνῶναι.

But, besides this, it was constantly used of particular cases, as in this passage of St. Luke, and in the same way, too, joined with such words as μηδὲν, μέγα, μᾶλλον, ἧσσον.

Hipp. Epid. 1146 : παρῆλθε καὶ ἐς τὰ ἀριστερὰ τὸ οἴδημα, οὐδὲν οὖν τοῦτο ἔβλαπτεν. Hipp. Epid. 1180 : ἃ μὴ μεγάλα βλάπτει. Hipp. Morb. Acut. 392 : τὰ κατὰ κύστιν ἧσσον βλάψει. Hipp. Morb. Acut. 394 : οὕτω γὰρ καὶ ἃ φιλέει βλάπτειν, ἥκιστα ἂν βλάπτοι. Galen. Morb. Acut. Comm. ii. 2 (xv. 520) : κἂν γὰρ ὠφελήσῃ μηδὲν, ἀλλ' οὐ βλάψει γε μεγάλως. Galen. Morb. Acut. Comm. ii. 20 (xv. 520) : οἱ ὑγιαίνοντες ἧττον βλάπτονται, οἱ νοσοῦντες βλάπτονται μᾶλλον. Galen. De Ven. Sect. 7 (xi. 174) : ὠφέλησε μὲν ἱκανῶς ἔβλαψε δ' οὐδέν. Galen. Comp. Med. vi. 7 (xii. 983) : οὐδὲ βλάψαι μέγα οὐδ' ὠφελῆσαι.

§ III.

συνέχεσθαι. *πυρετὸς μέγας.

The healing of Simon's wife's mother.—Luke, iv. 38, 39: And Simon's wife's mother *was taken* (συνεχομένη) with a *great fever* (πυρετῷ μεγάλῳ); and they besought him for her. And he stood over her, and *rebuked the fever;* and it left her: and immediately she arose and ministered unto them.

συνέχεσθαι is used nine times by St. Luke, and three times in the rest of the N. T. In Acts, xxviii. 8, it is joined with πυρετοί, as here, and is once used in connexion with disease elsewhere—Matt. iv. 24. Both it and ἔχεσθαι are used by the medical writers as in this passage. Hipp. Morb. Mul. 593: καὶ ἐοίκασι τοῖσιν ὑπὸ τῆς ἡρακλείης νόσου συνεχομένοισιν. Hipp. Intern. Affect. 556: ἄλλος εἴλεος ἰκτερώδης ἐπιλαμβάνει μάλιστα μὲν θέρεος ὥρην, πολλοὶ δὲ ἤδη τῷ τοιούτῳ συνεσχέθησαν. Galen. Mot. Muscul. i. 8 (iv. 404):

οὐδὲν ἂν ἐκώλυε παθήματι τῷ καλουμένῳ τετάνῳ συνέχεσθαι τὸ σῶμα. Galen. San. Tuend. i. 5 (vi. 19): ἅπαντας ἡμᾶς ὑπ' ἀπαύστων νοσημάτων συνέχεσθαι. Galen. Different. Febr. i. 3 (vii. 279): ἐπισφαλὲς δὲ καὶ τοῖς ὑπὸ φθόης συνεχομένοις. Galen. Comp. Med. vii. 12 (xiii. 1025): ὑπὸ τοῦ πάθους συνεχόμενος. Galen. Nat. Facul. ii. 9 (ii. 129): ἀπαύστῳ δίψει συνεχόμεθα. Galen. Comm. vi. 1, Epid. vi. (xvii. A. 314): ἀμηχάνῳ τε δίψει συνέχεσθαι. Hipp. Aph. 1250: ὑπὸ δυσεντερίης ἐχομένῳ. Hipp. Intern. Affect. 553: ὑπὸ τῆς πλευρίτιδος ἐχομένῳ.

*πυρετὸς μέγας. Galen states that it was usual with the ancient physicians to distinguish fevers by the terms μέγας and μικρός. Galen. Different. Febr. i. 1 (vii. 275): καὶ σύνηθες ἤδη τοῖς ἰατροῖς ὀνομάζειν ἐν τούτῳ τῷ γένει τῆς διαφορᾶς τὸν μέγαν τε καὶ μικρὸν πυρετόν. And accordingly we meet—Galen. Cur. per Ven. Sect. 6 (xi. 270): κἂν μὴ μέγας αὐτοῖς ἐπιπέσῃ πυρετός; and Aret. Cur. Acut. Morb. 104: σὺν πόνῳ πλευροῦ ἐπὶ σμικρῷ πυρετῷ ἢ καὶ ἄνευ πυρετῶν.

There is a detail mentioned by St. Luke, in connexion with this miracle, but omitted by St. Matthew and St. Mark —namely, the means adopted by our Lord to banish the fever—"and he rebuked the fever, and it left her," which would more naturally come from a medical writer than another. A physician would, as is usual with the medical writers, state the method of treatment which effected the cure; and that method, in this case, so entirely differing from all he had seen or practised, would impress itself forcibly on his mind.

The healing of divers diseases, mentioned immediately after this miracle.—Luke, iv. 40: Now when the sun was setting, all they that had any *sick with divers diseases* brought them unto him; and he laid his *hands on every one of them*, and healed them.

A similar observation may be made in this instance as in the preceding one. St. Luke alone tells the mode of cure, which is not told in the parallel places, Matt. viii.; 16 Mark, i. 34; where the words are simply, "he healed all that were sick," and "he healed many that were sick of divers diseases." No doubt, what would be likely to strike a physician most would be the simplicity of our Lord's treatment of disease, and that one and the same mode of treatment was effectual in the most varied and distinct forms of disease—ἀσθενοῦντας νόσοις ποικίλαις.

§ IV.

* πλήρης λέπρας. λεπρός.

The cleansing of the leper.—Luke, v. 12: And it came to pass, when he was in a certain city, behold a man *full of leprosy* (ἀνὴρ πλήρης λέπρας), who seeing Jesus fell on his face, and besought him, saying, Lord, if thou wilt, thou canst make me clean.

The cleansing of the ten lepers.—Luke, xvii. 12: And as he entered into a certain village, there met him ten men that were *lepers* (δέκα λεπροὶ ἄνδρες), which stood afar off.

It would seem that St. Luke, by employing two distinct terms πλήρης λέπρας and λεπρός in his account of these two miracles intended to draw a distinction between the diseases in each case, either that the disease was of a more aggravated type in one case than in the other, or else of a different variety. Now we know that leprosy, even as early as the time of Hippocrates, had assumed three different forms (ἀλφός, λεύκη, and μέλας), "and it is probable that in the time of our Lord the disease, as it existed in Palestine, did not differ materially from the Hippocratic record of it." (See *Dict. of the Bible*, Art., "Leper.")

πλήρης, in this connexion peculiar to St. Luke, is frequently thus used in the medical writers. Hipp. De Arte, 5: καὶ πλήρεες τῆς νόσου. Hipp. Coac. Progn. 187: πλήρεες οὗτοί εἰσι πύου. Hipp. Morb. 496: ἀλλ' εὖ ἴσθι πλήρη ἐόντα τὸν θώρηκα πύου. Hipp. Vet. Med. 11: χάσμης τε καὶ νυσταγμοῦ καὶ δίψης πλήρεις. Hipp. Morb. 487 : ὀδύνη ἴσχει ἅπασαν τὴν κεφαλὴν μάλιστα δὲ ὅπη σταίη ἡ φλεγμασίη καὶ τὰ οὔατα ἠχῆς πλήρεα γίνεται. Hipp. Intern. Affect. 541 : αἱ δὲ φλέβες αὗται, αἵματός εἰσι πλήρεες. Aretaeus, Sign. Morb. Diuturn. 58 : κύστιες πλήρεες ὑγροῦ. Galen. Loc. Affect. ii. 8 (viii. 91) : ἐπιφέρει τοὺς πόνους στενοχωρίας πλήρεις. Galen. De Progn. ex Puls. i. 3 (ix. 229) : ἢ ἀτμῶν ἢ ὑγρῶν ὦσι πλήρεις. Galen. Remed. Parab. ii. 3 (xiv. 407) : πλήρη τοῦ ῥύπου.

§ V.

* παραλελυμένος.

The healing of the paralytic.—Luke, v. 18 : And, behold, men brought in a bed a man which was *taken with a palsy* (ὃς ἦν παραλελυμένος).

Here, and whenever St. Luke mentions this disease, he employs the verb παραλύεσθαι, and never παραλυτικός. The other New Test. writers use the popular form παραλυτικός, and never use the verb, the apparent exception to this, Heb. xii. 12, being a quotation from the LXX., Isaiah, xxxv. 3. St. Luke's use is in strict agreement with that of the medical writers.

Hipp. Coac. Progn. 149 : γλῶσσαν παραλελυμένοι. Do. 181 : παραλύονται τὸ κατὰ τοῦτο τὸ μέρος τοῦ σώματος. Hipp. Epid. 990 : δεξιὴν χεῖρα παρελύθη μετὰ σπασμοῦ. Do. 1211 : ἡ φωνὴ ψελλὴ διὰ τὸ παραλελυμένον εἶναι τὸ σῶμα. Aret. Cur. Acut. Morb. 93 : παρελύθη κοτὲ καὶ κατάποσις. Dioscorides, Mat. Med. iii. 150 : πινομένη βοηθεῖ ἰσχιαδικοῖς τε καὶ παραλελυμένοις. Do. v. 130 : ἐπὶ τῶν τὴν γλῶσσαν παραλελυμένων. Galen. Comm. iii. 37, Epid. iii. (xvii. A. 692) : ἔκλυσίν τε καὶ πάρεσιν ἁπάντων τῶν μορίων τοῦ σώματος ὅταν ὁμοίως τοῖς παραλελυμένοις ἐρριμένα φαίνηται. Galen. De Atra Bile, vii. (v. 134) : διὰ τὸ χρήσιμον εἰς τὴν τῶν παραλελυμένων ἴασιν. Galen. Loc. Affect. iv. 7 (viii. 259) : αἴσθησις ἀπόλλυται τῶν παραλελυμένων μορίων.

§ VI.

ἡ δεξιὰ χείρ.

The healing of the withered hand.—Luke, vi. 6 : And it came to pass also on another sabbath, that he entered into the synagogue and taught: and there was a man whose *right hand* (ἡ χεὶρ αὐτοῦ ἡ δεξιά) was withered.

There is a mark of particularity here—" right hand "—such as a physician would observe. The other Evangelists omit this. The medical writers invariably state whether it is the right or left member that is affected.

Hipp. Coac. Progn. 190 : πονέοντες ὑποχόνδριον δεξιόν. Hipp. Epid. 982 : ἤλγει πλευρὰν ἀριστεράν. Hipp. Epid. 986 : ἰσχίου ὀδύνη δεξιοῦ ἰσχυρῶς. Hipp. Epid. 1012 : τῇ ὑστεραίῃ ἀριστερὸν παρ' οὓς οἴδημα. τῇ δὲ ὑστέρῃ καὶ παρὰ δεξιόν. Hipp. Epid. 1012 : ἡ χεὶρ ἡ δεξιὴ, σκέλος δὲ ἀριστερὸν παρελύθη παραπληγικῶς. Hipp. Epid. 1020 : οὐδὲ δεξιὸν ὑποχόνδριον, οὐδ' ἐπώδυνον κάρτα οὐδ' ἐντεταμένον ἰσχυρῶς. Hipp. Epid. 1023 : ξύγκαυσις ἀριστεροῦ πλευροῦ. Hipp. Epid. 1067 : ὀφθαλμοῦ δεξιοῦ ὀδύνη. Hipp. Epid. 1120 : πλευροῦ ὀδύνη καὶ στήθεος ἀριστεροῦ. Hipp. Epid. 1133 : μαζὸς ἐνεπύησεν ἀριστερὸς ὕπερθεν. Hipp. Epid. 1217 : ἄλγημα πλευροῦ δεξιοῦ.

§ VII.

*ἐνοχλεῖσθαι. *ὀχλεῖσθαι.

Luke, vi. 18 : And they that *were vexed with* unclean spirits (καὶ οἱ ἐνοχλούμενοι ὑπὸ πνευμάτων ἀκαθάρτων).

Acts, v. 16 : There came also a multitude out of the cities round about unto Jerusalem, bringing sick folks and them that *were vexed with* unclean spirits (ὀχλουμένους ὑπὸ πνευμάτων ἀκαθάρτων).

*ὀχλεῖν is peculiar to St. Luke, and *ἐνοχλεῖν also in connexion with disease; ἐνοχλεῖν is used once elsewhere in the N. T., Heb. xii. 15, but not in a medical sense; both words were much employed in medical language, as were also ὄχλος, and some others of its derivatives (§ 88).

*ἐνοχλεῖν. Hipp. Aph. 1251: ὑπὸ σπασμοῦ ἢ τετάνου ἐνοχλουμένῳ πυρετὸς ἐπιγενόμενος λύει τὸ νόσημα. Hipp. Aph. 1253: τοῖσιν ὑπὸ τῶν φθισίων ἐνοχλουμένοισιν. Hipp. Aph. 1254: γυναικὶ ὑπὸ ὑστερικῶν ἐνοχλουμένῃ πταρμὸς ἐπιγινόμενος ἀγαθόν. Hipp. Epid. 1103: τὰ περὶ τὴν κοιλίην οὐκ ἠνώχλει. Hipp. Epid. 1104: αἵ τε βῆχες ἠνώχλουν. Hipp. Epid. 1239: ἠνόχλει δὲ καὶ κοιλίη δυσεντερική. Galen. Comm. i. 26, Nat. Hom. (xv. 73): τῶν ὑπὸ φλέγματος ἢ χολῆς μελαίνης ἐνοχλουμένων. Galen. Comm. i. 8, Acut. Morb. (xv. 429): αἱ σποράδες νόσοι διαφερόντως ἐνοχλοῦσαι τοὺς νοσοῦντας. Galen. Comm. iv. 40, Acut. Morb. (xv. 814): αὐτοῖς ὑπὸ παχέων τε καὶ γλίσχρων χυμῶν ἐνοχλουμένοις. Galen. Comm. i. 1, Humor. (xvi. 13): χολῆς δὲ ξανθῆς εἴτε μελαίνης ἐνοχλούσης.

*ὀχλεῖν. Hipp. Praecept. 28: διότι ξυμπάθησις ὑπὸ λύπης ἐοῦσα ὀχλέει, ἐξ ἑτέρου συμπαθείης τινὲς ὀχλεῦνται. Hipp. Coac. Progn. 205: ἄλλως τε κἢν τι κατὰ φάρυγγα ὀχλῇ. Hipp. Morb. Mul. 617: ὅταν αἱ ὠδῖνες σφόδρα ὀχλεώσι. Hipp. Fract. 756: ἢ ἄλλο τι ὀχλέῃ τὸν τετρωμένον. Hipp. Epid. 996: καὶ ἐκεῖνα τηνικαῦτα ὀχλέουσι τῆς ἡμέρης τὰ πλεῖστα. Dioscorides, Mat. Med. iii. 116: τοὺς ὑπὸ ξηρᾶς βηχὸς καὶ ὀρθοπνοίας ὀχλουμένους θεραπεύει. Galen. Comm. iii. 1, Epid. i. (xvii. A. 24): ὑπὸ τῆς ξανθῆς ὀχλεῖται χολῆς. Galen. in Julian.: ἔνιοι δὲ μῆνα ὅλον ὑπὸ διαφθορᾶς ὀχλούμενοι διετέλεσαν. Galen. Usus Part. xii. 7 (iv. 25): ὅ τε νωτιαῖος ἧττον ἔμελλεν ὀχληθήσεσθαι. Galen. Comp. Med. vii. 4 (xiii. 104): ποιεῖ τοῖς κατὰ περίοδον ὑπὸ ῥίγους ὀχλουμένοις.

§ VIII.

ἰᾶσθαι. σώζειν. διασώζειν.

Luke, vi. 19: And the whole multitude sought to touch him: for there went virtue out of him, and *healed* them all (καὶ ἰᾶτο πάντας).

If we compare this passage with the passages in St. Matthew and St. Mark, where a similar statement is made, we find a great difference in the language employed. Matt. xiv. 36: And besought him that they might only touch the hem of his garment: and as many as touched were made perfectly whole, καὶ ὅσοι ἥψαντο, διεσώθησαν. Mark, vi. 56: And whithersoever he entered, into villages, or cities, or country, they laid the sick in the streets, and besought him that they might touch if it were but the border of his garment: and as many as touched him were made whole, καὶ ὅσοι ἂν ἥπτοντο αὐτοῦ, ἐσώζοντο.

St. Luke uses a term strictly medical, the other writers one less precise; and with respect to this word ἰᾶσθαι, which is used by the medical writers more frequently for "healing" than any other, it is remarkable that of the *twenty-eight times* that it is used in the New Testament, St. Luke alone uses it *seventeen times*, and all the other writers together only *eleven times*.

The words σώζειν and διασώζειν—used by the first two Evangelists in this instance to express "healing"—are also used by St. Luke in relating some of the miracles, but not by themselves alone to express this meaning, as is done by the other Evangelists. Wherever he uses them in connexion with acts of healing, he also adds some other words, which show the nature of the "saving." Thus, in the account of the healing of the centurion's servant, the words "that he would come and heal his servant," ὅπως ἐλθὼν διασώσῃ τὸν δοῦλον αὐτοῦ, Luke, vii. 3, are explained by verse 7, "my servant shall be healed," ἰαθήσεται ὁ παῖς μου, and by verse 10, "found the servant whole that had been sick," εὗρον τὸν ἀσθενοῦντα δοῦλον ὑγιαίνοντα. In the account of the healing of the demoniac in the country of the Gadarenes, the words "by what means he that was possessed of the devils was healed," πῶς ἐσώθη ὁ δαιμονισθείς, Luke, viii. 36, are explained in verse 35 by "the man out of whom the devils were departed," ἀφ' οὗ τὰ δαιμόνια ἐξεληλύθει, and "in his right mind," σωφρονοῦντα.

In the account of the woman with an issue of blood, the words "thy faith hath made thee whole," ἡ πίστις σου σέσωκέ σε, ch. viii. 48, are explained by "immediately her issue of blood staunched," παραχρῆμα ἔστη ἡ ῥύσις τοῦ αἵματος αὐτῆς, verse 44; and "how she was healed immediately," καὶ ὡς ἰάθη παραχρῆμα, verse 47. In the account of the cleansing of the ten lepers, the words "thy faith hath made thee whole," ἡ πίστις σου σέσωκέ σε, ch. xvii. 19, are explained by "as they went they were cleansed," ἐν τῷ ὑπάγειν αὐτοὺς ἐκαθαρίσθησαν, verse 14; and in the account of the healing of the eyes of the blind men near Jericho, the words "thy faith hath saved thee," ἡ πίστις σου σέσωκέ σε, ch. xviii. 42, are explained by "and immediately he received his sight and followed him," καὶ παραχρῆμα ἀνέβλεψε, καὶ ἠκολούθει αὐτῷ, verse 43.

The medical writers do not use σώζειν or διασώζειν, as equivalent to ἰᾶσθαι, to heal, but rather as meaning to escape from a severe illness or epidemic—to get through the attack—even if it were with impaired health or mutilation of the body. St. Luke, in Acts, xxvii. 44, and xxviii. 1, uses the word much in this sense (see the example quoted there, § 98).

§ IX.

ὑγιαίνειν.

The healing of the centurion's servant.—Luke, vii. 10: And they that were sent, returning to the house, found the servant *whole* (ὑγιαίνοντα) that had been sick.

St. Luke is the only N. T. writer who uses ὑγιαίνειν in this, its primary sense, " to be in sound health, " with the exception of St. John, 3 Ep. 2. For this meaning it is the regular word in the medical writers. Hipp. Vet. Med. 13: καὶ διὰ τουτέων πᾶς ὁ βίος καὶ ὑγιαίνοντι καὶ ἐκ νόσου ἀνατρεφομένῳ καὶ κάμνοντι. Do. 11: ὠφέλει τε καὶ ἔτρεφε τὸν κάμνοντα καὶ τὸν ὑγιαίνοντα. Do. 14: καὶ ταῦτα καὶ ἐν ὑγιαίνουσι τοῖσιν ἀνθρώποισιν ἀπεργάζεται καὶ ἐν κάμνουσι. Do. 18: καὶ νοσέοντι καὶ ὑγιαίνοντι. Aretaeus, Sign. Morb. Diuturn. 78 : τάδε καὶ τοῖσι ὑγιαίνουσι κάρτα οὐκ ἀήθεα. Aret. Cur. Acut. Morb. 87 : ἥ τε γὰρ ἕξις ὑγιανθήσεται. Diosc. Animal. Ven. Praef.: φασὶ γὰρ γίνεσθαι τρεῖς καταστάσεις τοῖς ἀνθρωπίνοις σώμασι. μίαν μὲν, καθ' ἣν ὑγιαίνουσι· ἑτέραν δὲ, καθ' ἣν νοσοῦσι· τρίτην δὲ μέσην ἑκατέρων καθ' ἣν δοκοῦσι μὲν ὑγιαίνειν, εὐεμπτώτως δὲ εἰς τὰ πάθη καὶ τοὺς κινδύνους ἔχουσι διά τινα φθοροποιὸν ἐγκειμένην τοῖς σώμασι δύναμιν. Galen. Comm. iii. 9, Aliment. (xv. 287): διὰ ταύτην γὰρ δύναμιν ἐσθίομέν τε ὑγιαίνοντες καὶ πίνομεν καὶ τἆλλα πάντα πράττομεν. Galen. Comm. i. 44, Humor. (xv. 506): ὑγιαινόντων τε καὶ νοσούντων — ἀποβλέποντες τὴν δύναμιν ὡς ἐπὶ τῶν ὑγιαινόντων ἐτρέφομεν τοὺς νοσοῦντας.

The word ὑγιαίνοντα, as used here by St. Luke, implies that the messengers, on their return, found the servant not only cured of his disease, but also in good health.

§ X.

*ἀνακαθίζειν.

The raising of the widow's son.—Luke, vii. 14: And he came and touched the bier: and they that bare him stood still. And he said, Young man, I say unto thee, Arise. And he that was dead *sat up* (ἀνεκάθισεν ὁ νεκρός) and began to speak.

St. Luke uses this word again, Acts, ix. 40, of another person restored to life, and sitting up in bed. And in this intransitive sense its use seems, with a few exceptions, to be almost altogether confined to the medical writers, who employ it to describe patients sitting up in bed. Hipp. Praenot. 37: ἀνακαθίζειν δὲ βούλεσθαι τὸν νοσέοντα τῆς νόσου ἀκμαζούσης. Hipp. Morb. Acut. 406: κἢν μὲν ἐν τῷ θώρηκι ὑπὲρ τῶν φρενῶν λυπέῃ τὸ πάθος, αὐτὸν ἀνακαθίζειν ὡς πλειστάκις καὶ ὡς ἥκιστα προσκλινέσθωσαν. Hipp. Epid. 1210: ἀνακαθιζομένῳ ἐγένετο ὑπόχολον γλίσχρον. Hipp. Epid. 1216: περὶ δὲ τὸν πρῶτον ὕπνον δίψα πουλλὴ καὶ μανίη καὶ ἀνεκάθιζε.

Hipp. Epid. 1220 : δυσφόρως φέρων τὸν πυρετὸν εὐθὺς ἀπ' ἀρχῆς καὶ ἀνακαθίζων τριταῖος ἔπτυσεν ὠχρόν. Hipp. Coac. Progn. 197 : ἀνακαθίζειν δὲ βούλεσθαι κακὸν ἐν τοῖσιν ὀξέσι. Aretaeus, Sign. Morb. Acut. 9 : καὶ ἢν μὲν κατακέωνται, ἀνακαθίζουσι ἀνακεκλίσθαι οὐκ ἀνεχόμενοι, ἢν δὲ ἀνακθίσωσι, ὑπὸ ἀπορίης αὖθις ἀνακλίνονται. Galen. Comm. i. 20, Progn. (xviii. B. 65) : λέγουσι οἱ περιπνευμονικοὶ στενοχωρίας αἰσθάνεσθαι κατὰ τὸν θώρηκα καὶ πνεύμονα πολλῆς ἐν ταῖς ὑπτίαις κατακλίσεσιν, εὐπνούστεροι δὲ ἀνακαθίζοντες γένεσθαι— χαλεπώτατόν ἐστι ἀνακαθίζειν ἐθέλειν τὸν κάμνοντα—ἀνακαθίζειν ἐπιχειρεῖν τὸν κάμνοντα κατὰ τὴν ἀκμὴν τῆς νόσου, &c. Galen. Loc. Affect. v. 3 (viii. 334) : διὸ καὶ μετασχηματίζεσθαι προθυμοῦνται καὶ ἀνακαθίζειν.

The description of the several gradual stages of recovery —he sat up—then began to speak—is quite in the manner of medical writing. St. Luke frequently does this; *e. g.* in the case of the lame ;man at the gate of the temple, of Tabitha, of the blindness of Elymas, &c.

§ XI.

Luke, vii. 21 : And in the same hour he cured many of their *infirmities and plagues,* and of *evil spirits* (ἀπὸ νόσων καὶ μαστίγων καὶ πνευμάτων πονηρῶν).

In this passage diseases are divided into two classes— νόσοι and μαστίγες—chronic and acute (νόσος = χρόνια κακοπάθεια, Theophyl.). Aretaeus, who wrote about St. Luke's time, makes a similar division, his medical works treating of the signs, causes, and cure of (1) acute and (2) chronic disease.

The word πονηρός is applied to evil spirits by St. Luke alone (except once, Matt. xii. 45 : Then goeth he, and taketh with himself seven other spirits more wicked (πονηρότερα) than himself). He uses it again viii. 2, xi. 26 ; Acts, xix. 12, 13, 15, 16. This word was frequently used in medical language in relation to disease, &c., and one of its uses is identical with that of St. Luke here, for πονηρός indicates the active principle of evil (see Trench, *Synonyms of the New Testament*), and it is applied in the medical writers to what spreads destruction or corruption, *e.g.* the poison of serpents. Galen speaking of the best season to take the viper (ἔχιδνα) for an ingredient of the antidote (θηριακή), says, Theriac. ad Pison. 13 (xiv. 264): ἀλλὰ μάλιστα περὶ τὴν ἀρχὴν τοῦ ἔαρος ὅταν τῆς μὲν φωλείας παύονται—καὶ οὐκέθ᾽ οὕτως ἔχουσι πονηρὸν τὸν ἰόν. ἔνδον γὰρ φωλεύοντα, καὶ κατὰ μηδὲν διαφορούμενα πονηροτέραν συνάγει καὶ τὴν ἐν αὐτοῖς φθοροποιὸν δύναμιν. Galen. Theriac. ad Pison. 8 (xiv. 234): ὁ δὲ δρύϊνος ὄφις οὕτως πονηρός ἐστι πρὸς τὸ διαφθεῖραι κακῶς. Galen. Theriac. ad Pison. 5 (xiv. 230): τῶν πονηρῶν θηρίων τὰ δήγματα. Galen. Theriac. ad Pison. 18 (xiv. 289): τὰ θηρία τὴν μὲν ὑπερτεταμένην καὶ πονηρὰν τοῖς σώμασι δύναμιν διὰ τῆς καύσεως ἀποτίθεται. Galen. Loc. Affect. iii. 11 (viii. 195): θαυμαστὸν δὲ οὐδὲν ἔφασκεν, δύναμιν ἰσχυρὰν ἴσχειν τὸν ἐν τῷ πάσχοντι μορίῳ γεννηθέντα παρὰ φύσιν χυμὸν, ὁποῖοι τοῖς πονηροῖς θηρίοις εἰσὶν οἱ ἰοί.

Besides the division of disease into two classes, St. Luke here distinguishes disease itself clearly from demoniacal possession, and this he does more frequently than the other Evangelists. See particularly vi. 17, viii. 2, xiii. 32, which have no parallel places in the other Gospels, and Acts, xix. 12.

§ XII.

The Demoniac of Gadara.—Luke, viii. 27: And when he went forth to land, there met him out of the city a certain man, which had devils *long time* (ἐκ χρόνων ἱκανῶν), and *ware no clothes* (ἱμάτιον οὐκ ἐνεδιδύσκετο), neither abode in any house, but *in the tombs*.

St. Luke here mentions some circumstances which are omitted by St. Matthew and St. Mark:—first that the possession had lasted a considerable time; this he repeats again, verse 29, πολλοῖς γὰρ χρόνοις συνηρπάκει αὐτόν, "for during a long time it had caught him." Now the mentioning the length of time a malady has lasted is quite in the manner of the medical writers. St. Luke does this often as in Ch. viii. 43, xiii. 11; Acts, iii. 2, iv. 22, and ix. 13; and here it would be appropriate in a medical writer to do so, as one of the medical notes of mania was that it was intermittent. Aretaeus, Sign. Morb. Diuturn. 37 : περὶ Μανίης— μανίη δὲ καὶ διαλείπει καὶ μελεδῶνι ἐς τέλος ἀποπαύεται. Again, St. Luke alone states that the man was naked, and this was another of the medical notes of mania. The Archbishop of Dublin (*Notes on the Miracles*, p. 168), on this passage, quotes from Pritchard on Insanity, "a striking and characteristic circumstance is the propensity to go quite naked; the patient tears his clothes to tatters." This propensity was one of the notes of mania in St. Luke's day, too, for Aretaeus, in his chapter on mania, states the same thing. Sign. Morb. Diuturn. 37 : περὶ Μανίης—ἐσθ' ὅτε ἐσθῆτάς τε ἐρρήξαντο.

St. Luke, too, states more clearly than the two other Evangelists that the man had taken up his abode in the tombs as his dwelling-place. A propensity to do this is also mentioned by ancient physicians in connexion with madness. See Actius de Melancholia ex Galeno, Rufo, &c., ch. i. (Galen. xix. 702) : οἱ πλείους μέντοι ἐν σκοτεινοῖς τόποις χαίρουσι διατρίβειν καὶ ἐν μνημείοις καὶ ἐν ἐρήμοις.

§ XIII.

*ἱστάναι.   ῥύσις αἵματος.   *προσαναλίσκειν.

The woman with an issue of blood.—Luke, viii. 43, 44 : And a woman *having an issue of blood* (οὖσα ἐν ῥύσει αἵματος) twelve years, which had *spent* (προσαναλώσασα) all her living upon physicians, neither could be healed of any, came behind him and touched the border of his garment, and immediately her issue of blood (ἡ ῥύσις τοῦ αἵματος αὐτῆς) *stanched* (ἔστη).

This is the only passage in the N. T. in which ἱστάναι is used in this sense. It is the usual word in the medical writers to denote the stoppage of bodily discharges, and especially such as mentioned here. Hipp. Praedic. 80: οἷσιν ἐξ ἀρχῆς αἱμορῥαγίαι λάβραι, ῥῖγος ἵστησι ῥύσιν. Hipp. Morb. Sacr. 306: ἵστησι τὸ αἷμα. Hipp. Morb. Mul. 639: ἐπειδὰν δὲ τὸ ῥεῦμα στῇ. Hipp. Morb. Mul. 668: καὶ ὁ ῥόος ἵσταται. Aretaeus, Cur. Acut. Morb. 109: πρὸς ἕδραν τὴν ἀρχαίην τὸ αἷμα στήσαντα — ἀκινησίῃ γὰρ τῶνδε καὶ πήξι ἵσταται ὁ ῥόος. Dioscorides, Mat. Med. i. 132: ἵστησι καὶ ῥοῦν γυναικεῖον προστιθέμενον. Do. 148: καὶ λευκὸν ῥοῦν ἵστησι. Do. 148: ἵστησι δὲ καὶ αἱμορῥοίδας. Galen. Comm. iv. 24, Morb. Acut. (xv. 781): ὅταν δὲ στῇ τὸ αἷμα. Galen. Cur. per Ven. Sect. 22 (xi. 313): δυσχερῶς ἱστῶσι τὴν αἱμορραγίαν.

The phrase ῥύσις αἵματος is used by St. Mark also. It is quite medical. Hipp. Medicus, 21: καὶ τὴν ῥύσιν τοῦ αἵματος κωλύεσθαι. Hipp. De Judicat. 53: ἢ αἵματος ἐκ τῶν ῥινέων ῥύσιν. Hipp. Coac. Progn. 119: ὁκόσοισι φρῖκαι πυκναὶ ὑγιαίνουσι, οὗτοι ἐξ αἵματος ῥύσιος ἐκπνίσκονται. Hipp. Aphor. 1248: τοῦ μὲν γὰρ ἦρος τὰ μανικὰ καὶ τὰ ἐπιληπτικὰ καὶ αἵματος ῥύσιες. Dioscorides, Mat. Med. i. 6: καὶ τὰς ἐκ μήτρας ῥύσεις προστιθέμεναι στέλλουσι. Do. 116: προστιθεῖσα ῥύσιν ἐκ μήτρας στέλλει. Galen. Comm. i. 26, Humor. (xvi. 26): καὶ τὰ ἐπιληπτικὰ καὶ αἵματος ῥύσεις. Galen. Comm. iii. 13, Humor. (xvi. 339): πλευρῖτις, φθίσις, αἵματος ῥύσις καὶ ὅσα μὴ ἀφαιρέσει ἀλλὰ τῇ προσθέσει μᾶλλον θεραπεύονται. Galen. Hipp. et Plat. Decret. viii. 6 (v. 695): καὶ ἐκ ῥινῶν αἵματος ῥύσιες. Galen. Comp. Med. vii. 3 (xiii. 77): ἄλλη ἀρρευμάτιστος πρὸς αἵματος ῥύσιν. Galen. Comm. i. 1, Humor. (xvi. 12): καὶ ὁ τόνος τῆς ῥύσεως τοῦ αἵματος ὁ κλύζων.

St. Luke at times, after using medical terms in their proper medical signification, is in the habit of continuing the use of words with which he was familiar in medical language. Some striking instances of this peculiarity will be met further on. Here he uses προσαναλίσκειν. Hipp. Rat. Vic. 356: ἀπὸ τῆς ζύμης τοῦ ὀξέος τὸ ὑγρὸν προσανάλωται. Galen. Comm. i. 26, Progn. (xviii. B. 84): εἰ δὲ καὶ πρᾶος ὁ πυρετὸς εἴη, δυνήσεταί ποτε πέψαι τοὺς μοχθηροὺς χυμοὺς ἡ δύναμις ἐν τῷ χρόνῳ μὴ φθάσασα προσαναλωθῆναι τῇ τῶν πυρετῶν ὀξύτητι. Galen. Morb. Acut. Secund. Hipp. 4 (xix. 192): εἴ τις περὶ τὴν ἀκμὴν ὁλοσχερεστέρας ἀπαιτεῖ τροφὰς προσαναλωθείσης τῆς δυνάμεως.

ἐξαναλίσκειν and καταναλίσκειν are also thus used in the medical writers (a).

§ XIV.

θεραπεία.

Luke, ix. 11: And the people, when they knew it, followed him: and he received them and spake unto them of the kingdom of God, and healed them that had need *of healing* (τοὺς χρείαν ἔχοντας θεραπείας ἰᾶτο). θεραπεία, in this sense, is used by St. Luke only, and once in Rev. xxii. 2. It was the usual word in the medical writers for "medical treatment," &c. Hipp. Morb. Acut. 399: τοὺς δὲ ἀκαταστάτους τῶν πυρετῶν, ἐὰν μέχρις ἂν καταστῶσιν, ὁκόταν δὲ στῶσιν ἀπαντῆσαι διαίτῃ καὶ θεραπείῃ τῇ προσηκούσῃ. Hipp. Morb. Acut. 406: ἀσφαλεστέρη γὰρ γίνεται ἡ θεραπείη. Hipp. Morb.

(a) *The raising of Jairus's daughter.*—Luke, viii. 55: And her spirit came again (ἐπέστρεψε τὸ πνεῦμα). This passage has been considered by some as one in which St. Luke employs medical language, and has been rendered "her breathing" or "respiration" returned. This rendering, though possible, seems improbable, for the phrase ἐπέστρεψε τὸ πνεῦμα = "respiration returned," is very unlike a medical one; and had St. Luke intended merely this, he would most likely, as a physician, have employed, in accordance with medical usage, ἀναπνοή, not πνεῦμα. ἀναπνοή was the medical term for respiration. Galen has written two works on the subject, named, "On the Causes of Respiration," περὶ τῶν τῆς ἀναπνοῆς αἰτίων, and "On the Use of Respiration," περὶ χρείας ἀναπνοῆς. He defines it, Med. Defin. 108 (xix. 375), and it is the term used throughout his works, passim, *e. g.* speaking of the cessation of breathing, Loc. Affect. i. 6 (viii. 34): οὗτος μὲν οὐκ ἄφωνον μόνον ἀποτελεῖ, τὸ ζῶον

Acut. 690 : ἢ δὲ ὑπολείπηται ἕλκεα, πλείονος δεήσει θεραπείης. Aretaeus, Cur. Morb. Acut. 82: θεραπεία φρενιτικῶν. Do. 88 : θεραπεία ληθαργικῶν. Do. 91 : μαρασμοῦ θεραπεία—θεραπεία ἀποπληξίης. Do. 94 : θεραπεία παροξυσμοῦ ἐπιληπτικῶν. Do. 95 : θεραπεία τετάνου. Dioscor. Animal. Ven. 3 : τρόπος δὲ τῆς θεραπείας ἕτερος ἀγέσθω. Galen. Progn. ad Posth. 2 (xiv. 609): περὶ τῆς θεραπείας τοῦ νοσήματος.

§ XV.

* ἀφρός. * ἀποχωρεῖν. * ἐπιβλέπειν. ἐξαίφνης.

The healing of a demoniac child.—Luke, ix. 38, 39 : And, behold, a man of the company cried out, saying, Master, I beseech thee, *look upon* (ἐπίβλεψον) my son, for he is mine only child. And, lo, a spirit taketh him, and he *suddenly* (ἐξαίφνης) crieth out; and it teareth him that he *foameth* again (μετὰ ἀφροῦ), and bruising him *hardly departeth* (μόγις ἀποχωρεῖ) from him.

* ἀφρός is used by Hippocrates and Aretaeus in describing the symptoms of epilepsy, which would seem, from St. Luke's and St. Mark's narrative, to have been the disease through which in this instance the devils exerted their power over this child. Hipp. Morb. Sac. 303 (Epilepsy) : ἢν δὲ ἀφρὸν ἐκ τοῦ στόματος ἀφέῃ καὶ τοῖσι ποσὶ λακτίζῃ. Hipp. Morb.

πνίγει, στερίσκων τῆς ἀναπνοῆς. Aretaeus, also, throughout his works constantly uses ἀναπνοή. πνεῦμα is often used by the medical writers in conjunction with ἀναπνεῖν and ἀναπνοή, to signify the air or breath inhaled during the act of respiration, *e. g.* Hippocrates, Dieb. Judicat. 57 : ἀναπνέων πουλὺ ἀθρόον πνεῦμα. Aretaeus, Sign. Acut. Morb. 19 : καὶ γὰρ καὶ διὰ πνεύμονος ἕλκει πνεῦμα εἰς ἀναπνοὴν ἡ καρδίη. Galen. Praedic. i. Comm. i. 4 (xvi. 619): δι' ὧν τὸ πνεῦμα κατὰ τὰς ἀναπνοὰς ἔισω τε καὶ ἔξω φέρηται.

Hippocrates sometimes loosely uses πνεῦμα for ἀναπνοή, and Galen found it necessary to explain this at times in his commentaries on the works of Hippocrates: thus commenting on the Aphorism : ἐν τοῖσι πυρετοῖσι τὸ πνεῦμα προσκόπτον κακόν, σπασμὸν γὰρ σημαίνει, he says, πνεῦμα νῦν ἀκουστέον αὐτὸν λέγειν, ὥσπερ κἂν τῷ προγνωστικῷ τὸ κατὰ τὴν ἀναπνοήν.

Sac. 305 (Epilepsy) : καὶ ἀφρὸς ἐκ τοῦ στόματος ἐκρέει καὶ οἱ ὀδόντες συνήρκασι. Hipp. Epid. 1222 : πάλιν τῇ ὑστεραίῃ πρωΐ ἐλήφθη σπασμώδης ἀφρὸς δὲ οὐ πάνυ. Hipp. Aph. 1246 : οὐκ ἀναφέρουσιν οἶσι ἂν ἀφρὸς ᾖ περὶ το στόμα. Aretaeus, Sign. Morb. Acut. 4 (Epilepsy) : ἀφρὸν δὲ ἀποπτύουσι ὥσπερ ἐπὶ τοῖσι μεγάλοισι πνεύμασι ἡ θάλασσα τὴν ἄχνην. Do. 29 : ἐπειδὴ τοῖσι χείλεσι ἀφρὸς ἐφιζάνει.

*ἀποχωρεῖν is used once by St. Matthew, vii. 23, but not in connexion with disease. It is of frequent use in the medical writers. Hipp. Loc. in Hom. 409 : καὶ τὸ μὲν αἷμα ἀποτρεπόμενον βουλόμενον ἀποχωρέειν, τὸ δ᾽ ἄνωθεν ἐπιρρέον βουλόμενον κάτωχωρέειν. Hipp. Loc. in Hom. 413 : καὶ μὴ ἐς τὴν κεφαλὴν πάλιν ἀποχωρέῃ νοσηλὸν ἐόν. Hipp. Morb. Mul. 588 : ὥστε ἢν μὴ ἀποχωρέῃ τι τοῦ αἵματος. Hipp. de Ulcer. 873 : ὅκως τὸ πῦον ἀποχωρέῃ καὶ τὰ σκληρυνόμενα λαπαχθῇ—πῦον ἀπὸ τῶν οἰδημάτων ἀποχωρέει κατὰ τὸ ἕλκος. Hipp. Judicat. 55 : καὶ ταῖς πύα ἀπυχωρέοντα ὑγιάζειν νούσοις. Hipp. Coac. Progn. 157 : πτυάλου ἀναχρέμψιες ἐν πυρετῷ—ἀποχωρέουσαι κατὰ λόγον. Hipp. Vict. Rat. 353 : δι᾽ ὁκοίων γὰρ ἀγγείων ἀποχωρεῖ. Hipp. Judicat. 53 : σιάλου πολλοῦ ἀποχώρησις. Galen. Comm. i. 1, Humor. (xvi. 10) : ὅτε πρὸς τῆς ψυχρότητος ὠθούμενον εἰς τὰ ἔνδον ἀποκεχώρηκε. Galen. Comm. i. 15, Humor. (xvi. 161) : φάρμακα τὰ συνήθως ὀνομαζόμενα χαλαστικὰ καὶ τούτων ὅσα πρὸς τὸ ξηρότερον ἀποκεχώρηκεν.

*ἐπιβλέπειν. St. Luke alone uses the word ἐπιβλέπειν, with the exception of St. James, ii. 3, who, however, employs it in a different sense—" And ye have respect to him that weareth the gay clothing." It was used by the medical writers of examining the appearance, condition of a patient, &c. Galen. Comm. i. 1, Humor. (xvi. 13) : ἐπιβλέπειν δεῖ ὥραν καὶ χώραν καὶ ἡλικίαν καὶ νόσους καὶ τὸν λυποῦντα χυμόν. Galen. Comm. i. 1, Humor. (xvi. 58) : καὶ ἃ δεῖ τὸν ἰατρὸν ἐπιβλέπειν. Galen. Comm. i. 18, Humor. (xvi. 176) : δύναται γὰρ τοῦτο ποιεῖσθαι ἀπὸ τῆς ὀδύνης τινὸς ἢ πόνων ἢ πάθους ψυχικοῦ ἢ καὶ σωματικοῦ ὅπερ δεῖ μάλιστα ἐπιβλέπειν, εἰ θεραπείας χρῄζει. Galen. Comm. iii. 8, Epid. ii. (xvii. A. 402) : ἐπιβλέπειν τὰς φύσεις τε καὶ κράσεις καὶ τὴν ῥώμην τῶν λαμβανόντων τὸ φάρμακον. Galen. Comm. ii. 6, Epid. iii. (xvii. A. 627) : οὕτως οὖν εἴωθεν ὁ Ἱπποκράτης ἐπιβλέπειν τὰ οὖρα. Galen. Meth. Med. ad Glauc. i. 16 (xi. 67) : ἐπιβλέπειν ἤδη χρὴ τὸ πρόσωπον τοῦ νοσέοντος. Galen. Comm. i. 2, Aph. (xvii. B. 360) : εἶδος τῆς νόσου ἐπιβλεπτέον. Galen. Meth. Med. ad Glauc. ii. 2 (xi. 30) : καὶ αὐτὴν τὴν τοῦ νοσήματος ὑπόθεσιν ἐπιβλέπειν ἐφάσκομεν δεῖν. Galen. Ther. ad Pison. 4 (xiv. 229) : καὶ τὰς κράσεις τῶν λαμβανόντων τὸ φάρμακον ἐπιβλέπειν. Galen. Comm. iii. 8, Aliment. (xv. 286) : ἐπιβλέπειν δὲ χρῆναι καὶ εἰς τὰ νοσήματα καὶ τὴν δύναμιν τοῦ κάμνοντος.

ἐξαίφνης—He *suddenly* crieth out. This word is met with four times in the writings of St. Luke, and but once in the rest of the N. T. (Mark, xiii. 36). It is just the word a medical writer would employ here, as in medical language it was applied to sudden crying out—sudden attacks of speechlessness, spasms, paroxysms. Hipp. Epid. 1212 : τεσσαρεσκαιδεκάτῃ ἔργον κατέχειν ἦν, ἀναπηδῶσαν καὶ βοῶσον ἐξαίφνης καὶ συντόνως. Hipp. 305 (Epilepsy) : ἄφωνος μέν ἐστιν ὁκόταν ἐξαίφνης τὸ φλέγμα ἐπικατελθὸν ἐς τὰς φλέβας ἀποκλείσῃ τὸν ἀέρα. Hipp. Nat. Mul. 563 : ἄφωνος ἐξαπίνης γίνεται, καὶ τοὺς ὀδόντας ξυνερείδει, καὶ ἡ χροιὴ μέλαινα γίνεται ἐξαπίνης δὲ ταῦτα πάσχει. Hipp. Morb. Mul. 648 : ἄφωνος ἡ γυνὴ ἐξαπίνης γίνεται. Hipp. Morb. Mul. 670 : ἐξαπίνης ἄφωνος γίνεται ὑποχόνδρια σκληρὰ καὶ πνίγεται καὶ τοὺς ὀδόντας συνερείδει καὶ οὐκ ὑπακούει καλεομένη. Hipp. Epid. 1046 : ὅσοι ἐξαπίνης ἄφωνοι ἀπύρετοι ἔωσιν, φλεβοτομέειν. Hipp. Aph. 1260 : ἦν ἡ γλῶσσα ἐξαίφνης ἀκρατὴς γένηται ἢ ἀπόπληκτόν τι τοῦ σώματος. Galen. Anat. Administr. viii. 4 (ii. 669) : κέκραγε γὰρ οὕτω παιόμενον, εἶτ᾽ ἐξαίφνης ἄφωνον γινόμενον ἐπὶ τῷ σφιγχθῆναι τὰ νεῦρα. Galen. De Bono Hab. (iv. 755) : τῷ δὲ ἐξαίφνης ἄφωνον γενέσθαι φλεβῶν ἀπολήψιες τὸ σῶμα λυπέουσι. Galen. Medic. et Gymn. 37 (v. 877) : ὅθεν ἄφωνοί τινες αὐτῶν ἐξαίφνης.

St. Luke here enters more into the medical details of the case than the other Evangelists, stating some particulars passed over by them; we learn from him alone that the fits came on suddenly—ἐξαίφνης κράζει, he suddenly crieth out—also that they lasted a considerable time—μόγις ἀποχωρεῖ—hardly departeth from him.

It is worthy of note that Aretaeus, a physician of about St. Luke's time, in treating of Epilepsy, admits the possibility of this disease being produced by demoniacal agency. He writes, Sign. Morb. Diuturn. 37 (Epilepsy): τοὔνεκεν ἱερὴν κικλήσκουσι τὴν πάθην· ἀτὰρ καὶ δι' ἄλλας προφάσιας, ἢ μέγεθος τοῦ κακοῦ· ἱερὸν γὰρ τὸ μέγα· ἢ ἰήσιος οὐκ ἀνθρωπίης ἀλλὰ θείης. ἢ δαίμονος δόξης ἐς τὸν ἄνθρωπον εἰσόδου, ἢ ξυμπάντων ὁμοῦ, τήνδε ἐπίκλησκον ἱερήν.

Now, this was a complete revolution in medical science since the time of Hippocrates, who repudiates the idea that Epilepsy (called the sacred disease, ἡ ἱερὴ νόσος), was more supernatural than any other. In the beginning of his treatise on Epilepsy he writes: περὶ μὲν τῆς ἱερῆς νόσου καλεομένης ὧδ' ἔχει. οὐδέν τί μοι δοκέει τῶν ἄλλων θειοτέρη εἶναι νούσων οὐδὲ ἱερωτέρη, ἀλλὰ φύσιν μὲν ἔχει ἣν καὶ τὰ λοιπὰ νουσήματα ὅθεν γίνεται. This statement he repeats (303), and at the conclusion: αὕτη δὲ ἡ νοῦσος ἡ ἱερὴ καλεομένη ἐκ τῶν αὐτῶν προφασίων γίνεται ἀφ' ὧν καὶ αἱ λοιπαὶ ἀπὸ τῶν προσιόντων καὶ ἀπιόντων, οἷον ψύξιος, ἡλίου, πνευμάτων μεταβαλλομένων τε καὶ μηδέποτε ἀτρεμιζόντων, ταῦτα δ' ἐστὶ θεῖα, ὥστε μηδὲν διακρίνοντα τὸ νούσημα θειότερον τῶν λοιπῶν νουσημάτων νομίζειν, ἀλλὰ πάντα θεῖα καὶ ἀνθρώπινα πάντα, referring all such diseases to natural causes.

§ XVI.

*ἀνακύπτειν. *ἀπολύειν. ἀνορθοῦν.

The woman with a spirit of infirmity.—Luke, xiii. 11, 12, 13: And, behold, there was a woman which had a spirit of infirmity *eighteen years*, and she was bowed together, and could in no wise *lift up* (ἀνακύψαι) *herself*. And when Jesus saw her, he called her to him, and said unto her, Woman, thou art *loosed* (ἀπολέλυσαι) from thine infirmity. And he laid his hands on her: and immediately *she was made straight* (ἀνωρθώθη), and glorified God.

* ἀνακύπτειν is most suitably used here. Galen uses it of straightening the vertebrae of the spine. Usus Part. xiii. 1 (iv. 80): ἐχρῆν γὰρ δήπου τοὺς μὲν ὑποκειμένους εἰς τὰ κάτω μέρη μεθίστασθαι κυρτουμένης τῆς ῥάχεως, ἄνω δ' ἰέναι τοὺς ὑπερκειμένους, καὶ μέν γε καὶ ἀνακυπτόντων τε καὶ ὀρθουμένων, ἔμπαλιν ἐχρῆν κινεῖσθαι τοὺς σπονδύλους κάτω μετιόντας τοὺς ὑπερκειμένους, ἄνω δὲ τοὺς ὑποτεταγμένους. ὅρος γὰρ ἑκατέρου τοῦ σχήματος, ἐπικαμπτόντων μὲν ἀποχωρεῖν ἀλλήλων τοὺς σπονδύλους, ὅσον οἷόν τε πλεῖστον, ὡς εἰ καὶ μείζονος δεομένης τηνικαῦτα γίνεσθαι τῆς ῥάχεως, ἀνακυπτόντων δ', ἔμπαλιν συνιέναι πάντας εἰς ταὐτὸν ἀλλήλοις τῷ μέσῳ σπονδύλῳ προσχωροῦντας, ὡς ἂν καὶ νῦν βραχείας ἀναγκαζομένης γίνεσθαι τῆς ὅλης ῥάχεως. Hippocrates calls a curvature of the spine κῦφος and κύφωμα, and uses λύειν of its removal. Artic. 806, 807: σπόνδυλοι δὲ οἱ κατὰ ῥάχιν, ὅσοισι μὲν ὑπὸ νοσημάτων ἕλκονται ἐς τὸ κυφὸν, τὰ μὲν πλεῖστα ἀδύνατα λύεσθαι, πρὸς δὲ καὶ ὅσα ἀνωτέρω τῶν φρενῶν τῆς προσφύσιος κυφοῦται —μᾶλλον δέ τι ἐγγινόμενοι κυρσοὶ ἐν τῇ κατ' ἰγνύην φλεβί, οἷσι δ' ἄν τι κύφωμα ᾖ, λύουσιν.

* ἀπολύειν. This is the only passage in the N.T. in which ἀπολύειν is used of disease. It is applied by the medical writers to releasing from disease—relaxing tendons, membranes, &c., and taking off bandages. Hipp. Praedic. 108: ἐπὴν δὲ τὸ κύρτωμα τὸ τῆς γαστρὸς ἀπολυθῇ. Hipp. Aph. 1228: ὅτε δὲ πάθεα ἂν διαμείνῃ τοῖσι παιδίοισι καὶ μὴ ἀπολυθῇ περὶ τὸ ἡβάσκειν, χρονίζειν εἴωθεν. Hipp. Artic. 840: νεύρων ἀπολυθέντων. Hipp. Nat. Puer. 246: ὁκόταν δὲ ῥαγῶσιν οἱ ὑμένες τότε λύεται ἀπὸ δεσμοῦ τὸ ἔμβρυον. Hipp. Fract. 760: ἀπολῦσαι δὲ τριταῖον καὶ αὖθις μετεπιδῆσαι. Hipp. Fract. 767: τελευτῶντες δὲ ἀπολύουσι τὰ ἐπιδέσματα.

Aretaeus, Sign. Acut. Morb. 7 : τὸ κακὸν ἀπολυθὲν δὲ ἀθρόως ἐπαλινδρόμησε. Aret. Cur. Acut. Morb. 100 : ἣν δὲ αἱ ἐσχάραι ἤδη τε ἀπολύωνται. Dioscorides, Medic. Parab. i. 214 : καὶ ἀποπίπτει ἐν ἡμιωρίῳ ἀποξηραινομένη ἡ αἱμορροΐς καὶ ἐκ τῆς βάσεως ἀπολυομένη. Galen. Comm. ii. 9, Humor. (xvi. 243) : καὶ ὅσα ἀπολύει τὸν ἄρρωστον ἀπὸ τοῦ νοσήματος. Galen. Anat. Administr. i. 5 (ii. 251) : ὅταν ἀπολύῃς τῶν τενόντων.

ἀνορθοῦν is met in Hebrews once, xii. 12; is used by the medical writers for "to straighten, to put into natural position, abnormal or dislocated parts of the body." Hipp. Superfoet. 264 : ἀνευρύνειν τὸ στόμα τῆς μήτρας τῇ μήλῃ τῇ κασσιτερίνῃ καὶ ἀνορθοῦν ὅπη ἂν δέηται. Hipp. Aphoron. 677 : ἀνορθοῦν ὁμοῦ ἐὰν δέηται. Hipp. Artic. 802 : ἀνορθοῦν μὲν χρὴ πάντα τὰ τοιαῦτα τοὺς δακτύλους ἐς τοὺς μυκτῆρας ἐντιθέντα. Hipp. Artic. 803 : παραβάλλοντα γὰρ τοὺς δακτύλους χρὴ ἔνθεν καὶ ἔνθεν κατὰ τὴν φύσιν τῆς ῥινὸς ὡς κατωτάτω κάτωθεν συναναγκάζειν καὶ οὕτω μάλιστα ἀνορθοῦνται. Hipp. Morb. Mul. 665 : ὀρθοῦσθαι ἀδυνατεῖ.— καὶ οὐ δύναται ὀρθοῦσθαι ἢ ἰθύνεσθαι. Hipp. Morb. 852 : οὗτοι κατοκνέουσιν ὀρθοῦσθαι καὶ εἰλέονται ἐπὶ τὸ ὑγιὲς σκέλος. Hipp. Intern. Affect. 553 : καὶ ἣν τις ἀναστῆσαι θέλῃ οὐ δύναται ὀρθοῦσθαι. Galen. Comm. iii. 16, Progn. (xviii B. 265) : ὀρθοῦντες τὸν τράχηλον. Galen. Medicus, 20 (xiv. 792) : ἐὰν μὲν οὖν ῥὶς κατεάγῃ οὐκ ὀρθοῦται. Galen. Art. Med. Const. 12 (i. 264) : τὸ κῶλον ἀδύνατον ὀρθῶσαι καὶ διαπλάσαι.

In addition to the medical words used in describing this miracle, there are traces of medical writing. After mentioning the length of time the woman laboured under this infirmity, St. Luke states the several stages in the process of recovery—first the relaxing of the contracted muscles of the chest (ἀπολέλυσαι); and as this of itself would not have been sufficient to give her an erect posture, on account of the stiffening of the muscles through so many years, the second part of the operation is described by (ἀνορθώθη) the removal of the curvature, and strength to stand erect.

§ XVII.

*ἴασις. ἀποτελεῖν.

Luke, xiii. 32: And he said unto them, Go ye, and tell that fox, Behold, I cast out devils, and *I do cures* (ἰάσεις ἀποτελῶ) to day and to morrow, and the third day I shall be perfected. St. Luke alone employs the great medical word ἴασις, "healing," "cure." And ἀποτελεῖν, which is a word of most frequent use in medical language, and is met in only one other passage in the N. T. (James, i. 10.)

*ἴασις. Hipp. Morb. Sacr. 301 : κατὰ δὲ τὴν εὐπορίαν τοῦ τρόπου τῆς ἰήσιος ἰῶνται. Hipp. Praedic. 93 : ἐπιχειρέειν δὲ χρὴ τουτέοισι τὸν ἰητρὸν, εἰδότα τὸν τρόπον τῆς ἰήσιος. Hipp. Intern. Affect. 556 : ἡ νοῦσος ὑπετροπίασεν, ἀλλὰ χρὴ, ἣν ὑποτροπιάσῃ τὴν αὐτὴν ἴησιν ἰῆσθαι. Hipp. De Arte, 4 : ἔτι τοίνυν εἰ μὲν ὑπὸ φαρμάκων ἡ ἴησις τῇ τε ἰητρικῇ καὶ τοῖς ἰητροῖσι μοῦνον ἐγένετο. Hipp. Morb. 857 : ἴησις δὲ, ἢν μὲν ἀπύρετοι ἔωσιν, ἐλλεβορίζειν. Hipp. 862 : ἴησις, καῦσις—ἡ δὲ μελέτη ἴησις, ἐπίδεσις ὡς νόμος. Aretaeus, Sign. Morb. Diuturn. 58 : ῥηϊτέρη ἡ τῶνδε ἴησις. Galen. Comm. i. 5, Nat. Hom. (xv. 37) : τὴν ἴησιν ἁπλῆν ἔσεσθαι, οὐκ ὄντων γὰρ πολλῶν παρ' αὐτῷ πολλοὺς τρόπους ἰάσεως ἀδύνατον γενέσθαι. Galen. Comp. Med. viii. 5 (xiii. 187) : τὰ πάθη τὰ δεύμενα τῆς διὰ φαρμάκων ἰήσεως. Galen. Comp. Med. viii. 5 (xiii. 188) : τὰς μεθόδους τῆς ἰάσεως.

ἀποτελεῖν. Hipp. Acut. Morb. 391 : ὡς χρὴ διαγινώσκειν τὰς ἀσθενείας ἐν τῇσι νούσοισιν, αἵ τε διὰ κενεαγγείην ἀποτελοῦνται αἵ τε δι' ἄλλην τινὰ ἐρεθισμόν. Hipp. Epid. 1200 : καὶ ἡ τῆς ἄλλης νόσου ἐπίδυσις, ἡ χάλασις, ἡ ἀκμὴ καὶ τὸ μᾶλλον καὶ τὸ ἧσσον ἀποτελέουσα, &c. Dioscorides, Mat. Med. ii. 129 : βέλτιον δὲ τὸ ἴδιον ἔργον ἀποτελεῖ πρὸς τὰ ῥεύματα τῆς κοιλίας. Do. 179 : δύναται δὲ καθαρὸν καὶ εὔχρουν ἀποτελεῖν τὸ σῶμα. Galen. Comp. Med. vi. 9 (xii. 1007) : κάλλιστον ἀποτελεῖ φάρμακον. Galen. Ther. ad Pison 3 (xiv. 220) : καὶ διὰ τοῦτο θαυμαστῶς τὴν ἀντίδοτον ἀποτελεῖν τὰ ἔργα. Galen. Comm. iii. 2, Epid i. (xvii. A 264) : φρενιτικὸς ἂν ἀπετελέσθη. Galen. Comm. iii. 26, Humor. (xvi. 459): τὸν ἄνθρωπον ἢ ὕδρωπα ἀποτελεῖσθαι ἢ καχεξίαν ἐμποιεῖν. Galen. Comm. iv. 35, Morb. Acut. (xv. 805): καὶ μετὰ τὸ νοσῆσαι κρίσεις ἀποτελοῦνται. Galen. Comm. i. 12, Humor. (xvi. 132) : χολώδους δὲ ὄντος ἐρυσίπελας ἀποτελεῖται.

There is another reading, ἐπιτελῶ, and it is found in conjunction with ἴασις in Galen. adv. Julianum, 6 (xviii. A. 277): Ἀσκληπιάδης—ἀπαιτεῖ τοῖς ἰατροῖς ἐπιτελεῖσθαι τὴν ἴασιν.

§ XVIII.

* ὑδρωπικός.

The healing of the man with a dropsy.—Luke, xiv. 2 : And, behold, there was a certain *man before him which had the dropsy* (ὑδρωπικός). The use of the adjective ὑδρωπικός (sc. ἄνθρωπος), "a dropsical man," employed by St. Luke, is the usual way in medical language of denoting a person suffering from dropsy. Hipp. Epid. 1215 : Κτησιφῶν ὑδρωπικὸς ἐκ καύσου πολλοῦ, καὶ πρότερον ὑδρωπικὸς καὶ σπληνώδης. Hipp. Epid. 1216 : καὶ ἐν Ὀλύνθῳ ὑδρωπικὸς, ἐξαίφνης ἄφωνος. Hipp. Aph. 1256 : τοῖσιν ὑδρωπικοῖσι τὰ γινόμενα ἕλκεα ἐν τῷ σώματι οὐ ῥᾳδίως ὑγιάζεται. Hipp. Aph. 1257 : ὁκόσοι ἔμπυοι ἢ ὑδρωπικοί. Do. 1257 : τοῖσιν ὑδρωπικοῖσι βὴξ ἐπιγενομένη κακόν. Dioscorides, Mat. Med. i. 4 : λιθιῶσι καὶ ὑδρωπικοῖς βοηθεῖ. Do. 9 : δύναμις δὲ αὐτῶν διουρητικὴ ἁρμόζουσα ὑδρωπικοῖς. Do. 134 : βοηθεῖ σπληνικοῖς, ὑδρωπικοῖς. Galen. Ther. ad Pamphil. (xiv. 303) : χρήσιμος δὲ καὶ ὑδρωπικοῖς—ἐπὶ μὲν τῶν ὑδρωπικῶν οἱ μὲν αὐτὸ καταπίνειν διδόασι τὸ φάρμακον πρὸ τῶν σιτίων.

§ XIX.

* προσάγειν.

The healing of the blind man near Jericho.—Luke, xviii. 40: And Jesus stood, and commanded him *to be brought unto him* (ἀχθῆναι πρὸς αὐτόν).

* προσάγειν and ἄγειν πρός, though used by other New Testament writers, are never applied by them to the bringing of the sick to our Lord: this is done by St. Luke alone. Here, and ix. 41: "Bring thy son hither," προσάγαγε τὸν υἱόν σου ὧδε, and iv. 40: "Now when the sun was setting, all they that had any sick with divers diseases brought them unto him," ἤγαγον αὐτοὺς πρὸς αὐτόν. In the parallel passages to this last (Matt. viii. 16; Mark, i. 32), the other Evangelists use προσφέρειν and φέρειν πρός, which might seem more strictly correct, as, no doubt, some of the sick had to be carried.

προσάγειν, however, was a word of most frequent use in medical language in several technical significations, and among them in this very one of bringing sick to a physician. Galen. Comp. Med. iii. 2 (xiii. 585): ἐξ ἀνάγκης οὖν ἠκολούθησε τῷ τετρωμένῳ θερμασία τε πολλὴ καὶ δῆξις καὶ ὀδύνη κατὰ τὸ ἕλκος, ὥστε ἀχθῆναι πρὸς ἐμὲ τὸν ἄνθρωπον ὡς ἐπὶ παραδόξῳ τῷ συμβεβηκότι. Galen. Comp. Med. iii. 7 (xiii. 637): ἐμοὶ κἀκεῖνο τὸ παιδάριον ἐκέλευσε προσαχθῆναι θεραπευθησόμενον. Other meanings were, to bring the sick gradually round to food. Hipp. Vic. Rat. 374: ἐκ δὲ τοῦ ἐμέτου προσαγέσθω εἰς ἡμέρας τέσσαρας τὸ σιτίον—καὶ ἔμετον ποιησάμενος προσαγέτω. Hipp. De Insom. 376: τὸ τρίτον μέρος ἄφελε τοῦ σιτίου καὶ τοῦτο ἡσυχῇ προσάγου πάλιν ἐς τὰς πέντε ἡμέρας—καὶ σιτίοισι κούφοισι προσάγειν ἐς ἡμέρας πέντε. 377: ἔπειτα ἐξεμέσαντα αὖθις προσάγειν πρὸς τὰς πέντε. 378: ἡ δὲ δίαιτα μαλακὴ καὶ κούφη προσαχθήτω ἐς ἡμέρας τεσσάρας. And to apply remedies. Hipp. Epid. 1223: ἐλλέβοροι

προσήχθησαν κεφαλῆς καθάρσιες. Dioscorides, Medic. Parab.
i. 14: ἐργαστικὴν ἔχει δύναμιν τοῖς ῥισὶ προσαγόμενα—κνίδη προσαγομένη σκέλεσι.

§ XX.

The healing of Malchus's ear.—Luke, xxii. 50 :. And one of them smote the servant of the high priest, and cut off his *right* ear. And Jesus answered and said, Suffer ye thus far. And he touched his ear, *and healed him.*

This miracle is peculiar to St. Luke, for although all four Evangelists record the cutting off of the ear, St. Luke alone tells us of the healing. In its character it was of such a nature as would impress itself on the mind of a physician; as it was unique among our Lord's acts of healing, and St. Luke in his medical practice had never seen the restoration of an amputated member of the body.

§ XXI.

*ἡμιθανής. *καταδέειν. *τραῦμα. *ἐπιχέειν. *ἔλαιον καὶ οἶνος. *ἐπιμελεῖσθαι. *ἐπανέρχεσθαι. *ἀντιπαρέρχεσθαι. *κατὰ συγκυρίαν. περιπίπτειν.

Parable of the good Samaritan.—Luke, x.30–35: And Jesus answering said, A certain man went down from Jerusalem to Jericho, and *fell among* (περιέπεσεν) thieves, which stripped him of his raiment, and wounded him, and departed, leaving him *half dead* (ἡμιθανῆ). And *by chance* (κατὰ συγκυρίαν) there came down a certain priest that way : and when he saw him, he passed by on the other side (ἀντιπαρῆλθεν). And likewise a Levite, when he was at the place, came and looked on him, and passed by on the other side (ἀντιπαρῆλθε). But a certain Samaritan, as he journeyed, came where he was : and when he saw him, he had compassion on him, and went to him, and *bound up* (κατέδησε) *his wounds* (τὰ τραύματα αὐτοῦ), *pouring in* (ἐπιχέων) *oil and wine* (ἔλαιον καὶ οἶνον), and set him on his own beast, and brought him to an inn, and *took care of him* (ἐπεμελήθη αὐτοῦ). And on the morrow when he departed, he took out two pence, and gave them to the host, and said unto him, *Take care of him* ('Επιμελήθητι αὐτοῦ); and whatsoever thou spendest more, *when I come again* (ἐν τῷ ἐπανέρχεσθαί με), I will repay thee.

This parable is peculiar to St. Luke, and from the incidents described in it was one most likely to be recorded by him: he may himself have attended in his professional practice on travellers in a similar case, for we find from a passage in Galen that it was not unusual for persons when seized with illness on a journey to take refuge in inns. Galen, too, uses the word "half dead" (*ἡμιθανής, peculiar to St. Luke) in describing their case. Galen. De Morb. Different. 5 (vi. 850) : οἷα τοῖς ὁδοιπορήσασιν ἐν κρύει καρτερῷ γίνεται, πολλοὶ γὰρ τούτων οἱ μὲν ἐν αὐταῖς ταῖς ὁδοῖς ἀπέθανον, οἱ δὲ εἰς πανδοχεῖον, πρὶν ἢ οἴκαδε παραγενέσθαι φθάσαντες ἡμιθνῆτές τε καὶ κατεψυγμένοι φαίνονται. Galen. De Rigore, &c., 5 (vii. 602) : ὡς ὅσοι γε χειμῶνος ὁδοιπορούντες, εἶτα ἐν κρύει καρτερῷ καταληφθέντες, ἡμιθνῆτές τε καὶ τρομώδεις οἴκαδε παρεγένοντο.

*καταδέειν, peculiar to St. Luke, is used in medical language of binding up wounds, ulcers, &c. Hipp. Morb. 467 : ἐπὶ τῷ ἕλκει εἴριον πινόεν ἐπιτεθεὶς ἐπιδῆσαι καὶ μὴ λῦσαι ἄχρις ἑπτὰ ἡμερῶν. Hipp. Morb. 469 : σχίσαι αὐτοῦ τὸ βρέγμα καὶ ἐπὴν ἀποῤῥυῇ τὸ αἷμα συνθεὶς τὰ χείλεα ἰῆσαι καὶ καταδῆσαι. Hipp. Aphoron. 678 : ἔπειτα ὀθόνιον ἄνοδμον περιθεῖσα καταδῆσαι. Hipp. Fract. 750 : τὴν μὲν οὖν χεῖρα, ἐδόκεέ τις κατδῆσαι καταπρηνέα ποιήσας. Hipp. Artic. 829 : ἔρια ῥυπερὰ ἐν οἴνῳ καὶ ἐλαίῳ καταῤῥαίνοντα χλοεροῖσι ἄνωθεν ἐπιτέγγειν, καταδεῖν δέ, &c. Hipp. Ulcer. 881 : τήξας αὐτὸ ἄνωθεν διὰ τῆς σκίλλης τὴν ῥίζαν διαιρῶν καὶ προστιθεὶς καταδεῖν. Hipp. Ulcer. 881 : ἄρου φύλλα ἐν οἴνῳ καὶ ἐλαίῳ ἑψήσας προστιθεὶς καταδεῖν. Hipp. Intern. Affect. 545 : εἶτα καταδῆσαι ὅκως μὴ ἐκπέσῃ ὁ μοτός. Galen. Meth. Med. v. 4 (x. 320) : τῷ ἕλκει παντὶ πλεῖστον ἐπιτιθέσθω, καταδείσθω δ' ἔξωθεν ἐξ ὀθόνης ἐν ὑποδεσμίδι. Galen. Antid. ii. 14 (xiv. 189) : ταῦτα, ἐπιτίθει ἐπὶ τὸ δῆγμα, ταινιδίῳ καταδήσας.

*τραῦμα. This is the only place in the N. T. where the word τραῦμα is used; elsewhere πληγή is the word employed, e. g. Rev. xiii. 3. 12. 14. Hipp. De Dieb. Judic. 57 : καὶ ὑπὸ τραυμάτων οὗτος ἕλκεται εἰς τοὔπισθεν. Hipp. Praedic. 98 : πυνθάνεσθαι δὲ χρὴ ἐπὶ πᾶσι τοῖσιν ἀξίοις λόγου τραύμασιν. Hipp. Praedic. 100 : τὰ δὲ τρώματα τὰ ἐν τοῖσιν ἄρθροισι. Hipp. Coac. Progn. 199 : ἐπὶ τρώμασι σπασμὸς ἐπιγενόμενος κακόν. Hipp. Coac. Progn. 200 : ἐν τοῖσι τρώμασι ἐς τὴν ὀφρῦν. Hipp. De Morb. 508 : βίαιον τραῦμα. Galen. Remed. Parab. iii. (xiv. 578) : καὶ τὰ τραύματα παρακολλᾷ καὶ ὑγιαίνει. Galen. Comp. Med. ii. 2 (xiii. 134) : ἐπὶ δὲ τῶν τραυμάτων καὶ φλεγμονῶν ἐπιτεθειμένον. Galen. Comp. Med. i. 7 (xiii. 402) : ἐναίμων τε τραυμάτων κολλητικὸν ὑπάρχει. Galen. Comp. Med. ii. 6 (xiii. 503) : τὰ μὴ πάνυ μεγάλα τραύματα καὶ ἕλκη συνουλοῦσιν.

*ἐπιχέειν, peculiar to St. Luke, is of frequent occurrence in the medical writers, and often, too, used in conjunction with ἔλαιον or οἶνος, or both together. Hipp. Morb. Mul. 628 : ἐπιχέας τε πρὸς τοῦτο οἶνον καὶ χλιήνας κλύσαι—ἐπιχέας τὸ μέλι καὶ ἔλαιον κλύσαι. Hipp. Morb. Mul. 651 : καὶ οἶνον ἐπιχέων καὶ ἔλαιον ἢν δοκέῃ δὲ αὐτὴ ἄχρηστος εἶναι ἡ πυρίη. Hipp. Intern. Affect. 561 : εἶτα ἐπιχέαι ἔλαιον ἴσον τῷ οἴνῳ καὶ θερμήνας ἀλεῖψαι πολλῷ θερμῷ τὸ σῶμα. Hipp. Morb. Mul. 643 : οἶνον δὲ ἐπιχέαι γλυκὺν ὅσον κοτύλην Ἀττικὴν καὶ ἐλαίου τέταρτον μέρος κοτυλῆς. Hipp. Morb. Mul. 651 : εἰς τὴν ὑπάρχουσαν πυρίην καὶ οἶνον ἐπιχέαι ἣν δοκέῃ δεῖσθαι καὶ ἔλαιον καὶ τούτῳ πυριῆσθαι. Hipp. Nat. Mul. 585 : ἐπιχέας ἔλαιον, ἔπειτα ἀποχέας κλύζειν. Dioscorides, Mat. Med. i. 54 : ἐπίχει ὀμφάκινον ἔλαιον. Dios. Mat. Med. 58 : καὶ ἐπίχεε ἔλαιον τοσοῦτον. Galen. Medic. Temper. iii. 9 (ix. 360) : κατά τε τῆς κεφαλῆς ἐπιχέοντα καὶ τοῖς ὠσὶν ἐνστάξαντα καὶ ταῖς ῥισὶν ἐγχέοντα.

*ἔλαιον καὶ οἶνος. Wine and oil were usual remedies for sores, wounds, &c., and also used as internal medicine. Hipp. Morb. Mul. 656 : ἣν δὲ αἱ μῆτραι ἐξίσχωσι, περινίψας αὐτὰς ὕδατι χλιερῷ καὶ ἀλείψας ἐλαίῳ καὶ οἴνῳ. Hipp.

§ XXI.] THE MEDICAL LANGUAGE OF ST. LUKE. 29

Affect. 526 : οἷσι λούεσθαι μὴ ξυμφέρει, ἀλείφειν οἴνῳ καὶ ἐλαίῳ. Hipp. Artic. 829: ἔρια ῥυπαρὰ ἐν ἐλαίῳ καὶ οἴνῳ καταρραίνοντα χλιεροῖσι ἄνωθεν ἐπιτέγγειν καταδεῖν δέ. Hipp. Ulcer. 881: εἴρια μαλθακὰ ἐπιδῆσαι, ῥήνας οἴνῳ καὶ ἐλαίῳ. Hipp. Epid. 1157 : λίνον καταπλάσσειν πεφρυγμένον ἐν οἴνῳ λευκῷ καὶ ἐλαίῳ δεύοντα. Aretaeus, Cur. Acut. Morb. 98 : δευθέντα οἴνῳ καὶ ἀλείφατι τῷ ἀπὸ τῆς ἐλαίης. Dios. Mat. Med. ii. 205 : καὶ ἐλαίῳ μετ' οἴνου τοῖς τόποις ἐπιχριέσθω. Dios. Medic. Parab. ii. 128 : δρακοντίου ῥίζαν μετ' οἴνου καὶ ἐλαίου πότιζε. Galen. Comp. Med. v. 1 (xii. 815): ἀνάπλασσε σιλφίῳ λείῳ μετ' ἐλαίου καὶ οἴνου. Galen. Antid. ii. 17 (xiv. 201): δίδου ἕνα τρόχισκον μετ' οἴνου καὶ ἐλαίου.

*ἐπιμελεῖσθαι is met with once elsewhere in the N. T. (1 Tim. iii. 5), but not in a medical sense; it was used in medical language of the care taken by physicians and others of the sick, or of some injured part of the body, opposed to ἀμελεῖν. Hipp. Rat. Vic. 368 : μηδ' ὑπάρχει αὐτέοισι τῶν ἄλλων ἀμελήσαντας ἑαυτῶν ὑγιείης ἐπιμελεῖσθαι. Hipp. Fract. 756 : ἃ οὐ κάρτα ἐπιμελέονται οἱ ἰητροί. Hipp. Morb. 456 : καὶ ἐπιμελέονται μᾶλλον τῶν παθημάτων. Hipp. Morb. 486 : ταῦτα ποιέων ἀπαλλάσεται τῆς νούσου χρόνῳ, ἢν δὲ μὴ ἐπιμελήσῃ, ξυναποθνήσκει. Hipp. Fract. 766: πτέρνης δὲ ἄκρης κάρτα χρὴ ἐπιμελεῖσθαι, ὡς εὐθέως ἔχοι καὶ ἐν τοῖσι κατὰ κνήμην καὶ ἐν τοῖσι κατὰ μηρὸν κατήγμασι. Hipp. Moch. 853 : ἢν χρηστῶς ἐπιμεληθῶσιν, ὥστε καὶ ὅλῳ βαίνοντες τῷ ποδί, &c. Galen. Morb. Anim. Cur. 8 (xix. 44): ἐπιμελεῖσθαι τοῦ σώματος ὑγιεινῶς. Galen. Meth. Med. iv. 4 (x. 260): εἶθ' ὕστερον ἐπιμελεῖται τοῦ παντὸς σώματος. Galen. Meth. Med. xiii. 6 (x. 891) : πῶς οὖν χρή σε τοῦ παντὸς σώματος ἐπιμελεῖσθαι μοχθηρῶς διακειμένου. Galen. Comp. Med. viii. 4 (xiii. 169): εὐτονοῦντας μὲν, ὡς προείρηται λούσας ἐπιμελοῦ, εἰ δὲ ἀτονοῖεν.

There is here another instance of St. Luke's habit of continuing to use medical words outside the medical subject he is treating of. Thus we have *ἐπανέρχεσθαι, which is of frequent use in connexion with disease in the medical writers, and was technically applied to a class of diseases. Galen. Comm. iii. 96, Praedic. i. (xvi. 711): δηλοῦντες δι' αὐτοῦ τὰ ἐπανερχόμενα νοσήματα, καλοῦσι δὲ ἐπανερχόμενα νοσήματα τὰ μετριάσαντα μὲν ἐπ' ὀλίγον, αὖθις δὲ παροξυνθέντα. Hipp. Morb. 509. καὶ ὃ ἐπ' αὐτοῦ ἐπανέλθοι ἐς τὴν νοῦσον. Galen. Comm. ii. 30, Morb. Acut. (xv. 569): τῶν χολῶν οὐδετέρας ἐπανελθεῖη εἰς αἵματος οὐσίαν δυναμένης. Galen. Comm. ii. 28, Humor. (xvi. 310): ὁ σφυγμὸς αὐτίκα μὲν ἀνώμαλός τε καὶ ἄτακτος γινόμενος, ὀλίγον δ' ὕστερον εἰς τὸ κατὰ φύσιν ἐπανελθών. Galen. Comm. ii. 17, Aph. (xvii. B. 483): οὕτως ἔχει κἀπὶ τοῦ αἵματος καὶ γὰρ καὶ τοῦτο μεγάλης μὲν τῆς διαφθορᾶς γενομένης οὐκέτ' ἐπανέρχεται πρὸς τὸ κατὰ φύσιν. Galen. Comm. ii. 51, Praedic. i. (xvi. 622): τῶν στερεῶν εἰς τὸ κατὰ φύσιν ἐπανερχομένων. Galen. Comm. iv. 12, Artic. (xviii. A. 679): ἵνα μὴ πάλιν ἐπὶ τὴν ἔμπροσθεν διαστροφὴν ἐπανέλθῃ τὸ μόριον. Galen. Comp. Med. x. 2 (xiii. 333): μηκέτι ἐλπίσῃς εἰς τὴν ἀρχαίαν κατάστασιν ἀκριβῶς ἐπανελθεῖν δύνασθαι τὸ ἄρθρον. Galen. Comp. Med. vi. 2 (xiii. 866): εἰ μὲν γὰρ εἰς τὸ κατὰ φύσιν ἐπανελθεῖν ἠδύνατο τοῦ δέρματος ἡ διάθεσις. Galen. Comm. ii. 3, Progn. (xviii. B 119): ὥστε εἰ πιέσας τὸ οἴδημα κοιλαίνεσθαι——εἶτ' ὀλίγον ὕστερον εἰς τὴν ἔμπροσθεν ἐπανέρχεσθαι κατάστασιν.

St. Luke alone uses *ἐπανέρχεσθαι, as also the very rare word *ἀντιπαρέρχεσθαι. This latter is used by Galen. De Hipp. et Plat. Decret. iii. 7 (v. 340): οὐχ ὡς ἀντιπαρέλθοιέν τινες ἡμᾶς ἐπὶ τοῦ ἐγκεφάλου καὶ τῶν σπλάγχνων λέγοντες καὶ τοῦ ἥπατος.

*συγκυρία. Hippocrates uses the rare form συγκυρία, Vet. Med. 11: ἔστι γὰρ οἷσιν αὐτέων ξυμφέρει μονοσιτέειν, καὶ τοῦτο διὰ τὸ ξυμφέρον τοῖσιν αὐτοῖσιν ἐτάξαντο ἄλλοισί τε ἀριστᾶν διὰ τὴν αὐτὴν ἀνάγκην, οὕτω γὰρ αὐτοῖς ξυμφέρει, καὶ μὴ τούτοισιν οἱ δι' ἡδονὴν, ἢ δι' ἄλλην τινὰ συγκυρίην ἐπετήδευσαν ὁπότερον αὐτέων. Hipp. Humor. 49: οἷον λῦπαι, δυσοργησίαι, ἐπιθυμίαι, τὰ ἀπὸ συγκυρίης, λυπήματα γνώμης. The word συντυχία, identical in meaning and similarly formed (συγκυρεῖν = συντυγχάνειν), is often met in the medical writers. In the following passage it is used as συγκυρία is in St. Luke.

Galen. Synops. de Puls. 21 (ix. 495): θλάσας τις τοῦ μέσου δακτύλου τὸν κατὰ τὸ πρῶτον ἄρθρον τένοντα, κατὰ συντυχίαν ἑτέρων αἰτίων ἐπύρεξεν, "took fever through a concurrence or coincidence of other causes."
On περιπίπτειν see § 66.

§ XXII.

*ἡλκωμένος. ἕλκος. *καταψύχειν. *ὀδυνᾶσθαι. *χάσμα. στηρίζειν.

Parable of the rich man and Lazarus.—Luke, xvi. 19-26: There was a certain rich man, which was clothed in purple and fine linen, and fared sumptuously every day: and there was a certain beggar named Lazarus, which was laid at his gate *full of sores* (ἡλκωμένος), and desiring to be fed with the crumbs which fell from the rich man's table: moreover the dogs came and licked *his sores* (τὰ ἕλκη αὐτοῦ.) And it came to pass, that the beggar died, and was carried by the angels into Abraham's bosom: the rich man also died, and was buried; and in hell he lift up his eyes, being in torments, and seeth Abraham afar off, and Lazarus in his bosom. And he cried and said, Father Abraham, have mercy on me, and send Lazarus, that he may dip the tip of his finger in water, and *cool* (καταψύξῃ) my tongue; for *I am tormented* (ὀδυνῶμαι) in this flame. But Abraham said, Son, remember that thou in thy lifetime receivedst thy good things, and likewise Lazarus evil things: but now he is comforted, and thou art *tormented* (ὀδυνᾶσαι.) And beside all this, between us and you there is a great *gulf* (χάσμα) *fixed* (ἐστήρικται): so that they which would pass from hence to you cannot; neither can they pass to us, that would come from thence.

*ἑλκοῦσθαι, peculiar to St. Luke was the regular medical term for "to be ulcerated." Hipp. Coac. Progn. 163: φάρυγξ ἑλκουμένη. Hipp. Affect. 522: τῆς κοιλίης παντάπασιν ἡλκουμένης. Hipp. Morb. 513: τῆς κύστιος ἡλκουμένης. Hipp. Morb. 514: ἡ δὲ κοιλίη ὑπὸ τοῦ φαρμάκου οὐχ ἑλκοῦται. Hipp. Praedic. 102 : κίνδυνος τῇ τε κόρῃ ἑλκωθῆναι καὶ τοῖσι βλεφάροισι. Aretaeus, Sign. Acut. Morb. 15 : ἑλκοῦται δὲ καὶ ἀρτηρία. Diosc. Mat. Med. ii. 126 : κύστιν εἱλκωμένην. Galen. Comp. Med. vii. 2 (xiii. 491): ἡλκωμένην ἀρτηρίαν. Galen. Comp. Med. i. 4 (xiii. 383) : ἑλκωθέντων χειμέθλων. Galen. Comp. Med. iii. 2 (xiii. 577): ἡλκωμένον τοῦ δακτύλου πρῶτον ἄρθρον.

ἕλκος, used by one other N. T. writer (Rev. xvi. 2), was the medical term for an ulcer. Hippocrates has written a treatise on the subject, Περὶ Ἑλκων, 870.

*καταψύχειν, peculiar to St. Luke. ψύχειν and its compounds were very much used in medical language (see § 74). St. Luke employs four of them. Hipp. Coac. Progn. 132 : τοῖσι πνευματίοισιν ἐοῦσι πυρετὸς ὕστερον ὀξὺς μετὰ ὑποχονδριόυ ξυντόνου καταψυχθεῖσι. Hipp. Coac. Progn. 183 : γρυποῦνται δὲ ὄνυχες καὶ καταψύχονται. Hipp. Coac. Progn. 126 : ὀλέθριοι ἐν ὀξέσι καταψυγμένοισι. Hipp. Epid. 1210 : καὶ τὸ μὲν σῶμα μετρίως κατεψύχθη. Hipp. Praedic. 70 : τὰ ἐν τοῖς φρενιτικοῖσι μετὰ καταψύξεως πτυελίζοντα μέλανα ἀνεμεῖται. Aretaeus, Sign. Morb. Diuturn. 58 : δι' ἃ δὲ τῇσι κοιλίῃσι τὸ ἔμφυτον θερμὸν κατεψύχθη. Diosc. De Venen. 17 : παρακολουθεῖ καταφορὰ μετὰ κατψύξεως. Diosc. Animal. Ven. 4 : τόπος οὔτε διωδηκὼς οὔτε περίθερμος, ἀλλὰ μετρίως μὲν ὑπέρυθρος, ἐκ δὲ τῶν ἐναντίων καταψυγμένος. Galen. Comm. ii. 24, Morb. Acut. (xv. 561) : καταψύχει τὰ ἄκρα τοῦ σώματος. Galen. Comm. i. 19, Humor. (xvi. 178) : ἐπειδὴ δὲ ἐν ταῖς ὑστερικαῖς κατέψυκται τὸ πᾶν σῶμα.

*ὀδυνᾶσθαι, "to be in pain," is used four times in the writings of St. Luke, and nowhere else in the New Testament. It was employed in medical language. Hipp. Morb. Mul. 663 : καὶ ὀδυνᾶται τὸ τε ἦτρον. Hipp. Praedic. 110 : εἰδέναι χρὴ τούτους τὴν κεφαλὴν ὀδυνωμένους. Hipp. Coac. Praedic. 211 : ἐκ τοιούτων ὑποχόνδριον ὀδυνῶνται. Hipp. Fract. 758 : διὰ τοῦτο ἄλλοτε καὶ ἄλλοτε ὀδυνῶνται τὰ πρὸς τῇ κνήμῃ. Hipp. Epid. 1122 : ἴλλαινεν αἰνῶς ὁ ὀφθαλμὸς ὀδυνώμενος. Hipp. Epid. 1143 : Εὐπόλεμος ὠδυνᾶτο ἰσχίον τὸ δεξιόν. Aretaeus, Sign. Morb. Diuturn. 63 : εὖτε γὰρ ἀπουρέουσι κἢν ὕπεστι καὶ ὁ λίθος ὀδυνέονται. Galen. Comm. 32, Rat. Vic. (xv. 222) : ὀδυνῶνται χωρὶς τοῦ πυρέσσειν. Galen. Comp. Med. ii. 7 (xiii. 315) : τῆς ἑλκώσεως ἡ διάγνωσις ἐκ τοῦ σαφῶς ὀδυνᾶσθαι. Galen. Comm. ii. 55, Artic. (xviii. A. 490) : καὶ γὰρ τὰ ὦτά γ' ὀδυνᾶται.

St. Luke here also continues the use of medical words by employing two which in their medical meaning must have been in common use with physicians, viz., χάσμα and στηρίζειν. χάσμα, χασμός, and χάσμη were used to express "the cavities in a wound or ulcer," "the open mouth," "yawning." Hipp. Ulcer. 881 : καὶ θρόμβον αἵματος ἐν τοῖσι χάσμοισι μὴ ἐᾶν. Hipp. Artic. 797 : ἐκπίπτει μὲν γνάθος ὀλιγάκις, σχᾶται μέντοι πολλάκις ἐν χάσμασιν. Hipp. Vet. Med. 12 : χάσμης τε καὶ νυσταγμοῦ καὶ δίψης πλήρης. Hipp. Epid. 1020 : χάσμη, βήξ, πταρμός. Hipp. Epid. 1025 : ἰητήριον συνεχέων χασμέων, μακρόπνους. Hipp. Epid. 1260 : ἀλύκην, χάσμην φρίκην οἶνος ἴσος ἴσῳ πινόμενος λύει. Galen. Comm. i. 18, Humor. (xvi. 172) : καὶ πταρμοὶ καὶ χάσμαι. Galen. Comm. iii. 6, Epid. ii. (xvii. A. 396) : καθάπερ χάσμη καὶ σκορδινισμὸς γίνονται. Galen. Comm. iii. 13, Epid. ii. (xvii. A. 418) : οὕτω καὶ τὰς χάσμας ἰάσεται. Galen. Caus. Puls. ii. 6 (vii. 196) : οἱ δὲ σκορδινισμοὶ καὶ αἱ χάσμαι τῆς αὐτῆς μὲν, ἀλλὰ μέτριαι.

St. Luke is the only New Testament writer who has used στηρίζειν in the sense (here and ix. 51) "to fix firmly." It is used elsewhere, both by him and the other writers, as meaning "to strengthen," "to confirm." By the medical writers it is employed to signify a pain or disease firmly fixed or deep-seated in the body, or to describe a weapon firmly planted in a wound. Hipp. Morb. Acut. 402 : ἢ ἐς σκέλεα ἢ ἐς ἰσχία στηρίξῃ ἡ ὀδύνη. Hipp. Intern. Affect. 559 : ἐνίοτε δὲ καὶ ἐς τὴν κεφαλὴν ἐξαπίνης ὀδύνη στηρίζει ὀξείη. Hipp. Aph. 1250 : ἀτὰρ ἢν προπεπονηκός τι ᾖ, πρὸ τοῦ νοσέειν, ἐνταῦθα στηρίζει ἡ νοῦσος. Hipp. Vuln. Cap. 898 : εἰ τύχῃ τὸ βέλος ἐς αὐτὴν τὴν ῥαφὴν στηριχθέν. Aretaeus, Sign. Morb. Acut. 2 : τοῖσδε μὲν οὖν ἐν τῇ κεφαλῇ τὸ κακὸν ἐστηρίχθη. Galen. Comm. iv. 62, Morb. Acut. (xv. 847) : ἢ εἰ εἰς ἀπόστημα στηριχθῇ. Galen. Comm. i. 13, Humor. (xvi. 149): ἔστι δὲ δή τι ἐν τῷ μορίῳ ἐστηριγμένον ὅπερ ἐνοχλεῖ. Galen. Comm. iv. 63, Morb. Acut. (xv. 849) : ἐὰν εἰς ἀπόστημά ποτε συμβῇ στηρίξαι τὸν λυγγώδη πυρετόν. Galen. Comm. iii. 10, Humor. (xvi. 383): τῶν ἐκ κεφαλῆς ῥευμάτων ἐν φάρυγγι στηριχθέντων. Galen. Loc. Affect. i. 2 (viii. 23) : ἐστηριγμένῳ δὲ καθ' ἕν τι μέρος τῷ πόνῳ.

There is one particular mentioned in this parable which comes aptly from a physician—that the dogs licked the sores of Lazarus. It is thus put by St. Cyril—"The only attention, and, so to speak, medical dressing, which his sores received was from the dogs who came and licked them."

§ XXIII.

*βάσις.   *σφυρά.   *στερεοῦν.   *ἐξάλλεσθαι.

The healing of the lame man at the Beautiful gate of the temple.—Acts, iii. 1-8: Now Peter and John went up together into the temple at the hour of prayer, being the ninth hour, and a certain man *lame from his mother's womb* was carried, whom they laid daily at the gate of the temple which is called Beautiful, to ask alms of them that entered into the temple; who seeing Peter and John about to go into the temple asked an alms. And Peter, fastening his eyes upon him with John, said, Look on us. And he gave heed unto them, expecting to receive something of them Then Peter said, Silver and gold have I none ; but such as I have give I thee : In the name of Jesus Christ of Nazareth rise up and walk. And he took him by the right hand, and lifted him up : and immediately his *feet* (αἱ βάσεις) and *ancle bones* (τὰ σφυρά) *received strength* (ἐστερεώθησαν). And *he leaping up* (ἐξαλλόμενος) *stood and walked*, and entered with them into the temple, walking, and leaping, and praising God.

*βάσις peculiar to St. Luke. The words employed to describe the seat of the lameness tend to show that the writer was acquainted with medical phraseology, and had investigated the nature of the disease under which the man suffered. βάσις is thus described by Galen. Usus Part. iii. 6 (iii. 195) : τὸ δ᾽ ὑποκείμενον τῇ κνήμῃ μέρος τοῦ ποδὸς, ᾧ τὸ σκέλος ὅλον ἐπίκειται κατ᾽ εὐθὺ, τὸ κοινὸν ἁπάντων ποδῶν, ἓν μὲν ὄνομα τοιοῦτον, οἷον καὶ ταρσὸς καὶ πεδίον, οὐκ ἔχει. σύγκειται δ᾽ ἐκ τριῶν ὀστῶν ὀνόματα κεκτημένων, ἀστραγάλου μὲν καὶ πτέρνης συνήθως τοῖς πολλοῖς, τρίτου δὲ τοῦ σκαφοειδοῦς, ὑπὸ τῶν ἀνατομικῶν ἰατρῶν οὕτω τεθέντος. τούτοις μὲν μόνοις οὐδὲν ἀνάλογον ἐν χειρὶ μόριον, ἀλλ᾽ ἔστιν ἀκριβῶς βάσεως μόνης ὄργανα. τὰ δ᾽ ἄλλα πάντα βάσεώς θ᾽ ἅμα καὶ ἀντιλήψεως. Hipp. Artic. 824: ἡ γὰρ ῥοπὴ πολλὴ ἂν εἴη τῶν ἰσχίων ἐπὶ πολὺ εἰς τοὐπίσω ὑπερεχόντων ὑπὲρ τοῦ ποδὸς τῆς βάσιος—— ἢν ἄλλως ἐθισθῶσι διὰ τοῦτο ὅτι ἡ βάσις τοῦ ποδὸς κατὰ τὴν ἀρχαίην ἰθυωρίην ἐστίν. Galen. Usus Part. iii. 6 (iii. 194) : ἦ καί τι πρόσεστι αὐτοῖς ἕτερον περιττότερον ὡς βάσεως ὀργάνοις; οὐ σμικρόν γε τοῦτο οὐδὲ τὸ τυχὸν, ἀλλ᾽ ὅπερ μάλιστα κοινόν ἐστιν ἁπάντων ποδῶν. The word was used also just as "base" is now in medical language. Aret. Sign. Morb. Diuturn. 100 : ἡ κιονὶς διεβρώθη μέχρις ὀστέου τοῦ τῆς ὑπερώης καὶ τὰ παρίσθμια ἄχρι βάσιος καὶ ἐπιγλωττίδος. Dioscor. Med. Parab. i. 214: αἱμορροῖς ἐκ τῆς βάσεως ἀπολυομένη. Hipp. Fract. 778 : τὸ μέντοι ἄρθρον μένει ἐν τῇ ἑωυτοῦ χώρῃ. ἴσως γὰρ ἡ βάσις αὐτέου ταύτῃ ὑπερέχει. Galen. Loc. Affect. iii. 12 (viii. 203): ἐπὶ τὸν ἐγκέφαλον κατὰ τὴν βάσιν αὐτοῦ.

* σφυρά, the technical term for the ankles, thus defined by Galen. Medicus 10 (xiv. 708) : τὰ δὲ πέρατα τῶν τῆς κνήμης ὀστῶν εἰς τε τὸ ἔνδον μέρος καὶ εἰς τὸ ἔξω ἐξέχοντα, σφυρὰ προσαγορεύεται, τὰ δὲ ἀπὸ τῶν σφυρῶν κυρίως πόδες λέγονται.

* στερεοῦν, to make firm, solid, was, in medical language, applied to the bones in particular (so also στερεός, e. g. στερεὰ ὀστᾶ as opposed to ἀραιὰ ὀστᾶ); though it was used also of other parts of the body and of the body itself, &c. Hipp. Epid. 1031 : ἔστ᾽ ἂν τὰ ὀστέα στερεωθῇ. Hipp. Vuln. Cap. 910 : τῶν δὲ παιδίων

τὰ ὀστέα καὶ λεπτότερά ἐστι καὶ μαλθακώτερα καὶ οὔτε πυκνὰ οὔτε στερεά. Hipp. Fract. 774 : τὰ μὲν γὰρ ἀραιότερα τῶν ὀστέων θᾶσσον ἀφίσταται τὰ δὲ στερεώτερα βραδύτερον. Galen. Comm. iii. 34, Epid. ii. (xvii. A. 452): δύνανται δὲ καὶ ὑπὸ τῆς πνευματώσεως ἐξογκοῦσθαι οἱ μαστοὶ καθάπερ ἐκ τῆς ἀκρασίας ἡ κεφαλὴ αὐάξνεται, ἔστ' ἂν τὰ ὀστέα στερεωθῇ, ὅπερ ἐν τοῖς παισὶ βραδύτερον σκληρύνεται. Galen. Medicus 9 (xiv. 676) : ἴσχοντα μὲν οὖν ἐστιν ὅσα στερεά, ὀστᾶ καὶ νεῦρα. Hipp. Vic. Rat. 344 : (ἔμβρυον) καὶ προσάγεται τὴν τροφὴν ἀπὸ τῶν ἐσιόντων ἐς τὴν γυναῖκα σιτίων καὶ πνεύματος, τὰ μὲν πρῶτα πάντα ὁμοίως, ἕως ἄρτι ἀραιόν ἐστιν, ὑπὸ δὲ τῆς κινήσιος καὶ τοῦ πυρὸς ξηραίνηται καὶ στερεοῦται, στερεούμενον δὲ πυκνοῦται πέριξ. Galen. Epid. vi. Comm. ii. 49 (xvii. A. 1006) : ὅτι μὲν θᾶττον ἐκινήθη τε καὶ συνέστη, τουτέστιν ἐπάγη τε καὶ ἐστερεώθη. μετὰ ταῦτα δ' αὔξεται βραδύτερον τοῦ θήλεος τὸ ἄρρεν. Do. 51 (1008) : διὰ τοῦτο τὸ ἄρρεν στερεώτερόν τε καὶ χολωδέστερον καὶ ἐναιμότερον γενέσθαι. Galen. Medicus 11 (xiv. 712) : στερεοὶ ὑμένες καὶ χιτῶνες παχεῖς εἰσιν. Galen. Med. Def. 33 (xix. 356) : συνέστηκεν ἡμῶν τὰ σώματα ἐκ στερεῶν, ὑγρῶν καὶ πνευμάτων. στερεὰ μὲν οὖν ἐστιν ὀστᾶ, χόνδροι, νεῦρα, μύες.

Here also as often, St. Luke continues the use of medical words. *ἐξάλλεσθαι, peculiar to St. Luke, was applied in medical language to the sudden starting of a bone from the socket, the sudden bound of the pulse from slow to quick, starting from sleep, &c. Hipp. Artic. 811: ὅτι ὅ τε νωτιαῖος πονοίη ἂν, εἰ ἐξ ὀλίγου χωρίου τὴν περικαμπὴν ἔχοι τοιαύτην ἔξαλσιν ἐξαλλομένου σπονδύλου—ἐκ δὲ τοῦ ὄπισθεν οὐ ῥηΐδιον τοιαύτην ἔξαλσιν (σπονδύλων) γενέσθαι ἐς τὸ εἴσω εἰ μὴ ὑπέρβαρύ τι ἄχθος ἐμπέσοι. Galen. Different. Puls. i. 14 (viii. 529) : καθάπερ ἐξαλλομένης τῆς ἀρτερίας ἐκ τῆς βραδυτῆτος εἰς τὸ τάχος. Galen. Tremor. vi. 6 (vii. 624) : τὸ συγγενὲς ἡμῶν θερμόν—χρήσομαι δ' ὀνόμασιν οὐκ ἐμοῖς ἀλλ' ἀνδρῶν παλαιῶν—καθάλλεσθαί τε καὶ συνωθεῖσθαι—ἔξω δὲ φερόμενον ἐκρήγνυσθαι καὶ ἐξάλλεσθαι. Galen. de Comate, 3 (vii. 658) : τὸ σῶμα ῥίπτουσιν ἀλόγως, ἐξαίφνης τε καὶ παραφρονητικῶς ἐξάλλονται σπασμοῦ δίκην. Galen. Medic. Parab. ii. 5 (xiv. 419) :

ἄνηθον ὑποτίθει ὑπὸ τὴν κεφαλὴν μὴ γινώσκοντος, ποιεῖ δὲ τοῦτο πρὸς τοὺς ἐκ σκιμπόδων ἐξαλλομένους.

St. Luke gives some medical notes of this case, viz., that the disease was congenital—had lasted over forty years, iv. 22—and the progressive steps of the recovery, he leaped up, stood, walked, &c.

§ XXIV.

* ἐκψύχειν.   συστέλλειν.

Ananias and Sapphira struck dead.—Acts, v. 5, 6 : And Ananias hearing these words fell down, and *gave up the ghost* (ἐξέψυξε): and great fear came on all them that heard these things. And the young men arose, *wound him up* (συνέστειλαν), and carried him out, and buried him : v. 10 : Then fell she down straightway at his feet, and *yielded up the ghost* (ἐξέψυξεν).

The very rare word ἐκψύχειν seems to be almost altogether confined to the medical writers, and very seldom used by them. It is also met in the LXX., Ezekiel, xxi. 7. St. Luke uses it three times—here, and ch. xii. 23, of the death of Herod. Hipp. Morb. 453 : καὶ ἐμέουσιν ἄλλοτε μὲν ὕφαιμον, ἄλλοτε δὲ πελιδνὸν, ἐμέουσι δὲ καὶ φλέγμα καὶ χολὴν καὶ ἐκψυχοῦσι πυκνά, ἐκψυχοῦσιν δὲ διὰ τοῦ αἵματος τὴν μετάστασιν ἐξαπίνης γινομένην. Hipp. Morb. 447 : καιροὶ δὲ, τὸ μὲν καθάπαξ εἰπεῖν πολλοί τέ εἰσιν ἐπὶ τῇ τέχνῃ καὶ παντοῖοι, ὥσπερ καὶ τὰ νοσήματα καὶ τὰ παθήματα καὶ τούτων θεραπεῖαι, εἰσὶ δὲ ὀξύτατοι μὲν ὅσοις ἢ ἐκψυχοῦσι δεῖ τε ὠφελῆσαι, &c. Galen, Humor. Comm. ii. 22 (xvi. 283) : τότε γὰρ πάντα πρὸς κεφαλὴν ἀναφέρεται καὶ τὰ ἄκρεα μάλιστα μὲν οἱ πόδες ἐκψύχονται. Aretaeus, Sign. Morb. Acut. 16 : καὶ ἰητρίης στύψις καὶ ἐκψύξεις ἱκάνη. (See § 74.)

συστέλλειν, "wound him up." This word is met with in one other passage in the N. T., 1 Cor. vii. 29 : ὁ καιρὸς συνεσταλμένος, "the time is short"; and is found only once in classical Greek in the sense it bears in this passage, "to shroud." Eurip. *Troad.* 378 : πέπλοις συνεστάλησαν. In medical language the word is very frequent and its use varied : one use was almost identical with that here, viz., " to bandage a limb," " to compress by bandaging." It was used also of the contraction of tumours and various organs of the body, compactness of the body itself, &c. Dioscorides, Mat. Med. iii. 33 : τὸ ἄρθρον χρὴ δὲ στενῷ σπαργάνῳ συστέλλειν. Hipp. Offic. 744 : ὑπόδεσις μὲν αἰτίη ὥστε ἢ ἀφεστῶτα προστεῖλαι ἢ ἐκπεπταμένα συστεῖλαι ἢ συνεσταλμένα διαστεῖλαι. Galen. Comm. ii. 14, Offic. (xviii. B. 761) : τῇ δὲ ἰγνύῃ συνεσταλμένον τὸν ἐπίδεσμον περιβαλεῖν. Galen. De Fasciis, 6 (xviii. A. 780) : δύναται τοίνυν ἐπίδεσις τὰ μὲν ἀφεστῶτα προστεῖλαι, τὰ δὲ ἐκτετραμμένα συστεῖλαι. Hipp. Morb. Mul. 597 : ὡς ξυνεσταλμένον τε ἅμα τὸ σῶμα εἶναι καὶ εὔογκον. Hipp. Epid. 1211 : καὶ φλέβες πᾶσαι αἱ ἐν τῷ προσώπῳ φανεραὶ οὕτω ξυνεσταλμέναι. Dioscor. Med. Parab. ii. 63 : ἕως ἂν ἱκανῶς ὁ ὄγκος συσταλῇ. Dioscor. Mat. Med. iv. 181 : καὶ πτερύγια τὰ ἐν δακτύλοις συστέλλει. Galen. Med. Defin. 220 (xix. 409) : τάξις τῶν χρόνων ἐν οἷς διΐστανται αἱ ἀρτηρίαι πρὸς τοὺς ἐν οἷς συστέλλονται. Galen. Anat. Muscul. (xviii. B. 989) : αἱ μὲν οὖν ἐκτὸς ἶνες ἐν τοῖς ἄνωθεν μέρεσι τῶν πλευρῶν διαστέλλουσι τὸν θώρακα, συστέλλουσι δὲ αἱ διὰ βάθους.

§ XXV.

*ἀποπίπτειν. *λεπίδες. *ἐνισχύειν.

St. Paul's sight restored.—Acts, ix. 17-19 : And Ananias went his way, and entered into the house ; and putting his hands on him said, Brother Saul, the Lord, even Jesus, that appeared unto thee in the way as thou camest, hath sent me, that thou mightest receive thy sight, and be filled with the Holy Ghost. And immediately *there fell* (ἀπέπεσον) from his eyes *as it had been scales* (ὡσεὶ λεπίδες) : and he received sight forthwith, and arose, and was baptized. And when he had received meat, *he was strengthened* (ἐνίσχυσεν).

We have two other accounts of his conversion from St. Paul himself, in one of which (ch. xxvi.) he does not mention his blindness; in the other (ch. xxii.) he mentions the blindness and his recovery of sight, but not the particular circumstances attending it recorded here. He merely says: "And one Ananias came unto me, and stood, and said unto me, Brother Saul, receive thy sight, And the same hour I looked up upon him." St. Luke, however, records in addition the circumstances which would obviously interest a physician; and in doing so he uses strictly medical terms. *ἀποπίπτειν is used of the falling off of scales from the cuticle and particles from diseased parts of the body or bones, &c.; and in one instance, by Hippocrates, of the scab, caused by burning in a medical operation, from the eyelid; and *λεπίς is the medical term for the particles or scaly substance thrown off from the body; it and ἀποπίπτειν are met with in conjunction. Hipp. De Videndi Acie, 689: τὸ βλέφαρον ἐπικαῦσαι ἢ τῷ ἄνθει ὀπτῷ λεπτῷ προστεῖλαι, ὅταν δὲ ἀποπέσῃ ἡ ἐσχάρα, ἰητρεύειν τὰ λοιπά. Hipp. Progn. 39: τὰ δὲ μελανθέντα τοῦ σώματος ἀποπεσεῖν. Hipp. Artic. 831: οἷσι μηροῦ μέρος τι ἀποπίπτει καὶ τῶν σαρκῶν καὶ τοῦ ὀστέου. Hipp. Artic. 832: τὰ ὀστέα ψιλούμενα ἀποπίπτειν. Hipp. Moch. 860: αἱ δὲ τῶν ὀστέων ἀποπτώσιες ᾗ ἂν τὰ ὅρια τῆς ψιλώσιος ᾖ, ταύτῃ ἀποπίπτουσι βραδύτερον δέ. Dioscor. Mat. Med. ii. 5: μετὰ δὲ τὴν ἀπούλωσιν τοῦ κατακαύματος αὐτόματον ἀποπίπτει. Dioscor. Mat. Med. v. 182: ἀποπίπτει γὰρ αὐτόματον ἀπούλωσις ὑγιασθέντων τῶν ἑλκῶν. Dioscor. Med. Parab. i. 214: ἀποπίπτει ἐν ἡμιωρίῳ ἀποξηραινομένη ἡ αἱμορροΐς. Galen. Comm. iii. 21, Aliment. (xv. 348): τὰ ὁμοῖα πιτύροις ἀπὸ τοῦ τῆς κεφαλῆς δέρματος πολλάκις ἀποπίπτει. Galen. Meth. Med. ad Glauc. ii. 11 (xi. 138): ὅπως ἀποπέσῃ θᾶττον ἡ ἐσχάρα——ἀποπτώσιες τῶν ἐσχαρῶν.

*λεπίς, peculiar to St. Luke; as is also *ἀποπίπτειν. Galen. Comm. ii. 23, Offic. (xviii. B. 781): πολλάκις γὰρ ἀποσχίδες ὀστῶν καὶ λεπίδες ἀποπίπτουσιν. Galen. Med. Defin. 295 (xix. 428): ἔσθ᾽ ὅτε μὲν καὶ λεπίδας ἀποπίπτειν. Galen. De

Atra Bile, 4 (v. 115): τὸ σῶμα πᾶν περιεξήνθησε μέλασιν ἐξανθήμασιν ὁμοίοις, ἐνίοτε δὲ καὶ οἶον λεπὶς ἀπέπιπτε ξηραινομένων τε καὶ διαφορουμένων αὐτῶν. Galen. Med. Temper. et Facul. xi. 1 (xii. 319): καὶ τοῦ δέρματος ἀφίσταταί τε καὶ ἀποπίπτει καθάπερ τε λέπος ἡ ἐπιδερμὶς ὀνομαζομένη. Hipp. Intern. Affect. 531: λεπίδας ἀπὸ τῆς ἀρτηρίης ἀποβήσσων ἀποσπᾷ. Dioscor. Mat. Med. i. 18: βάλσαμον ἀνάγει δὲ καὶ λεπίδας. Dioscor. Mat. Med. iii. 4: λεπίδας ὀστῶν καταπλασσομένη ἀφίστησι. Galen. Comm. iii. 21, Aliment. (xv. 348): ἀφίστανται δὲ καὶ αἱ λεπίδες τοῦ δέρματος καὶ ὑπὸ τὰς λεπίδας τόπος ἐρευθέστερος. Galen. Comm. 4, Aph. (xviii. A. 12): ἢ καὶ τὸ δέρμα λεπίδας ἐπιπολῆς ἀφιέν.

On *ἐνισχύειν see Luke, xxii. 45 (§ 56).

§ XXVI.

* παραλελυμένος.

Æneas healed.—Acts, ix. 33: And there he found a certain man named Æneas, which had kept his bed *eight years*, and was *sick of the palsy* (παραλελυμένος).

On παραλελυμένος see Luke, v. 18 (§ 5). There is here given a medical note of the length of time the disease had lasted. St. Luke gives this in other cases, *e. g.* the woman with a spirit of infirmity was eighteen years ill; the woman with an issue of blood twelve years; the lame man at the gate of the temple was forty years old, and his disease congenital.

§ XXVII.

* ἀνακαθίζειν.

Tabitha restored to life.—Acts, ix. 40, 41: But Peter put them all forth, and kneeled down and prayed; and turning him to the body said, Tabitha, arise. And she opened her eyes: and when she saw Peter, she *sat up* (ἀνεκάθισε). And he gave her his hand, and lifted her up.

On *ἀνακαθίζειν, used of patients sitting up in bed, see Luke vii. 15 (§ 10). The use of this word in both places— of the widow's son at Nain in the Gospel, and of Tabitha here—points to the identity of authorship of the Gospel and Acts of the Apostles, as well to the hand of a physician as the author. Similar instances are παραλελυμένος in Luke, v. 18, and in Acts, ix. 33, and συνεχομένη πυρετῷ (Luke, iv. 38), and πυρετοῖς συνεχόμενον (Acts, xxvii. 8).

The circumstantial details of the gradual recovery of Tabitha—opened her eyes—sat up—he gave her his hand and lifted her up—are quite in the style of medical description.

§ XXVIII.

*ἔκστασις.

Acts, x. 10: And he became very hungry, and would have eaten: but while they made ready, he fell into *a trance* (ἔκστασις).

St. Luke alone employs ἔκστασις in this sense, here and xi. 5, xxii. 17. St. Mark also uses the word, but in the sense of " wonder," " amazement." As a medical term its use is frequent. Hipp. Praedic. 94: αἱ μὲν γὰρ μελαγχολικαὶ αὗται ἐκστάσιες οὐ λυσιτελέες. Hipp. Coac. Progn. 126: αἱ ἐν πυρετοῖσι ἐκστάσιες σιγῶσαι μὴ ἀφώνῳ ὀλέθριαι. Hipp. Coac. Progn. 167: οἱ κατὰ κοιλίην ἐν πυρετῷ παλμοὶ ἐκστάσιας ποιέουσιν. Hipp. Coac. Progn. 195: αἱ σιγῶσαι ἐκστάσιες οὐχ ἡσυχάζουσαι, ὄμμασι περιβλέπουσαι, πνεῦμα ἀναφέρουσαι, ὀλέθριαι. Hipp. Aph. 1258: ἐπὶ μανίῃ δυσεντερίη ἢ ὕδρωψ ἢ ἔκστασις ἀγαθόν. Aretaeus, Sign. Morb. Diutur. 36: μανίη. ἔκστασις γάρ ἐστι τὸ σύμπαν χρόνιος ἄνευθεν πυρετοῦ. Dioscor. Mat. Med. iv. 73: πλείονες δὲ ποθέντες ἔκστασιν ἐργάζονται. Galen. Med. Defin. 485 (xix. 462): ἔκστασίς ἐστιν ὀλιγοχρόνιος μανία. Galen. Medicus, 13 (xiv. 732):

φρενῖτις μὲν οὖν ἐστιν ἔκστασις διανοίας μετὰ παρακοπῆς σφοδρᾶς. Galen. Comm. ii. 53, Praedic. ii. (xvi. 631): κἂν ἰσχυρῶς ἐκστατικὸν τούτων γίνεται τὸ πάθος, οὐ παραφροσύνην ἁπλῶς, ἀλλ' ἔκστασιν εἰκότως ὀνομάζομεν.

§ XXIX.

* σκωληκόβρωτος. * ἐκψύχειν.

Death of Herod Agrippa I.—Acts, xii. 21-23: And upon a set day Herod, arrayed in royal apparel, sat upon his throne, and made an oration unto them. And the people gave a shout, saying, It is the voice of a god, and not of a man. And immediately the angel of the Lord smote him, because he gave not God the glory: and *he was eaten of worms* (σκωληκόβρωτος), and *gave up the ghost* (ἐξέψυξεν).

Josephus does not mention this disease in his account of the death of Herod Agrippa I. St. Luke, however, had ample opportunity of learning on the spot the exact nature of the malady inflicted on him, as he spent two years at Caesarea with St. Paul, where the occurrence took place.

The term σκωληκόβρωτος, as applied to disease in the human body, does not occur in any of the medical writers extant. Theophrastus, however, applies it to a disease in plants. C. P. v. 9. 1: νοσήματα τῶν ἀγρίων οὐ λέγεται. τῶν δὲ ἡμέρων λέγεται πλείω, τάχα δὲ καί ἐστι διὰ τὴν ἀσθένειαν, ὧν τὰ μὲν ἀνώνυμα, τὰ δὲ ὠνομασμένα καθάπερ ἡ ψώρα καὶ ἀσφακελισμὸς καὶ ἀστρόβλητα καὶ σκωληκόβρωτα. C. P. v. 11: ἐν σχίνῳ δὲ φυτευόμενα πάνθ' ἧττον σκωληκόβρωτα διά τε τὴν θερμότητα καὶ τὴν ὀσμήν. H. P. iii. 12. 6, De Amygdala: νόσημα δὲ αὐτῶν ἔστιν ὥστε γηράσκοντα σκωληκόβρωτα γίνεσθαι. The component parts of the word, however, are used by the medical writers. βιβρώσκειν is applied to the eating away of the flesh by disease. Hipp. Fist. 885: πρόσθεν ἢ τὴν σύριγγα διαβρωθῆναι. Aret. Sign. Morb. Diuturn. 68: ἀτὰρ καὶ φλεβία ἐπὶ τῇσι νομῇσι γίγνονται περίβρωτα. Aret. Sign. Morb.

Diuturn. 41: ὁ πνεύμων ἀναβρωθεὶς ὑπὸ τοῦ διανεχθέντος πύου. Aret. Sign. Morb. Diuturn. 70: τάδε τὰ δεινὰ ξυνὰ καὶ τῆσι ἀπὸ τῶν κάτω ἐντέρων διαβρώσεσι. Dioscorides, Mat. Med. i. 86: κανθοὺς βεβρωμένους. Galen. Comp. Med. i. 1 (xiii. 366): ὁ μὲν γὰρ ἰὸς ἀναβιβρώσκει τὴν ἠλκουμένην σάρκα. Galen. Remed. Parab. ii. 8 (xiv. 432): διαβεβρωσμένα οὔλη.

σκώληξ is used both of worms in sores and of intestinal worms. Dioscor. Medic. Parab. i. 197: σκώληκας δὲ ἐκβάλλει κτείνει. Dioscor. Mat. Med. i. 105: σκώληκας τοὺς ἐν ὠσὶ τοὺς ἐπὶ τοῖς ἕλκεσι γενομένοις. Galen. Meth. Med. v. 10 (x. 352): ἐσάπη τὸ οὖς τἀνθρώπῳ καὶ σκώληκας ἔσχεν. Galen. Temper. Medic. vii. 10 (xii. 11): τοὺς ἐν ὠσὶ σκώληκας ὁ χυλὸς ἀναιρεῖ. Dioscor. Mat. Med. i. 105 (intestinal): σκώληκάς τε καὶ ἀσκαρίδας ἐγκλυζομένη φθείρει. That σκωληκόβρωτος may have been a medical term may be inferred indirectly from the fact that non-medical writers express this disease differently. Thus Josephus says of the disease of which Herod the Great died (Antiq. xvii. 6. 5): σῆψις σκώληκας ἐμποιοῦσα. Of Antiochus Epiphanes it is said (2 Macc. ix. 9): ὥστε καὶ ἐκ τοῦ σώματος τοῦ δυσεβοῦς σκώληκας ἀναζεῖν. Lucian says of Alexander the Impostor (Pseudomant. 59): διασαπεὶς τὸν πόδα μέχρι τοῦ βουβῶνος καὶ σκωλήκων ζέσας. And Eusebius, of the death of Galerius Maximianus (H. E. viii. 16): εἶθ' ἕλκος ἐν βάθει συριγγῶδες καὶ ἀνίατος νομὴ κατὰ τῶν ἐνδοτάτω σπλάγχνων, ἀφ' ὧν ἄλεκτόν τι πλῆθος σκωλήκων βρύειν. Theodoret, of the uncle of Julian the Apostate, states (H. E. v. 8): αὐτοῦ αἰδοῖον σκώληκας ἔτεκεν.

* ἐκψύχειν (see § 24(.

§ XXX.

* ἐπιπίπτειν.   * ἀχλύς.   * σκότος.

Elymas struck blind.—Acts xiii. 11: And now, behold, the hand of the Lord is upon thee, and thou shalt be blind, not seeing the sun for a season. And immediately there *fell on* him (ἐπέπεσεν ἐπ' αὐτόν) a *mist* (ἀχλύς) and a *darkness* (σκότος); and he went about seeking some to lead him by the hand.

*ἐπιπίπτειν is used of an attack of disease here only in N. T. The use of the word in this sense is quite medical. Galen. Comm. iv. 46, Aph. (xvii. B. 724): οὐ ταὐτόν ἐστιν ἦν ἐπιπέσῃ φάναι καὶ ἦν ἐμπίπτῃ, τὸ μὲν γὰρ ἐπιπέσῃ μίαν καταβολὴν τοῦ ῥίγους δηλοῖ τὸ δὲ ἐμπίπτῃ πλείονας. Hipp. De Aer. 281 : τοῖσι δὲ παιδίοισιν ἐπιπίπτειν σπασμοὺς καὶ ἄσθματα. Hipp. De Aer. 287 : ὥστε τοὺς πυρετοὺς ἐπιπίπτειν ὀξυτάτους ἅπασιν—τοῦ θέρεος ἐπιγενομένου καὶ τοῦ καύματος καὶ τῆς μεταβολῆς ἐπιγενομένης ταῦτα τὰ νοσεύματα ἐπιπίπτειν. Hipp. Affect. 530 : μήπως ὁ πυρετὸς ἐπιπέσηται. Hipp. Intern. Affect. 543 : καὶ ὁκόταν φάγῃ τὸ πνεῦμα πυκνὸν ἐπιπίπτει αὐτῷ. Hipp. Morb. Mul. 592 : καὶ ἦν ὕστερόν τι νόσημα ἢ πάθημα ἐπιπέσῃ ὥστε τρυχωθῆναι τὸ σῶμα. Hipp. Epid. 1223 : χειμῶνος δὲ ἐπέπεσε πολλὴ ὀδύνη πλευροῦ καὶ θέρμη καὶ βήξ. Hipp. Aph. 1251 : ἦν ῥῖγος ἐπιπίπτει πυρετῷ μὴ διαλείποντι. Hipp. Fract. 888 : ἡ δὲ στραγγουρίη ἐπιπίπτει ἐκ τῶνδε.

*ἀχλύς, peculiar to St. Luke. Galen, on the Diseases in the Eyes, περὶ τῶν ἐν ὀφθαλμοῖς συνισταμένων παθῶν (Medicus 16, xiv. 767), gives ἀχλύς as one of them, and describes it (xiv. 774) : ἀχλὺς δέ ἐστι περὶ ὅλον τὸ μέλαν ἀπὸ ἑλκώσεως ἐπιπολαίου, οὐλὴ λεπτοτάτη ἀέρι ἀχλυώδει παραπλησία. He accounts for the name, Comm. ii. 45, Praedic. (xvi. 609) : τὸ ἀμαυρούμενον ὄμμα, καθάπερ γε καὶ τὸ ἀχλυῶδες αὐτῷ τε τῷ κάμνοντι καὶ τοῖς ὁρῶσι γίνεται δῆλον.—ἔτι καὶ διά τινος ἀχλύος οἰομένῳ βλέπειν—προσέρχεται τοῖς μὲν κάμνουσιν αὐτοῖς αἴσθησις οἷον ἀχλύος τινὸς ἐν ταῖς ἀχλυώδεσιν ὄψεσι. Galen. Comm. iii. 13 Humor. (xvi. 412) : καὶ ἀχλύες περὶ τοὺς ὀφθαλμοὺς γίνονται. Galen. Remed. Parab. ii. 4 (xiv. 412) : ἀχλύες τῶν ὀφθαλμῶν. Hipp. Morb. Mul. 609 : πυρετὸς ἴσχει τὸ σῶμα βληχρὸς καὶ ἀχλύς. Dioscor. Mat. Med. ii. 99 : καὶ ἀχλῦς ἀποσμήχει. Dioscor. Mat. Med. ii. 170 : καθαίρει ἀχλῦς τὰς ἐν ὀφθαλμοῖς. Dioscor. Mat. Med. iii. 102 : αἴρει δὲ ἀχλῦς τὰς ἐν ὀφθαλμοῖς. Dioscor. Mat. Med. v. 131 : σμήχει τε οὐλὰς καὶ ἀχλῦς τὰς ἐν ὀφθαλμοῖς. Galen. Med. Defin. 331 (xix. 434) : νεφέλιόν ἐστιν ἀχλὺς ἢ ἕλκωσις ἐπιπόλαιος ἐπὶ τοῦ μέλανος.

*σκότος and some of its derivatives are also medical terms, as applied to blindness. Hipp. Vuln. Cap. 903 : καὶ ἦν ὁ τρωθεὶς καρωθῇ, καὶ σκότος περιχυθῇ καὶ δῖνος ἢ καὶ πέσῃ. Hipp. Vuln. Cap. 908 : ἔπειτα τὸν ἄνθρωπον ὅτι δῖνός τε ἔλαβε καὶ σκότος καὶ ἐκαρώθη καὶ κατέπεσε. Hipp. Epid. 1149 : καὶ τύπτει τὴν κεφαλὴν πρὸς λίθον σφόδρα καὶ αὐτοῦ σκότος κατεχύθη. Hipp. Epid. 1153 : ἡ παρθένος ἐπλήγη τὸ κατὰ τὸ βρέγμα καὶ τότε μὲν ἐσκοτώθη. Hipp. Epid. 1217 : ἐσκοτώθη πληγεὶς καὶ ἔπεσε, Hipp. Epid. 948 : καὶ σκοτώδεα περὶ τὰς ὄψιας, ἢ καὶ ὑποχονδρίου ξύντασις μετ' ὀδύνης γίγνεται. Aretaeus, Sign. Morb. Acut. 61 : ἀμαυροὶ τὰς ὄψιας, σκοτώδεες. Dioscor. Ven. 11 : κώνειον δὲ ποθὲν ἐπιφέρει σκοτώματα καὶ ἀχλύν. Galen. Remed. Parab. iii. (xiv. 544) : ἐὰν γένηται τὰ σημεῖα ταῦτα, σκοτισμὸς ὀφθαλμῶν. Galen. Med. Defin. 251 (xix. 417) : ἡ σκοτόδινός ἐστι ἐπειδὰν ἡ διὰ τῆς ὄψεως αἴσθησις ἐξαίφνης ἀπολεῖται δοκούντων αὐτῶν σκότος περικεχύσθαι.

The indication of the several stages of the coming on of the blindness, first a dimness, which is succeeded by total darkness, bears traces of medical writing. Compare the description of the healing of the lame man at the temple, ch. iii. 8.

§ XXXI.

*ἀδύνατος.   *ὀρθός.

The healing of the lame man at Lystra.—Acts, xiv. 8–10 : And there sat a certain man at Lystra, *impotent* (ἀδύνατος) in his feet, being a cripple *from his mother's womb*, who never had walked : the same heard Paul speak : who stedfastly beholding him, and perceiving that he had faith to be healed, said with a loud voice, *Stand upright* (ἀνάστηθι ὀρθός) on thy feet. And he leaped and walked.

*ἀδύνατος is frequently used in the N. T. in the meaning "impossible," but only here in the sense of "impotent," in connexion with disease. In one passage, Rom. xv. 1, it bears the signification "weak," but not in a medical meaning. It is used by the medical writers as it is by St. Luke. Hipp. Praedic. i. 70 : κοπώδει, κεφαλαλγικῷ, διψώδει, ἀγρύπνῳ, ἀσαφεῖ, ἀδυνάτῳ, οἷσιν τὰ τοιαῦτα ἐλπὶς ἐκστῆναι. Hipp. Coac. Progn. 125 : οἱ παραλόγως, κενεαγγείης μὴ ἐούσης, ἀδύνατοι κακόν. Hipp. Coac. Progn. 146 : οἱ κεφαλαλγικοὶ, διψώδεες, ὑπάγρυπνοι, ἀσαφέες, ἀδύνατοι, ἐπὶ κοιλίῃ ὑγρῇ κοπιώδεες. Hipp. Coac. Progn. 202 : ταύτῃσι περὶ κρίσιν καταφοραὶ καὶ ἀδύνατοι κενεαλγικῶς. Hipp. Morb. Acut. 404 : ὁκόσοι δὲ μονοσιτέουσι, κεῖνοι καὶ ἀδύνατοί εἰσι. Hipp. Intern. Affect. 560 : ἦν καὶ ἀδύνατος ᾖ ἀνίστασθαι. Hipp. Intern. Affect. 558 : πονείτω περιόδοισιν, ἦν δυνατὸς ᾖ. ἦν δὲ ἀδύνατος ᾖ ὑπὸ τῶν πυρετῶν. Galen. Usus Part. i. 3 (iii. 7) : ζῶον κἂν ἔτι μαλακὸν καὶ ἀδύνατον ᾖ. Galen. Nat. Facul. ii. 9 (ii. 127) : εἴπερ γὰρ ἀδύνατος ἡ γαστήρ ἐστι. Galen. Comm. ii. 39, Praedic.: (xvi. 597) : τοὺς ἀδυνάτους καὶ ἀρρώστους.

*ὀρθός is used by St. Luke alone, the other passage where it occurs, Heb. xii. 13, being a quotation from the LXX. Hipp. Artic. 820 : ὀρθοὶ δὲ ἧσσον ἵστανται οἷσιν ἂν ἐς τὸ εἴσω ἐξαρθρήσῃ. Hipp. Artic. 824 : ὀρθότεροι μὲν ὁδοιπορήσουσι. Hipp. Artic. 838 : ὀρθὰ ἐστεῶτα. Hipp. Ulcer. 883 : ἑστηκότι ὀρθῷ ἦν δύνηται ἑστάναι. Galen. Usus Part. iii. 3 (iii. 181) : δῆλον ὅτι οὐδὲν ἔτ' ἐκείνων τῶν σχημάτων ἀκριβῶς ἐστιν ὀρθόν. ὥστ' εὐλόγως εἴπομεν ἄνθρωπον ὀρθὸν μόνον ἵστασθαι. Galen. Usus Part. iii. 3 (iii. 182) : διὰ τοῦτο ὀρθῶς ἑστάναι τὸν ἄνθρωπον. Galen. Usus Part. iii. 16 (iii. 264) : ἅπασαν γὰρ τὴν ἐν τοῖς σκέλεσι τῶν ὀστῶν σύνταξιν τοιαύτην ἔχων, οἵαν ἵστασθαι καλῶς ὀρθῶς—ὀρθὸς ἵστασθαι πέφυκεν. Galen. Anatom. ix. 4 (ii. 728) : προσπίπτειν εἴωθεν, οὐκ ὀρθῶς ἑστάναι. Galen. Comm. iii. 2 Artic. (xviii. A. 494) : κατακειμένων ὑπτίων οὔτε ὀρθῶς ἑστηκότων οὔτε καθημένων.

See ἀνορθοῦν, Luke, xiii. 13 (§ 16.)

§ XXXII.

*ἀπαλλάσσειν.

Diseases cured at Ephesus.—Acts, xix. 11-12 : And God wrought special miracles by the hands of Paul : so that from his body were brought unto the sick handkerchiefs or aprons, and the *diseases departed from them* (ἀπαλλάσσεσθαι ἀπ᾽ αὐτῶν τὰς νόσους), and the evil spirits went out of them.

*ἀπαλλάσσειν is used by St. Luke in another passage, Luke, xii. 58; it also occurs in Heb. ii. 15. The present, however, is the only place where it is used in connexion with sickness. In this use it is one of the words most frequently occurring in the medical writers. Hipp. Vet. Med. 15 : ὅταν ἱδρώσῃ καὶ ἀπαλλαγῇ ὁ πυρετός. Hipp. Morb. Mul. 608 : κἢν ἀπαλλάσσηται τὸ ὕστερον ὑγιαίνει καὶ ἡ γυνή, ἀπαλλάσσεται δὲ ἑκταίῃ ἢ ἑβδυμαίῃ. Hipp. Morb. 458 : οἱ δὲ θερμῷ ἱδρῶτι ἱδροῦντες ταχύτερον ἀπαλλάσσονται τῶν νοσημάτων. Hipp. Morb. Mul. 616 : ἢν δὲ πρὸς τὴν δίαιταν τήνδε τὰ ῥεύματα μὴ ἀπαλλάσσηται. Aretaeus, Sign. Morb. Diuturn. 50 : παιδία μὲν οὖν καὶ νέοι παθεῖν τε ῥηίτεροι καὶ ἀπαλλαγῆναι ῥηίτεροι. Dioscor. Mat. Med. iii. 161 : προστιθέμενον τεταρταίους δὲ καὶ τριταίους ἀπαλλάσσει. Dioscor. Animal. Ven. Proem. : ἀλγηδόνων καὶ ἄλλων κακῶν ἀπαλλάσσεσθαι τοὺς ἀνθρώπους συμβαίνει. Galen. Comm. i. 12, Humor. (xvi. 115) : ἡ δὲ κένωσις ἀπαλλάττει τῶν νοσημάτων καὶ τῶν παθῶν τὸν ἄνθρωπον. Galen. Comm. ii. 56, Epid. i. (xvii. A. 155) : οἷσιν ἂν ἄρξηται ὁ πόνος τῇ πρώτῃ ἡμέρᾳ, τεταρταῖοι πιεζοῦνται μᾶλλον ἢ πεμπταῖοι, ἐς δὲ τὴν ἑβδόμην ἀπαλλάσσονται. Galen. Comp. Med. ix. 5 (xiii. 302) : τούτῳ ἴσμεν πολλοὺς χρησαμένους καὶ τῆς νόσου ἀπαλλαγέντας.

§ XXXIII.

*καταφέρειν.   *ὕπνος βαθύς.

Eutychus restored to life.—Acts, xx. 8, 9 : And *there were many lights* in the upper chamber, where they were gathered together. And there sat in a window a certain young man named Eutychus, being *fallen into a deep sleep* (καταφερόμενος ὕπνῳ βαθεῖ) : and as Paul was long preaching, he *sunk down with sleep* (κατενεχθεὶς ἀπὸ τοῦ ὕπνου), and fell down from the third loft, and was taken up dead.

St. Luke here gives a reason, as a medical man, for the cause of the deep sleep of Eutychus, just as he does for the sleepiness of the Apostles on the night of the agony of our Lord—Luke, xxii. 45 (§ 56). In the case of Eutychus the sleepiness and exhaustion were the consequence of the heat and smell arising from many oil lamps (λαμπάδες ἱκαναί), as well as of the service lasting to a late hour—" Paul preached unto them, ready to depart on the morrow: and continued his speech until midnight."

*καταφέρεσθαι, peculiar to St. Luke, as applied to sleep, was so much a medical term that it was used more frequently absolutely than with the addition of ὕπνος, by the medical writers. The substantive καταφορά was a technical medical term also. In this passage it is used twice to express two different degrees of sleep: " it implies that relaxation of the system, and collapse of the muscular power, which is more or less indicated by our expression *falling asleep—dropping* asleep. This effect is *being produced* when the first participle is used, which is therefore *imperfect* (καταφερόμενος), but as Paul was going on long discoursing, took *complete possession of him*, and, having been *overpowered, entirely relaxed in consequence of the sleep* (κατενεχθεὶς ἀπὸ τοῦ ὕπνου), he fell."—Alford, Gr. Test., *in loc.*

The expressing the different degrees of sleep would be quite natural to a medical writer. Galen speaks of even two distinct species of καταφορά. Galen. de Comate Secund. Hipp. 2 (vii. 652): μὴ γιγνώσκοντες ὅτι δύο εἰσὶν εἴδη καταφορᾶς, ὡς οἵ τε δοκιμώτατοι τῶν ἰατρῶν γεγράφασι καὶ αὐτὰ τὰ γιγνόμενα μαρτυρεῖ, κοινὸν μὲν γὰρ ἀμφοτέρων ἐστὶν, ὅτι ἐπαίρειν οὐ δύνανται τοὺς ὀφθαλμοὺς, ἀλλ' εὐθέως βαρύνονται καὶ ὑπνοῦν βούλονται, &c.

*καταφέρεσθαι. Hipp. Praedic. 79 : εἰς τὴν αὔριον ἐφιδρώσαντα, κατενεχθέντα. Hipp. Epid. 1155 : πάλιν ἐπετείνετο τῷ πυρετῷ καὶ κατεφέρετο καὶ ἄναυδος ἦν. Hipp. Epid. 1137 : οὗτοι κωματώδεες καὶ ἐν τοῖσιν ὕπνοισιν καταφερόμενοι. Hipp. Epid. 1085 : ἀλλ' ἄλλῃ τινὶ καταφορῇ κακῇ νωθρῇ βαρέως ἀπώλλοντο. Hipp. Epid. 1109 : κῶμα δὲ καὶ καταφορὴ καὶ πάλιν ἔγερσις. Dioscor., Mat. Med. iii. 80 : ὑποθυμιώμενος δὲ ἀνακαλεῖται τοὺς καταφερομένους. Dioscor. Mat. Med. iii. 82 : καὶ τῶν καταφερομένων ἀνακλητικός. Galen. Comm. iv. 67, Aph. (xvii. B. 748) : κατενεχθέντας εἰς ὕπνον πληροῦνται τὴν κεφαλήν. Galen. Comm. i. 1, Praedic. (xvi. 497) : ἐναντία συμπτώματα καταλαμβάνει τὸν ἄνθρωπον ὡς ἀγρυπνεῖν τε ἅμα καὶ καταφέρεσθαι κατ' ὀλίγον. Galen. Antid. ii. 10 (xiv. 163) : ἤδη καταφερομένοις καὶ ἄλλως δυσχερεῖ συμπτώματι περιπεπτωκόσι.

Different distinguishing epithets are joined to ὕπνος by the medical writers, one of which is βαθύς. Hipp. Coac. Progn. 141 : ὕπνοι βαθέες καὶ ταραχώδεες βεβαίαν κρίσιν σημαίνουσι. Aretaeus, Sign. Acut. Morb. 30 : οὐκ ἄνευθεν κινδύνου ἴησις, ὕπνος βαθὺς καὶ μήκιστος. Galen. Progn. ex Puls. iv. 8 (ix. 407): οἰκεῖον γὰρ ξηρότητι τὸ σύμπτωμα τοῦτο, καθάπερ γε καὶ ὑγρότητι βαθὺς ὕπνος ἢ κῶμα. Galen. Comm. ii. 63, Praedic. (xvi. 646) : καθάπερ βαρύνηται τὸ σῶμα ἐν ταῖς μέθαις ὕπνος ἐστὶ βαθύς, ὃν ἔξεστι τῷ βουλομένῳ κάρον ὀνομάζειν. Galen. Comm. ii. 63, Praedic. (xvi. 647) : ἐὰν οὖν τις τὸ μὲν τοιοῦτον πάθημα κάρον ὀνομάζει τὴν δὲ δυσδιέγερτον κατάστασιν κῶμά τε καὶ καταφοράν· τὸ δὲ τρίτον ἐπ' αὐτοῖς, ὑπὲρ οὗ πρῶτον διῆλθον ὕπνον βαθύν. Galen. Comm. i. 7, Epid. iii. (xvii. A. 540) : ἔστι δ' ὅτε δι' ἄμφω ταῦτα συμπίπτει, βαθὺς καὶ κωματώδης ὕπνος. Galen. Comm. vi. 31, Aph. (xviii. A. 49) : καὶ τοίνυν ὕπνος τε βαθὺς αὐτῷ γίνεται καὶ ἀνώδυνος ἕωθεν ἀνέστη. Galen. Caus. Puls. i. 8 (vii. 140) : τοσούτῳ γὰρ μεῖον ἐπιρρεῖν εἰκός ἐστιν, ὅσῳπερ ἂν ὁ ὕπνος ᾖ βαθύτερος. Do. (141) : καὶ διὰ τοῦτο βαθύτερος ὕπνος συμπίπτει τοῖς πλείονα γυμνασαμένοις—καὶ βαθύτερον ὑπνοῦσιν. Do. (144): τοιοῦτον μέν τοι πάθος ἡ ἀποπληξία περὶ τὰς κατὰ προαίρεσιν ενεργείας, οίον ο βαθύς ύπνος εν ταις αισθητικαις ενεργείαις.

§ XXXIV.

*πίμπρασθαι.   *καταπίπτειν.   *θηρίον = έχιδνα.

The viper on St. Paul's hand innocuous.—Acts, xxviii. 3-6: And when Paul had gathered a bundle of sticks, and laid them on the fire, there came *a viper* (έχιδνα) out of the heat, and fastened on his hand. And when the barbarians saw *the venomous beast* (τὸ θηρίον) hang on his hand, they said among themselves, No doubt this man is a murderer, whom, though he hath escaped the sea, yet vengeance suffereth not to live. And he shook off *the beast* (τὸ θηρίον) into the fire, and felt no harm. Howbeit they looked when he *should have swollen* (πίμπρασθαι), or *fallen down* (καταπίπτειν) dead suddenly.

*πίμπρασθαι, peculiar to St. Luke, was the usual medical word for inflammation. Hipp. Intern. Affect. 555: καὶ ἐξαπίνης ή γαστήρ αείρεται καὶ πίμπραται καὶ δοκέει διαρρήσεσθαι. Hipp. Intern. Affect. 490: καὶ τὸ πρόσωπον καὶ ή φάρυγξ πίμπραται. Hipp. Nat. Mul. 570: ἦν δὲ λεχοῖ αἱ ὑστέραι φλεγμήνωσι, πίμπραται καὶ πνίξ έχει. Hipp. Morb. Mul. 604: καὶ οἱ μηροὶ πίμπρανται. Hipp. Epid. 1162: 'Αρίστιππος ἐς τὴν κοιλίην ἐτοξεύθη ἄνω βίῃ χαλεπῶς, ἄλγος κοιλίης δεινὸν καὶ ἐπίμπρατο ταχέως. Aretaeus, Sign. Morb. Diuturn. 61: ξὺν γὰρ τῇδε καὶ οὐρητῆρες πίμπρανται. Aret. Cur. Acut. Morb. 118: πίμπραται τὸ ἧπαρ τῆς ἐκροῆς ἀμερθέν. Aret. Cur. Morb. Diuturn. 128: πίμπραται γὰρ ή κεφαλὴ αὐτίκα. Galen. Comm. iv. 28, Acut. Morb. (xv. 795): τὸν δὲ πνεύμονα πίμπρασθαι—εἰκότως οὖν ἀμετρίας ἐχόμενον πίμπρησι τὸν πνεύμονα.

*καταπίπτειν, peculiar to St. Luke, is used of persons falling down suddenly from wounds, or in epileptic fits, &c. Hipp. Cap. Vuln. 908: ἔπειτα τὸν ἄνθρωπον ὅτε δῖνός τε ἔλαβε καὶ σκότος καὶ ἐκαρώθη καὶ κατέπεσε. Hipp. Praedic. 98: βλήματα εἴη ἢ κατέπεσεν ὤνθρωπος ἢ εἰ ἐκαρώθη. Aretaeus, Cur. Acut. Morb. 94: τῆς ἐπιληψίας ὀλεθρίη μὲν ἡ πρωτίστη κατάπτωσις. Aret. Sign. Acut. Morb. 9: καὶ τάδε ἐπὶ τὸ κάκιον ἐπείγει, εὖτε ἀθρόον καταπεσόντες εἰς τὴν γῆν. Galen. Remed. Parab. ii. 2 (xiv. 402): καὶ καταπεσεῖται εἴπερ ἑάλῳ τῷ πάθει [Epilepsy]. Galen. Medicus, 13 (xiv. 739): διὸ καταπίπτουσιν οἱ τῷ πάθει ἐχόμενοι [Epilepsy]. Galen. Comm. vi. 27, Aph. (xviii. A. 40): ἔν γε τῷ παραχρῆμα λειποψυχούντων καὶ καταπιπτόντων. Galen. Def. Med. 256 (xix. 418): ἐκλύονται καὶ καταπίπτουσι καὶ καταψύχονται τὰ ἄκρα καὶ ὁ σφυγμὸς ἐπ' αὐτῶν ἀμυδρὸς γίνεται. Galen. Ven. Sect. 9 (xi. 242): ἀναγκασθεὶς ἐπὶ τῆς ἀγορᾶς ἕως μεσημβρίας ἄσιτος διατρίψαι καταπεσὼν ἐσπάσθη. Hipp. Intern. Affect. 558: οὐ δύναται ἀείρειν τὰ σκέλεα ἀλλὰ καταπίπτει καὶ οἱ πόδες αὐτοῦ αἰεὶ ψυκροί.

*θηρίον. St. Luke uses this word here exactly in the same way as the medical writers, who employed it to denote venomous serpents, and of these they applied it in particular to the viper (ἔχιδνα), so much so that an antidote, made chiefly from the flesh of vipers, was termed θηριακή.

In the four following examples the same medicine is signified. Aret. Cur. Diuturn. Morb. 138: τὸ διὰ τῶν θηρίων [Vipers] φάρμακον. Do. 144: ἡ διὰ τῶν θηρίων [Vipers]. Do. 146: ἡ διὰ τῶν ἐχιδνῶν. Aret. Cur. Morb. Diuturn. 147: τὸ διὰ τῶν θηρίων τῶν ἐχιδνῶν.

Dioscorides uses θηριόδηκτος to signify "bitten by a serpent." Mat. Med. iv. 24: θηριοδήκτοις βοηθεῖν μάλιστα δὲ ἐχιοδήκτοις. Galen. Natural. Facul. i. 14 (ii. 53): ὅσα τοὺς ἰοὺς τῶν θηρίων ἀνέλκει—τῶν τοὺς ἰοὺς ἑλκόντων τὰ μὲν τοῦ τῆς ἐχίδνης. Galen. Animi. Mores. 3 (iv. 779): καὶ οἱ τῶν θηρίων ἰοί. Galen. Meth. Med. xiv. 12 (x. 986): τό τε διὰ τῶν ἐχιδνῶν ὅπερ ὀνομάζουσι θηριακὴν ἀντίδοτον. Galen. Theriac. ad Pison. 8 (xiv. 233): διὰ τί ὁ Ἀνδρόμαχος τὴν ἔχιδναν μᾶλλον ἢ ἄλλον τινὰ ὄφιν τῇ θηριακῇ ἐπέμιξε. Galen. Theriac. ad Pamphil. (xiv. 308): διὰ τὸ ἔχειν αὐτὴν τῆς σαρκὸς τῶν ἐχιδνῶν ὠνόμασαν αὐτὴν θηριακήν.

There are some other medical words used in connexion with this miracle, viz., διεξέρχεσθαι, θέρμη, καθάπτειν, and ἄτοπος (see Acts, xxviii., § 98).

§ XXXV.

* πυρετοί.   * δυσεντερία.   συνέχεσθαι.

The father of Publius healed.—Acts, xxviii. 8 : And it came to pass, that the father of Publius lay *sick* (συνεχόμενον) *of a fever* (πυρετοῖς) *and of a bloody flux* (δυσεντερίᾳ): to whom Paul entered in, and prayed, and laid his hands on him, and healed him.

The use of the plural *πυρετοί, peculiar to St. Luke for a fever, and in the case of one person, is quite medical. Hipp. Epid. 1106 : ἰσχίου δὲ δεξιοῦ ὀδύνη ἰσχυρὴ καὶ οἱ πυρετοὶ ἐπέτεινον. Hipp. Epid. 1106 : τὸ δὲ σύνολον οἵ τε πυρετοὶ ἐξέλιπον καὶ ἡ κώφωσις ἐπαύσατο, ἐν ἑκατοστῇ τέλεως ἐκρίθη. Hipp. Epid. 1120 : πλευροῦ ὀδύνη καὶ στήθεος κατ' ἴξιν ἀριστεροῦ καὶ πυρετοί, ἀπέθανεν ἀπὸ τοῦ πυρετοῦ. Hipp. Epid. 1115 : Δεάλκους γυναῖκα πυρετὸς ἔλαβε—οὐκ ἐκοιμᾶτο—πυρετοὶ πρὸς χεῖρα λεπτοί. Hipp. Morb. 454 : τήκεται ὁ ἀσθενῶν ὑπὸ ὀδυνέων ἰσχυρῶν καὶ ἀσιτίης καὶ βηχὸς καὶ πυρετῶν. Hipp. Morb. 493 : ἢν δὲ μὴ δύνηται κατὰ λόγον πτύειν, τῶν ἀναγόντων φαρμάκων διδόναι, τὰς δὲ κοιλίας ὑποχωρέειν ἵνα οἵ τε πυρετοὶ ἀμβλύτεροι ἔωσι. Hipp. Intern. Affect. 538 : ἢν δὲ ἀδύνατος ᾖ ὑπὸ τῶν πυρετῶν καὶ ἐσθίειν μὴ δύνηται τὰ σιτία. Hipp. Epid. 1083 : πολλοῖσι δὲ ἐν πυρετοῖσι καὶ πρὸ πυρετοῦ καὶ ἐπὶ πυρετοῖσι ξυνέπιπτεν. Aretaeus, Sign. Morb. Diuturn. 63 : τὸ δὲ ἕλκος κἢν μὴ ἀρχῆθεν κτείνῃ, πυρετοῖς ἢ φλεγμονῇ ἀνήκεστον γίγνεται. Galen. Remed. Parab. i. 3 (xiv. 335): ὀδύνη σφοδρὰ καταλαμβάνει τὸν ἄνθρωπον, ὡς δι' αὐτὴν καὶ πυρετοὺς ἐπιγίνεσθαι.

* δυσεντερία, peculiar to St. Luke, besides being a medical term, is often joined with πυρετός by Hippocrates. Hipp. Judicat. 55 : ὅσοις ἂν ἐν τοῖς πυρετοῖς τὰ ὦτα κωφωθῇ τουτέοισι μὴ λυθέντος τοῦ πυρετοῦ μανῆναι ἀνάγκη, λύει δ' ἐκ τῶν ῥινῶν αἷμα ῥυὲν ἢ δυσεντερίη ἐπιγινομένη. Hipp. Judicat. 56: λύει δὲ καὶ πυρετὸς ἢ δυσεντερίη. Hipp. Praedic. 104: αἱ δὲ δυσεντερίαι ξὺν πυρετῷ μὲν ἦν ἐπίωσιν. Hipp. Aer. 283: τοῦ γὰρ θέρεος δυσεντερίαι τε πολλαὶ ἐμπίπτουσιν καὶ διάρροιαι καὶ πυρετοί. Hipp. Epid. 1056: λύει δὲ καὶ πυρετὸς καὶ δυσεντερίη ἄνευ ὀδύνης. Hipp. Epid. 1207: ὁ 'Ερίστολάου δυσεντερικὸς ἐγένετο καὶ πυρετὸς εἶχε. Hipp. Epid. 1247: ἀνάγκῃ τοῦ θέρεος πυρετοὺς ὀξεῖς καὶ ὀφθαλμίας καὶ δυσεντερίας γίνεσθαι. Aretaeus, Sign. Morb. Diuturn. 35: ἐς δυσεντερίην τελευτᾷ. Dioscorides, Mat. Med. i. 89: ποιεῖ στύφων πρὸς δυσεντερίας. Galen. Comm. 16, Nat. Hom. (xv. 158): ἁλίσκεσθαί τε δυσεντερίαις.

συνέχεσθαι (see § 3).

PART II.

MEDICAL LANGUAGE USED OUTSIDE MEDICAL SUBJECTS.

It is evident from the examples adduced out of the Greek medical writers, in the previous part, that precise medical terms are employed in the narrative of the miracles of healing both in the third Gospel and in the Acts of the Apostles.

But above and beyond this fact there would seem to be a vein of medical language running through the general history, and appearing chiefly in the use of some *words peculiar to the author*, or in the use of others which, though not peculiar to him, are yet of *more frequent occurrence* in his writings than in the rest of the New Testament, and all of which were in common use with the Greek physicians.

It is the object of this second part to establish this point, which may not meet with so ready an acceptance at first sight as that of the use of medical terms in the account of the miracles. It will, however, I think, appear clearly from a comparison of the language of the third Gospel with that of the other Evangelists in some parallel passages. This comparison will establish the fact that in these passages at least St. Luke strongly inclined to the use of medical words in his general history.

---

§ XXXVI.

* πλημμύρα.   * προσρήγνυμι.   * συμπίπτειν.   * ῥῆγμα.

St. Matthew, in recording our Lord's discourse about the houses built on the rock and on the sand, says (ch. vii. 27): "And the *rain* descended, and the floods came, and the winds

§ xxxvi.] THE MEDICAL LANGUAGE OF ST. LUKE. 55

blew, and *beat upon* that house; and it *fell:* and great was the *fall* of it," using the words—

βροχή.—προσέκυψαν.—ἔπεσεν.—πτῶσις.

St. Luke, to express the same, uses the words (ch. vi. 48, 49)—

*πλημμύρα.—*προσέρρηξεν.—*συνέπεσε.—*ῥῆγμα.

"And when the *flood* arose ... the stream *did beat vehemently*, and immediately it *fell*; and the *ruin* of that house was great."

Now all these words employed by St. Luke were in use in medical language.

*πλημμύρα, peculiar to St. Luke, was used to express excess of the fluids of the body—flooding. Hipp. Morb. Acut. 394: μεσηγὺ μέντοι ὀξυμέλιτος καὶ μελικρήτου ὕδωρ ἐπιρροφεόμενον ὀλίγον πτυέλου ἀναγωγόν ἐστι διὰ τὴν μεταβολὴν τῆς ποιότητος τῶν ποτῶν. πλημμυρίδα γάρ τινα ἐμποιέει. Aretaeus, Sign. Morb. Diuturn. 59: ξυνδίδοται γὰρ ἐς κύστιν ἡ πλημμύρα. Aret. Sign. Morb. Diuturn. 60: διψὰς δὲ τὸ ἑρπετὸν θηρίον, ἣν δάκῃ τινὰ ἄσχετον δίψος ἐξάπτει, πίνουσί τε ἄδην οὐκ ἐς δίψιος ἄκος, ἀλλ' ἐς τὴν τῆς κοιλίης πλημμύραν ἀκορίῃ ποτοῦ. Aret. Cur. Acut. Morb. 121: πίμπλαται γὰρ ἡ τῶν νεφρῶν κοιλίη ἀπὸ πλημμυρίης τῶν οὔρων οὐ διεκθεόντων. Aret. Cur. Morb. Diuturn. 132: ὕπνος πολὺς μὲν γὰρ ναρκᾷ τὰς αἰσθήσιας τῆς κεφαλῆς, ἀτμῶν πλημμύρᾳ ὄκνος ἁπάσης πρήξιος. Aret. Sign. Acut. Morb. 26: οὔρου ἐπίσχεσις οὐκ ἐς τὸ πάμπαν, ἀλλὰ στάγδην μὲν οὐρέουσι, ἐπιθυμίη δὲ πολλὸν ἐκχέαι, πλημμύρης γὰρ αἴσθησις. Galen. Comm. iii. 36, Morb. Acut. (xv. 700): πλημμυρίδα γάρ τινα ποιεῖν αὐτό φησι τουτέστι πλῆθος ὑγροῦ τινος. Galen. Comm. iii. 38, Morb. Acut. (xv. 703): πλημμυρίδα τινὰ ἐμποιέει τουτέστι πλῆθος ὑγρότητος. Galen. Morb. Acut. 3 (xix. 189): νόσοι δὲ αἱ μὲν κατὰ ἀφαίρεσιν φθίνοντος τοῦ μηνὸς συνεπισημαίνουσι πρὸς τὸ χεῖρον· αἱ δὲ κατὰ περιουσίαν δὲ καὶ πλημμυρίδα αὐξανομένου πιέζουσι τὰ μάλιστα. Aret. Sign. Morb. Diuturn. 78: εὑρεῖαι δὲ φλέβες οὐ πλημμύρῃ τοῦ αἵματος ἀλλὰ τῷ τοῦ δέρματος πάχει.

συμπίπτειν, peculiar to St. Luke, was used of the falling in—collapsing—of the body or some of its members. Hipp. Progn. 36 : ὀφθαλμοὶ κοῖλοι, κρόταφοι ξυμπεπτωκότες. Hipp. Superfoet. 261 : ὅκως συμπεσὸν τὸ σωμάτιον. Hipp. Intern. Affect. 551 : τὸ δὲ γυῖον ξυμπίπτει ταχέως. Hipp. Epid. 1144 : καὶ ἡ γαστὴρ ξυνέπεσε καὶ τὰ οἰδήματα πάντα. Hipp. Morb.Mul. 648: καὶ ἡ κοιλίη ἐπ' ἐκεῖνον τὸν χρόνον, ἐν ᾧ ἐδόκεε τίκτειν, ἐπειδὰν ἔλθῃ, ἀποδέδρηκέ τε καὶ ξυμπίπτει. Aretaeus, Sign. Morb. Diuturn. 75 : ᾗ δὲ ὁ πόνος ἐν τοῖσι νεύροισι εἴσω μίμνῃ ξυμπεπτώκῃ δὲ τὸ ἄρθρον ἄθερμον—θερμασίη γὰρ τὰ ξυμπεπτωκότα μέρεα ἐς ὄγκον ἤγειρε. Galen. Comm. i. 24, Humor. (xvi. 201): εἶτα βλέπειν χρὴ πότερον ὁ τοῦ σώματος ὄγκος συμπέπτωκε. Galen. Comm. ii. 7, Humor. (xvi. 238) : τὸ σῶμα συμπέπτωκεν, ὥσπερ κόπῳ τινὶ νικωμένῳ, καὶ ὡς τῶν δυνάμεων ἐκλυομένων. Galen. Comm. ii. 25, Humor. (xvi. 288) : ἐν μὲν οὖν τοῖς σφοδροτάτοις πυρετοῖς ἴσμεν συντήκεσθαι πολλάκις τὸ σῶμα καὶ συμπίπτειν. Galen. Comm. iii. 33, Offic. (xviii. B. 894) : ὅ τε ὄγκος συμπίπτει καὶ παύεται τὸ ἔρευθος.

ῥῆγμα, peculiar to St. Luke, was the medical term for a "laceration"—"rupture." Hipp. Morb. 456: ῥήγματα πολλά τε καὶ παντοῖα τῶν φλεβῶν καὶ τῶν σαρκῶν. Hipp. Loc. in Hom. 420 : ἀπὸ ῥήγματος πυρετὸς οὐ λάζεται πλεῖον ἢ τρεῖς ἢ τέσσαρας ἡμέρας. Hipp. Loc. in Hom. 415 : αὕτη ἡ νοῦσος γίνεται δὲ καὶ ἐκτὸς τοῦ πλεύμονος μάλιστα μὲν ἀπὸ ῥήγματος. Hipp. Morb. 493 : ἀναβήσσει ὑπόχολα οἷον ἀπὸ σιδίου, ἢν μὴ ῥήγματα ἔχῃ, ἢν δὲ ἔχῃ καὶ αἷμα ἀπὸ τῶν ῥηγμάτων. Hipp. Epid. 1220 : ῥήγματος περὶ μαζὸν δεξιὸν ὀδυνώμενος. Dioscorides, Mat. Met. i. 80 : ἀγαθὸν δὲ καὶ πρὸς ῥήγματα. Dioscor. Mat. Med. i. 103 : ὅθεν καὶ σπάσμασι καὶ ῥήγμασι καὶ ὑστερικαῖς πνιγομέναις ἁρμόζει. Dioscor. Mat. Med. i. 2 : πρὸς πλευρᾶς πόνον καὶ θώρακος καὶ ἥπατος, στρόφους, ῥήγματα. Galen. Comm. iii. 17, Epid ii. (xvii. A. 348 : ἕλκος, κάταγμα, ῥῆγμα, φῦμα, &c. Galen. Comm. iii. 76, Epid. iii. (xvii. A. 763): καθάπερ γὲ καὶ τὰ ῥήγματα πολλοῖς ἐπώδυνα γίνεται.

*προσρήγνυμι, peculiar to St. Luke, is used for the rupture or bursting of veins. Aretaeus, Cur. Acut. Morb. 111 : καὶ γὰρ βηχώδεα ταῦτα, ὑπερβολῇ τε ξηρότητος μετεξετέροισι προσέρρηξε τὰς φλέβας.

§ XXXVII.

*φύειν. *ἰκμάς. *συμφύεσθαι.

In the parable of the sower, St. Matthew (chap. xiii. 5, 6, 7) says : " Some fell upon stony places, where they had not much earth : and forthwith *they sprung up*, because they had no deepness of earth : And when the sun was up, they were scorched ; and because they *had no root*, they withered away. And some fell among thorns ; and the thorns *sprung up*, and choked them," using the words—

ἐξανέτειλε.—τὸ μὴ ἔχειν ῥίζαν.—ἀνέβησαν.

St. Mark (chap. iv. 5, 6, 7) uses the same words as St. Matthew:—

ἐξανέτειλε.—τὸ μὴ ἔχειν ῥίζαν.—ἀνέβησαν.

But St. Luke's language is quite different—

*φυὲν.—τὸ μὴ ἔχειν *ἰκμάδα.—*συμφυεῖσαι.

Chap. viii. 6, 7 : "And some fell upon a rock ; and as soon as it was *sprung up*, it withered away, because *it lacked moisture*. And some fell among thorns ; and the thorns *sprang up with it*, and choked it."

Here we find St. Luke using three words peculiar to himself (the only passage in the rest of the N. T., Heb. xii. 15, where φύειν occurs, being a quotation from the LXX.), and all of them of frequent use in medical language.

*ἰκμάς, peculiar to St. Luke, was the medical expression for the juices of the body, of plants, and of the earth. Hipp. Morb. 502: εἰ γὰρ τὸ σῶμα μὴ ἕλκῃ ἀπὸ τῆς ἰκμάδος τῆς κοιλίης. Hipp.

Morb. Mul. 588 : ἀπὸ τῆς κοιλίης ἕλκει τὴν ἰκμάδα καὶ τάχιον καὶ μᾶλλον τὸ σῶμα τῆς γυναικὸς ἢ τοῦ ἀνδρός. Hipp. Nat. Puer. 240 : καὶ ἅμα ἡ θρὶξ ἰκμάδα μετρίην εἰς τὴν τροφὴν ἔχει—χωρεούσης εἰς αὐτὴν τῆς ἰκμάδος ἀπὸ τῆς κεφαλῆς. Hipp. Morb. 503 : ἐπὴν φάγῃ καὶ πίῃ καὶ ἀφίκηται ἡ ἰκμὰς ἐς τὸ σῶμα. Galen. Usus Part. i. 13 (iii. 37): ἡ σὰρξ θερμὴν ἐντὸς ἑαυτῆς ἔχει τὴν ἐκ τοῦ αἵματος ἰκμάδα. Galen. Diff. Febr. i. 10 (vii. 313): ὡς ἐκδαπανῆσαι τῷ χρόνῳ τὴν ἰκμάδα τοῦ τῆς καρδίας σώματος. Of Plants.—Galen. Comp. Med. i. 5 (xii. 459) : ῥόδα ψύξας ἐν σκιᾷ ἐπὶ μίαν ἡμέραν ὥστε αὐτὰ μόνα ἰκμάδα μὴ ἔχειν. Dioscor. Mat. Med. i. 7 : νάρδος.— οὐ γὰρ συναποκαθαίρεται τῷ ἀχυρώδει καὶ ἀλλοτρίῳ τὸ εὔχρηστον διὰ τὴν ἐκ τῆς ἰκμάδος εὐτονίαν. Dioscor. Mat. Med. v. 3 : σταφυλή.—διὰ τὸ πολὺ τῆς ἰκμάδος ἀνεξηράνθαι. Of the Earth.—Galen. Hipp. et Plat. Decret. vi. 3 (v. 323) : πᾶσαν αὐτοῦ τὴν ἔμφυτον ἰκμάδα πρὸς ἑαυτὴν τῆς γῆς ἑλκυσάσης.

*φύειν, peculiar to St. Luke, is used in medical language of the growth of parts of the body, of diseases, of vegetation, &c. Hipp. De Carn. 252 : καὶ οἱ μὲν πρῶτοι ὀδόντες φύονται ἀπὸ τῆς διαίτης ἐν τῇ μήτρῃ—διὰ τοῦτο ὕστερον οἱ ὀδόντες φύονται—αἱ δὲ τρίχες φύονται ὧδε. Hipp. Rat. Vic. 541 : ἐξ ὧνπερ αἱ νοῦσοι τοῖσιν ἀνθρώποισιν φύονται. Hipp. Affect. 517 : πόλυπος φύεται δὲ ἀπὸ φλέγματος—ταῦτα μὲν ὅσα ἀπὸ τῆς κεφαλῆς φύονται νουσήματα. Dioscor. Mat. Med. i. 6 : νάρδος φύεται. 9 : ἄσαρον φύεται. 14 : ἄμωμον φύεσθαι. 116 : Μυρίκη δένδρον φυόμενον. 119 : ῥάμνος φυόμενος.

For the use of ἰκμάς and φύεσθαι together, see Hipp. Morb. 498, in which he compares the juices of the body with those of the earth : ἐπὴν δὲ φάγῃ ἢ πίῃ ὁ ἄνθρωπος, ἕλκει τὸ σῶμα ἐς ἑωυτὸ ἐκ τῆς κοιλίης τῆς ἰκμάδος τῆς εἰρημένης, καὶ αἱ πηγαὶ ἕλκουσι διὰ τῶν φλεβῶν ἀπὸ τῆς κοιλίης, ἡ ὁμοίη ἰκμὰς τὴν ὁμοίην, καὶ διαδίδωσι τῷ σώματι, ὥσπερ ἐπὶ τῶν φυτῶν ἕλκει ἀπὸ τῆς γῆς ἡ ὁμοίη ἰκμὰς τὴν ὁμοίην. ἔχει γὰρ ὧδε ἡ γῆ ἐν ἑωυτῇ δυνάμιας παντοίας καὶ ἀναρίθμους, ὁκόσα γὰρ ἐν αὐτῇ φύεται, πᾶσιν ἰκμάδα παρέχει ὁμοίην ἑκάστῳ. οἷον καὶ αὐτὸ τὸ φυόμενον αὐτῷ ὁμοίην κατὰ ξυγγενὲς ἔχει, καὶ ἕλκει ἕκαστον ἀπὸ τῆς γῆς τροφήν οἶονπερ καὶ αὐτό ἐστι. τό τε γὰρ ῥόδον ἕλκει ἀπὸ τῆς γῆς ἰκμάδα τοιαύτην οἶόν περ καὶ αὐτὸ δυνάμει ἐστί, καὶ τὸ σκόροδον ἕλκει ἀπὸ τῆς γῆς ἰκμάδα τοιαύτην, οἶόν περ καὶ αὐτὸ δυνάμει ἐστί, καὶ τἄλλα πάντα τὰ φυόμενα ἕλκει ἐκ τῆς γῆς καθ' ἑωυτὸ ἕκαστον. εἰ γὰρ μὴ τοῦτο οὕτως εἶχεν, οὐκ ἂν ἐγένετο τὰ φυόμενα ὅμοια τοῖσι σπέρμασιν. ὅτῳ δὲ τῶν φυομένων ἐν τῇ γῇ ἰκμὰς κατὰ συγγένειαν τοῦ δέοντος πολλῷ πλέων ἐστί, νοσέει ἐκεῖνο τὸ φυτόν. ὅτῳ δὲ ἐλάσσων τοῦ καιροῦ, ἐκεῖνο ἀναίνεται. ἢν δὲ ἐξ ἀρχῆς μὴ ἐνῇ ἰκμὰς τῷ φυτῷ, ἢν ἕλκει κατὰ τὸ συγγενές, οὐδ' ἂν βλαστῆσαι δύναιτο. παρέχει δὲ νοηθῆναι ὅτι, εἰ μὴ ἔχει ἰκμάδα κατὰ φύσιν τὸ φυτὸν οὐ βλαστάνει, &c., &c. See also Nat. Puer. 242, 243, where ἰκμάς and φύεσθαι are used in a similar way.

*συμφύεσθαι, peculiar to St. Luke, was the technical word in medical language for the closing of wounds, ulcers, the uniting of nerves, bones, &c., and is used in Dioscorides of plants growing together in the same place. Hipp. Morb. 427: νεῦρον ἢν διακοπῇ σπασμὸν ποιεῖ καὶ μήτε συμφῦναι διακοπέν. Hipp. Morb. 456: ἢν δὲ μὴ δύνηται μήτε τὸ ἕλκος συμφυῆναι τὸ ἔνδον. Hipp. Morb. 482: ἀεὶ ξυμφύειν τὸ ἕλκος πρὸς τὸν μοτόν. Hipp. Intern. Affect. 561: ὅκως ἂν ἐντὸς μὴ ξυμφυῇ ὁ χόνδρος, ἢν δὲ ξυμφυῇ καὶ τὰ ἄρθρα ξυμπαγῇ. Hipp. Coac. Praedic. 199: ἢν ἔντερον διακοπῇ τῶν λεπτῶν, οὐ συμφύεται. Galen. Comm. iii. 3, Fract. (xviii. B. 539): ὅταν ἤδη τὰ ἕλκεα συμφύεσθαι μέλλῃ. Galen. Meth. Med. iv. 7 (x. 304): ὥστ' οὐκέθ' οἶόντε συμφῦναι τῷ ῥήγματι. Galen. Meth. Med. vi. 4 (x. 419): κἂν τοῖς ἄλλοις μέρεσι συμφύειν τὰ τραύματα. Of vegetable productions.—Dioscor. Mat. Med. iv. 148: ῥίζαι δ' ὕπεισι πολλαί, λεπταί, ἀπὸ κεφαλίου μικροῦ καὶ ἐπιμήκους ὥσπερ κρομμύου, συμπεφυκυῖαι. Dioscor. Mat. Med. v. 77: φυτευομέναις γὰρ ταῖς ἀμπέλοις συμφύεται ἐλλέβορος, &c.

§ XXXVIII.

*βελόνη. *τρῆμα.

In recording our Lord's saying: "It is easier for a camel to go through *the eye of a needle*, than for a rich man to enter into the kingdom of God," St. Matthew (xix. 24) uses the words—

διὰ τρυπήματος ῥαφίδος.

St. Mark (x. 25) has much the same, viz.—

διὰ τῆς τρυμαλιᾶς τῆς ῥαφίδος.

St. Luke (xviii. 25) however employs a different expression—

διὰ *τρήματος *βελόνης.

The words used by St. Luke are those which a medical man would naturally employ, for βελόνη *was the surgical needle*, and τρῆμα *the great medical word for a perforation of any kind*. But still further, we meet with the same expression in Galen. Comm. ii. 7, Offic. (xviii. B. 740) : ὡσαύτως δὲ καὶ ὅτι ῥάμμα τοῦ διατρήματος τῆς βελόνης διῃρημένον ἕνεκα τοῦ συνάγειν ἀλλήλοις ἤτοι τὰ μόρια τοῦ διατετμημένου σώματος. And to express the puncture made by the needle : διὰ τοῦ κατὰ τὴν βελόνην τρήματος, Galen. Sang. in Arter. 2 (ii. 708).

*τρῆμα, peculiar to St. Luke, in medical language was applied to all perforations in the body, *e.g.*, in the ears, nostrils, vertebrae, the sockets of the teeth, &c.

Hipp. De Carne, 252 : τὰ τρήματα τῶν οὐάτων προσήκει πρὸς ὀστέον σκληρόν. Hipp. De Corde, 269 : τρήματα δὲ οὐκ ἔστιν οὐάτων τῆς καρδίας. Hipp. Loc. in Hom. 408 : κατὰ δὲ τὰς ῥῖνας τρῆμα μὲν οὐκ ἔνεστιν, σομφὸν δὲ οἷον σπογγιά. Galen. Comm. iii. 104, Artic. (xviii. A. 648) : κατὰ τὸ μέγα τρῆμα τοῦ τῆς ἥβης ὀστοῦ. Galen. Med. Defin. 252 (xix. 418) : διὰ τῶν τρημάτων τῆς ὑπερῴας. Galen. Theriac. ad Pison. 12 (xiv. 256): τῶν ὀδόντων τὰ τρήματα. Galen. Anat. Administr. v. 8 (ii. 522) : δύο δ' ἐστὶ τὰ τρήματα τῶν φρενῶν.

Galen. Anat. Adm. v. 8 (ii. 524): ἔστι δ' οὐκ ἀκριβῶς κυκλοτερὲς ἐνταυθοῖ τοῦτο τοῦ διαφράγματος τρῆμα. Galen. Anat. Adm. vi. 13 (ii. 582): τὰ τρήματα τοῦ περιτοναίου. Galen. Comm. iv. 6, Aliment. (xv. 390): τὰ τῶν στ' σπονδύλων τρήματα.

*βελόνη, peculiar to St. Luke, is the term invariably employed by the medical writers for the needle used in surgical operations. Hipp. Morb. Acut. 406: ὑποθεὶς τὸ ῥάμμα τῇ βελόνῃ, τῇ τὸ κύαρ ἐχούσῃ κατὰ τὸ ὀξὺ τῆς ἄνω τάσιος τοῦ βλεφάρου ἐς τὸ κάτω διακεντήσας—τῇ βελόνῃ ὡς παχύτατον εἰρίου οἰσυπηροῦ ῥάμμα καὶ ὡς μέγιστον ἀποδήσας. Galen. Comm. ii. 7, Offic. (xviii. B. 742): ὡς ἐπὶ πήχεος καὶ βραχίονος καὶ μηροῦ καὶ κνήμης καὶ ἐπὶ τούτων ἀναγκαῖόν ἐστιν ἤτοι ἐπὶ τῶν ἀριστερῶν μερῶν ἐπὶ δεξιὰ διείρειν τὴν βελόνην ἀνάπαλιν—ἀλλὰ διεκβαλεῖν τὸ ῥάμμα μετὰ τῆς βελόνης. Galen. Comm. ii. 8, Offic. (xviii. B. 745): οὐ γὰρ ἁπλῶς διεκβάλλεται τῶν ῥαπτομένων ἡ βελόνη, ἀλλὰ μετὰ τοῦ ῥάμματος ἀλλήλοις ἅμμασι σφιγγομένων. Galen. Anat. Admin. iv. 2 (ii. 427): κάλλιον οὖν ὑποβαλόντα βελόνην λεπτὴν λίνον ἔχουσαν, ἑκάστῳ νεύρῳ περιτιθέναι βρόχον ἐγγυτάτω τοῦ γέννος. Galen. Anat. Admin. viii. 4 (ii. 668): μετὰ δὲ τὴν τάσιν ὑποβάλλειν αὐτῷ βελόνην καμπύλην λίνον ἔχουσαν, ἣν διεκβαλὼν ὑπὸ τὸ νεῦρον ἕξεις ὑποκείμενον αὐτῷ τὸν λίνον. Galen. Meth. Med. vi. 4 (x. 416): ἐπειδὴ συμφῦσαι φρὴ τῷ περιτοναίῳ τὸ ἐπιγάστριον, ἀρκτέον μὲν ἀπὸ τοῦ δέρματος ἔξωθεν εἴσω διαπείροντα τὴν βελόνην—οὕτω δὲ καὶ τὸ μὲν ἐγγυτάτω τῶν ἄκρων χειλῶν διαπείρειν τὴν βελόνην. Galen. Medicus (xiv. 786): λίνου διπλοῦ διὰ βελόνης διεμβαλλομένου καὶ περισφιγγομένου τοῦ ὀμφαλοῦ.

§ XXXIX.

*προσψαύειν.

St. Matthew (xxiii. 4) records a saying of our Lord thus: "For they bind heavy burdens and grievous to be borne, and lay them on men's shoulders; but they themselves will *not move them* with one of their fingers," using the words—

τῷ δὲ δακτύλῳ αὐτῶν οὐ θέλουσι κινῆσαι αὐτά.

St. Luke (xi. 46) recording a similar saying, does so thus:—

αὐτοὶ ἑνὶ τῶν δακτύλων ὑμῶν οὐ *προσψαύετε τοῖς φορτίοις.

" Ye yourselves *touch* not the burdens with one of your fingers." Here we find another technical medical term; for ψαύειν was used either with or without the addition of δάκτυλος, to describe the feeling, very gently, a sore or tender part of the body, or the pulse, as opposed to πιέζειν, to feel with a heavier pressure. Hipp. Aphoron. 682 : ἢν τὸ στόμα τῶν μητρέων σκληρὸν γένηται ἢ ὁ αὐχὴν τῷ δακτύλῳ γνώσεται ψαύουσα. Hipp. Morb. Mul. 660 : ἢν τὸ στόμα τῶν ὑστερέων σκληρὸν γένηται ὑπὸ ξηρασίης, τῷ δακτύλῳ γνώσει παραψαύσας. Hipp. Intern. Affect. 547 : ψανόμενος ἀλγέει τὸ ἧπαρ. Hipp. Intern. Affect. 618 : τῷ λιχανῷ δακτύλῳ ἐσματευμένον καὶ ὀρρωδέοντα ὅπως μὴ ψαύσῃς τῆς ὑστέρης. Galen. Progn. ex Puls. ii. 10 (ix. 316) : ἡ μὲν γὰρ πιέζουσα τὴν ἀρτερίαν ἐπιβολὴ τῶν δακτύλων ἀσφυξίαν εἶναι δόξει, ἡ δὲ ἐπιπολῆς ψαύουσα μυούρου φαντασίαν ἕξει τοῦ σφυγμοῦ καὶ ἤτοι μόνοις δύο δακτύλοις ἢ τρισὶν ἢ καὶ τοῖς τέσσαρσιν ὑποπίπτοντος. Galen. Progn. ex Puls. ii. 10 (ix. 318) : εἰ μέντοι πλέονι χρόνῳ τῶν δακτύλων ἐπικειμένων ἀβιάστως, τε καὶ ὡς ψαύειν μόνον, ἐπανέρχοιτο πάλιν ἡ κίνησις, ἧττον ὀλέθριος ἡ τοιαύτη διάθεσις. Galen. Diff. Puls. iii. 5 (viii. 668) : ἴστω διαγιγνωσκόμενον αὐτὸν (σφυγμὸν) ἐρειδόντων ἐπὶ πλεῖον τοὺς δακτύλους, οὐκ ἐπιπολῆς ψαυόντων. Galen. De Dignosc. Puls. i. 7 (viii. 803) : καὶ εἰ ψαύοντες τὸν σφυγμὸν δὲ μόνον, οἷον αἰωροῦντες τοὺς δακτύλους οὐδ' οὕτως οὐδεμιᾶς αἰσθανόμεθα διαφορᾶς—ὁ δὲ τρίτος τρόπος τῆς ἐπιβολῆς, ὁ μεταξὺ τοῦ θλίβειν τε καὶ ψαύειν ἐπιπολῆς. Galen. Temper. et Facul. Med. vi. 1 (xi. 818) : τὰ μόρια τοῦ σώματος ὧν προσψαύσῃ. Galen. Anat. Administr. vi. 8 (ii. 570) : καὶ καθ' ὃ ταῖς φρεσὶ προσψαύει κύρτωται καὶ λεῖόν ἐστι. καθ' ὃ δὲ τῇ κοιλίᾳ προσψαύσειε.

§ XL.

* ἦχος. (a)

St. Mark (i. 28) writes: And immediately *his fame* spread abroad throughout all the region round about Galilee—

ἐξῆλθεν ἡ ἀκοὴ αὐτοῦ.

St. Luke's words for the same are (iv. 37)—

ἐξεπορεύετο * ἦχος περὶ αὐτοῦ.

(*a*) St. Luke uses ἀκοή, but in same way as the medical writers = "hearing" or "the ears" (vii. 1): εἰς τὰς ἀκοὰς τοῦ λαοῦ. Acts, xvii. 20 : ξενίζοντα γάρ τινα εἰσφέρεις εἰς τὰς ἀκοὰς ἡμῶν. Compare Hipp. Flat. 299 : ἦν δὲ ἐς τὰς ἀκοὰς, ἐνταῦθ' ἡ νοῦσος. Hipp. Usus Liquid. 427 : ἕρπησιν ἐσθιομένοισιν, ἢ ἐν ἀκοῇ ἢ ἐν ἕδρῃ ἢ ὑστέρῃ. Hipp. Morb. 447 : πηροῦνται καὶ ἀκοὴν ὑπὸ φλέγματος. Hipp. Offic. 740: καὶ τῇ ὄψει καὶ τῇ ἀφῇ καὶ τῇ ἀκοῇ. Aret. Cur. Morb. Diuturn. 133 : ἡσυχίη καὶ ἀκοῆς καὶ λαλιῆς. Galen. Comp. Med. iii. (xii. 653): σπογγίον εἰς τὴν ἀκοὴν ἐπιτιθέμενον. Do. 654 : ὥστε χυμὸν προσπίπτειν τῷ τῆς ἀκοῆς πόρῳ.

The medical bias of St. Luke may be seen from the words he abstains from using, as well as from those he does use, *in respect of disease:* thus he never uses μαλακία for sickness, as St. Matthew does in iv. 23, ix. 35, x. 1: πᾶσαν νόσον καὶ πᾶσαν μαλακίαν, since this word is never so used in medical language, but confined to the meaning of delicacy—effeminacy—*e. g.* Hipp. Aer. 292: διὰ τὴν ὑγρότητα τῆς φύσιος καὶ τὴν μαλακίην. Aretaeus, Sign. Acut. Morb. 22 : ἔκλυσις, μαλακίη. Galen. Loc. Affect. ii. 7 (viii. 88): διὰ μαλακίην ψυχῆς. Galen. Meth. Med. xii. 1 (x. 814): ἐνίοτε μὲν ὑπὲρ τοῦ χαρίσασθαι τῇ μαλακίᾳ τῶν καμνόντων. So, too, he never uses βασανίζειν or βάσανος, of *sickness*, as St. Matthew does in viii. 6: παραλυτικὸς, δεινῶς βασανιζόμενος; iv. 24: ποικίλαις νόσοις καὶ βασάνοις συνεχομένους, as they are never so used in medical language, βασανίζειν in it meaning to examine some part of the body, or investigate some medical question, and βάσανος such examination or investigation—*e. g.* Galen. Usus Part. i. 9 (iii. 27): ὅστις δὲ, πρὶν ἅπαντα ταῦτα βασανίσαι—περὶ χρείας οἴεται μορίων καλῶς ἐπεσκέφθαι, κακῶς ἔγνωκε. Do. 5 (iii. 9): φέρε οὖν πρῶτον αὐτοῦ βασανίσωμεν τὸ μόριον. Do. 9 (iii. 27): καὶ τῶν ἄλλων μορίων ἁπάντων τὴν βάσανον ποιησόμεθα.

He alone of the N. T. writers uses the word ἦχος—Heb. xii. 19, being a quotation from the LXX. He uses it also in chap. xxi. 25: ἤχους θαλάσσης, on "account of the noise of the sea," and Acts, ii. 2: ἐκ τοῦ οὐρανοῦ ἦχος, "a sound from heaven as of a rushing mighty wind." Now both ἀκοή and ἦχος were used in medical language, but ἀκοή was so strictly confined to the technical meaning "the sense of hearing," and to "the ears" themselves, that a physician would scarcely have employed it in the meaning of a "report"—"fame"—when he had other words to express the same. ἦχος was the technical word to signify *sounds in the ears and head*, and was also used sometimes for *the voice*. Hippocrates, Morb. Acut. 390, uses both words together: αἱ ἀκοαὶ ἤχου μεσταί, "the ears are full of sounds." Hipp. Coac. Progn. 137: καὶ διὰ τῶν οὐάτων ἤχους διαΐσσειν. Hipp. Morb. Acut. 406: καὶ οἷσιν ἦχοι τῶν οὐάτων ἐμπίπτουσι. Hipp. Morb. 462: τηνικαῦτα γὰρ ἦχος ἔνεστιν ἐν τῇ κεφαλῇ βαρηκοεῖ δὲ τὸ μέν τι ὑπὸ τοῦ ἔσωθεν ψόφου καὶ ἤχου. Hipp. Morb. 487: καὶ τά τε οὐατα ἠχῆς πλήρεα γίνεται. Aretaeus, Sign. Morb. Diuturn. 34: ἦχοι, βόμβοι ἀνὰ τὴν κεφαλήν. Aret. Sign. Morb. Diuturn. 38: ἦχοι ὤτων καὶ βόμβοι. Aret. Cur. Acut. Morb. 90: βάρος μέντοι ἐπὶ τῆς κεφαλῆς καὶ ἦχος. Aret. Cur. Acut. Morb. 132: τάδε μέντοι βάρεος καὶ ἤχων ἐστὶ αἴτια. Aretaeus, too, like St. Luke, uses ἦχος of the noise of the sea. Cur. Acut. Morb. 85: καὶ αἰγιαλῶν ἦχος καὶ κυμάτων κτύπος.

It signifies the voice in Dioscor. Mat. Med. iii. 84: ἐσθίεται δὲ μετ' ὀξυμέλιτος ἁρμόζων τοῖς περὶ ἀρτηρίαν, μάλιστα δὲ ἀποκοπεῖσιν ἤχοις. Dioscor. Mat. Med. v. 25: καὶ τὸν ἦχον εὔτονον καὶ λαμπρὸν ἀποτελεῖ.

§ XLI.

*τελεσφορεῖν.

Matt. xiii. 22: "He also that received seed among the thorns is he that heareth the word; and the care of this world, and the deceitfulness of riches, choke the word, and he *becometh unfruitful*"—

Mark, iv. 19—
καὶ ἄκαρπος γίνεται.

καὶ ἄκαρπος γίνεται.

Luke, viii. 14—
καὶ οὐ *τελεσφοροῦσι.

"And *bring no fruit to perfection*."

Here St. Luke uses a word which is employed in medical language, and in it is not confined to vegetable productions only, but is also used of the human species, diseases, &c.

Aretaeus—περὶ καχεξίης—Sign. Morb. Diuturn. 54: ὥρη δὲ οὐ μίη φέρει τόδε, οὐδὲ ἐς μίην τελευτᾷ, ἀλλὰ φθινόπωρον μὲν κύει (καχεξίην), χειμὼν τιθηνεῖ, ἔαρ δὲ ἐς κορυφὴν τελεσφορεῖ, θέρος δὲ κτείνει. Dioscor. Mat. Med. v. 2: ἄμπελος —ἡ δέ τις τελεσφορεῖ μικρόρραξ οὖσα καὶ μέλαινα καὶ στυπτική. Dioscor. Med. Parab. ii. 93: τελεσφορεῖν δὲ καὶ μὴ ἀποβάλλειν τὸ ἔμβρυον τὰς εὐολίσθους γυναῖκας ποιοῦσι σπέρματος μελανοσπέρμου κόκκοι μά ἐν ὀθονίῳ διθέντες. Galen. Comm. v. 62, Aph. (xvii. B. 867): οὐ γὰρ οἷόντέ ἐστι τὸ ψυχρότερον σπέρμα κατὰ τὴν ψυχροτέραν ὑστέραν τελεσφορεῖσθαι. Galen. Usus Part. iii. 1 (iii. 170): ἵππος μὲν γὰρ ὄνου καὶ ὄνος ἵππου δύναιτ᾽ ἂν καὶ δέξασθαι τὸ σπέρμα καὶ διασώσασθαι καὶ τελεσφορῆσαι πρὸς ζώου μικτοῦ γένεσιν. Galen. Usus Part. xiv. 7 (iv. 166): οὕτω τελεσφορεῖν τὸ κύημα. Galen. De Temperamentis, i. 6 (i. 547): συκῆς μὲν γὰρ ἀρετὴ βέλτιστά τε καὶ πλεῖστα τελεσφορεῖν σῦκα.

§ XLII.

*κατακλείειν.

Matt. xiv. 3: "For Herod had laid hold on John, and bound him, and *put him in prison* for Herodias' sake, his brother Philip's wife"—

καὶ ἐν τῇ φυλακῇ ἀπέθετο.

Mark, vi. 17—

καὶ ἔδησεν αὐτὸν ἐν φυλακῇ.

Luke, iii. 20—

καὶ * κατέκλεισε τὸν Ἰωάννην ἐν τῇ φυλακῇ.

"*Shut up* John in prison."

St. Luke here uses a very different word (κατακλείειν) from the other Evangelists, and one which, as well as ἀποκλείειν— also used by him — was much employed by the medical writers. It is used by him alone, and is met with again in Acts, xxvi. 10, in a similar connexion: καὶ πολλοὺς τῶν ἁγίων ἐγὼ φυλακαῖς κατέκλεισα, "and many of the saints did I shut up in prison."

Hipp. Loc. in Hom. 417: καὶ τὸ φλέγμα καὶ ἡ χολὴ κατακλεισθέντα ἀτρεμίζωσι. Hipp. Flat. 297: ἐρευγμοὶ γὰρ γίνονται μετὰ τὰ σιτία καὶ τὰ ποτὰ τοῖσι πλείστοισιν, ἀνατρέχει γὰρ ὁ κατακλεισθεὶς ἀήρ. Hipp. Praedic. 75: ὄμματος κατάκλεισις ἐν ὀξέσι κακόν. Galen. Caus. Morb. 3 (vii. 179): πυρετὸς ἐξαφθήσεται, κατακλεισθείσης ἔνδον τῆς λιγνυώδους ἀναθυμιάσεως. Galen. Diff. Febr. i. 7 (vii. 297): τοίνυν σήπεσθαι συμβαίνει τοὺς μὲν ἐν τῷ βουβῶνι χυμοὺς κατακεκλεισμένους ἐν ἑνὶ χωρίῳ. Galen. Plenitud. 3 (vii. 524): κατακλεισθείσης ἐν αὐτοῖς πνευματώδους οὐσίας πολλῆς. Galen. Comp. Med. i. 4 (xiii. 386): βλάπτει δὲ ἡ τοσαύτη στύψις ἐρυσιπέλατα, κατακλείει γὰρ αὐτῶν τὴν θερμότητα πυκνοῦσα τὰ δέρμα. Galen. Usus Part. xiii. 12 (iv. 130): εἰ γὰρ κατεκλείσθη μὲν βραχείᾳ κοιλότητι τὸ τοῦ βραχίονος ἄρθρον. Galen. Comm. ii. Aph. (xvii. B. 670): ὅτι καθάπερ ἐν ἀσκῷ τινι τῷ περιτοναίῳ τὸ ὑγρὸν κατακέκλεισται. Galen. Usus Part. xi. 12 (iii. 895) : τῆς γλώττης καθάπερ ἐν σπηλαίῳ τινὶ κατακλειομένης τῷ στόματι. Galen. Med. Defin. 415 (xix. 445): φίμος ἐστὶν ἡ τῶν πόρων φυσικῶν κατάκλεισις.

Galen, too, speaking of a person in prison, uses this word. Comp. Med. v. 2 (xiii. 776) : ἐν εἱρκτῇ κατακεκλεισμένος.

§ XLIII.

ὑγιαίνειν.

Our Lord's saying, " *They that are whole* need not a physician, but they that are sick," is thus expressed by the first three Evangelists :—

Matt. ix. 12—

οὐ χρείαν ἔχουσιν οἱ ἰσχύοντες ἰατροῦ.

Mark, ii. 17—

οὐ χρείαν ἔχουσιν οἱ ἰσχύοντες ἰατροῦ.

Luke, v. 31—

οὐ χρείαν ἔχουσιν οἱ ὑγιαίνοντες ἰατροῦ.

St. Luke uses the medical term for "to be in good health." See ὑγιαίνειν, Luke vii. 10 (§ 9).

§ XLIV.

*ἐπιβλέπειν.

In the account of the healing of the demoniac child, St. Matthew, xvii. 15, gives as the words of the child's father: " Lord *have mercy* on my son":

Κύριε, ἐλέησόν μου τὸν υἱόν.

St. Mark, ix. 17—

Διδάσκαλε, ἤνεγκα τὸν υἱόν μου πρός σε.
"Master, I have brought unto thee my son."

St. Luke, ix. 38—

Διδάσκαλε, δέομαί σου, *ἐπιβλέψαι ἐπὶ τὸν υἱόν μου.
"Master, I beseech thee, *look upon* my son."

St. Luke uses the medical word, ἐπιβλέπειν, "to look into a sick person's state and condition." See ἐπιβλέπειν (§ 15).

§ XLV.

*προσάγειν.

In the same miracle our Lord orders the child to be brought to him. St. Matthew (xvii. 17) gives the words—

φέρετέ μοι αὐτὸν ὧδε.

Mark, ix. 19—

φέρετε αὐτὸν πρός με.

Luke, ix. 41—

*προσάγαγε ὧδε τὸν υἱόν σου.

St. Luke employs a word (προσάγειν) which was used of *bringing patients to a physician.* See Luke, xviii. 40 (§ 19).

§ XLVI.

*κατακλίνειν.

In the account of the miraculous feeding of the five thousand we have (Matt. xiv. 19)—

κελεύσας τοὺς ὄχλους ἀνακλιθῆναι.
"He commanded the multitude *to sit down.*"

Mark, vi. 39—

ἐπέταξεν αὐτοῖς ἀνακλῖναι πάντας.

"He commanded them *to make* all *sit down.*"

John, vi. 10—

ποιήσατε τοὺς ἀνθρώπους ἀναπεσεῖν.

"Make the men *sit down.*"

Luke, ix. 14—

* κατακλίνατε αὐτοὺς—καὶ ἀνέκλιναν ἅπαντας.

"*Make* them *sit down*—and they made them all sit down."

St. Luke here, though using ἀνακλίνειν, as St. Matthew and St. Mark, yet uses *κατακλίνειν also. He alone of the New Testament authors employs it; and in the other places where he does so it is in the *passive* (vii. 36, xiv. 8, xxiv. 30), which was a usual way for expressing "to lie down at table." In the active voice, as here, however, it was the medical term for laying patients, or causing them to lie, in bed—placing them in certain positions during operations—making them recline in a bath, &c. Aristophanes thus uses it of laying a sick man on a couch in the temple of Aesculapius, to sleep there and be cured. Plut. 411: κατακλίνειν αὐτὸν εἰς 'Ασκληπιοῦ κράτιστόν ἐστι. Vesp. 123: νύκτωρ κατέκλινεν αὐτὸν εἰς 'Ασκληπιοῦ.

Hipp. Morb. Acut. 399: κατακλίνειν δὲ ἐς ζοφερὰ οἰκήματα καὶ κατακεκλίσθαι ὡς ἐπὶ μαλθακωτάτοισι στρώμασι πλεῖστον χρόνον. Hipp. Morb. 468: ἔπειτα ἀλείψας ἀλείφατι πολλῷ κατακλῖναι ἐς στρώματα μαλθακῶς. Hipp. Morb. 474: καὶ κατακλίνας ἐπιβάλλειν ἱμάτια ἕως ἱδρώσῃ. Hipp. Intern. Affect. 561: ἔπειτα κατακλίνας ἐμβάτῳ. Hipp. Nat. Mul. 564: τῇ δὲ αὔριον κατακλίνας ἐπὶ τὸ ἰσχίον σικύην προσβάλλειν—κατακλίνας ἐᾶ. Hipp. Nat. Mul. 571: ἐπὴν δὲ πυριήσῃς, δοῦναι πιεῖν καὶ ὡς τάχιστα λούσαντα κατακλῖναι. Hipp. Artic. 781: χρὴ δὲ τὸν μὲν ἄνθρωπον χαμαὶ κατακλῖναι ὕπτιον. Dioscor. Medic. Parab. ii. 56 : κατάκλιναι δὲ ἐν θερμῷ οἴκῳ καὶ πλείοσιν ἱματίοις χρῶ. Galen. Meth Med. x. 3 (x. 673) : κατέκλινε τότε καὶ ἡσύχαζε ὥρας σχεδόν τι τῆς ἡμέρας ἐνδεκάτης. Galen. Med. Parab. i. 4 (xiv. 337) : βατραχείῳ χυλῷ μετὰ μέλιτος ἐγχυμάτιζε εἰς τὴν ῥῖνα ὕπτιον κατακλίνας.

§ XLVII.

*ἀποθλίβειν.

In Mark, v. 31, we read : "Thou seest the multitude *thronging thee*"—

βλέπεις τὸν ὄχλον συνθλίβοντά σε.

Luke viii. 45—

οἱ ὄχλοι συνέχουσί σε καὶ *ἀποθλίβουσι.

"The multitude throng thee and *press thee*."

St. Luke alone uses *ἀποθλίβειν. Some of the compounds of θλίβειν were much used in medical language, and those most frequently used were ἀποθλίβειν and ἐκθλίβειν, but never συνθλίβειν : when the force of the σὺν was required, the medical writers employed συνεκθλίβειν and συναποθλίβειν.

Hipp. Nat. Puer. 242 : τὸ γλυκαινόμενον ἀπὸ τῆς θέρμης τῆς ἀπὸ τῶν μητρέων ἀποθλιβόμενον ἔρχεται εἰς τοὺς μαζούς. Galen. Comm. i. 10, Progn. (xviii. B. 47) : ἑκατέρως γὰρ ἀποθλίβεται τὸ αἷμα πρὸς τὰς ἐν τοῖς ὀφθαλμοῖς φλέβας. Galen. Comm. ii. 55, Fract. (xviii. B. 490) : προσεπισκοπούμενος τὸ νευρῶδες αὐτῶν καὶ εὐαίσθητον, ἧττον γὰρ ἀποθλίβεσθαι βούλεται. Galen. Usus Part. v. 13 (iii. 390) : εἰ καὶ πάνυ τις ἰσχυρῶς ἔξωθεν ἀποθλίβοι τὴν κύστιν. Galen. Comp. Med. vii. 5 (xiii. 94) : εἶτα ἀφεψήσας ἀπόθλιβε μετὰ τῶν λοιπῶν καὶ οὕτω μίγνυε. Galen. Comp. Med. vii. 10 (xiii. 1003) : δι' ὀθονίου τὸν χυλὸν ἀποθλίψας ἔχε. Galen. Antid. ii. 17 (xiv. 203) : καὶ τοῖς φύλλοις τοῖς ἀποτεθλιμμένοις τὸ τραῦμα κατάπλασσε.

Dioscor. Mat. Med. i. 39: εἰς τὸ ἀποτεθλιμμένον κοτύλην ὕδατος μίαν ἐπιχέας. Dioscor. Mat. Med. iv. 161: ἐξ οὗ ἀποθλίβεται τὸ λεγόμενον κίκινον ἔλαιον. Dioscor. Medic. Parab. ii. 71: ὁ ἀποθλιβεὶς χυλός.

§ XLVIII.

*παράδοξον.

St. Matthew (ix. 8) states that the multitude who had witnessed the healing of a paralytic " glorified God, who had given such power unto men."

St. Mark (ii. 12) says—"They were all amazed, and glorified God, saying, We never saw it on this fashion "—

ὅτι οὐδέποτε οὕτως εἴδομεν.

St. Luke (v. 26) says—"They glorified God, and were filled with fear, saying, We have seen *strange things* to-day"—

ὅτι εἴδομεν *παράδοξα σήμερον.

*παράδοξον is used by St. Luke alone of the N. T. writers, and is the very word we would expect a physician to employ in reference to the healing of the paralytic; for in medical language it was used of an unusual or unexpected recovery from illness, or an unexpected death, wonderful benefit derived from a medicine, &c., &c. Hipp. Epid. 1153: τὶς παρὰ τὸν βουβῶνα πληγεὶς τοξεύματι, ὃν ἡμεῖς ἑωράκαμεν παραδοξότατα ἐσώθη. Galen. Comm. iii. 4, Epid. i. (xvii. A. 273): εἰ ἐκ παραδόξου τινὰ ἀμυδρὰν ἐλπίδα σωτηρίας. Galen. Comm. iii. 34, Epid. iii. (xvii. A. 688): διότι σπάνιόν τε καὶ παράδοξον αὐτοῖς συνέβη καθάπερ τὸ τοῦ κώματος οὕτω καὶ τὸ τοῦ πυρετοῦ. Galen. Comm. iv. 34, Aph. (xvii. B. 703): ὡς μηδ' ἐκ παραδόξου ποτὲ σωθῆναι, σφοδροῦ κατέχοντος τὸν κάμνοντα πυρετοῦ. Galen. Comp. Med. ii. 22 (xiii. 558):

ἕτερον δὲ ἐπὶ τὸ μετάφρονον παραδόξως ἐπέχει τὸ αἷμα. Galen. Comp. Med. iii. 2 (xiii. 586): ὥστε ἀχθῆναι πρὸς ἐμὲ τὸν ἄνθρωπον ὡς ἐπὶ παραδόξῳ τῷ συμβεβηκότι. Galen. Theriac. ad Pamphil. (xiv. 305): ἐπὶ τούτων ἡ ἀντίδοτος πινομένη παραδόξως κατορθοῖ. Galen. Remed. Parab. ii. 24 (xiv. 473): δίδου φαγεῖν ἀνυπόπτως, παραδόξως ποιεῖ. Galen. Caus. Symph. i. 2 (vii. 100) : παράδοξον μὲν τοί τι καὶ οὐκ εἰθισμένως γιγνόμενον ἐπὶ παιδὸς ἐθεασάμεθα νυγέντος γραφείῳ κατὰ τὴν κόρην. Galen. Diff. Respir. ii. 10 (vii. 870) : δευτεραίου γὰρ ἀποθανόντος παραδοξοτάτως.

Compare the use of ἄτοπος, Acts, xxviii. (§ 98.)

§ XLIX.

*διανοήματα.

Matt. xii. 24, &c.—"But when the Pharisees heard it, they said, This fellow doth not cast out devils, but by Beelzebub the prince of the devils. And Jesus knew *their thoughts*, and said unto them, Every kingdom divided against itself is brought to desolation; and every city or house divided against itself shall not stand : and if Satan cast out Satan, he is divided against himself; how shall then his kingdom stand ?"—

εἰδὼς δὲ ὁ Ἰησοῦς τὰς ἐνθυμήσεις αὐτῶν.

Luke, xi. 17—

αὐτὸς δὲ εἰδὼς αὐτῶν τὰ *διανοήματα.

The word used by St. Luke (* διανοήματα) to express the groundless notion of the Pharisees was employed in medical language to denote the whims and fancies of the sick.

Hipp. Epid. 959: τὰ δὲ περὶ τὰ νοσήματα ἐξ ὧν διαγινώσκομεν μαθόντες ἐκ τῆς κοινῆς φύσιος ἁπάντων καὶ τῆς ἰδίης ἑκάστου ἐκ τοῦ νοσήματος ἐκ τοῦ νοσέοντος—ἐκ τῆς καταστάσιος ὅλης καὶ κατὰ μέρεα τῶν οὐρανίων καὶ χώρης ἑκάστης, ἐκ τοῦ ἔθεος, ἐκ τῆς διαίτης, ἐκ τῶν ἐπιτηδευμάτων, ἐκ τῆς ἡλικίας ἑκάστου, λόγοισι, τρόποισι, σιγῇ, διανοήμασι, ὕπνοισι, οὐχ ὕπνοισι, ἐνυπνίοισί τισι.

Galen gives us an illustration of what was meant in medical language by διανοήματα, in the case of a patient who, when Galen visited him early in the morning, told him that he had lain awake all night contemplating the consequences that would ensue if Atlas thought himself tired, and objected to support the heavens any longer. Galen. Comm. iii. 1, Epid. i. (xvii. A. 213): εἰπὼν διανοήματα οὐκ αἰσθητὸν οὐδὲ φαινόμενον ἐδήλωσεν, ἀλλ᾽ ἐκ τεκμηρίων εὑρισκόμενον πρᾶγμα. τεκμήριον δέ ἐστιν ὃ ἀποφθέγγονταί τε καὶ πράττουσιν οἱ κάμνοντες, παραγενόμενος γοῦν τις ἡμῶν ἕωθεν, ὡς ἔθος, ἐπὶ τῆν ἐπίσκεψιν αὐτοῦ δι᾽ ὅλης ἔφη τῆς νυκτὸς ἠγρυπνηκέναι, σκοπούμενος, εἰ δόξειε τῷ Ἄτλαντι κάμνοντι μηκέτι βαστάζειν τὸν οὐρανὸν, ὅ τι ποτ᾽ ἂν συμβαίνῃ. τοῦτο εἰπόντος αὐτοῦ συνήκαμεν ἀρχήν τινα μελαγχολίας εἶναι.

§ L.

* ὑποστρώννυμι.

Matt. xxi. 8—"And a very great multitude *spread* their garments in the way."—

ἔστρωσαν ἑαυτῶν τὰ ἱμάτια.

Mark, xi. 8—

τὰ ἱμάτια αὐτῶν ἔστρωσαν.

Luke, xix. 36—

* ὑπεστρώννυον τὰ ἱμάτια αὐτῶν.

* ὑποστρωννυμι. Peculiar to St. Luke. Here St. Luke employs that particular compound of στρώννυμι used by the medical writers. By them it is used of spreading linens, cushions, &c., under a person before an operation; also, in anatomical description, to describe the underlying position of membranes, tendons, &c.; and by Dioscorides is often used of spreading on the ground herbs which had the property of keeping off venomous animals.

Hipp. De Foet. Exect. 914 : ἀνασείειν δὲ δεῖ ὧδε σινδόνα ὑποστορέσασαν ἀνακλῖναι τὴν γυναῖκα. Hipp. Morb. Mul. 617 : χρὴ ὑπὸ τὰ ἰσχία ὑποστορέσαι τι μαλθακόν. Aretaeus, Sign. Acut. Morb. 10 : ὑπὸ τῇσι πλευρῇσι καὶ τῇ ῥάχει καὶ τῷ ἔνδον θώρηκι ὑμὴν λεπτὸς ὑπέστρωται. Galen. Medicus 11 (xiv. 712) : διὰ τὸ σκληρὸν τοῦ μεταξῦ χόνδρου πιμελὴ ὑπέστρωται αὐτῷ, οἷον μάλαγμα. Galen. Usus Part. ii. 7 (iii. 119) : οὐ μόνον νεύροις τε καὶ τένουσιν ὑμένες ἰσχυροὶ περιβάλλονται ἄνωθεν καὶ κάτωθεν ὑποστρώννυνται. Galen. Usus Part. v. 2 (iii. 344) : ἡ φύσις ἐπισταμένη ἀδενῶδές τι σῶμα δημιουργήσασα, τὸ καλούμενον πάγκρεας, ὑπεστόρεσέ τε ἅμα καὶ περιέβαλεν ἐν κύκλῳ πᾶσι. Galen. Comm. iii. 12, Epid. vi. (xvii. B. 28) : τῇ γὰρ ὑστέρᾳ τὸ μὲν ἔντερον ὑπεστόρεσται. Hipp. Morb. Mul. 617 : κλίνην ὑποστορέσαντα ἀνακλίνειν τὴν γυναῖκα ὑπτίην. Dioscorides, Mat. Med. i. 134 : τὰ φύλλα ὑποθυμιώμενά τε καὶ ὑποστρωννύμενα θηρία διώκει. Dioscor. Mat. Med. iii. 37 : θυμιαθέντα δὲ ἑρπετὰ διώκει καὶ ὑποστρωννύμενα.

§ LI.

εὔθετος.

Matt. v. 13 : " Ye are the salt of the earth : but if the salt have lost his savour, wherewith shall it be salted ? it is thenceforth *good for nothing*, but to be cast out, and to be trodden under foot of men "—

εἰς οὐδὲν ἰσχύει.

St. Luke (xiv. 35), in recording a similar saying of our Lord, uses the words—

οὔτε εἰς γῆν, οὔτε εἰς κοπρίαν εὔθετόν ἐστιν—

" It is neither *fit* for the land," &c. He uses this word again, ix. 62—"No man, having put his hand to the plough, and looking back, *is fit* (εὔθετος) for the kingdom of God"; and with the exception of Heb. vi. 7, it is found in St. Luke alone, as is also its opposite ἀνεύθετος, Acts, xxvii. 12. The word is of frequent occurrence in the medical writers in the sense in which St. Luke uses it—"well adapted to" or "well arranged."

Dioscor. Mat. Med. v. 9 : κύστει δὲ καὶ νεφροῖς εὔθετος—ὁ δὲ στρυφνὸς εὐθετώτατος πρὸς ἀνάδοσιν σιτίων—ὁ δὲ τὴν γύψον ἔχων, κακωτικὸς τῶν νεύρων, κύστει ἄθετος πρὸς δὲ τὰ θανάσιμα εὐθετώτερος. Dioscor. Mat. Met. ii. 123 : τὸ δὲ τοιοῦτον ἄθετον μὲν πρὸς ἰητρικὴν χρῆσιν, πρὸς δὲ τὰ λοιπὰ εὔθετον. Dioscor. Mat. Med. i. 12 : μάλιστα πρὸς τὴν ἰητρικὴν χρῆσιν εὔθετυς. Dioscor. Mat. Med. i. 20 : καὶ εἰς θυμιαμάτων σκευασίαν ἐστὶν εὔθετον. Galen. Renum Affect. 4 (xix. 669) : οὐ μὴν οὐδὲ κύστιν καὶ ἴτρον καταπλάσσειν εὔθετον. Galen. Remed. Parab. : Ὀλβίνος οἶνος ἐπὶ τῶν χολερικῶν εὔθετος. Hipp. Fract. 772 : αἵ τε ῥάβδοι εὐθετώτεραι αἱ μὲν ἔνθεν, αἱ δὲ ἔνθεν τῶν σφυρῶν—καὶ γὰρ τῆς φλεγμονῆς τὸ ἐπικαιρότατον παρελήλυθεν καὶ τὰ ὀστέα χαλαρὰ καὶ εὔθετα μετὰ ταύτας τὰς ἡμέρας ἂν εἴη. Hipp. Moch. 858 : τὸ σχῆμα ὅπερ ἡ ἐπίδεσις, ὡς μὴ ἐς τὴν πτέρνην ἀποπιέζηται ἀνωτέρω γούνατος ἔστω εὔθετος.

§ LII.

*προβάλλειν.

Matt. xxiv. 32—"Now learn a parable of the fig tree; When his branch is yet tender, and *putteth forth leaves*"—

καὶ τὰ φύλλα ἐκφύῃ.

Mark, xiii. 28—

καὶ ἐκφυῇ τὰ φύλλα.

Luke, xxi. 30—

ὅταν *προβάλωσιν ἤδη,

"When they now *shoot forth*."

Here St. Luke uses *προβάλλειν, a word used by him alone, and very frequent in the medical writers, both in other significations and in this rare one of plants putting forth leaves, &c. See § 68.

§ LIII.

ἀτενίζειν.

In the account of the scene in the high priest's palace, St. Mark says, xiv. 66, 67—"And as Peter was beneath in the palace, there cometh one of the maids of the high priest: and when she saw Peter warming himself, *she looked upon him*"—

ἐμβλέψασα αὐτῷ.

St. Luke (xxii. 56) says—

ἀτενίσασα αὐτῷ—

"*earnestly looked upon* him."

ἀτενίζειν is used twelve times by St. Luke, and, with the exception of 2 Cor. iii. 7, 13, is used by him alone. It is employed by the medical writers to denote a peculiar fixed look. Hipp. Epid. 1162 : ὄμματα, αὐχμηρὰ, καθαρώδεα ἐνδεδινημένα, ἀτενίζοντα. Hipp. Epid. 1212 : ἀτενίσας τοῖς ὄμμασι. Epid. 1216 : ὁμοίως οἱ ὀφθαλμοὶ κατηφέες, ἐς τὸ κάτω βλέφαρον μᾶλλον ἐγκείμενοι, ἀτενίζοντες. Hipp. Praedic. 75 : οἷσιν ἐν σπασμώδεσιν ὀφθαλμοὶ ἐκλάμπουσιν ἀτενέως· Epid. 1017 : ὄμματα ἀτενίζοντα. Aretaeus, Sign. Acut. Morb. 2 : ἀτενέες ἐνιδόντες. Aret. Sign. Acut. Morb. 5 : ὀφθαλμοὶ μικροῦ δεῖν ἀτενέες μόλις περιδινούμενοι. Aret. Sign. Morb. Diuturn. 33 : ὀφθαλμοὶ ἀτενέες κέρασι ἴκελοι πεπήγασι. Aret. Cur. Acut. Morb. 84 : ἀτενέες δὲ τὸ ξύμπαν ἔωσι, ὀφθαλμοὶ δὲ ὁκοῖόν τε κέρας ἐστήκωσι. Galen. Remed. Parab. i. 4 (xiv. 350) : πρὸς νυκτάλωπας.—ἧπαρ αἰγὸς ἐνέψων κέλευε αὐτοὺς περικαλυψαμένους ἀτενίζειν εἰς τὴν χύτραν καὶ δέχεσθαι τὴν ἀτμίδα τοῖς ὀφθαλμοῖς. Galen. De Puls. 12 (viii. 484) : αὖθις δ' ἐπὶ πλεῖστον ἀτενὲς ὁρῶντες διετέλεσαν ἀσκαρδαμυκτὶ παραπλησίως τοῖς κατόχοις.

§ LIV.

* διϊσχυρίζεσθαι.

Further on in the same narrative St. Matthew writes (xxvi. 73): "After a while came unto him they that stood by, and *said* to Peter, Surely thou also art one of them"—

εἶπον τῷ Πέτρῳ.

St. Mark, xiv. 70: "They that stood by *said* again to Peter," &c.—

ἔλεγον τῷ Πέτρῳ.

St. Luke, xxii. 59: "And about the space of one hour after another *confidently affirmed*, saying, Of a truth this fellow was with him"—

* διϊσχυρίζετο.

* διϊσχυρίζεσθαι, peculiar to St. Luke. ἰσχυρίζεσθαι and διϊσχυρίζεσθαι are used in medical language, ἰσχυρίζεσθαι for " to gain strength," and both words in the same way as in this passage. Galen. Usus Part. iii. 8 (iii. 201) : ἵν' ἅμα μὲν ἔχοι, δι' ὧν ἰσχυρίζοιτο τὸ μέλος. ὃ δὴ καλεῖται ταρσός. Also, to insist on a medical opinion.—Galen. De Morb. Tempor. iv. (vii. 448): οὐ μέντοι ἰσχυρίζω ἔγωγε περὶ αὐτοῦ. Galen. Comm. i. 3, Artic. (xviii. A. 309): ἀλλ' εἴτε περὶ ἀμφοτέρων τῶν τρόπων εἴτε περὶ θατέρου μόνου φησὶν οὐκ ἔχειν ἰσχυρίσασθαι. Galen. Comm. i. 3, Artic. (xviii. A. 312): διὰ ταῦτ' οὖν καὶ ὁ Ἱπποκράτης φησὶ μὴ διϊσχυρίσασθαι βιαίως. Galen. Philosoph. Hist. 5 (xix. 241): Ἐπίκουρος δὲ διϊσχυρίζεται λέγων. Hipp. Artic. 780 : ὤμου δὲ ἄρθρον ἕνα τρόπον οἶδα ὀλισθαίνον τὸν ἐς τὴν μασχάλην, ἄνω δὲ οὐδέποτε εἶδον οὐδὲ ἐς τὸ ἔξω, οὐ μέντοι διϊσχυριείω γε εἰ ὀλισθαίνοι ἂν ἢ οὔ—οὐ μὲν ἰσχυριείω γε οὐδὲ περὶ τούτου, εἰ μὴ ἐκπέσῃ ἂν οὕτως ἢ οὔ. Hipp. Decor. 23 : δόξῃ τῇ ἐκ τουτέων διϊσχυριζόμενοι. Hipp. Praecept. 26 : σφαλερὴ γὰρ καὶ εὔπταιστος ἡ μετ' ἀδολεσχίης ἰσχύρησις—χρήσιμας δὲ καὶ ποικίλος τῶν προσφερομένων τῷ νοσέοντι καὶ ὁ προορισμός, ὅτι μόνον τι προσενεχθὲν ὠφελήσει, οὐ γὰρ ἰσχυρήσιος δεῖ.

LV.

βάτος.

A saying of our Lord is recorded by St. Matthew (vii. 16) thus: "Do men gather grapes of thorns, or figs of *thistles*?"—

μήτι συλλέγουσιν ἀπὸ ἀκανθῶν σταφυλὰς, ἢ ἀπὸ τριβόλων σῦκα.

St. Luke, vi. 44 : " For of thorns men do not gather figs, nor of a *bramble bush* gather they grapes"—

οὐ γὰρ ἐξ ἀκανθῶν συλλέγουσι σῦκα, οὐδὲ ἐκ βάτου τρυγῶσι σταφυλήν.

Here St. Luke uses βάτος, "the bramble bush," instead of τρίβολος, "a thistle." He, no doubt, was well acquainted with it, as it was extensively used medicinally by the ancient physicians. Theophrastus, H. P. i. 5, mentions it—βάτος ἀκανθώδης and Dioscorides, Mat. Med. iv. 37 (περὶ βάτου), describes its medicinal properties, and states that the fruit, juice, leaves, and tender shoots were used. Galen also has a chapter on its medicinal use. Galen. Aliment. Facul. ii. 13 (vi. 589): περὶ τῶν τοῦ βάτου καρπῶν. There were several varieties of it, and Sprengel (Note on Dioscor. iv. 37) identifies it with the *rubus fructicosus*, "the blackberry bush," whenever it is mentioned by itself without any distinguishing epithet, as here by St. Luke.

On account of the bramble being so well known to physicians, it is probable that St. Luke translated by βάτος the Syriac word used by our Lord, which St. Matthew translated by τρίβολος.

The medical writers abound in prescriptions in which the βάτος formed an ingredient, and Wetstein on Matt. vii. 16, quotes from Galen an expression very similar to this saying of our Lord : ὁ γεωργὸς οὐκ ἄν ποτε δυνήσαιτο ποιῆσαι τὸν βάτον ἐκφέρειν βότρυν.

Hipp. Morb. Mul. 666: βάτον ἑψῆν σὺν ὕδατι καὶ ἐλαίῳ καὶ τοὺς μαζοὺς καταπλάσσειν. Hipp. Morb. Mul. 668: βάτου φύλλα καὶ ῥάμνου καὶ ἐλαίης, ὁμοῦ λεῖα μίξαι καὶ διϊέναι ἐν μελικρήτῳ. Hipp. Morb. Mul. 669 : ὁμοίως δὲ καὶ ῥητίνην ὑποβάλλειν καὶ κιννάμωμον καὶ σμύρναν ξὺν βάτων φύλλοις. Galen. Remed. Parab. i. 5 (xiv. 348): καὶ αὐτοῖς δὲ προσάγειν τοῖς κανθοῖς, ἢ βάτου ἢ ῥόδων χυλόν. Galen. Remed. Parab. i. 8 (xiv. 360): μόρων χυλοῦ ἢ βάτου—μέλιτι μίξας καὶ ἐπ᾽ ὀλίγον ἑψήσας, διάχριε. Galen. Remed. Parab. ii. 10 (xiv. 436): βάτου ἀκρέμονας τρίψας σὺν μέλιτι κατάπλασσε. Galen. Remed. Parab. iii. (xiv. 514): βάτου φύλλα καταπλασσόμενα. Galen. Remed. Parab. iii. (xiv. 551): τοῦ βάτου ὁ χυλὸς ἐκπιεζόμενος καὶ ἐνσταζόμενος εἰς τὸ οὖς παύει τὸν πόνον. Galen. Comp. Med. vi. 8 (xii. 973) : βάτου ἢ σμύρνης ἢ ῥόδων χυλῷ μετὰ μέλιτος χρῶ. Do. (974) : βάτου ἢ ἀγριελαίου ῥίζης ἢ κυπέρου ἀφεψήματι μετὰ μέλιτος.

§ LVI.

*ἐνισχύειν. *ἀγωνία. *ἱδρώς. *θρόμβοι αἵματος. καταβαίνειν. λύπη.

The Agony in Gethsemane.—Matt. xxvi. 37-46: "And he took with him Peter and the two sons of Zebedee, and began *to be sorrowful and very heavy* (λυπεῖσθαι καὶ ἀδημονεῖν). Then saith he unto them, *My soul is exceeding sorrowful, even unto death* (περίλυπός ἐστιν ἡ ψυχή μου ἕως θανάτου): tarry ye here, and watch with me. And he went a little farther, and fell on his face, and prayed, saying, O my Father, if it be possible, let this cup pass from me: nevertheless not as I will, but as thou wilt. And he cometh unto the disciples, and findeth them asleep, and saith unto Peter, What, could ye not watch with me one hour? Watch and pray, that ye enter not into temptation: the spirit indeed is willing, but the flesh is weak. He went away again the second time, and prayed, saying, O my Father, if this cup may not pass away from me, except I drink it, thy will be done. And he came and found them asleep again : for *their eyes were heavy* (ἦσαν γὰρ αὐτῶν οἱ ὀφθαλμοὶ βεβαρημένοι). And he left them, and went away again, and prayed the third time, saying the same words. Then cometh he to his disciples, and saith unto them, Sleep on now, and take your rest: behold, the hour is at hand, and the Son of man is betrayed into the hands of sinners. Rise, let us be going: behold, he is at hand that doth betray me."

St. Mark's (xiv. 33) description of the Agony is almost identical with that of St. Matthew, except that instead of λυπεῖσθαι of Matthew, he uses ἐκθαμβεῖσθαι, "He began *to be sore amazed*," and καταβαρυνόμενοι instead of βεβαρημένοι, "their eyes *were heavy*."

When, however, we turn to St. Luke's description of the same scene, we find an account having all the characteristics of medical writing, and detailing in medical language the prostration of strength (ἄγγελος ἐνισχύων αὐτόν) and the outward and visible effects (ἱδρὼς ὡσεὶ θρόμβοι αἵματος) on his human frame of the inner anguish of our Lord.

Luke, xxii. 41–46: "And he was withdrawn from them about a stone's cast, and kneeled down, and prayed, saying, Father, if thou be willing, remove this cup from me : nevertheless not my will, but thine be done. And there appeared an angel unto him from heaven, *strengthening* him (ἐνισχύων αὐτόν). And being in an *agony* (ἐν ἀγωνίᾳ), he prayed more earnestly: and his *sweat* (ὁ ἱδρὼς αὐτοῦ) was as it were *great drops of blood* (ὡσεὶ θρόμβοι αἵματος) *falling down* (καταβαίνοντες) to the ground. And when he rose up from prayer, and was come to his disciples, he found them sleeping *for sorrow* (ἀπὸ τῆς λύπης), and said unto them, Why sleep ye? rise and pray, lest ye enter into temptation."

* ἐνισχύειν. With respect to this word, it is remarkable that, outside the LXX., its use in the transitive sense, "to strengthen," is confined to Hippocrates and St. Luke. All other writers who employ it do so in the intransitive sense, "to prevail," "be strong." Hippocrates uses the simple form ἰσχύειν also in the same sense, "to impart physical strength." Hipp. Lex, 2 : ὁ δὲ χρόνος ταῦτα ἐνισχύσει πάντα, ὡς τραφῆναι τελέως. Hipp. Affect. 526 : ποτοῖσι δὲ χρῆσθαι, ἢν μὲν ὑπάγειν ἐθέλῃς τὴν κοιλίαν καὶ τὴν κύστιν, γλυκὺν οἶνον ἢ μελίκρατον· ἢν δὲ στύφειν, αὐστηρὸν, λευκὸν, λεπτὸν, ὑδαρέα· ἢν δὲ ἰσχύειν αὐστηρὸν μέλανα.

*ἀγωνία, peculiar to St. Luke, is used in medical language, as are also ἀγὼν and ἀγωνιᾶν. Aretaeus uses ἀγωνία of a struggle in connexion with the passage of a calculus. Aret. Sign. Morb. Diuturn. 61 : ἀγωνίη δὲ δευτέρη τοῦ λίθου, ἡ διὰ τοῦ καυλοῦ διέξοδος. Galen employs it more in the sense of St. Luke.—Galen. Hipp. et Plat. Decret. iii. 7 (v. 336) : ἔνθα φησὶ, τὴν λύπην καὶ τὴν ἀγωνίαν καὶ τὴν ὀδύνην ἀλγηδόνας ὑπάρχειν—φήσομεν ἀγωνίαν καὶ λύπην καὶ ὀδύνην ἀλγηδόνας εἶναι τῷ γένει—ἀγωνίας μέντοι καὶ λύπης οἷον γένος εἶναί τι τὴν ἀλγηδόνα. Galen. Meth. Med. xii. 5 (x. 841) : καὶ λῦπαι δὲ καὶ ἀγωνίαι καὶ θυμοὶ καὶ φροντίδες, ἐν οἵῳ τρόπῳ καὶ αἱ πλείους ἀγρυπνίαι βλάπτουσι καταλύουσαι τὴν δύναμιν, ἐν μὲν δὴ τούτοις ἅπασιν αὐτὴ καθ' ἑαυτὴν ἡ ψυχὴ κινεῖται. Galen. Progn. ex Puls. i. 1 (ix. 219) : καὶ τὴν τῶν ἀρτηριῶν κίνησιν ἀνώμαλον ἴσχεν ὡς ἐπ' ἀγωνίᾳ. Galen. Synopsis de Puls. 7 (ix. 451) : ἐν ᾧ μηδεμίαν ἔξωθεν ἔχει τὸ σῶμα κίνησιν ἐκ περιπάτου—ἢ ἀγωνίας ἢ θυμοῦ τινος ἢ φόβου. Galen. San. Tuend. ii. 9 (vi. 138) : τοῖς θυμωθεῖσι καὶ τοῖς ἀγωνιῶσι καὶ τοῖς αἰδισθεῖσιν, αὔξησις τῆς ἐμφύτου γίγνεται θερμότητος—οὐ γὰρ ἡσυχάζει τὸ πνεῦμα ὥσπερ καὶ τὸ τῶν ἀγωνιώντων. Galen. Progn. ex Puls. iii. 7 (ix. 382) : κίνησις ἡτισοῦν καὶ πάθος ψυχικὸν ὀργισθέντων ἢ φοβηθέντων ἢ ἀγωνισάντων ἢ ὁπωσοῦν ἑτέρως ταραχθέντων.

Both Aristotle and Theophrastus mention the fact of a sweat accompanying an agony, and state the reasons for it.

Aristotle, Probl. ii. 31 : διὰ τί οἱ ἀγωνιῶντες ἱδροῦσι τοὺς πόδας, τὸ δὲ πρόσωπον οὔ—ἢ ὅτι ἡ ἀγωνία, φόβος τίς ἐστι προς αρχήν έργου· ο δε φόβος, κατάψυξις των άνω. διο και ωχριώσι τα πρόσωπα οι αγωνιώντες, κινούνται δε και σκαίρουσι τοις ποσί. ποιούσι γαρ τούτο οι αγωνιώντες και καθάπερ γυμνάζονται· διο εικότως ιδρούσι ταύτα οις πονούσι. Theophrastus, De Sudoribus, 36 : ότι οι αγωνιώντες τους πόδας ιδρώσι το δε πρόσωπον ου.—το δε αίτιον ότι η αγωνία εστίν ου μετάστασις θερμότητος ώσπερ εν τοις φόβοις, αλλά μάλλον αύξησις καθάπερ εν τω θυμω—και αγωνιώντες δε ου δια φόβον τούτο πάσχουσιν, αλλά δια το μάλλον εκθερμαίνεσθαι—ξηραίνει γαρ η θερμότης επιπολάζουσα (το εν προσώπω υγρον) το δε εν τοις ποσί συντήκει.

*ιδρώς, peculiar to St. Luke, was much used in medical language; the nature and quantity of the sweat being closely observed by the ancient physicians in cases of sickness. Hipp. Judicat. 54 : ιδρώς πουλύς ακρήτως γενόμενος υγιαίνοντι νόσον σημαίνει. Hipp. Coac. Progn. 209 : ιδρώς δε ψυχρός εν οξεί μεν πυρετώ θανάσιμος. Hipp. Epid. 954 : τοίσι δε πλείστοισι τεταρταίοισιν οι πόνοι μέγιστοι και ιδρώς επί πλείστον υπόψυχρος. Hipp. Epid. 1100 : πυρετός φρικώδης, πολύς ιδρώς, ξυνεχής. Hipp. Epid. 1207 : ογδοαίω ιδρώς εγένετο και πάλιν επεθέρμηνε, ι πάλιν ιδρώς. Aretaeus, Sign. Morb. Acut. 22 : ην δε και θνήσκειν μέλλωσι ιδρώς ψυχρός. Aret. Cur. Acut. Morb. 115 : ιδρώς δε περί μέτωπα και κληίδας και πάντη του σώματος στάγδην ρέη. Dioscor. Mat. Med. ii. 193 : ο δε αποκρινόμενος ιδρώς χολώδης ευρίσκεται τη χροιά. Galen. De Crisibus, ii. 6 (ix. 663) : ως ούτε ρίγος αυτώ προηγήσεται του παροξυσμού ούθ' ιδρώς έψεται. Galen. Progn. ad Posthum. 10 (xiv. 651) : πρόγνωσις υποστροφής πυρετού και λύσις αυτής δι' ιδρώτος.

*θρόμβοι αίματος, peculiar to St. Luke, was an expression very common in medical language. θρόμβος was a clot of coagulated blood, and is thus described by Galen, De Atra Bile. 2 (v. 106) : και την γε πήξιν αυτού (αίματος) τελευτώσαν εις θρόμβον ορώμεν· ούτω γαρ έθος ονομάζειν τοις Έλλησι το πεπηγός αίμα. Aretaeus, Sign. Morb. Diuturn. 71 : παχύ και πεπηγός οίον θρόμβοι. Hipp. Morb. 393 : οπόταν ουν προσῇ λύγξ ἅμα καὶ αἵματος θρόμβους ἀποβήσσῃ. Hipp. Morb. 483 : καὶ βήσσει ἅμα τῷ σιάλῳ θρόμβους αἵματος. Hipp. Intern. Affect. 531 : ἔπειτα θρόμβους αἵματος ἐκβράσσεται κατ' ὀλίγον καὶ θαμινά. Hipp. Ulcer. 881 : καὶ θρόμβον αἵματος ἐν τοῖς χάσμοισι μὴ ἐᾶν. Dioscorides, Mat. Med. 101 : θρόμβους αἵματος διαλύει σὺν ὄξει ποθεῖσα. Dioscor. Mat. Med. iii. 38 : αἵματος θρόμβους διαλύει. Galen. Temperament. Medic. vii. (xiii. 824) : καὶ θρόμβους αἵματος τήκειν πεπίστευται. Galen. Medicus 13 (xiv. 750) : διὰ θρόμβον αἵματος ἀποκλείοντα τὴν δίοδον.

Aristotle mentions "a bloody sweat," arising from the blood being in a poor condition. De Part. Animal. iii. 5 : ἤδη δέ τισιν ἱδρῶσαι συνέβη αἱματώδει περιττώματι διὰ καχεξίαν, τοῦ μὲν σώματος ῥυάδος καὶ μανοῦ γινομένου, τοῦ δὲ αἵματος ἐξυγρανθέντος δι' ἀπεψίαν, ἀδυνατούσης τῆς ἐν τοῖς φλεβίοις θερμότητος πέσσειν, δι' ὀλιγότητα. And Hist. Animal. iii. 19 : (αἵματος) ἐξυγραινομένου δὲ λίαν νοσοῦσιν, γίνεται γὰρ ἰχωροειδὲς καὶ διορροῦται οὕτως ὥστε ἤδη τινὲς ἴδισαν αἱματώδη ἱδρῶτα. And Theophrastus, De Sudor. 11, mentions a physician who compared a species of sweat to blood : ἐπεὶ, καὶ λεπτότης τις καὶ παχύτης ἐστὶν ἐν τοῖς ἱδρῶσι, ὁ μὲν γὰρ ἐπιπόλαιος καὶ πρῶτος ὑδατώδης τις καὶ λεπτὸς, ὁ δὲ ἐκ βάθους μᾶλλον βαρύτερος, ὥσπερ συντηκομένης τῆς σαρκὸς, ἤδε δέ τινες φασὶ καὶ αἵματι εἰκάσαι, καθάπερ Μονὰς ἔλεγεν ὁ ἰατρός.

The particular word καταβαίνειν, employed by St. Luke to describe the falling down of the sweat, was applied by the medical writers to the descent of humours, &c., from the upper to the lower parts of the body. Hipp. Nat. Puer. 241 : τῷ ὑγρῷ ἀπὸ τῆς κεφαλῆς καταβαίνονται. Hipp. Morb. 450 : τὸ δὲ φλέγμα ἀπὸ τῆς κεφαλῆς καταβαίνει. Hipp. Aph. 1257 : ὁκόσα ῥήγματα ἐκ νώτου ἐς τοὺς ἀγκῶνας καταβαίνει φλεβοτομὴ λύει. Hipp. Epid. 1110 : περὶ δὲ κρίσιν γυναικεῖα πολλὰ κατέβη. Hipp. Morb. Mul. 600 : καταβαίνει τὸ φλέγμα δριμὺ ἐς τὴν κοιλίην. Hipp. Praedic. 109 : ἡ ὀδύνη καταβαίνῃ τὴν κεφαλὴν ἀπολιποῦσα. Hipp. Acut. Morb. 386 : ὁκόταν καὶ ἡ θέρμη καταβῇ ἐς τοὺς πόδας. Hipp. De Flat.

299: οἰδήματα δὲ ἐς τὰς κνήμας καταβαίνει. Galen. Comm. ii. 30, Humor. (xvi. 470): διὸ εἴδομεν πολλάκις εἰς τοὺς ἀδένας καὶ τὰς σάρκας καταβαίνεσθαι τὰ ῥεύματα. Galen. Comm. iii. 83, Epid. (xvii. A. 780): γυναικεῖα κατέβη.

St. Luke assigns an adequate cause for the excessive sleepiness of the disciples on this occasion. The other Evangelists merely say, "*for their eyes were heavy*" (γὰρ αὐτῶν οἱ ὀφθαλμοὶ βεβαρημένοι), but St. Luke states that it arose from *anxiety* (ἀπὸ τῆς λύπης). It is evident that their condition was owing to their anxiety for their Lord, coupled with the want of their usual rest. It is remarkable how frequently this word λύπη is joined with *privation of sleep* (ἀγρυπνία) and *cares* (φροντίδες) in the medical writers, and assigned as a cause of an abnormal condition of the system, or even of disease. Hipp. Morb. Acut. 403 : ἣν δὲ διαλύηται τὸ σῶμα —μήτε ὑπὸ λύπης μήτε ὑπὸ φροντίδων μήτε ἀγρυπνιῶν. Hipp. Epid. 1108: ἐν Θάσῳ γυνὴ δυσάνιος ἐκ λύπης μετὰ προφάσιος· ὀρθοστάδην ἐγένετο ἄγρυπνός τε καὶ ἄσιτος καὶ διψώδης, ἦν καὶ ἀσώδης. In this instance we have λύπη producing sleeplessness, which we may assume to have been the case of the disciples up to the point of their being worn out by this want of sleep and anxiety. Hipp. Epid. 1115: πυρετὸς φρικώδης, ὀξὺς, ἐκ λύπης ἔλαβεν. Galen. Comm. i., Nat. Hom. ii. (xv. 114): καὶ πᾶσι τοῖς ἔξωθεν αἰτίοις, ὥσπερ γε καὶ ὑπὸ ἀγρυπνίας καὶ λύπης—εἰς νόσους ἄγονται. Galen. Comm. ii. 28, Humor. (xvi. 309): ταὐτὸ τοῦτο γίνεσθαι συμβαίνει οὐ μόνον διὰ λιμὸν καὶ ἔνδειαν τροφῆς καὶ ἀγρυπνίαν ἀλλὰ καὶ—λύπην σφοδράν. Galen. De Opt. Const. Corp. 3 (iv. 743) : αἱ βλάβαι τοῖς σώμασιν ἡμῶν αἱ μὲν ἀπὸ τῶν ἔξωθεν αἰτιῶν—ἐν τούτῳ δὲ τῷ γένει καὶ κόπους καὶ λύπας καὶ ἀγρυπνίας καὶ φροντίδας ὅσα γ' ἄλλα τοιαῦτα θετέον. Galen. De Crisibus ii. 13 (ix. 698) : ἡ κοιλότης δὲ κοινὸν ἁπάντων σύμπτωμα, λύπης, ἀγρυπνίας, φροντίδος—καὶ τὸ μέγεθος τῶν σφυγμῶν οὐκ ἀφαιρεῖται καθάπερ ἐπ' ἀγρυπνίας καὶ λύπης καὶ φροντίδος. Galen. Loc. Affect. iii. 10 (viii. 193): τοιαύτη μελαγχολία ἐπιγίγνεται δὲ καὶ φροντίσι καὶ λύπαις μετ' ἀγρυπνιῶν. Galen. Meth. Med.

x. 5 (x. 687) : ὥσπερ καὶ ἐπὶ τῆς ἀνθρώπου τῆς ἀρξαμένης πυρέττειν δι' ἀγρυπνίαν καὶ λύπην. Galen. Comm. iv. 97, Morb. Acut. (xv. 903) : ἀγρυπνία, θυμοὶ, λῦπαι, φόβοι.

The medical language employed affords internal evidence of the authenticity of verses 43, 44 of Luke xxii., which are omitted in some MSS.

The foregoing examples have been selected and placed together because in their case there is an opportunity of comparing the language of St. Luke with that used in parallel passages by the other Evangelists. They do not embrace some of the most remarkable instances of St. Luke's use of medical language outside of medical subjects. They would be, however, sufficient of themselves to show that there is, independent of the professional language employed in relating the miracles of healing, a class of words running through the Gospel of St. Luke which does not occur in the other New Testament writings, but which is in common use in Greek medical language.

The remainder of this part will be occupied with the examination of other similar words in St. Luke's Gospel and the Acts of the Apostles, which occur in passages where we cannot make a comparison with parallel passages in the writings of other New Testament authors. Some of these words stand out prominently as those of a physician, *e. g.* ἀρχαὶ ὀθόνης (Acts, x. 11) ; ἀνάληψις (Luke, ix. 51) ; ἀποκατάστασις (Acts, iii. 21) ; λῆρος (Luke, xxiv. 11) ; ἐπακροᾶσθαι (Acts, xvi. 25) ; εἰς μανίαν περιτρέπειν (Acts, xxvi. 24), &c.; while with regard to the others, they readily fall into the same category as πλήμμυρα, ῥῆγμα, συμπίπτειν, τρῆμα, βελόνης, προσψαύειν, βάτος, &c., in the case of which we had an opportunity of comparing the language of the other Evangelists, and it will be shown *that almost all of them were words commonly employed in the phraseology of a Greek physician.*

What is attempted to be shown amounts to this—that St. Luke did not forget or abandon the language of his earlier years and professional training on becoming a Christian teacher and historian; but that, even in his general narrative, he frequently employs words and phrases, when they suited his purpose, to which, from long association, he had become habituated through his early studies and professional pursuits.

§ LVII.

Luke, I.

*ἐπιχειρεῖν. *διήγησις. *αὐτόπτης. ὑπηρέτης. παρακολουθεῖν. *θυμιᾶν. *συλλαμβάνειν. *συλλαμβάνειν ἐν γαστρί. ἐν γαστρὶ ἔχειν. *ἔγκυος. *στεῖρα. *ἄτεκνος. *διαταράσσειν. *ἐκταράσσειν. τάραχος. *γῆρας. *ἀναφωνεῖν. *πινακίδιον. παραχρῆμα.

ἀκριβῶς (verse 3, § 93). ἀσφάλεια (v. 4, § 82). ἔθος (v. 9, § 58). πίμπλημι (v. 15, § 60). ἐπιβλέπειν (v. 48, § 15). ἐμπίμπλημι (v. 53, § 60). συγγένεια (v. 61, § 87). ἄφεσις (v. 77, § 59).

1. "Forasmuch as many *have taken in hand* (ἐπεχείρησαν) to set forth in order a *declaration* (διήγησιν) of those things which are most surely believed among us."

*ἐπιχειρεῖν, peculiar to St. Luke (used also Acts, ix. 29, xix. 13), was a word very frequently employed in medical language. Hippocrates uses it sometimes in the literal sense of "applying the hand to," but generally it is used as here, "to take in hand," "to undertake."

Hipp. Epid. 1147: τούτῳ ἐπεχειρίσθη τῇσιν αἱμορροΐσι. Hipp. Morb. Acut. 396: καὶ ξυστρυφαὶ νοσημάτων οὐ δύνανται λύεσθαι ἤν τις πρῶτον ἐπιχειρέῃ φαρμακεύειν—ὁκόσοι δὲ τὰ φλεγμαίνοντα ἐν ἀρχῇ τῶν νούσων εὐθέως ἐπιχειρέουσι λύειν φαρμακείῃ. Hipp. Haemor. 891: αὐτῇ δὲ ᾗ ἂν ἐπιχειρῄης καῦσαι, ἀνακλίνας τὸν ἄνθρωπον ὕπτιον. Hipp. Epid. 1149 : πρὶν δὲ ἐπιχειρέειν ἰητρεύεσθαι. Hipp. Praedic. 93 : ἐπιχειρέειν δὲ χρὴ τουτέοισι τὸν ἰητρόν. Galen. Comm. ii. 71, Praedic. (xvi. 656) : τὸ τοίνυν τοὺς οὕτως ἔχοντας ἐπιχειρεῖν φαρμακεύειν ἀμαθοῦς ἐστι. Galen. Comm. ii. 52, Epid. i. (xvii. A. 150) : ὁ μὲν γὰρ ἰατρὸς ἀνελεῖν ἐπιχειρεῖ τὸ νόσημα. Galen. Comm. ii. 22, Aph. (xvii. B. 501): ἀλλ' ὅσα κατὰ τὸν αὐτὸν γίνεται χρόνον ἐπιχειροῦμεν ἰᾶσθαι. Galen. Comm. vi. 18, Aph. (xviii. A. 28) : ἐπιχειρεῖ θεραπεύειν. Galen. Comp. Med. iv. 2 (xiii. 668) : τηνικαῦτα τῇ θεραπείῃ τοῦ κακοήθους ἕλκους ἐπιχειρεῖν.

Hippocrates, in beginning his treatise "De Prisca Medicina," like St. Luke, uses this word—ὁκόσοι ἐπεχείρησαν περὶ ἰητρικῆς λέγειν ἢ γράφειν; and Galen begins his "De Foet. Formatione"—περὶ τῆς τῶν κυουμένων διαπλάσεως ἐπεχείρησαν μέν τε καὶ φιλόσοφοι γράφειν.

* διήγησις, peculiar to St. Luke, was particularly applied to *a treatise on some medical subject*. Thus Hippocrates applies it to one of his own. Morb. Acut. 392 : ὁ δὲ λευκὸς οἰνώδης οἶνος ἐπήνηται μὲν καὶ ἔψεκται τὰ πλεῖστα καὶ τὰ μέγιστα ἤδη ἐν τῇ τοῦ γλυκέος οἴνου διηγήσει. Galen uses it of his own treatises and those of other physicians. Antid. i. 5 (xiv. 51): ἄλλοι δὲ πολλοὶ τῶν γεγραφότων σύνθετα φάρμακα παρέλιπον εἴπειν τὴν σκευασίαν τοῦ ἡδυχρόου κατὰ τὴν περὶ τῆς Θηριακῆς διήγησιν. Comp. Med. iv. 7 (xiii. 718) : τὴν δὲ περὶ τοῦ φαρμάκου διήγησιν ἔγραψεν ὁ Ἡρακλείδης. He even uses it of Thucydides' account of the plague at Athens. Comm. iv. 12, Epid. vi. (xvii. B. 168) : ὁ δὲ Θουκυδίδης—εἴρηται δὲ ταῦτα ὑπ' αὐτοῦ κατὰ τὴν λοιμικὴν διήγησιν, ἐν τῇ δευτέρᾳ τῶν ἱστωριῶν. And in his Commentary on the Epidemics of Hippocrates alone he uses it at least seventy-three times of some one or other of the treatises of Hippocrates.

Galen. Comm. ii. 5, Epid. i. (xvii. A. 92): καὶ αὐτὸς δὲ σαφῶς ὁ Ἱπποκράτης ἐνεδείξατο κατὰ τὴν προκειμένην διήγησιν. Galen. Comm. iii. 1, Epid. i. (xvii. A. 258) : περὶ δυσπνοίας γεγραφὼς οὐδὲν δ' ἐν ὅλῃ τῇ διηγήσει. Galen. Comm. i. 4,

Epid. ii. (xvii. A. 523): καὶ πρὸς τούτοις ἔτι τἄλλα ὅσα κατὰ τὴν διήγησιν ἔγραψε ὁ Ἱπποκράτης γενέσθαι τῷ Πυθίωνι. Galen. Comm. i. 5, Epid. iii. (xvii. A. 529) : ἐκ τοῦ φάναι τὸν Ἱπποκράτην κατὰ τὴν ἀρχὴν τῆς διηγήσεως ἐπ' αὐτοῦ τὸ, πῦρ ἔλαβεν, ὥσπερ γὰρ ἐφ' ἑτέρας διηγήσεως ἔγραψεν, &c. Galen. Comm. ii. 4, Epid. iii. (xvii. A. 600): Ἱπποκράτης αὐτὸς ἐν τῇ διηγήσει τῶν ἀρρώστων ἔγραψε. Galen. Comm. iii. 41, Epid. iii. (xvii. A. 695) : ἐν τοῖς περὶ τῶν οὔρων διηγήσεσιν εἴωθε γράψας τὰ συμβεβηκότα ὁ Ἱπποκράτης.

2. " Even as they delivered them unto us, which from the beginning were *eyewitnesses* (αὐτόπται), and *ministers* (ὑπηρέται) of the word."

* αὐτόπτης, peculiar to St. Luke, was used in medical language to denote the examination, by a person himself, of disease or the parts of the human body anatomically, instead of obtaining the information at second hand from the account of others.

ὑπηρέτης occurs twenty times in the New Testament, in four of which it is used of ὑπηρέται in the Christian dispensation—here, and John, xviii. 36; Acts, xxvi. 16; 1 Cor. iv. 45. It is used in medical language to denote the attendants and assistants of the principal physician in performing an operation, &c., where the services of more than one person were required. In Acts, xiii. 5, this word is used in a sense altogether analogous to its medical one, where it is said that Paul and Barnabas in their missionary journey had Mark as their minister—εἶχον δὲ καὶ Ἰωάννην ὑπηρέτην. Joined as it is here with the other medical term, αὐτόπτης, it seems highly probable that the use of both words was owing to St. Luke's professional bias, particularly as the medical use of both was quite analogous to that in this passage.

ὑπηρέται. Hipp. Offic. 740 : τὰ δ' ἐς χειρουργίην κατ' ἰητρεῖον· ὁ ἀσθενέων, ὁ δρῶν, οἱ ὑπηρέται, τὰ ὄργανα. Galen. Comm. v. 1, Epid. vi. (xvii. B. 231): τοὺς ὑπηρέτας τῶν ἰατρῶν. Galen. Comm. i. 1, Fract. (xviii. B. 331) : καὶ ποιοῦσιν ἤδη οὕτως πάντες οἱ ἰατροὶ ταῖς χερσὶ μόναις τῶν ὑπηρετῶν ἐπιτρέποντες. Galen. Comm. iii. 7, Offic. (xviii. B. 675): ὅ τε ἰατρός ἐστι καὶ οἱ ὑπηρέται. Galen. Anat. Administr. i. 3 (ii. 233): κατ' ἀρχὰς μὲν σὺν κἀμοὶ τῶν ὑπηρετῶν τις ἐξέδερε τοὺς πιθήκους. Galen. Comm. ii. 21, Humor. (xvi. 278): ἀλλ' οὐ μόνον ὁ ἰατρὸς δύναται αἰτίαν τοῦ σφάλματος παρέχειν, οὐκ ὀρθῶς πράξας ἀλλὰ καὶ ὁ κάμνων καὶ οἱ ὑπηρέται. Galen. Comm. v. 1, Epid. vi. (xvii. B. 226): δοκεῖ γὰρ ἡμῖν μὲν λέγεσθαι καὶ ἡ φύσις ἰᾶσθαι τὰς νόσους, ὀρθῶς δὲ καὶ ἡ ἰατρικὴ καὶ ὁ ἰατρός, ἀληθῶς δὲ καὶ ὁ ὑπηρέτης αὐτοῦ. Galen. Instrument. Odor. 6 (ii. 826): τῶν ὑπηρετουμένων τοῖς χειρουργοῦσιν. Hippocrates calls a physician the minister of the art of medicine : ἡ τέχνη διὰ τριῶν, τὸ νόσημα, ὁ νοσέων, καὶ ὁ ἰητρός, ὁ ἰητρὸς ὑπηρέτης τῆς τέχνης. Galen. De Dieb. Decretor. i. 11 (ix. 823): οὕτω δὲ καὶ τὸν ἰατρὸν ὑπηρέτην φύσεως ὀνομάζει τὸν ὄντως ἰατρὸν, οὐ φαρμακοπώλην τινὰ ἐκ τριόδου.

* αὐτόπται, peculiar to St. Luke. Galen. Comm. iv. 40, Artic. (xviii. A. 731): διττῆς οὖν οὔσης κρίσεως ἁπάντων τῶν τοιούτων πραγμάτων τῆς μὲν ἑτέρας ὅταν αὐτόπτης τις γένηται τοῦ ζητουμένου. Galen. Nat. Facul. i. 6 (ii. 12): ἀλλ' αὐτόπτην γενόμενον ἐκμαθεῖν χρὴ διὰ τῶν ἀνατομῶν. Galen. Anatom. Nerv. 2 (ii. 832) : ὃν οὔτε ῥᾴδιον εἰπεῖν οὔτε ἀκούσας ἴσως πιστεύσεις πρὶν αὐτόπτης γενέσθαι θεάματος. Galen. Usus Part. ii. 7 (iii. 117): τὴν κατασκευὴν ἅπασαν ἀκριβῶς δεῖν ἐπίστασθαι τῶν ἐν ταῖς διαιρέσεσι φαινομένων αὐτόπτην γενόμενον ἐπιμελῶς. Galen. Usus Part. xiv. 6 (iv. 158): τῶν λεγομένων αὐτόπτης γένοιο προσθήσει γὰρ οἶδ' ὅτι τὸ λεῖπον τῷ λόγῳ τῶν μερέων ἡ θέα. Galen. Usus Part. xiv. 12 (iv. 196): ἀλλ' ἐπὶ τὰς διαιρέσεις τῶν ζώων ἀφικόμενος αὐτόπτης γίνεσθαι τῶν ἔργων τῆς φύσεως. Galen. Meth. Med. xiv. 16 (x. 1011): εἰ καὶ δι' ὅλου τοῦ βίου μυρίων ἔργων ἰατρικῶν αὐτόπται γίγνοιντο. Galen. Temper. Medic. vi. Proem. (xi. 796) : ἐγὼ μὲν γὰρ ἐμεμφόμην τοῖς πρώτοις γράψασι τὰς ἰδέας τῶν βοτανῶν ἄμεινον ἡγούμενος αὐτόπτην γενέσθαι παρ' αὐτῷ τῷ διδάσκοντι. Galen. Comp. Med. iii. 2 (xiii. 570) : γνῶναι τὴν ὕλην τῶν φαρμάκων αὐτόπτας αὐτῆς γινομένους οὐχ ἅπαξ ἢ δὶς ἀλλὰ πολλάκις. Galen. Comp. Med. iii. 2 (xiii. 609): οὐ μὴν οὐδ' αὐτόπτην γενέσθαι τραυμάτων παμπόλλων οἷόν τέ τινα χωρὶς τῶν ἐν πολέμοις. Galen. Usus Part. vi. 20 (iii. 508): χρὴ τούτων αὐτοπτικὴν πεῖραν γενέσθαι.

3. "It seemed good to me also, *having had perfect understanding* (παρηκολουθηκότι ἀκριβῶς) of all things from the first," &c.

παρακολουθεῖν (which is also found in 1 Tim. iv. 6, 2 Tim. iii. 10) was much used by the medical writers, both in connexion with sickness and in the sense it bears in this passage. Hipp. Praedic. 70: κώφωσις ἐν ὀξέσι καὶ ταραχώδεσι παρακολουθοῦσα κακόν. Hipp. Epid. 1207: τὰ δὲ χολώδεα παρηκολούθει. Hipp. Epid. 1210: ἄλγημα παρηκολούθει. Hipp. Epid. 1211: παρηκολούθησε δὲ τὸ ἄσθμα. Dioscor. De Ven. 2: πόνος περὶ τὸ στόμα παρακολουθεῖ. Galen. Comm. iii. 4, Morb. Acut (xv. 740): τὰ παρακολουθοῦντα τοῖς καύσοις. Galen. Anat. Administr. iii. 4 (ii. 371): οὓς ἀνατέμνων παρακολουθήσεις τοῖς νεύροις.

Galen uses it also of paying close attention to a subject, and *joined at times with* ἀκριβῶς, as here. Galen. Progn. ii. 54 (xviii. B. 190): ἐν οἷς χρὴ προγεγυμνάσθαι τὸν βουλόμενον ἀκριβῶς παρακολουθῆσαι τοῖς ὑφ' Ἱπποκράτους εἰρημένοις. Galen. Theriac. ad Pison. 2 (xiv. 216): καὶ ἀκριβῶς ἑαυτοῦ διὰ τὴν σύνεσιν τῇ συγκράσει τοῦ σώματος παρακολουθήσαντα. Galen. Comm. iii. 92, Artic. (xviii. A. 613): παρακολούθησον δὲ τοῖς ἐφεξῆς εἰρημένοις. Galen. Comm. iii. 44, Epid. iii. (xvii. A. 698): ὡς διὰ τὸ μὴ παρακολουθεῖν οἷς ἔπασχον.

9. "According to the custom of the priest's office, his lot was *to burn incense* (θυμιᾶσαι) when he went into the temple of the Lord."

*θυμιᾶν, peculiar to St. Luke, was the medical term for fumigating with herbs, spices, &c. Hipp. Superfoet. 265: θυμιῆν δὲ λωτοῦ φλοιὸν, σπέρμα δάφνης. Hipp. Morb. 470: ἢν δὲ μὴ, τῇ ὑστεραίῃ λούσας θερμῷ θυμιάσαι. Hipp. Nat.

Mul. 575: κικίδα θυμιῆν καὶ πρίσματα λωτοῦ—πρίσματος κυπαρίσσου ὑποβάλλων θυμιῆν—κυπέρου ῥίζαν, μύρον ῥόδινον δεύσας θυμιῆν. Hipp. Morb. Mul. 673: ταῦτα τρίψας πάντα φθοΐδας πλασάμενον θυμιῆν—φθοΐδας ποιεῖν καὶ ἐπὶ πυρὶ θυμιῆν ἢ αἰγὸς κέρας καταπρίσας ἐλαίῳ ἀνακυκᾷν ἐπὶ πυρὶ θυμιῆν. Hipp. Morb. 483: καὶ ἢν ἐγχέῃς ἢ πυριᾷς ἢ θυμιᾷς οὐχ ὁμαρτέει πῦον. Dioscor. Mat. Med. i. 86: ἔμβρυά τε καὶ δεύτερα ὑστέρᾳ θυμιαθεὶς ἐκβάλλει. Galen. Remed. Parab. iii. (xiv. 504): πρόπολις θυμιωμένη—καὶ τερεβινθίνη θυμιωμένη ἢ ἀρσενικὸν σχιστὸν μετὰ χαλβάνης θυμιωμένης. Galen. Remed. Parab. iii. (xiv. 537): μελάνθιον καὶ χάλκανθον θυμίασον.

24. "And after those days his wife Elisabeth *conceived*" (συνέλαβεν).

The number of words referring to pregnancy, barrenness, &c., used by St. Luke is almost as large as that used by Hippocrates. Besides * συλλαμβάνειν, he employs * συλλαμβάνειν ἐν γαστρί (i. 31: "And, behold, thou shalt conceive in thy womb," συλλήψῃ ἐν γαστρί); ἐν γαστρὶ ἔχειν (Luke, xxi. 23: "But woe unto them that are with child," ταῖς ἐν γαστρὶ ἐχούσαις); * ἔγκυος (Luke, ii. 5: "Mary his espoused wife, being great with child," οὔσῃ ἐγκύῳ); * στεῖρα (Luke, i. 7: "Because Elisabeth was barren," ἦν στεῖρα); * ἄτεκνος (Luke, xx. 28: "And he die without children," ἄτεκνος); and all of them, with the exception of ἐν γαστρὶ ἔχειν, are peculiar to himself.

* συλλαμβάνειν is used in St. James, i. 15, also, but in a metaphorical sense. Hipp. Praedic. 107: τό τε σῶμα ὦδε διάκειται ἡ γυνὴ, κἂν μὴ συλλαμβάνῃ. Hipp. Morb. Mul. 597: ἢν δὲ μὴ ξυλλάβῃ. Hipp. Aphoron. 597: ἢν μή τι αἴτιον ἄλλο ᾖ ξυλλάμβανουσι. Hipp. Aphoron. 676: ἂν δὲ ἄρα καὶ ξυλλάβωσιν. Dioscorides, Medic. Parab. 93: φυλάσσειν τὸ συλληφθέν. Dioscor. Medic. Parab. 95: πρὸς τὸ μὴ συλλαμβάνειν. Galen. Comm. iii. 35, Epid. ii. (xvii. A. 453): διότι γυναῖκες οὐ συλλαμβάνουσιν. Galen. Uter. Dissec. 10 (ii. 902): ὁκόταν ἡ γυνὴ συλλήψεσθαι μέλλῃ. Do. (903): οὐκ ἂν συλλάβοι ἡ γυνή.

*συλλαμβάνειν ἐν γαστρί. Hipp. Morb. Mul. 621 : ὥστε ξυλλαβεῖν ἐν γαστρί. Hipp. Aphoron. 675 : τοῦ μὴ συλλαμβάνειν ἐν γαστρί. Hipp. Aphoron. 1274 : ὀκόσοι παρὰ φύσιν παχεῖαι ἐοῦσαι μὴ ξυλλαμβάνουσι ἐν γαστρί. Hipp. Octomestr. Par. 259 : ἐν γαστρὶ λαβοῦσαι. Galen. San. Tuend. i. 9 (vi. 46) : καὶ τινες αὐτῶν ἐν γαστρὶ λαμβάνουσι.

ἐν γαστρὶ ἔχειν. This is the phrase used by the other N. T. writers as well as by St. Luke. Hipp. Nat. Mul. 563 : καὶ δοκέει ἐν γαστρὶ ἔχειν. Hipp. Morb. Mul. 588 : ἅτε ἐν γαστρὶ ἐχούσῃ. Hipp. Morb. Mul. 591 : ὥστε δοκέειν ἓξ μῆνας ἔχειν ἐν γαστρί. Hipp. Morb. Mul. 601 : εἰ δὲ γυνὴ ἐν γαστρὶ ἔχουσα. Galen. Comm. v. 53, Aph. (xvii. B. 845) : ἐν γαστρὶ ἐχούσῃ γυναικὶ ἦν ἐξαίφνης οἱ μασθοὶ ἰσχνοὶ γένωνται.

*ἔγκυος. Hipp. Nat. Mul. 584 : ἔγκυον ποιῆσαι γυναῖκα. Hipp. Aph. 1254 : γυνὴ ἔγκυος εἰ μὲν ἄρρεν κύει, εὔχρους ἐστίν, ἢν δὲ θῆλυ δύσχρους. Dioscorides, Medic. Parab. ii. 78 : κἂν ὑπερβῇ τὴν ῥίζαν τῆς κυκλαμίνου γυνὴ ἔγκυος ἐκτιτρώσκει, ὁμοίως καὶ τὴν καλουμένην πόαν ὄνοσμα ἱστοροῦσιν ὅτι γυνὴ ἐὰν ὑπερβῇ ἔγκυος ἢ γεύσηται ἐκτιτρώσκει. Galen. Uter. Dissec. 2 (ii. 889) : μέγαθος πολὺ γὰρ ἐλάττω μὲν ἡ τῆς κυησάσης μείζων δὲ ἡ τῆς ἐγκύου.

Hipp. Aph. 1254 : ὀκόσοι ἐν γαστρὶ ἔχουσιν—συλλαμβάνουσι ἐν γαστρί—γυνὴ ἔγκυος.

Hipp. Praedic. 107 : δύνασθαι ἐν γαστρὶ λαμβάνειν—ἡ δὲ γυνὴ ἐν γαστρὶ ἔχοι—καὶ μὴ συλλαμβάνειν δύνασθαι.

Hipp. Aphor. 675 : οὐ ξυλλαμβάνουσι—μὴ συλλαμβάνειν ἐν γαστρί—οὕτω λαμβάνει ἐν γαστρί.

*στεῖρα. Hipp. Quae Spect. ad Virgin. 563 : αἱ στεῖραι μᾶλλον ταῦτα πάσχουσιν. Hipp. Morb. Mul. 646 : γίνεται δὲ μάλιστα τῇσιν ἀφόροισι πάμπαν καὶ στείρῃσι.

*ἄτεκνος. Hipp. Superfoet. 262 : ἥτις καὶ ἄτεκνος ἐοῦσα καὶ ἤδη κυήσασα ἐοῦσα δὲ τέκουσα. Hipp. Nat. Mul. 565 : μάλιστα δὲ ἐκ ταύτης ἄτεκνοι γίνονται. Hipp. Morb. Mul. 638 : διαίτῃ θεραπεύειν τὸν αὐτὸν τρόπον καὶ περὶ τὰς ἀτέκνους. Hipp. Aphoron. 677 : ἥτις καὶ ἄτεκνος ἐοῦσα καὶ ἤδη κύουσα ἐοῦσα δὲ ἀτεκνοῦσα.

*διαταράσσειν. 29. "And when she saw him, she was troubled (διεταράχθη) at his saying."
*έκταράσσειν. Acts, xvi. 20: "These men, being Jews, do exceedingly trouble (εκταράσσουσιν) our city."
τάραχος. Acts, xii. 18: "There was no small stir (τάραχος) among the soldiers;" and Acts, xix. 23.

The word τάραχος and its derivatives, ταρακτικός, ταραχώδης, έκτάραξις, έκταράσσειν, έπιταράσσειν, διαταράσσειν, συνταράσσειν, ύποταράσσειν, were much used in medical language to express disturbance of body or mind. St. Luke uses three of them, two of which are peculiar to him, τάραχος being once used by St. Mark and once by St. John.

τάραχος.—Hipp. Coac. Praedic. 151 : καὶ κοιλίης ταραχή. Hipp. De Gland. 272 : ἀλλ' εἰ μὲν δάκνοιτο τάραχον πουλὺν ἴσχει καὶ ὁ νόος ἀφρονεῖ καὶ ὁ ἐγκέφαλος σπᾶται. Hipp. Praedic. 79: ἔμετος τούτοις συμφέρει καὶ κοιλίης ταραχή. Hipp. Aph. 1259 : τουτέοισι ταραχὴ ἰσχυρὴ ἐν τῷ σώματι ἐστίν. Hipp. Aph. 1242 : ἐν τῇσι ταραχῇσι τῆς κοιλίης. Aretaeus, Sign. Morb. Diuturn. 47 : κυιλίης τάραχος. Aret. Cur. Acut. Morb. 124 : αἷμα γὰρ πολλὸν—ταράχου δὲ γνώμης καὶ ἀταξίης ἔκκαυμα. Galen. Comm. ii. 5, Humor. (xvi. 228): οὐ σμικρὰ ταραχὴ κατὰ τὸ τοῦ κάμνοντος σῶμα. Galen. Comm. ii. 5, Humor. (xvi. 231): οἱ ἐκτικοὶ πυρετοὶ χωρίς τε ταραχῆς μεγάλης καὶ οὐδὲ ὀξυρρόπους ποιοῦνται τὰς μεταβολάς. Galen. Comm. vi. 20, Humor. (xvi. 277) : ἡ κρίσις γίνεται τὸ πολὺ μετ' ἀγῶνός τε καὶ ταραχῆς. Galen. Comm. vi. 35, Humor. (xvi. 338): ὅσα κεφαλῆς ἀγωγὰ ταραχὴν ποιεῖ.

*έκταράσσειν, peculiar to St. Luke. Hipp. Praedic. 94: εἰς τὴν γαστέρα ὀδύνη φοιτᾷ καὶ οὐκ ἐκταράσσεται. Hipp. Morb. Acut. 399 : καὶ αἱ κοιλίαι τοῖσι τοιουτέοισιν ἐκταράσσονται. Hipp. Morb. Acut. 403 : ἦν δὲ ἐπιδειπνήσωσι κοιλίη ἐκταράσσεται. Hipp. Morb. 493 : ἡ γαστὴρ ἐκταράσσεται. Aretaeus, Sign. Morb. Acut. 11 : εὖτε καὶ κοιλίης ἐκταραχθείσης. Aret. Sign. Morb. Diuturn. 43 : ἦν κοιλίη ἐκταραχθῇ. Dioscorides, Mát. Med. v. 3 : σταφυλὴ ἡ μὲν πρόσφατος πᾶσα ἐκταράσσει κοιλίην. Galen. Comm. i. 4, Praedic. (xvi. 522): ὧν ἐκταραχθεῖσαν ἐθεάσατο τὴν γαστέρα. Galen. Comm. iv. 60, Aph. (xvii. B. 240): λύεσθαί τε τὴν τοιαύτην κώφωσιν ἐκταραχθείσης τῆς γαστρός. Galen. Synop. De Puls. 22 (ix. 505): ἢ δι᾽ αἱμορροΐδος ἢ γαστρὸς ἐκταραχθείσης.

*διαταράσσειν, peculiar to St. Luke. Hipp. Morb. 460: ὅσον δ᾽ ἂν ἐν τῇ κοιλίῃ καὶ ἐν τῇ κύστει ἐγγένηται χολῆς, τὸ μὲν ἐν τῇ κοιλίῃ ἐνίοτε μὲν διαταράσσεται κάτω. Hipp. Morb. 510: περὶ δὲ αὐτὸν τὸν ὕδρωπα ἐστὶ καὶ τὸ ἄλλο ὑγρόν—ἣν μὲν εἰς τὴν κοιλίην διετάραξε τὴν κόπρον καὶ στρόφον ἐν τῇ κοιλίῃ ἐποίησε. Hipp. Affect. 530: ἀπὸ τῶν σιτίων καὶ τῶν ποτῶν καὶ τῶν ὁμοίων ἐνίοτε μὲν διαταράσσεται ἡ κοιλίη. Galen. Comm. i. 1, Epid. i. (xvii. A. 3): τὴν σωμάτων συμμετρίαν τὴν οὖσαν ὑγιείαν διαταράττει.

36. "Thy cousin Elisabeth, she hath also conceived a son *in her old age*" (ἐν γήρᾳ αὐτῆς).

*γῆρας, peculiar to St. Luke, was used by the ancient physicians to mark one particular period of human life; it is defined by Galen, Def. Med. 107 (xix. 375): γῆράς ἐστιν ἡλικία καθ᾽ ἣν ὑπομειοῦται καὶ ὑπολείπει τὸ ζῷον, ἐλαττόνων ἐν αὐτῷ γινομένων τοῦ θερμοῦ καὶ τοῦ ὑγροῦ καὶ πλειόνων δὲ ἐν αὐτῷ γινομένων τοῦ ψυχροῦ καὶ τοῦ ξηροῦ. They divided life generally into three periods. Galen. Comm. iii. 31, Epid. ii. (xvii. A. 445): ὅταν δὲ γίνονται θᾶττον τὰ θήλεα τῶν ἀρρένων καὶ νεότητα καὶ ἀκμὴν λαμβάνει καὶ γῆρας. Galen. Comm. i. 13, Aph. (xvii. B. 402): καθεστηκότας δὲ λέγει τοὺς τὴν μέσην ἔχοντας ἡλικίαν, ἀκμῆς τε καὶ γήρως, ὡς παύεσθαι μὲν ἤδη τὰ τῆς ἀκμῆς μηδέπω δὲ μηδεμίαν αἴσθησιν σαφῆ γήρως ἔχειν. Galen. Comm. iii. 11, Aliment. (xv. 295): εἰσὶ δὲ διαφθοραὶ τοῦ σώματος ἡμῶν διτταὶ κατὰ γένος—πρῶτον μὲν γένος διὰ τὴν ξηρότητα γίνεται καὶ γῆρας καλεῖται. Hipp. Coac. Progn. 201: ταῦτα μέχρι γήρως ἀπέχεται νοσήματα. Hipp. Rat. Vict. 349: οἱ δὲ ὑγιαίνοντες διατελέουσι μέχρι γήρως τοῦ ἐσχάτου. Hipp. Intern. Affect. 535: ἕως γήρους προσέχει. Hipp. Epid. 1184: νοῦσοι ξύντροφοι ἐν γήραϊ. Hipp. Aph. 1246: ἐς δὲ τὸ γῆρας. Aretaeus, Sign.

Morb. Diuturn. 37 : λήρησις ἀρχομένη ἀπὸ γήραος. Aret.
Sign. Morb. Diuturn. 70 : αἱμορραγίη ξύμφωνος γήρᾳ.

42. "And she *spake out* (ἀνεφώνησε) with a loud voice, and said," &c.

* ἀναφωνεῖν is peculiar to St. Luke, and a word very likely to be used by a physician, as it was a medical term for a certain exercise of the voice called technically ἀναφώνησις. Aretaeus, Cur. Morb. Diuturn. 132 : ἀναφωνέειν χρὴ τοῖσι βαρέσι φθόγγοισι μᾶλλον χρεόμενον ὀξέσι. Aret. Cur. Morb. Diuturn. 147 : οἱ ὕπνοι νύκτωρ μὲν, δι' ἡμέρης δὲ περίπατοι, ἀναφωνήσιες. Aret. Cur. Morb. Diuturn. 150 : ἔστω δὲ καὶ ἀναφώνησις τοῦ πνεύματος γυμνάσιον τὸ καίριον. Galen. San. Tuend. v. 10 (vi. 358): γυμνάσια δὲ τά τε δι' ὅλων τῶν χειρῶν ἐπιτηδευόμενα καὶ τὰς καλουμένας ὑπὸ τῶν φωνασκῶν ἀναφωνήσεις. Galen. San. Tuend. v. 10 (vi. 359): ὅτι δὲ καὶ τὰς ἀναφωνήσεις ἐν μεγέθει τε καὶ τῇ κατ' ὀξύτητα τάσει τῆς φωνῆς ποιητέον ἐστίν. Galen. Meth. Med. iv. 4 (x. 251) : ὅλου του σώματος ἐπιμέλειαν ποιεῖσθαι, μετασυγκρίνοντας αὐτὸ διὰ γυμνασίων ποικίλων καὶ αἰώρας καὶ ἀναφωνήσεως. Galen. Meth. Med. iv. 4 (x. 261) : μετὰ τοῦτο χρηστῶς ἀνατρέφειν, ἀναφωνήσεώς τε μέμνηται. Galen. Meth. Med. iv. 4 (x. 262) : τούτου δ' ἀνύσαντος μηδὲν, ἐπὶ τὰς ἀναφωνήσεις καὶ τὰς αἰωρήσεις καὶ τὰ ἄλλα γυμνάσια ἀφίξονται. Galen. Meth. Med. iv. 4 (x. 263): κατατρίβει γοῦν ἐν ἀναφωνήσεσιν, αἰώραις τε καὶ τοῖς τοιούτοις. Galen. Loc. Affect. iv. 11 (viii. 288) : ἀνάλογον δέ τι ταῖς τρίψεσιν αἱ ἀναφωνήσεις ἐργάζονται.

63. "And he asked for a *writing table* (πινακίδιον), and wrote, saying, His name is John."

* πινακίδιον, peculiar to St. Luke, is of rare occurrence in Greek writers, the more usual terms being πίναξ and πινάκιον. Hippocrates uses it of his own tablets. He writes, Epid. vi. 1199: τὰ ἐκ σμικροῦ πινακιδίου σκεπτέα, " the following observations taken out of a small tablet are worthy of consideration"; and he then proceeds to give medical observations from it. From its being thus connected with the distinguished name of Hippocrates, it would appear to have become a familiar word with physicians. Galen, in examining the question as to the authorship of some of the books which pass under the name, and are included among the works, of Hippocrates, comes to the conclusion that they are not all genuine, but that some of them were compiled after his death by his son Thessalus from the notes of Hippocrates; and refers to this πινακίδιον in illustration of this. Galen. Difficul. Respir. ii. (vii. 854):

τῶν ἐπιδημιῶν τὸ δὲ δεύτερον καὶ τὸ τέταρτον καὶ τὸ ἕκτον ἔστι μὲν οἷς τοῦ Ἱπποκράτους υἱέος, ἔστι δὲ οἷς καὶ αὐτοῦ Ἱπποκράτους ἔδοξεν, οὐ μὴν συγγράμματά γε οὐδ' ὥστε διαδοθῆναι τοῖς Ἕλλησι μέλλοντα, ἀλλ' ὑπομνήματα μᾶλλον εἶναι· τισὶ δὲ οἵπερ καὶ ἀκριβέστερά μοι δοκοῦσι καταμαθεῖν τῶν βιβλίων τὴν δύναμιν, ὑπὸ μὲν τοῦ Θεσσαλοῦ γεγράφθαι δοκεῖ τὰ ἕ, δύο δ' εἶναι τοῦ μεγάλου Ἱπποκράτους καὶ ἐπιγεγράφθαι γέ που διὰ τοῦτο "τὰ ἐκ τοῦ μικροῦ πινακιδίου," δηλονότι τοῦ Θεσσαλοῦ πάντα ὅσα περ ὁ πατὴρ αὐτοῦ γεγραφὼς ἔτυχεν ἀθροῖσαι σπουδάσαντος ἐς ταὐτὸν, ὡς μηδὲν ἀπόλοιτο.

Among the works attributed to Hippocrates there is a spurious one edited by Burckhard, described as follows in Kühn's preface to Hippocrates, p. 175 : " Parva Hippocratis tabula per Petrum Burckhard. Enchiridion fuisse dicitur Burckhardo quod Hippocrates, cum aegros visitaret, secum tulerit," thus showing that the word πινακίδιον continued to be a familiar one in medical language for a physician's note-book or tablet.

64. "And his mouth was opened *immediately* (παραχρῆμα), and his tongue loosed."

παραχρῆμα is used *nineteen times* in the N. T.—*twice* by St. Matthew (xxi. 19, 20), and the remaining *seventeen times* by St. Luke. Of these seventeen times no less than thirteen are in connexion with miracles of healing or the infliction of disease or death—Luke, i. 64, ἀνεῴχθη τὸ στόμα αὐτοῦ παραχρῆμα; iv. 39, of Simon's wife's mother, παραχρῆμα δὲ ἀναστᾶσα διηκόνει; v. 25, of the man sick of a palsy, καὶ παραχρῆμα ἀναστάς; viii. 44, 47, of the woman with an issue of blood, παραχρῆμα ἔστη ἡ ῥύσις—ὡς ἰάθη παραχρῆμα;

viii. 55, of Jairus's daughter, ἀνέστη παραχρῆμα; xiii. 13, of the woman with a spirit of infirmity, παραχρῆμα ἀνορθώθη; xviii. 43, of the blind man at Jericho, παραχρῆμα ἀνέβλεψε; Acts, iii. 7, of a lame man, παραχρῆμα δὲ ἐστερεώθησαν αὐτοῦ αἱ βάσεις καὶ τὰ σφυρά; Acts, v. 10, of Sapphira, ἔπεσε δὲ παραχρῆμα καὶ ἐξέψυξεν; Acts, ix. 18, of St. Paul's recovery of sight, ἀνέβλεψέ τε παραχρῆμα; Acts, xii. 23, of Herod, παραχρῆμα δὲ ἐπάταξεν αὐτὸν ἄγγελος Κυρίου; Acts, xiii. 11, of Elymas, παραχρῆμα δὲ ἐπέπεσεν ἐπ' αὐτὸν ἀχλὺς καὶ σκότος.

παραχρῆμα is similarly used by Hippocrates, coupled with words expressing recovery from sickness, or the contrary. The subjoined examples from Hipp. Intern. Affect. will show this use. It is not, however, to be understood that the word is of such frequent use as these examples, occurring almost page after page, might lead one to infer, but only that other physicians used the word very frequently, and in a way analogous to St. Luke. Hipp. Intern. Affect. 533 : τοῦτον ἢν μὴ παραχρῆμά τις ἰήσεται, ὑποτροπιασάσης τῆς νούσου οὐκ ἂν μετὰ ταῦτα ἔχοις ὠφελῆσαι, ἢν μὴ τάδε ποιήσῃς. 535 : τοῦτον ὁκόταν ὧδε ἔχῃ, παραχρῆμα καῦσαι τὰ στήθεα καὶ τὸ μετάφρενον καὶ οὕτω τάχιστα ὑγιὴς ἔσται. 536 : νοσέει παραχρῆμα, ἅτε δακνόμενος ὑπὸ φλέγματος. 540 : κἢν μὲν τύχῃς ταμών, παραχρῆμα ὑγίεα ποιήσεις. 541: καὶ ἢν μὲν τύχῃς ταμών παραχρῆμα ὑγίεα ποιήσεις. 542 : καὶ ὅκου ἂν ἄλλη ὀδύνη καταστηρίξῃ καῦσαι, καὶ οὕτω παραχρῆμα ὑγιὴς ἔσται. 542 : ἀλλὰ χρὴ παραχρῆμα θεραπεύειν ὡς τὴν πρόσθεν. 545 : κἢν μὲν οὖν μέλλῃ ἐς τὸ νούσημα ἐμπεσεῖσθαι, παραχρῆμα ἐν τοῖσι πόνοισίν ἐστιν. 546 : παραχρῆμα τὸν πόνον παρέχει πουλύν. 547 : ἢν δὲ ἀμελείη τις ἐγγένηται καὶ μὴ παραχρῆμα μελετηθῇ, ἐν τάχει ἀποθνήσκει. 547 : ἀλλὰ χρὴ παραχρῆμα μελετῆν. 548 : ἢ ἄλλο τι ποιήσῃ μὴ ἐπιτήδειον, τὸ ἧπαρ παραχρῆμα γίνεται σκληρόν. 549 : ἡ δὲ νοῦσος δέεται θεραπηίης, χαλαπὴ γὰρ καὶ χρόνιος, ἢν μὴ παραχρῆμα μελετηθῇ. 550 : τὸ δὲ νούσημα ἢν μὴ παραχρῆμα θεραπευθῇ. 550 : ὁκόταν φλέγμα ἀναλάβῃ ὁ σπλὴν ἐς ἑωυτὸν καὶ μέγας παραχρῆμα γένηται. 551 : αὕτη ἡ νοῦσος τοῖσι πολλοῖσιν ἢν παραχρῆμα μελετηθῇ, ἐν τάχει ἐξέρχεται.

The other medical writers use the word in a similar way. Galen. Comm. ii. 12, Epid. (xvii. A. 106) : ἐπύρεξαν οὗτοι παραχρῆμα. Do. 54 (p. 153): ἔνιοι μὲν οὖν ἅμα τῷ σπασθῆναί τε καὶ ἰώδη ἐμέσαι παραχρῆμα ἀποθνήσκουσι. Comm. ii. 23, Aph. (xvii. B. 505): παραχρῆμά γε σωθέντων ἢ ἀποθανόντων. Comm. vi. 45, Aph. (xviii. A. 73): παραχρῆμα μὲν ταχέως ὑγιάζεσθαι δοκεῖ. Do. (do. 104): παραχρῆμα παύεται τῆς λυγγός. Adv. Jul. 7 (do. 285): παραχρῆμα τῶν συμπτωμάτων ἀπηλλάγησαν. Do. (do. 287): παραχρῆμα τοὺς ἀνθρώπους ὑγιασθέντας. Meth. Med. ix. 4 (x. 612): παραχρῆμα τὸν πυρετὸν ἔσβεσαν. Do. 16 (do. 656): παραχρῆμα λύσαντας τὸν πυρετόν. Do. x. 4 (do. 682): παραχρῆμα τὴν φρίκην ἔπαυσα. Do. xii. 8 (do. 869): παραχρῆμα μὲν ἀνώδυνοι γίνονται. Do. (do. 870): παραχρῆμα τήν τ' ὀδύνην ἅμα καὶ τὴν διάθεσιν ἐκθεραπεύονται. Temp. Med. ii 12 (xi. 488): παραχρῆμα τὰς δήξεις ἰάσατο. Do. 13 (do. 491): στόμαχον ἰσχυρῶς δακνόμενον ἔλαιον γλυκὺ ποθὲν ἰάσατο παραχρῆμα. Do. vii. 16 (xii. 100): παραχρῆμα τὰς ὀδύνας ἔπαυσεν. Comp. Med. ii. 1 (xii. 557): παραχρῆμα λύει τοὺς πόνους, Do. 2 (do. 583): ἄπονον ποιεῖ παραχρῆμα. Do. iii. 1 (do. 623): παραχρῆμα μὲν ὑπεραλγοῦσι. Do. (do. 652): παραχρῆμα κουφίζει. Do. iv. 8 (do. 771): παραχρῆμα λύει τοὺς πόνους. Do. (do. 772): παραχρῆμα ὠφελεῖ. Do. vii. 2 (xiii. 48): τοῦτο ὠφελεῖ παραχρῆμα. Do. ix. 3 (do. 285): παραχρῆμα μειοῖ τοὺς πόνους. Do. ix. 5 (do. 294): πρὸς κοιλιακοὺς ὥστε παραχρῆμα ἱστᾷν. Do. (do. 303): δυσεντερικοὺς ἵστησι παραχρῆμα. Do. x. 2 (do. 346): παρηγορεῖ παραχρῆμα. Do. x. 3 (do. 355): παραχρῆμα τὸν πόνον ἀπαλλάττει, &c., &c.

Dioscor. Mat. Med. i. 4: καταχρισθὲν δὲ παραχρῆμα ψιλοῖ τὰς τρίχας. Do. ii. 53: ἵστησι γὰρ παραχρῆμα τὴν κένωσιν. Do. iv. 81: παραχρῆμα δὲ παραλύει τὰ ἰσχία. Animal. Ven. 21: παραχρῆμα τῶν ὀχληρῶν ἀπαλλάσσειν. Do. 23: τοῖς δὲ ὑπὸ σκορπίου πληγεῖσι παραχρῆμα μὲν ἀκριβῶς βοηθεῖ συκῆς ὀπός. Medic. Parab. i. 56: αἴρει γὰρ παραχρῆμα ὑπώπια. Do. 235: παραχρῆμα δὲ ποιεῖ ἀπόνους τοῦτο, &c., &c.

This medical use would account for the frequency of the word in St. Luke's writings.

§ LVIII.

Luke, II.

*σπαργανοῦν. *ἀνευρίσκειν. *ἐθίζειν. ἔθος. ἔθειν (εἴωθα).

*ἔγκυος (verse 5, § 57). πίμπλημι (v. 6, § 60). συμβάλλειν (v. 19, § 68). *ὀδυνᾶσθαι (v. 48, § 22). *διατηρεῖν (v. 51, § 72).

7. "And she brought forth her firstborn son, and *wrapped him in swaddling clothes*" (ἐσπαργάνωσεν αὐτόν).

*σπαργανοῦν, peculiar to St. Luke, is used in the same way by the medical writers. Galen. San. Tuend. i. 7 (vi. 32): τὸ τοίνυν νεογενὲς παιδίον, τοῦτο δὴ τὸ ἄμεμπτον ἁπάσῃ τῇ παρασκευῇ, πρῶτον μὲν σπαργανούσθω, συμμέτροις ἁλσὶν περιπαττόμενον, ὅπως αὐτοῦ πυκνότερον καὶ στερρότερον εἴη τὸ δέρμα τῶν ἔνδον μορίων. Galen. San. Tuend. i. 7 (vi. 33): ταῦτ᾽ οὖν, ὡς εἴρηται, σπαργανωθέντα γάλακτί τε χρήσθω τροφῇ. Galen. Caus. Morb. 7 (vii. 27): δευτέρα δὲ, ἥ τε κατὰ τὴν ἀποκύησιν αὐτὴν κἂν τῷ σπαργανοῦσθαι πλημμέλεια. Galen. Caus. Morb. 7 (vii. 27): οὐκ ὀρθῶς ἐνειλιττουσῶν τε τοῖς σπαργάνοις. Galen. Caus. Morb. 7 (vii. 27): ἔν τε τῷ γάλα παρέχειν καὶ ἐν τῷ λούειν καὶ σπαργανοῦν. Hipp. Fract.. 776: ὥσπερ τὰ παιδία ἐν τῇσι κοίτῃσι σπαργανοῦται. Hipp. Aer. 292: ῥοϊκὰ δὲ γίνεται τὰ σώματα καὶ πλατία πρῶτον μὲν ὅτι οὐ σπαργανοῦνται ὥσπερ ἐν Αἰγύπτῳ. Dioscor. Met. Med. iii. 33: χρὴ δὲ στενῷ σπαργάνῳ συστέλλειν.

16. "And they came with haste, and *found* (ἀνεῦρον) Mary, and Joseph, and the babe lying in a manger."

*ἀνευρίσκειν, peculiar to St. Luke, occurs again, Acts, xx. 4, and is employed by the medical writers of finding out the seat of a disease. Hipp. Aphoron. 678: τὴν νοῦσον ἀνευρὼν ἣν ἔχουσιν αἱ μῆτραι. Hipp. Loc. in Hom. 422: ἰητρικὴ δή μοι δοκέει ἤδη ἀνευρῆσθαι ὅλη. Hipp. Artic. 806: ἐπεὶ τῶν γαγγλιωδέων ἔνια ὅσα ἂν πλαδαρὰ ἔῃ καὶ μυξώδεα σάρκα ἔχῃ πολλοὶ στομοῦσιν οἰόμενοι ῥεῦμα ἀνευρήσειν. Hipp. Vuln. Cap. 904 : προσέχοντα τὸν νόον ἀνευρίσκειν ὅτι πέπονθε τὸ ὀστέον. Hipp. Epid. 1184: ἀνευρίσκει ἡ φύσις αὐτῇ ἑωυτῇ τὰς ἐφόδους. Galen. Difficul. Respir. iii. 3 (vii. 903) : εἴρηται μὲν δὴ κἀν τοῖς τῆς θεραπευτικῆς μεθόδου γράμμασιν ὅπως χρὴ τὰ τοιαῦτα πάντα καὶ ζητεῖν καὶ ἀνευρίσκειν. Galen. Caus. Puls. i. 7 (ix. 24) : οὐ χαλεπὸν ἐκ τῶν εἰρημένων ἀνευρίσκειν. Galen. De Dieb. Decretor. ii. (ix. 885) : προσδιοριεῖς δὲ καὶ ταῦτα τὰ μὲν αὐτὸς ἀπό τινων σημείων, οἷον κράσεως, ἔθους καὶ ἡλικίας ἀνευρίσκειν, ἔνια δὲ καὶ τοῦ νοσοῦντος ἀναπυνθανόμενος, Galen. Usus Part. ii. 7 (iii. 117) : οὐ χαλεπὸν ἀνευρίσκειν, εἰληφότας ἤδη τοσαύτας ἀφορμὰς τῆς εὑρέσεως. Galen. Antidot. ii. 1 (xiv. 2) : φάρμακα μὲν οὖν ἀνεῦρεν ἐπὶ φαλαγγίων ἰδίως ἁρμάζοντα.

27. "And when the parents brought in the child Jesus, to do for him after the custom (κατὰ τὸ εἰθισμένον) of the law."

ἐθίζειν is peculiar to St. Luke. ἔθειν (εἴωθα) he uses twice—Luke, iv. 16, and Acts, xvii. 2. It is used also twice elsewhere—Matt. xxvii. 15, and Mark, x. i. ἔθος is used ten times by St. Luke—i. 9 ; ii. 42 ; xxii. 39 : Acts, vi. 14 ; xv. 1 ; xvi. 21 ; xxi. 21 ; xxv. 16 ; xxvi. 3 ; xxviii. 17. Elsewhere twice—John, xix. 40, and Heb. x. 25. Thus one or other of these words is used thirteen times by St. Luke, and but four times in the rest of the N. T. They were all very frequently used in medical language.

ἐθίζειν. Hipp. Morb. Acut. 338: ἡ κοιλίη εἰθισμένη ἐπιξηραίνεσθαι. Hipp. Epid. 1085: οὔτε τις ἄλλη τῶν εἰθισμένων ἀπόστασις ἐγένετο κρίσιμος. Hipp. Epid. 1230 : πλευροῦ δεξιοῦ ἄλγημα καὶ πρότερον εἰθισμένον. Hipp. Rat. Vic. 369 : τῇ δὲ τρίτῃ τοὺς μὲν πόνους ἀποδότω τοὺς εἰθισμένους πάντας —τῇ πέμπτῃ κομιεῖται τὸ σιτίον τὸ εἰθισμένον. Hipp. Morb. Acut. 385 : τοῖσι μέν γε εἰθισμένοισι δὶς σιτέεσθαι τῆς ἡμέρης δὶς δοτέον, τοῖσι δὲ μονοσιτέειν εἰθισμένοισιν ἅπαξ δοτέον. Hipp. Vic. Rat. 367: προσάγειν ἡσυχῇ πρὸς τὸ εἰθισμένον σιτίον. Galen. Comm. iv. 63, Morb. Acut. (xv. 848) : τοὺς εἰθισμένους κώνους μετὰ σμύρνης διδόναι. Galen. Comm. ii. 22, Morb. Acut. (xv. 553) : ἐπὶ δὲ τῶν εἰθισμένων ἀριστᾶν. ἔθειν. εἴωθα. Hipp. Morb. 462 : τὸ αἷμα κινηθῇ μᾶλλον τοῦ εἰωθότος. Hipp. Morb. 463 : φλεγματώδης γένηται μᾶλλον τοῦ εἰωθότος. Hipp. Morb. 477 : ὁ πλεύμων εἰωθὼς βρέχεσθαι τῷ πύῳ ἀποξηρανθῇ. Hipp. Morb. 488 : τὸ δὲ χρῶμα οἷόν περ εἴωθε. Hipp. Affect. 523 : τὰ σιτία καὶ τὰ ποτὰ πλέον τοῦ εἰωθότος. Hipp. Morb. 450 : πικρότερον ὀλίγῳ τοῦ εἰωθότος. Hipp. Morb. Sacr. 305 : τοῦ αἵματος μὴ διαχεομένου ὥσπερ εἰώθει. Hipp. Morb. Mul. 592 : αἱ μῆτραι κατὰ τὸ εἰωθὸς εὐρύστομοί εἰσι. Hipp. Aph. 1251 : πυρετὸς ὑποτροπιάζειν εἴωθεν. Galen. Comm. ii. 11, Morb. Acut. (xv. 538) : τὸ γάρτοι θᾶττον εἰωθὸς καθαίρειν φάρμακον.

ἔθος. Hipp. Morb. Acut. 389 : διαίτης μεταβολῆς παρὰ τὸ ἔθος—παρὰ τὸ ἔθος μονοσιτήσας—τὴν ἀσιτίην τὴν παρὰ τὸ ἔθος—παρὰ τὸ ἔθος βρωθεῖσα—παρὰ τὸ ἔθος βρωθέντες— μᾶζα ξηρὴ παρὰ τὸ ἔθος—παρὰ τό ἔθος ἐξαπίνης ποθείς— παρὰ τὸ ἔθος μεταβάλλων. Galen. Comm. ii. 23, Morb. Acut. (xv. 558): διὰ τὸ παρὰ τὸ ἔθος ἀριστῆσαι. Do. 24 (do. 559): παρὰ τὸ ἔθος συμβαίνειν. Do. 25 (do. 560) : πικρόχολοι φύσει παρὰ τὸ ἔθος. Do. 28 (do. 563) : τοὺς κατὰ τὸ ἔθος κακωθέντας. Do. 29 (do. 566) : τὴν παρὰ τὸ ἔθος ἔνδειαν. Do. 32 (do. 571) : ἀσιτίαν τὴν παρὰ το ἔθος. Do. iv. 77 (do. 867) : σώματος ὄγκον παρὰ τὸ ἔθος.

§ LIX.

LUKE, III.

ἄφεσις. *διασείειν. *κατασείειν. ἀνασείειν. προστιθέναι.

*κατακλείειν (verse 20, § 42).

3. "Preaching the baptism of repentance for the *remission* (ἄφεσιν) of sins."

ἄφεσις is used more frequently by St. Luke than by all the other N. T. writers combined. He uses it ten times— Luke, i. 77 ; iii. 3 ; iv. 18(*bis*); xxiv. 47 : Acts, ii. 38 ; v. 31 ;

x. 43; xiii. 38; xxvi. 18—the other N.T. authors, seven times. It was used in medical language, like ἄνεσις, to signify the remission of sickness, &c. Hipp. De Judicat. 53 : κρίσιες δὲ καὶ ἀφέσιες τῶν καῦσον σημαινόντων. Hipp. Coac. Progn. 202 : αἱ τοιαῦται ὑποστροφαὶ τῇσι πλείστῃσι γενόμεναι μετὰ τὴν ἄφεσιν ταχέως κτείνουσι. Hipp. Coac. Progn. 209: οὖρον ἐν πυρετῷ λευκὴν ἔχον καὶ λείην ὑπόστασιν ἰδρυμένην ταχεῖαν ἄφεσιν σημαίνει. Hipp. Progn. 40 : ἄφεσιν τῆς φύσης ποιήσηται. Hipp. Morb. 489: τῆς δὲ ἀφέσιος ταῦτα πάντα ἡ γλῶσσα σημαίνει. Aretaeus, Sign. Morb. Diutur. 69 : ἀφέσιες τῶν ὑγρῶν ἀβούλητοι. Aret. Cur. Acut. Morb. 83 : κεφαλὴ δὲ χῶρος μὲν αἰσθήσιος καὶ νεύρων ἀφέσιος. Aret. Cur. Morb. Diuturn. 133 : ἐς ὕπνον ἄφεσις. Aret. Cur. Morb. Diuturn. 138 : ἀραιαὶ δὲ καὶ μαλθακαὶ σάρκες ῥηϊσταὶ πρὸς ἄφεσιν τοῦ νοσήματος. Aret. Sign. Morb. Diuturn. 75 : πηγνυμένου τοῦ ὑγροῦ ἀπηνέες αἱ ἀφέσιες.

14. "And he said unto them, *do violence* to no man" (μηδένα διασείσητε).

*διασείειν is peculiar to St. Luke, and a medical term for shaking with some degeee of force. *κατασείειν and ἀνασείειν, used by St. Luke, were also medical terms.

*διασείειν. Hipp. Morb. 488 : μηδ᾽ ἔμπνον ἐόντα διασείοντα γινώσκειν. Hipp. Morb. 453 : οὔτε γὰρ διασείσαντά ἐστιν εἰδέναι, γινώσκεται δὲ μάλιστα τῇ ὀδύνῃ ἔνθα ἔῃ. Hipp. Aphoron. 679 : ἐπὴν δὲ κλύσῃς, ἀναστήσας, περιϊέναι κελεύειν ὅκως τὸ κλύσμα διασείηται. Hipp. Aphoron. 686 : τὰ σκέλεα τανύσας τῆς γυναικὸς καὶ διασείσας τὸ μὲν ἔνθεν τὸ δ᾽ ἔνθεν. Hipp.Exect.Foet.915: ἔπειτα διασείειν λαβούσας ἐγκρατῶς μὴ ἔλασσον ἢ δεκάκις. Hipp. Epid. 1201: ᾧ ὁ λαβὸς τοῦ ἥπατος ἐπεπτύχθη, διέσεισα, ἐξαίφνης ὁ πόνος ἐπαύσατο. Galen.Comm. iii. 120, Praedic. (xvi. 771) : ὁ σπασμὸς εἰς κίνησιν ἄγων σφοδροτέραν τοῦ κατὰ φύσιν, ὡς διασείεσθαι αὐτὰ βιαίως. Galen. Meth. Med. xiv. 19 (x. 1019) : εἶτα διασείων οὕτως ὥσθ᾽ ὁρᾶν ἡμᾶς ἐναργῶς κάτω χωροῦν τὸ πύον. Galen. Loc. Affect. i. 1 (viii. 11) : ὕπτιον οὖν σχηματίσας τὸ παιδίον διασείσεις πολυειδῶς—ἐκ δευτέρου διασείσεις σφοδρότερον, εἰ δὲ διασείσαντος, &c.

*κατασείειν, Acts, xii. 17, "But he, beckoning unto them with the hand" (κατασείσας δὲ αὐτοῖς τῇ χειρί), peculiar to St. Luke, occurs again, Acts, xiii. 16; xix. 33; xxi. 40. Hipp. Artic. 808: οὐδὲν γάρ μοι ἄελπτον, εἴ τις καλῶς σκευάσας κατασείσειε κἂν ἐξιθῦναι ἔνια—τούς γε τοιούτους εἰκὸς ἐπί τοὺς πόδας κατασεισθέντας μᾶλλον ἐξιθυνθῆναι— ὅσοισι δὲ κατωτέρω τὸ ὕβωμα τούτοισιν εἰκὸς μᾶλλον ἐπὶ κεφαλὴν κατασείεσθαι—εἰ οὖν τις ἐθέλει κατασείειν ὀρθῶς ἂν ὧδε σκευάζοι—τὸ δὲ χωρίον ἵνα ὅκου κατασείεις, ἀντίτυπον ἔστω—ἐκ τουτέων ἂν κατασκευῶν μάλιστα ἄν τις κατασεισθείη —ταῦτα μέντοι τοιουτοτρόπως ποιητέα εἰ πάντως δέοι ἐν κλίμακι κατασεισθῆναι. Galen. San. Tuend. iii. 13 (vi. 231): ὡς ὑποκαταβῆναι τὰ σιτία ταῖς ὀρθίαις κινήσεσι κατασεισθέντα. Galen. Alimen. Facul. i. 1 (vi. 465): ὀλισθαίνει γὰρ ἐν τῷ κατασείεσθαι μᾶλλον ἢ εἴ τις ἀτρεμήσει κατακείμενος. Galen. Caus. Sympt. iii. 5 (vii. 236): ὥστε κατασεῖσαι μὲν αὐτὰ, μὴ μέντοι γε ἀνάδοσιν ἐργάσασθαι πρὸ τοῦ καιροῦ, συμβαίνει γάρ τι τοιοῦτον ἐν ταῖς κατασείσεσιν.

ἀνασείειν, Luke, xxiii. 5: "And they were the more fierce, saying, He *stirreth up* (ανασείει) the people."

This word is also used by St. Mark, xv. 11: it is not so frequent in the medical writers as the two preceding, and is used of similar operations.

Galen. Musc. Anat. (xviii. B. 999): δύνανται δὲ ἅπαντες οἱ προειρημένοι μύες παρέχειν καὶ τὰς ἐν τῷ διασείειν τε καὶ ἀνασείειν κινήσεις. Galen. Comm. i. 14, Artic. (xviii. A. 14): ἀνασείεσθαι δὲ τὸν τοῦ κάμνοντος ὦμον ὑπὸ τοῦ κατωμίζοντος ἀξιοῖ. Hipp. Exect. Foet. 914: ἀνασείειν δὲ δεῖ ὧδε, σινδόνα ὑποστορέσασαν ἀνακλῖναι τὴν γυναῖκα. Hipp. Artic. 782: ἐν τούτῳ δὲ τῷ σχήματι προσανασειέτω ὀκόταν μετεωρήσῃ τὸν ἄνθρωπον.

We thus have St. Luke using the compounds of σείειν which were used by the medical writers, and two of those used by him alone.

20. "*Added* (προσέθηκε) yet this above all, that he *shut up* (κατέκλεισε) John in prison."

προστιθέναι is used by St. Luke more than twice as often as it is in the entire of the rest of the N. T.—he using it thirteen times, viz.—iii. 20; xii. 25; xii. 31; xvii. 5; xix. 11; xx. 11; xx. 12: Acts, ii. 41; ii. 47; v. 14; xi. 24; xii. 3; xiii. 36: the other writers five times, viz.—Matt. vi. 27, 32; Mark, iv. 24; Gal. iii. 19; Heb. xii. 19. His use of it probably arose from his medical pursuits, as it was a very frequent and necessary word in medical language, chiefly with reference to the application of remedies to the body. The frequency and nature of its use may be seen from the subjoined passages from Hipp. De Morb. 466: σπόγγους ἐν ὕδατι θερμῷ βρέχων, ἆσσον προστιθέναι πρὸς τὴν κεφαλήν—σιτίοισι χρήσθω διαχωρητικοῖσιν ἀρξάμενος ἐξ ὀλίγων, προστιθεὶς ἀεί—σπόγγους ἐκμάσσων χλιαροὺς προστιθέναι πρὸς τὸ οὖς—σιτίοισιν ἀνακομίζειν αὐτὸν ὀλίγα ἀεὶ προστιθείς. 467: πρὸς τὰς ῥῖνας φάρμακον προστίθει. 468: ψύγματα προστιθέναι πρὸς τὴν κεφαλήν—προσθεῖναι τὸ ἄνθος τοῦ χαλκοῦ. 469: χλιάσματα πρὸς τὴν κεφαλὴν προστιθέναι—σπόγγους βάπτων ἐς ὕδωρ θερμὸν προστιθέσθω πρὸς τὰς γνάθους. 470: βάλανον προστιθέναι—τεῦτλα ἐμβάπτων ἐς ὕδωρ ψυχρὸν προστιθέναι—καὶ ἄρτους προςτιθέναι θερμούς. 471: σπόγγους ἐς ὕδωρ θερμὸν ἐμβάπτων προστιθέναι. 472: τὸν μοτὸν προστιθέναι ἐς τὴν ῥῖνα—προστιθέναι ἔστ᾽ ἂν ὑγιὴς γένηται. 473: πρόσθες φάρμακον πρὸς τὰς ῥῖνας—ὑποκλύσαι ἢ βάλανον προσθεῖναι. 474: χλιάσματα προστιθέναι. 475: μάλιστα προστιθέναι χλιάσματα. 477: προστίθει ἐλλέβορον. 478: πρὸς τὰς ῥῖνας προσθεῖναι ὅτι χολὴν μὴ ἄξει—μὴ προστιθέναι πρὸς τὴν κεφαλήν. 480: χλιάσματα προστιθέναι—καὶ ὅταν ἡ ὀδύνη ἔχῃ χλιάσματα προστιθέναι. 481: καὶ βαλάνους προστιθέναι. 482: χλιάσματα προστιθέναι—καὶ προστιθέναι πρὸς τὸ πλευρὸν ὕδωρ χλιαρόν. 485: βαλάνους προστιθέναι —χλιάσματα προστιθέναι, &c. &c.

Galen used it similarly. Temper. Med. vii. 10 (xii. 31): τὰς τῶν ὑστερῶν ὀδύνας προστιθέμενον ὠφελεῖ. Do. (48): αἱμορροΐδας ἀναστομοῖ προστιθέμενον. Do. (51): προστιθεμένη ἰκτεριῶντας ὀνίνησι—καὶ ἄλλως φθόριον ἰσχυρὸν ἐν πεσσῷ προστιθέμενος. Do. 11 (59): ἐπιτηδειότατός ἐστι πινόμενος ὅσον δυοῖν δραχμῶν πλῆθος ἢ προστιθέμενος σὺν μέλιτι. Do. 12 (80): μετὰ αἰρίνου ἀλεύρου προστιθεμένην. Do. 22 (155): μετὰ μέλιτος προστιθεμένη. Do. x. 2 (307): βαλάνιον προσθεῖναι—ἃ προστιθέμενα ἐπεγείρει τὸ ἔντερον. Do. xi. 1 (310): νάρκην ζῶσαν προστιθέναι. Comp. Med. iv. 8 (xii. 753): προσέθηκα πομφόλυγος δραχμὰς δ'. Do. v. 1 (809): σπόγγος συνεχῶς προστιθέμενος. Do. (812): σπόγγος καὶ ὀθόνιον ὄξει καὶ μέλιτι διάβροχα προστιθέμενα. Do. (814): καὶ ὁ χυλὸς ἀναληφθεὶς στέατι καὶ συνεχῶς προστιθέμενος. Do. vi. 6 (930): τῆς στυπτηρίης δὲ προστιθείσης—τῶν ἄλλων ὅπως ἂν ἐθέλῃς προστιθεμένων. Do. (939): ἔδει δὲ προσθεῖναι κεκαυμένων—μὴ προσθεὶς μηδὲ αὐτὸς τὸ κεκαυμένου. Do. vii. 4 (xiii. 81): μέλιτος οὐδὲν ὅλως αὐτῷ προσέθηκεν ὁ συνθείς. Do. viii. 6 (194): προστίθεται τῷ μορίῳ. Do. ix. 2 (251): προστεθείκαμεν τῇ τοῦ φαρμάκου σκευασίᾳ σμύρνην.

Dioscor. Mat. Med. i. 68: προστιθέμενον τῇ μήτρᾳ. 77: πηγάνου χυλῷ προστεθεῖσα. 79: ἔμμηνά τε ἄγει πινόμενος καὶ προστιθέμενος. 80: ἀναστομοῖ τὴν μήτραν προστιθέμενον. 81: ἔνιοι δὲ προστιθέασι τῷ λοπαδίῳ. 101: ποιοῦσα πρὸς πνίγας ὑστερικὰς προστιθεμένη. 104: ἔμβρυά τε κατασπᾷ προστεθέντα. 116: ἡ ἀπὸ τῶν ξύλων τέφρα προστεθεῖσα ῥεῦσιν ἐκ μήτρας στέλλει. 131: ἔνιοι δὲ προστιθέασι καὶ κόστου δραχμὰς δυό. 134: τὸ σπέρμα καὶ προστεθὲν κάθαρσιν κινεῖ. 136: ἐπέχει δὲ καὶ αἱμορραγίαν προστιθέμενος ὁ χυλός. 142: προστίθεται ῥοϊκαῖς γυναιξίν. 176: προστιθέμενα κεφαλαλγίαις. 183: προστιθεὶς σὺν ᾠοῦ ληκύθῳ.

§ LX.

Luke, IV.

*ἀναπτύσσειν. *πτύσσειν. πίμπλημι. ἐμπίπλημι. πλῆθος. *ὀφρύς.

εἰωθός (verse 16, § 58). ἄφεσις (v. 18, § 59). ἀτενίζειν (v. 20, § 53). κατέρχεσθαι (v. 31, § 84). *ἦχος (v. 37, § 40). παραχρῆμα (v. 39, § 57).

17. "And when *he had opened* (ἀναπτύξας) the book, he found the place where it was written. The Spirit of the Lord is upon me."

20. "And *he closed* (πτύξας) the book."

*ἀναπτύσσειν and *πτύσσειν are both peculiar to St. Luke, and were familiar words with him through his medical training; ἀναπτύσσειν was used of the opening out of various parts of the body, and πτύσσειν of the rolling up of bandages. Elsewhere in the N. T., ἀνοίγειν is the word for opening a book or scroll, and ἐλίσσειν for rolling it up again (Rev. v. 2, 3, 4, 5, 9, and Rev. vi. 14). ἀναπτύσσειν is sometimes used for opening a book, *e. g.* Herodotus, i. 48, and LXX. 4 K. xix. 14, but there seems to be no other instance of πτύσσειν being used of rolling up a scroll except this passage in St. Luke, γραμματεῖον ἐπτυγμένον (Herodian. i. 17) being merely a tablet doubled up—closed.

Hipp. De Dieb. Judic. 57: ὁκόταν τὸ ἧπαρ μᾶλλον ἀναπτυχθῇ πρὸς τὰς φρένας. Hipp. Intern. Affect. 558: τὸ ἧπαρ οἰδέει καὶ ἀναπτύσσεται πρὸς τὰς φρένας ὑπὸ τοῦ οἰδήματος—ὁκόταν τὸ ἧπαρ ἀναπτυγῇ πρὸς τὰς φρένας παραφρονέει. Hipp. Fistul. 885: ἀναπτυσσομένη ἡ σύριγξ οὔτε πάλιν ξυμπέσοι. Dioscor. Animal. Ven. 26: ἡ μυγαλῆ ἀναπτυσσομένη καὶ ἐπιτιθεμένη τῆς ἰδίας πληγῆς ἀντιφάρμακόν ἐστι. Dioscor. Animal. Ven. 25: αὐτοὶ ἀναπτυχθέντες καὶ ἐπιτιθέντες τοῖς τραύμασι τὰς ἰδίας ἰῶνται πληγάς. Galen. Anat. vi. 13 (ii. 581): ἐκ τῆς τοῦ νεφροῦ κοιλίας ὅταν ἀναπτύξῃς αὐτόν.

Galen. Anat. vii. 9 (ii. 616): ἀναπτύξαντος δέ σου ταυτὶ τὰ ὦτα τότε τὸ σῶμα τῆς καρδίας αὐτὸ φανεῖται. Galen. Anat. vii. 10 (ii. 622): ἀναπτύξας δὲ κατὰ μῆκος ὕλην τὴν ἔκφυσιν τῆς ἀορτῆς. Galen. Medicus 15 (xiv. 785) : τὰ δὲ συμπεφυκότα βλέφαρα ἀναπτύξαντες σμίλῃ.

*πτύσσειν is used for rolling up bandages, and πτύγμα for a bandage. Hipp. Fract. 758 : μεσηγὺ τοῦ ἀγκῶνος καὶ τοῦ πλευρέων σπλῆνά τινα πολύπτυχον πτύξαντα ὑποτιθέναι. Aretaeus, Cur. Morb. Diuturn. 141 : ἀντὶ δὲ εἰρέων πτύγματα ἔστω ἀπὸ λίνου. Galen. Comp. Med. vi. 2 (xiii. 878) : πτύγματος προσεπιτιθεμένου τῷ σπληνίῳ.

28. "And all they in the synagogue, when they heard these things, *were filled* (ἐπλήσθησαν) with wrath."

Luke, vi. 25 : " But woe unto you *that are full*" (ἐμπεπλησμένοι).

Luke, v. 6 : " They enclosed a great *multitude* (πλῆθος) of fishes."

πίμπλημι and ἐμπίπλημι are used *thirty times* in the N. T.—*twenty-five times by St. Luke; five times elsewhere*, viz., Luke, i. 15, 23, 41, 53, 57, 67; ii. 6, 21, 22; iv. 28; v. 7, 26; vi. 11, 25; xxi. 22; Acts, ii. 4; iii. 10; iv. 8, 31; v. 17; ix. 17; xiii. 9, 45; xiv. 17; xix. 29.— Matt. xxii. 10; xxvii. 48; John, vi. 12; xix. 29; Rom. xv. 24. They are words constantly recurring in the medical writers. So, too, with respect to πλῆθος, which occurs *thirty-two times* in the N. T., *twenty-five* of which are in the third Gospel and Acts of the Apostles, and but *seven* in the rest of the N. T. Galen states of this word that physicians scarcely used any word more frequently than it. Galen. De Plen. i. (vii. 513): οὔτε πολλάκις ὀνομάζοντας ἕτερον ὄνομα τοῦ πλήθους μᾶλλον ἔστιν εὑρεῖν ἅπαντας τοὺς νῦν σχεδὸν ἰατρούς. And, although he is here speaking of the use of this word in a particular sense, yet the assertion is equally true of it in its various shades of meaning.

πίμπλημι. Hipp. Morb. Acut. 398 : οἱ τοιοίδε τὴν ἀρτηρίαν ἑλκοῦνται καὶ τὸν πνεύμονα πίμπλανται. Hipp.

Morb. 482 : πλεύμων πλησθείς, ἢν πλησθῇ ὁ πλεύμων.— πίμπλαται φῳδῶν. Hipp. Morb. 488 : ὁκόταν ὁ ἐγκέφαλος πλησθῇ ἀκαθαρσίας. Hipp. Morb. 489 : πλεύμων οἰδήσῃ ὑπὸ θερμασίης πλησθείς. Hipp. Affect. 522 : ἡ μὲν γαστὴρ ὕδατος πίμπλαται. Hipp. Intern. Affect. 534 : ὁκόταν τὰ κοιλὰ φλέβια πλησθῇ αἵματος. Hipp. Intern. Affect. 536 : ὁ φάρυγξ ὡς χνόου πίμπλαται. Hipp. Morb. 515 : τὰ σκέλεα πίμπλαται ὕδατος. Aret. Sign. Acut. Morb. 15 : πίμπλησι τὴν κεφαλήν. Aret. Sign. Morb. Diuturn. 54 : ὅλον τὸ σῶμα πλησθῇ. Aret. Cur. Acut. Morb. 120 : πίμπλαται γὰρ ἡ τῶν νεφρῶν κοιλίη. Aret. Cur. Acut. Morb. 88 : καὶ δοκέῃ πεπλῆσθαι ὁ νουσέων, ἢν μὲν αἵματος, &c.

ἐμπίπλημι. Hipp. Morb. Mul. 610 : ἢν αἱ μῆτραι φλέγματος ἐμπλησθῶσι. Hipp. Morb. Mul. 642 : καὶ ἢν τι φάγῃ ἐμπίπλαται καὶ φλεγμαίνει. Hipp. Morb. Mul. 649 : ἢν ἡ πυρίη φύσης ἐμπιπλᾷ τὰς ὑστέρας, ἐμπιπλάμμεναι δέ. Hipp. Morb. Mul. 662 : ἐμπίπλαται ἡ κοιλίη ὕδατος. Hipp. Morb. 462 : ὑπὸ γὰρ τῆς ὑπερθερμασίης ἐμπίπλησι τὸ κατὰ τὸ οὖς κενὸν ὁ ἐγκέφαλος. Hipp. Morb. 467 : καὶ πνεύματος ἐμπίπλαται. Hipp. Morb. 472 : ἕτερος πώλυπος. ἐμπίπλαται ἡ ῥίς κρέασι. Galen. Comm. ii. 3, Aliment. (xv. 234) : ὅταν τὸ ἧπαρ εἴη ἐμπεπλησμένον—ἐμπεπλησμένον δὲ εἴη τὸ σπλάγχνον. Galen. Comm. iii. 2, Morb. Acut. (xv. 636) : οἱ γὰρ ἰσχυροὶ σφυδρῶς θερμαίνοντες ἐμπιπλᾶσι τὴν κεφαλὴν καὶ χυμῶν καὶ ἀτμῶν.

πλῆθος was the word used in medical language to express a *quantity* of anything. Hipp. Nat. Hom.: ἀπό τε τῶν ὑετῶν τοῦ πλήθεος. Hipp. Superfoet. 264 : τουτέου πινέτω νῆστις ὁκόσον ἂν δοκέῃ μέτριον εἶναι πλῆθος. Hipp. Flat. 299 : ὁκόταν δὲ πλῆθος αἱμορραγῆσαν. Hipp. Rat. Vic. 341 : πλῆθος σιτίων. Hipp. Rat. Vic. 348 : τῷ πλήθει τοῦ ὑγροῦ. Hipp. Offic. 748 : ὀθονίων πλήθει. Hipp. Affect. 521 : ὑπὸ πλήθους τοῦ φλέγματος. Aretaeus, Sign. Morb. Diuturn. 58 : ὑγροῦ πλῆθος. Aret. Cur. Acut. Morb. 94 : πλήθει τοῦ χυλοῦ. Aret. Cur. Acut. Morb. 112 : ἢν δ᾽ ὑπὸ πλήθεος γίγνηται συγκοπή. Dioscorides, Mat. Med. i. 30 : κυάθων ἐξ πλῆθος. Dioscor. Mat. Med. 59 : τὸ ἴσον πλῆθος τοῦ ἐλαίου. Dioscor. Mat. Med. i. 65: ἄνθους τὸ ἴσον ἐμβαλὼν πλῆθος. Dioscor. Mat. Med. i. 66: κυάθου πλῆθος ποθέν. Dioscor. Mat. Med. i. 88: κυάθων τὸ πλῆθος τριῶν. Dioscor. Mat. Med. 106: τριωβόλου πλῆθος σὺν οἴνῳ. Dioscor. Mat. Med. i. 109: ὅσον οὐγγίας μιᾶς πλῆθος. Dioscor. Mat. Med. i. 134: ὅσον δραχμὰν ἁ πλῆθος. Galen. Ven. Sec. ad Eras. 9 (xi. 181): αἵματος πλῆθος. Galen. Comp. Med. vi. 9 (xii. 992): ἔστω δὲ τοῦ μὲν ῥοῦ πλῆθος ὅσον τοῖς τρισὶ δακτύλοις. Galen. do. vii. 5 (xiii. 89): ἐκ τοῦ πλήθους φαρμακῶν. Do. 6 (106): πλῆθος ὑγρῶν παχέων. Do. viii. 1 (120): ναρδίνης κηρωτῆς πλῆθος. Do. (125): πλῆθος κυάθων δύο, &c., &c.

29. "And rose up, and thrust him out of the city, and led him unto *the brow of the hill* (ἕως τῆς ὀφρύος τοῦ ὄρους) whereon their city was built, that they might cast him down headlong."

* ὀφρύς is peculiar to St. Luke, and is used in medical language, not only for the eyebrow, but also for other projections of the bones, *e. g.* Galen. Artic. Comm. iv. 55 (xviii. A. 758): ἐπειδὴ ταπεινότερος νῦν ἡ ὀφρὺς τῆς κοτύλης γέγονε τῆς κεφαλῆς τοῦ μηροῦ.—καὶ νῦν εἰ χωρὶς μὲν τῆς κοτύλης τὴν ὀφρὺν ὑπερβῆναι τὸ ἐκπεπτωκὸς ἄρθρον οὐχ οἷόν τέ ἐστιν αὐτὸ πάλιν ἐμπεσεῖν, ἀπεχώρισε δὲ ἀνωτέρω τῆς ὀφρύος.

The application of the word to a hill was exceedingly natural to a physician, as in medical language the very same epithets were applied to the appearance of the eyebrows in certain diseases as were commonly applied to hills, *e. g.* Hippocrates, describing a deadly kind of fever, applies ἐπικρεμᾶσθαι to the eyebrows—πυρετὸς ἴσχει καὶ ῥῖγος καὶ αἱ ὀφρύες ἐπικρεμᾶσθαι δοκέουσι—a word applied by Homer to a rock—Hymn. Ap. 284: πέτρη ἐπικρέμαται. Aretaeus (Sign. Morb. Diuturn. 78) uses ὀφρύες προβλῆτες of the appearance of the eyebrows in elephantiasis, and ὀφρύες ὀχθώδεες of the same disease. Compare Homer, Il. ii. 396: προβλῆτι σκοπέλῳ; and Dion. Hal. vi. 33: χωρία ὀχθώδης

§ LXI.

Luke, V.

*ἀποπλύνειν. *ἀπομάσσειν. ἐκμάσσειν. λούειν. ἀπολούειν. χαλᾶν. διαρρήγνυμι. *περιρρήγνυμι. *προσρήγνυμι. *ὑποχωρεῖν. *ἐκχωρεῖν. ἀποχωρεῖν. *κλινίδιον. *κλινάριον. κλίνη. κράββατος.

παραχρῆμα (verse 25, § 57). *παράδοξον (v. 26, § 48). πίμπλημι (v. 26, § 60). *δοχή (v. 29, § 73). ὑγιαίνειν (v. 31, § 9).

2. "And saw two ships standing by the lake: but the fishermen were gone out of them, and *were washing* (ἀπέπλυναν) their nets."

The variety of words used by St. Luke for washing and cleansing is remarkable. He employs five such, two of which are peculiar to himself—*ἀποπλύνειν here, and *ἀπομάσσειν (ch. x. 11), "even the very dust of your city we do wipe off." Words of this kind were in every-day use in medical language and practice, hence the variety he employs. With respect to the other three, ἐκμάσσειν (ch. vii. 38, 44), "began to wash his feet with tears, and did wipe them with the hairs of her head," is met also again in John, xi. 2, &c. ἀπολούειν (Acts, xxii. 16) occurs also in 1 Cor. vi. 11; and λούειν is used in Acts, ix. 37; and in a quite medical way in Acts, xvi. 33, and three times elsewhere in the N. T.

*ἀποπλύνειν. Peculiar to St. Luke. Hipp. Morb. 492: τὰ ῥοφήματα ἔστω γλυκύτερα. οὕτω γὰρ ἂν μάλιστα τὸ ξυνκαθήμενον καὶ τὸ ξυνεστηκὸς ἀποπλύνοις καὶ κινέοις. Hipp. Ulcer. 890: μανδραγόρου ῥίζαν, ἀποπλύναντα καὶ ταμόντα ἑψῆσαι ἐν οἴνῳ. Hipp. Haemor. 893: τάχα χρὴ ἀποπλῦναι οἴνῳ αὐστηρῷ. Hipp. Aphoron. 687: εἰ δὲ μὴ ἄκρας περιξέσαι τὰς μήτρας καὶ ἀποπλῦναι τῇ πιτύῃ ἐφθῇ. Dioscor. Medic. Parab. i. 121: κάρδαμον καταπλασσόμενον δι' ὕλης

§ LXI.] THE MEDICAL LANGUAGE OF ST. LUKE. 111

νυκτὸς ἐπὶ ἡμέρας ε΄, ἔωθεν δὲ ἀποπλύναντα καὶ κλύσαντα. Galen. Meth. Med. iv. 2 (x. 237): ἀλλ' εἰ καὶ ἀποπλῦναι δέοι τὸ ἕλκος. Galen. Meth. Med. vi. 6 (x. 452): ἵν' ἔχωμεν ἀπομάττειν καὶ ἀποπλύνειν ἀπὸ τῆς μήνιγγος τοὺς ἰχῶρας. Galen. Meth. Med. viii. 4 (x. 568): διαρρύπτειν τε καὶ ἀποπλύνειν ἔξωθεν τὸ σῶμα. Galen. Comp. Med. i. 6 (xii. 461): ἀπόπλυνε θερμῷ. Galen. Comp. Med. iv. 1 (xii. 700): τὸ ἀποπλύνειν τὰς ὑγρότητας.

*ἀπομάσσειν, ch. x. 11, is peculiar to St. Luke. Aretaeus, Cur. Acut. Morb. 90: ἄριστον καὶ σκίλλης ὠμῆς λεπτοῖσι ἐκτρίβειν χρὴ δὲ ἀπομάξαντα τῶν μελέων τὸ ἐλαιῶδες. Galen. Comm. iii. 42, Morb. Acut. (xv. 715): πάλιν ἀπομάττει τοῦτ' αὐτὸ τὸ μετὰ τοῦ ὕδατος ἔλαιον. Galen. San. Tuend. iii. 6 (vi. 198): καὶ εἰ δι' ἱδρῶτά τινα τύχοιεν ἀπομάξασθαι τὸ λίπος. Galen. San. Tuend. v. 11 (vi. 371): τρίψασθαι μετ' ἐλαίου καὶ τὸ μετὰ λουτρὸν ἀπομάξασθαι. Galen. San. Tuend. vi. 8 (vi. 418): εἴτ' ἀπομάττων μὲν τὸν ἱδρῶτα σίνδοσιν. Galen. Meth. Med. vi. 3 (x. 404): οὕτως ἀπομάττειν τὸ ἕλκος. Galen. Meth. Med. x. 10 (x. 726): διὰ σπόγγων μὲν ἀποματτέσθω τὰ πρῶτα μαλακοῖς δ' ὕστερον ὀθονίοις, μηδ' αὐτῶν τῶν ἀποματτόντων αὐτὸν βιαίως ψαυόντων. Galen. Meth. Med. iv. 4 (xiii. 678): εἰ τρὶς τῆς ἡμέρας ἐκμάξαιεν τοὺς ἰχῶρας τοῦ ἕλκους, ἄμεινόν τι πράττειν τῶν δὶς ἀποματτόντων. Galen. Meth. Med. viii. 14 (xiii. 1004): ἡ δὲ σπάθη ἀπομασσέσθω ἐπιμελῶς.

ἐκμάσσειν, Luke, vii. 38, 44. Hipp. Morb. Acut. 395: κεφαλὴν μέντοι ἀνεξηράνθαι χρὴ ὡς οἷόντε μάλιστα ὑπὸ σπόγγου ἐκμασσομένην. Hipp. Morb. 466: καὶ σπόγγους ἐν ὕδατι θερμῷ βρέχων, ἐκμάσσων χλιάρους, προστιθέναι πρὸς τὸ οὖς. Hipp. Affect. 526: ἀλείφειν οἴνῳ καὶ ἐλαίῳ θερμῷ καὶ ἐκμάσσειν διὰ τρίτης. Hipp. Intern. Affect. 554: οἴνῳ δὲ καὶ ἐλαίῳ χλιήνας ἀλείφειν ἐς κοίτην καὶ ἐκμάσσειν. Hipp. Aphoron. 682: ὥστε δακτύλῳ ἐκμάξαι. Galen. Comm. iii. 49, Morb. Acut. (xv. 716): τὴν κεφαλὴν ἀκριβῶς ἐκμάττειν—δι' ὀθόνης ἐκμάττειν τῆς κεφαλῆς τὸ ὕδωρ. Galen. Comp. Med. i. 1 (xii. 408): προσαποσμήξας νίτρῳ ὀπτῷ καὶ ἐκμάξας. Galen.

Comp. Med. vi. 9 (xii. 990): σὺν ἐλαίῳ ἔκμασσε τῷ δακτύλῳ τοὺς τόπους. Galen. Comp. Med. vi. 9 (xii. 991): ἐκμάσσων τὰ παρίσθμια καὶ τὴν ὑπερώαν. Galen. Remed. Parab. i. 3 (xiv. 331): ἀλλὰ καὶ διὰ μηλωτίδος περικείμενον ἐχούσης ἔριον μαλακὸν ἐκμάσσειν.

ἀπολούειν, Acts, xxii. 16: "*Wash away* thy sins" (ἀπόλουσαι τὰς ἁμαρτίας).

λούειν, Acts, xvi. 33: "And he took them the same hour of the night, and *washed their stripes*" (ἔλουσεν ἀπὸ τῶν πληγῶν: sc. τὸ αἷμα, washed the blood from off their stripes; compare Galen. Comp. Med. iii. 2 (xiii. 580): τὸ αἷμα τοῦ τετρωμένου μέρους ἀποπλῦναι).

Hipp. Nat. Mul. 571: αἰγείρου κρητικοῦ κόκκους ἐννέα τρίψας ἐν οἴνῳ διδόναι πίνειν, τουτέῳ δὲ καὶ ἀπολούσασθαι ἦν δυστοκέῃ. Hipp. Aph. 1260: ὀδύνας ὀφθαλμῶν ἄκρητον ποτίσας καὶ λούσας πολλῷ θερμῷ φλεβοτόμει. Galen. Comp. Med. ix. 1 (xiii. 236): κυκλαμίνου χυλῷ διὰ ῥινὸς καθάρας λοῦε—λοῦε τῷ ἀφεψήματι. Galen. San. Tuend. i. 8 (vi. 45): ἐκέλευσα λοῦσαί τε καὶ ἀπορρύψαι. Galen. San. Tuend. iv. 6 (vi. 198): ὥστε καὶ εἰ δὶς αὐτὸν ἢ τρὶς λούσαις, ὀνήσεις μειζόνως. Galen. San. Tuend. iv. 4 (vi. 247): λούσαντες εὐκράτῳ θερμῷ, τροφὴν εὔχυμον δώσομεν. Galen. Meth. Med. v. 13 (x. 372): ἐν δὲ τῇ τρίτῃ πάλιν ἐπιθεὶς ὥραις που τρισὶν ἔλουσα τὸν ἄνθρωπον. Galen. Meth. Med. vii. 6 (x. 480): εἴτε γὰρ ὕδωρ ἐπιχέοις θερμὸν εὔκρατον ὁτῳδήποτε μορίῳ τοῦ σώματος, εἴτε τρίβοις εἴτε λούοις. Galen. Meth. Med. viii. 2 (x. 538): αὖθις ὁμοίως λούσαντές τε καὶ διαιτήσαντες. Galen. Meth. Med. viii. 3 (x. 553): τοὺς δ' ἐπὶ ξηρότητι τρίβειν μὲν ἀλλ' ἐλάττω τούτοις, λούειν δὲ πλείω. Do. (554): εἰ δὲ σὺν κορύζῃ καὶ κατάρρῳ πυρέττοι, πρὶν πεφθῆναι ταῦτα, λούειν οὐ χρή. Galen. Meth. Med. viii. 4 (x. 570): ὥστε καὶ λούσεις τῇ τετάρτῃ τῶν ἡμερῶν αὐτὸν καὶ θρέψεις.

4. "Now when he had left speaking, he said unto Simon, Launch out into the deep, and *let down* (χαλάσατε) your nets for a draught."

χαλᾶν. St. Luke uses this word here, and in verse 5 of

casting a net, instead of the usual word βάλλειν, or some of its compounds. He uses it also in Acts, ix. 25; xxvii. 17; xxvii. 30. It is found in only two other places in the New Testament—Mark, ii. 4, and 2 Cor. xi. 33. The word was most extensively used in medical language, both transitively and intransitively, in a variety of meanings, such as "relaxing the body or members of the body," "abatement of sickness," "loosening of bandages," "letting down drugs into a vessel of liquid to be steeped," &c.

Hipp. Nat. Oss. 288: ταύτης ἀποσφιγγούσης τὰς φλέβας καὶ χαλώσης. Hipp. Morb. Mul. 601 : καὶ ὅτε φλέγμα χαλᾷ καὶ ἀνάγει. Hipp. Epid. 1216: ἐς νύκτα ἰδρὼς καὶ ἡ θέρμη ἐχάλασεν—ἐχάλασεν τεταρταίῃ τὰ ἀλγήματα. Hipp. Epid. 1225: ἐχάλασεν ὁ πυρετός. Hipp. Epid. 1176: πᾶς λεπτυσμὸς χαλᾷ τὸ δέρμα. Dioscorides Mat. Med. i. 71: σκληρίας τὰς περὶ ὑστέραν χαλᾷ. Dioscor. Mat. Med. v. 28: εἰς μετρητὴν γλεύκους χάλασον μνᾶς ιβ′ πρὸς ἡμέρας λ′. Dioscor. Mat. Med. v. 64 : ταῦτα ὁμοῦ λειώσας καὶ ἐν ὀθονίῳ δήσας χάλασον εἰς μετρητὴν γλεύκους. Galen. Comm. iii. 32, Offic. (xviii. B. 889): χαλῶντα τὸν ἐπίδεσμον. Galen. Comp. Med. i. 3 (xiii. 161): ἐπὶ τῶν κεχαλασμένων ἄρθρων.

6. "And when they had this done, they enclosed a great multitude of fishes: and their net *brake*" (διερρήγνυτο).

διαρρήγνυμι is used three times by St. Luke—v. 6; viii. 29: Acts, xiv. 14; and only twice in the rest of the N.T.— Matt. xxvi. 65; Mark, xiv. 63. He also uses *περιρρήγνυμι and *προσρήγνυμι, which are peculiar to him. They were all used in medical language.

Hipp. Morb. 451: ἢν δὲ τὸ φλέβιον παντάπασι μὲν δὴ διαρραγῇ. Hipp. Morb. 489: ὁκόταν ὁ πλεύμων οἰδήσῃ—τὰ στήθεα αὐτῷ ἀείδειν δοκέει καὶ βάρος ἐνεῖναί τι ὃ χωρέειν οὐ δύναται τὰ στήθεα ἀλλὰ διαρρήγνυται. Hipp. Intern. Affect. 555: ἡ γαστὴρ ἀείρεται καὶ πίμπραται καὶ δοκέει διαρρήσεσθαι. Dioscor. Mat. Med. ii. 180: φύματα πέττει καὶ διαρρήσσει. Dioscor. Mat. Med. ii. 200: προστεθεὶς οἰδήματα καὶ φύματα συντόμως ἐκπυΐσκει καὶ διαρρήσσει. Galen. Comm. ii. 44,

Epid. vi. (xvii. A. 989) : οἷς μέντοι μέλλει διαρρήγνυσθαι τὸ ἐμπύημα. Galen. Comm. i. 3, Aph. (xvii. B. 363) : ὅταν γὰρ ὑπερπληρωθῇ τὰ ἀγγεῖα ποτῶν ἢ σιτίων τοῦ διαρραγῆναι κίνδυνος αὐτοῖς. Galen. Comm. Aph. vii. 66 (xviii. A. 152) : πλήθους δ' ὄντος ἐν ὅλῳ τῷ σώματι διαρραγῆναι φθάνουσιν οἱ χιτῶνες ὀφθαλμῶν. Galen. Comm. Artic. iv. 40 (xviii. A. 734) : ὅταν ὦσι γέροντές τε καὶ λεπτοὶ διαρραγέντος τοῦ κατὰ τὸν μηρὸν συνδέσμου. Galen. Theriac. ad Pison. (xiv. 334) : καὶ γὰρ οὗτοι διψῶντες πάνυ καὶ διακαιόμενοι σφοδρῶς, ἐνίοτε καὶ διαρρηγνύμενοι, τελευτῶσιν·

*περιρρήγνυμι. Acts, xvi. 22 : " And the magistrates *rent off* (περιρρήξαντες) their clothes." Peculiar to St. Luke, and used by the medical writers of the breaking of enfolding membranes, &c. Hipp. Nat. Puer. 247 : κινέεται ἰσχυρῶς ἐν τῷ ᾠῷ ζητέον τροφὴν πλείονα καὶ οἱ ὑμένες περιρρήγνυνται —τὸ δὲ παιδίον ὅταν περιρραγῶσιν οἱ ὑμένες, ῥηϊδίως τίκτει ἡ γυνή. Hipp. Septemmestr. Partus. 256 : ὅταν δὲ τῷ ἑβδόμῳ μηνὶ περιραγέωσιν οἱ ὑμένες καὶ τὸ ἔμβρυον μεταχωρήσῃ. Hipp. Morb. 512 : ταῦτα δὲ ἱστορία ἐστὶν ὅτι οὐ τίκτει ἔλμινς, ἀλλὰ περιρρήγνυται. Hipp. Fract. 768 : ὅσα τε σαρκία ἐν τῷ τρώματι ἐμελάνθη καὶ ἐθανατώθη θᾶσσον περιρρήγνυται καὶ ἐκπίπτει ἐπὶ ταύτῃ τῇ ἰατρείῃ. Hipp. Moch. 868 : οὕτω γὰρ αὐτὸ τὸ ἰσχνότατον καὶ ἐμπέσῃ τάχιστα καὶ περιρρήξεται. Hipp. Epid. 1153 : ἐμελαίνετο πᾶς ὁ τόπος ἄχρι τοῦ ἀστραγάλου—καὶ τὸ μελανθὲν οὐ περιερράγη. Dioscor. Mat. Med. i. 94 : χοιράδας περιρρήσσει. Dioscor. Mat. Med. i. 104 : ἄνθρακας περιρρήσσει. Dioscor. Mat. Med. ii. 129 : ἐσχάρας περιρρήττει. Dioscor. Mat. Med. ii. 131 : κηρία περιρρήττει.

*προσρήγνυμι. Peculiar to St. Luke : ch. vi. 48, 49. See § 36.

16. "And he *withdrew himself* (ἦν ὑποχωρῶν) into the wilderness, and prayed."

*ὑποχωρεῖν. Besides this passage, St. Luke uses *ὑποχωρεῖν in. ch. ix. 10 ; *ἐκχωρεῖν is found in ch. xxi. 21, and ἀποχωρεῖν in ch. ix. 39, and Acts, xiii. 13. The two first are peculiar to him, and the last almost so, as it is met with only once in the N. T. outside his writings, viz.—Matt. vii. 23. They were all much used in medical language. Hipp. Epid. 1144: ὑπεχώρεεν τὸ λοιπὸν αὐτῇ αἷμα ἐρυθρόν. Hipp. Epid. 1218: τριταίῳ δὲ γαστρὸς ὀδύνη σμικρὴ οὐχ ὑπεχώρει. Hipp. Epid. 1226: τὸ ἥμισυ τῆς κεφαλῆς πονέοντες καὶ κατὰ ῥῖνας ὑγροῦ ὑποχωρέοντος. Hipp. Morb. 464: καὶ ἦν ἡ κοιλίη μὴ ὑποχωρέῃ. Galen. Comm. iii. 6, Aliment. (xv. 274): ὅταν γὰρ οἱ χυμοὶ εἰς τὸ βάθος ὑποχωρήσουσι. Galen. Comm. i. 1, Humor. (xvi. 13): οὐχ ὑποχωρούσης τῆς χολῆς. Galen. Comm. i. 9, Humor. (xvi. 94): ἐπιπολάζει ἄνω ἡ χολὴ καὶ ὑποχωρεῖ κάτω. Galen. Comm. iii. 3, Humor. (xvi. 361): τὸ ὕδωρ ταχέως ὑποχωρεῖν τῶν ὑποχονδρίων. Galen. Comm. iii. 19, Humor. (xvi. 430): τὸ ἔμφυτον θερμὸν ἀποφεύγει καὶ εἰς τὰ ἐντὸς ὑποχωρεῖ. Galen. Comm. iv. 16, Epid. vi. (xvii. B. 173): κατὰ τοὺς ὕπνους εἴσω τοῦ σώματος ὑποχωρεῖ τὸ θερμόν.

*ἐκχωρεῖν. Luke, xxi. 21: "Then let them which are in Judaea flee to the mountains; and let them which are in the midst of it *depart out*" (ἐκχωρείτωσαν). Peculiar to St. Luke.

Hipp. Progn. 43: καὶ τὸ πτύελον μὴ ἐκχωρέῃ κατὰ λόγον —τοῦ πτυέλου ἀντὶ ξανθοῦ πυώδεος γενομένου καὶ ἐκχωρέοντος ἔξω—τοῦ πτυέλου μὴ ἐκχωρέοντος—εἰ δὲ τὸ πτύελον μὴ ἐκχωρέῃ καλῶς. Hipp. Morb. 509: πρὶν δὲ ταραχθῆναι οὐκ ἔχει ἐκχωρέειν τὸ πλεῖον τοῦ ὑγροῦ. Hipp. Haemor. 893: εὑρήσεις γὰρ πεφυσημένα τὰ μεσηγὺ τῶν γλουτῶν παρὰ τὴν ἕδρην τὸ δὲ αἷμα ἐκχωρέειν ἔνδοθεν. Hipp. Epid. 1151: ἐδόθη καταπότιον ἐλατήριον καὶ ἐξεχώρησεν αὐτῇ. Galen. Comm. ii. 67, Progn. (xviii. B. 216): τοῦ πτυέλου ἐκχωρέοντος ἔξω. Galen. Comm. ii. 67, Progn.: τῷ μὴ ἐκχωρεῖν, ἱκανὸν εἶναι γνώρισμα αὐτὸ τῆς κακοηθείας τοῦ νοσήματος. Galen. Comm. ii. 68, Progn. (xviii. B. 220): τοῖ πτυέλου μὴ ἐκχωρέοντος τοῦ πυρετοῦ τε ἔχοντος.

ἀποχωρεῖν. Luke, ix. 39; Acts, xiii. 13. See § 15.

18. "And, behold, men brought *in a bed* (ἐπὶ κλίνης) a man which was taken with a palsy."

19. "And when they could not find by what way they might bring him in because of the multitude, they went upon the housetop, and let him down through the tiling *with his couch* (σὺν τῷ κλινιδίῳ) into the midst before Jesus."

The variety of words employed by St. Luke for the beds of the sick is remarkable. He uses four, two of which are common to him with the other Evangelists, viz. κλίνη, the general word for a bed or couch, and κράββατος, the pallet of the poorer classes; and two peculiar to himself, viz. *κλινίδιον and *κλινάριον. Here, after using the generic term κλίνη in verse 18, he gives, in verse 19, the particular kind of κλίνη that the man was carried on, viz. a κλινίδιον.

*κλινίδιον, a diminutive from κλίνη, was a small couch, and was also used, like the Latin diminutives lectica and lecticula, to denote *a litter for carrying the sick*, e.g. Dion. Hal. Antiq. Rom. vii.: ἧκε ἄρρωστος ἐπὶ κλινιδίου κομιζόμενος—καὶ ἐπειδὴ πάντα διεξῆλθεν, ἀναστὰς ἐκ τοῦ κλινιδίου ἀπῄει τοῖς ἑαυτοῦ ποσὶ διὰ τῆς πόλεως οἴκαδε ὑγιής. Plutarch. Coriolan.: καὶ τοῦ σώματος ἄφνω παρεθέντος ἀκρατὴς γενέσθαι. ταῦτα δ' ἐν κλινιδίῳ φοράδην κομισθεὶς εἰς τὴν σύγκλητον ἀπήγγειλεν. ἀπαγγείλας δ', ὡς φασὶν, εὐθὺς ᾔσθετο ῥωννύμενον αὐτοῦ τὸ σῶμα, καὶ ἀναστὰς ἀπῄει δι' αὐτοῦ βαδίζων. Compare Plutarch. De animi tranq.: οἱ νοσοῦντες τὸν ἰατρὸν αἰτιῶνται καὶ δυσχεραίνουσι τὸ κλινίδιον. Plutarch. Animi an Corporis Affect. sint priores: ὁ τῷ σώματι νοσῶν εὐθὺς καθεὶς ἑαυτὸν εἰς τὸ κλινίδιον—ἰατρὸς εἰσελθὼν πρὸς ἄνθρωπον ἐρριμμένον ἐν τῷ κλινιδίῳ.

That the κλινίδιον was a couch of so light a kind that a woman could lift and carry it may be seen from Aristophanes, Lysistr. 916: φέρε νυν ἐνέγκω κλινίδιον νῷν.

*κλινάριον, Acts, v. 15: "Insomuch that they brought forth the sick into the streets, and laid them *on beds and couches*" (ἐπὶ κλιναρίων καὶ κραββάτων).

Besides this passage in St. Luke, κλινάριον appears to be found in only two other Greek authors, viz. Aristophanes, "Fragments," and Arrian's "Dissertations of Epictetus." The former is a mere fragment of a line of a lost play, from which nothing can be inferred as to the nature of the κλινάριον; but probably it was used by Aristophanes as the other diminutive κλινίδιον in the Lysistr. for a light, easily carried couch. In the other passage, however, it is used for the couch of a sick person, Arrian's "Dissertations of Epictetus," iii. 5 : ἀλλ' ἡ μήτηρ μου τὴν κεφαλὴν νοσοῦντος οὐ κρατήσει. ἄπιθι τοίνυν πρὸς τὴν μητέρα· ἄξιος γὰρ εἰ τὴν κεφαλὴν κρατούμενος νοσεῖν ἀλλ' ἐπὶ κλιναρίου κομψοῦ ἐν οἴκῳ κατεκείμην. ἄπιθί σου ἐπὶ τὸ κλινάριον·

§ LXII.

Luke, VI.

*διανυκτερεύειν. *ἀπαιτεῖν. *ἀπελπίζειν. *πιέζειν.

παρατηρεῖν (verse 7, § 72). ἐνοχλεῖν (v. 18, § 7). ἐμπίπλημι (v. 25, § 60). *πλημμύρα (v. 48, § 36). *προσρήγνυμι (v. 48, § 36). *ῥῆγμα (v. 49, § 36). *συμπίπτειν (v. 49, § 36).

12. "And it came to pass in those days, that he went out into a mountain to pray, and *continued all night* (ἦν διανυκτερεύων) in prayer to God."

*διανυκτερεύειν. Peculiar to St. Luke. διανυκτερεύειν, ἐννυκτερεύειν, and νυκτερεύειν were all used in medical language.
Galen. Comp. Med. ii. 3 (xii. 840) : μετὰ δὲ τὴν τοῦ ὑμένος ἀφαίρεσιν ἐπιθέσει ταινιδίου κούφως ἐπιδήσας ἔα. καλὸν μὲν διανυκτερεύειν· εἰ δὲ μή γε, μέχρις ὡρῶν τινων. Dioscor. Medic. Parab. ii. 31 : τὰς δὲ σφοδρὰς ἐκπτύσεις ἐν τοῖς βηχικοῖς ὠφελεῖ οἶνος ἐν σκίλλῃ γλυφείσῃ διανευκτερεύσας. Dioscor. Mat. Med. ii. 91 : ἐννυκτερεῦσαι ἀφείς. Do. : ἔασον ἐννυκτερεῦσαι αὐτό. Dioscor. Mat. Med. ii. 92 : ἔασον νυκτερεῦσαι. Dioscor. Mat. Med. v. 132 : ἄφες ἐννυκτερεῦσαι. Galen. Comp. Med. vii. 15 (xiii. 1046) : προσέπιχεε δὲ καὶ τὸν οἶνον καὶ τὸ ἔλαιον καὶ ἔασον ἐννυκτερεῦσθαι. Galen.

Remed. Parab. ii. 6 (xiv. 421): πάχος ἐπίχριε τὸ πρόσωπον καὶ ἐννυκτέρευε.

30. " Give to every man that asketh of thee; and of him that taketh away thy goods *ask them not again*" (μὴ ἀπαίτει).

Ch. xii. 20 : " This night shall thy soul be *required* of thee" (ψυχήν σου ἀπαιτοῦσιν ἀπὸ σοῦ).

*ἀπαιτεῖν is used in the N. T. in these two passages only; medically it was used of diseases demanding a particular kind of treatment. Aretaeus, Cur. Acut. Morb. 103: οὐ γὰρ εὐήθεις αἱ νοῦσοι, ὁκόσαι πρὸ ἑβδόμης ἀπαιτέουσι σικύην. Galen. Comm. iii. 19, Humor. (xvi. 429) : ὅτι ἡ τοῦ νοσήματος κατάστασις καὶ ἡ ὥρα ἀπαιτεῖ. Galen. Comm. iii. 33, Humor. (xvi. 482) : ἐπειδὴ ὡς ἐπὶ τῇ νόσῳ τὴν φλεβοτομίαν ἀπαιτεῖ. Galen. Adv. Julian. 6 (xviii. A. 277): ἀπαιτεῖ τοῖς ἰατροῖς ἐπιτελεῖσθαι τὴν ἴασιν. Galen. Morb. Acut. 4 (xix. 192): περὶ τὴν ἀκμὴν ὁλοσχερεστέρας ἀπαιτεῖ τροφάς. Galen. Renum Affect. 4 (xix. 662) : κένωσιν δὲ ἐλάττονα πολλῷ ἤπερ ἦν ἀπαιτεῖ τὸ πλῆθος. Galen. Opt. Sect. 38 (i. 201): τῶν ἀπαιτούντων τὰ βοηθήματα. Galen. Opt. Sect. 38 (i. 202): ἔστω γὰρ ἀπαιτεῖν τὴν περίστασιν φλεβοτομίαν. Galen. Opt. Sect. 45 (212): διαφορὰν τῶν βοηθημάτων τοὺς καιροὺς ἀπαιτεῖν ὁμολογήσουσι. Galen. Remed. Parab. i. 3 (xiv. 334): αἱ ἐκ νόσων συμβαίνουσαι παρωτίδες διαφέρουσι τῶν ἄλλως γινομένων φλεγμονῶν, διάφορον δὲ καὶ τὴν θεραπείαν ἀπαιτοῦσιν.

35. " But love ye your enemies, and do good, and lend, *hoping for nothing again*" (μηδὲν ἀπελπίζοντες). " *Never despairing*"—Revised Version.

ἀπελπίζειν is peculiar to St. Luke, and used here only. ἀνέλπιστος and ἀπελπίζειν are used in medical language to denote a disease one despairs of curing—a hopeless, desperate case. Galen. Comp. Med. vii. 13 (xiii. 1036): σκευάσας χρῶ ποιεῖ πρὸς ἀπηλπισμένας νεύρων διαθέσεις. Galen. Loc. Affect. v. 8 (viii. 365): οὐκ ἀπελπίζειν οὐδὲ ταύτης τῆς μαντείας. Galen. Meth. Med. ad Glauc. ii. 10 (xi. 131) : μὴ πάνυ τῆς κολλήσεως ἀπέλπιζε. Galen. Progn. de Decub. 5 (xix. 543) :

§ LXII.]   THE MEDICAL LANGUAGE OF ST. LUKE.   119

ἔσται μὲν ἐκ παντὸς τρόπου πρόληψις τοῦ κάμνοντος ἐπὶ τῷ ἀπελπίζειν τοῦ ἑαυτοῦ. Galen. Hipp. et Plat. Decret. iv. 7 (v. 422): οὐκ ἄν ἀπελπίσαι τις οὕτως τῶν πραγμάτων ἐγχρονιζομένων, καὶ τῆς παθητικῆς φλεγμονῆς ἀνιεμένης, τὸν λόγον παρεισδυόμενον καὶ οἱονεὶ χώραν λαμβάνοντα παριστάναι τὴν τοῦ πάθους ἀλογίαν. Galen. Comp. Med. vi. 6 (xii. 938): στοματικὸν πρὸς συνάγχας ἡ διὰ βήσασα, πρὸς τὰ ἀπηλπισμένα ποιοῦσα ᾗ χρῶμαι.

Besides this usual meaning of "to despair," ἀπελπίζειν is used at times in medical language, when joined with a negative, in the sense of " not to distrust," " to have confidence," *e. g.* Galen. Temp. Medic. iii. 25 (xi. 612): καὶ τὸν κνίκον οὐκ ἀπελπιστέον (is not to be distrusted) εἶναι φλεγματώδη ὡς ἐν τῇ χρόᾳ δείκνυσι. Galen. Comp. Med. vi. 4 (xiii. 883): ἡ Σεραπίωνος ἔμπλαστρος—ποιεῖ δὲ πρὸς πᾶν τραῦμα καὶ δεῖ αὐτῇ ἐπιμένειν μὴ ἀπελπίζοντας (relying on its efficacy with confidence, not distrusting the result).

38. "Give, and it shall be given unto you; good measure, *pressed down*," (πεπιεσμένον).

*πιέζειν, peculiar to St. Luke, is a very frequently used medical term, to denote the pressing, with some degree of force, of some part of the body. It is often joined with δακτύλῳ, and opposed to ψαύειν δακτύλῳ, to touch gently. See § 39.

Hipp. Morb. Acut. 407: πιέσαι τοῖσι δακτύλοισι, κ' ἢν αἴσθηται, τὰ ὑστέρικά ἐστιν. Hipp. Morb. Mul. 643: καὶ ὁ χρὼς τῷ δακτύλῳ πιεζεύμενος μαλθάσσεται. Hipp. Morb. Mul. 641: ἐν τοῖσι σκέλεσιν οἰδήματα καὶ ἢν πιέζῃς τῷ δακτύλῳ. Hipp. Progn. 38: ὁκόσα οἰδήματα μαλθακά τε καὶ ἀνώδυνα καὶ τῷ δακτύλῳ πιεζόμενα ὑπείκει. Hipp. Morb. 504: καὶ πιεζευμένων τῶν φλεβῶν ὑπὸ τῆς πληθώρης. Hipp. Morb. Mul. 600: ἀπογίνεται καὶ οὕτως τὸ παιδίον πιεζεύμενον ὑπὸ τῆς κοιλίης. Aretaeus, Sign. Acut. Morb. 25: σφυγμοὶ σμικροὶ, πυκνότατοι ὁκοῖόν τε πεπιεσμένοι. Galen. Comm. ii. 3, Progn. (xviii. B. 118): τὸ δέρμα πᾶν οἰδαλέον τε γίνεται καὶ εἰ πιέσαις αὐτὸ τῷ δακτύλῳ φαίνεται κοῖλον. Galen.

Meth. Med. v. 4 (x. 321): ἀτρέμα πιέζοντα τῷ δακτύλῳ τὴν ῥίζαν τοῦ ἀλλείου. Galen. Comm. ii. 30, Offic. (xviii. B. 808): εἰ πιέσαντες τὸ δέρμα τὴν ἐν μέσῳ τῶν χειλῶν χώραν μοτοῖς πληροῦμεν.

§ LXIII.

Luke, VII.

* διαλείπειν.   * ἐκλείπειν.

διασώζειν (verse 3, § 98). * κατακλίνειν (v. 36, § 46). ἐκμάσσειν (v. 38, § 61). ὑπολαμβάνειν (v. 43, § 65).

45. "Thou gavest me no kiss: but this woman since the time I came in *hath not ceased* (διέλιπε) to kiss my feet."

* διαλείπειν is peculiar to St. Luke; so also is *ἐκλείπειν : ch. xvi. 9, "Make to yourselves friends of the mammon of unrighteousness; that, *when ye fail* (*ἐκλίπητε), they may receive you into everlasting habitations"; and ch. xxii. 32, " But I have prayed for thee, that thy faith *fail not*" (μὴ ἐκλείπῃ).

It is remarkable that St. Luke alone uses these two words, which, from the position they hold in medical, language, must have been in daily use with a physician. διαλείπειν, as applied to disease or the pulse, signified " to be intermittent." It means also " to discontinue the giving of remedies for a time." Hipp. Coac. Progn. 184: οἱ δὲ ἐμπύησιν πυρετοὶ διαλείποντες ἐφιδροῦντες οἱ πολλοί. Hipp. Loc. in Hom. 414: ἦν μὴ ἑβδομαῖον ὁ πυρετὸς ἀφῇ—ἦν δὲ ἐνναταῖον δύο ἡμέρας διαλιπὼν λάζηται. Hipp. Morb. 467 : διαλιπὼν ὀλίγον χρόνον κάτω καθῆραι—διαλιπὼν ἡμέρας τρεῖς φάρμακον πίσαι κάτω. Hipp.Epid. 990: τρὶς δὲ διέλιπεν ἄπυρος Hipp. Epid. 1093: εἰ γὰρ ὁ πυρετὸς διαλείποι καὶ διακουφίσαιεν πάλιν ὑπέστρεφε. Hipp. Aph. 1251 : ἐν τοῖσι μὴ διαλείπουσι πυρετοῖσι. Aretaeus, Sign. Acut. Morb. 28 : σφυγμοὶ διαλείποντες, ἄτακτοι, ἐκλείποντες. Aret. Sign. Morb. Diuturn. 32 : τισὶ γὰρ μὲν ἀΐδιος ὁ πόνος καὶ μικρός, ἀλλ' οὐ διαλείπων.

Aret. Sign. Morb. Diuturn. 75 : ξυνεχὴς μὲν οὖν ποδάγρη οὐ ῥηϊδίως γίγνεται, διαλείπει δὲ ἔσθ' ὅπη χρόνον μακρόν. Galen. Comm. iii. 165, Praedic. (xvi. 830) : ὡς ἡνίκα μὲν οἱ σπασμοὶ διαλίποιεν τρομώδη γίνεσθαι τὸν ἄνθρωπον. Galen. Comm. iii. 2, Epid. i. (xvii. A. 224): πυρετοὶ συνεχέες ἡμέρην ἔχουσι, νύκτα διαλείπουσι.

*ἐκλείπειν was applied to sickness leaving a person, failing of the pulse, &c.

Hipp. Judic. 54 : μὴ ἐκλείποντος τοῦ πυρετοῦ. Hipp. Praedic. 74 : οἷσι φωναὶ ἅμα πυρετοῖσιν ἐκλείπουσαι. Hipp. Epid. 1089 : τῶν δὲ ἄλλων ἐξέλιπον μὲν αἱ βῆχες οὐδενί. Aretaeus, Sign. Acut. Morb. 10 : κάκιον δὲ ἁπάντων ἦν τὸ δίαιμον ἐκλείπῃ. Aret. Sign. Acut. Morb. 14 : σφυγμοὶ μικροὶ πυκνότατοι ἐκλείποντες. Aret. Sign. Morb. Diuturn. 39 : ἢν δὲ ἁφὴ ἐκλείπῃ μούνη κοτέ, ἀναισθησίη μᾶλλον ἢ πάρεσις κικλήσκεται. Galen. Comm. i. 37, Epid. i. (xvii. A. 81) : ἄλλοις δὲ πεπλανημένως τε καὶ ἀκρίτως ἐκλείπειν τὸ νόσημα. Galen. Progn. Vera. 4 (xix. 518) : πυρέσσοντι ἱδρὼς ἐπιγενόμενος μηδὲ ἐκλείπων, κακόν. Galen. Caus. Puls. ii. 3 (ix. 66) : ἐκλελοιπυῖαν τὴν κίνησιν ἀσφυξίαν τε τοῦτο καλοῦμεν παντελῆ καὶ οὐκ ἐκλείποντα σφυγμόν—πολὺ διαφέρειν ἀσφυξίαν ἐκλείποντος σφυγμοῦ—πέμπτη δ' ἔτι προσκείσθω ταύταις, ἡ τῶν διαλειπόντων προηγουμένη δηλονότι τῆς τῶν ἐκλειπόντων.

§ LXIV.

LUKE, VIII.

*συμπληροῦν.   *ἐκπληροῦν.   *ἐκπλήρωσις.   *πλήρης.
*φύειν (verse 6, § 37). *ἰκμάς (v. 6, § 37). *συμφύεσθαι (v. 7, § 37). *τελεσφορεῖν (v. 14, § 41). *συναρπάζειν (v. 29, § 91). διαρρήγνυμι (v. 29, § 61). *προσαναλίσκειν (v. 43, § 13). παραχρῆμα (v. 44, § 57). *ἀποθλίβειν (v. 45, § 47).

23. " And there came down a storm of wind on the lake; and *they were filled with water* (συνεπληροῦντο), and were in jeopardy."

*συμπληροῦν is peculiar to St. Luke (as also *ἐκπληροῦν, *ἐκπλήρωσις, and *πλήρης, in the meaning, full of disease). Besides this passage, it is met in ch. ix. 51: "And it came to pass, when the time *was fully come* (ἐν τῷ συμπληροῦσθαι) that he should be received up"; and in Acts, ii. 1, "And when the day of Pentecost *was fully come*" (ἐν τῷ συμπληροῦσθαι). They were all employed in medical language.

*συμπληροῦν. Hipp. Epid. 1215: Κτησιφῶν ὑδρωπικὸς ἐκ καύσου πολλοῦ καὶ πρότερον ὑδρωπικὸς καὶ σπληνιώδης σφόδρα συνεπληρώθη καὶ ὄσχεον καὶ σκέλεα καὶ περιτόναια. Hipp. Fistul. 885 : ἡ σύριγξ οὔτε πάλιν ξυμπέσοι ἂν οὔτε τὸ μὲν αὐτῆς ὑγιανθείη ἂν, τὸ δὲ πάλιν ξυμπληρωθείη, ἀλλ' ἐν ἑωυτῇ πᾶσα ὑγιὴς ἔσται. Galen. Comm. ii. 90, Praedic. i. (xvi. 625) : συμπληρωθείσης δὲ τῆς κατοχῆς μηκέτι φθέγγεσθαι τοὺς κάμνοντας. Galen. Comm. vii. 50, Aph. (xviii. A. 156): ὥσπερ οὖν γάγγραιναν ἤδη μὲν συμπεπληρωμένην ὡς νενεκρῶσθαι τὸ μόριον ἀδύνατον ἰᾶσθαι. Galen. Comm. iv. 27, Artic. (xviii. A. 706) : εἰ μὴ συνακολουθοῖεν οἱ ἀντιτεταμένοι τοῖς ἐνεργεῖν ἐπιχειροῦσι μυσὶν ἀδύνατόν ἐστιν αὐτοῖς συμπληρῶσαι τὴν ἐνέργειαν. Galen. Comm. 1, Offic. Proem. (xviii. B. 630) : ἐξ ὧν χειρουργία συμπληροῦται. Galen. Usus Part. iii. 1 (iii. 168) : σώματος ἐκ τῶν κατὰ τὸν θώρακά τε καὶ τὴν κοιλίαν μορίων συμπληρουμένου. Galen. Usus Part vii. 3 (iii. 519) : ἡ φύσις πᾶν τὸ μεταξὺ λάρυγγός τε καὶ πνεύμονος ἐν τούτῳ συμπληρώσασα. Galen. Comm. iii. 5, Progn. (xviii. B. 242): εἴκοσιν ἡμέρας συμπληροῦσθαι — οὕτως αἱ τρεῖς ἑβδομάδες εἴκοσιν ἡμερῶν ἀριθμὸν συμπληροῦσι.

*ἐκπληροῦν. Acts, xiii. 33 : "God *hath fulfilled* (ἐκπεπλήρωκε) the same unto us their children."

Hipp. Flat. 299 : κενωθείσης γὰρ παντελῶς τῆς κοιλίης οὐ τρεῖς ἡμέραι διέλθωσι καὶ πάλιν πλήρης γίνεται, τί οὖν ἄρα ἐστὶ τὸ πληρῶσαν ἀλλ' ἢ τὸ πνεῦμα; τί γὰρ ἂν οὕτως ἄλλο ταχέως ἐξεπλήρωσεν. Hipp. Vic. Rat. 341 : ὑπεναντίας μὲν γὰρ ἀλλήλοισιν ἔχει τὰς δυνάμεις σιτία καὶ πόνοι, πόνοι μὲν γὰρ πεφύκασιν ἀναλῶσαι τὰ ὑπάρχοντα, σιτία καὶ ποτὰ ἐκπληρῶσαι τὰ κενωθέντα. Dioscorides, Mat. Med. iv. 154 : χρησιμένει δὲ καὶ πρὸς ἐπαγώγια ἐπὶ τῶν μὴ ἐκ περιτομῆς λειποδέρμων οἴδημα ἐγείρων ὅπερ—τὸ ἐλλειπὲς τῆς πύσθης ἐκπληροῖ. Galen. Nat. Facul. iii. 13 (ii. 199) : ὥσπερ οὖν ζώοις αὐτοῖς ὅρος ἐστὶ τῆς ἐδωδῆς τὸ ἐκπληρῶσαι τὴν γαστέρα. Galen. Uter. Dissec. 4 (ii. 892): ἡ δ' αὖ μεγίστη τάς τε λαγόνας ἐκπεπλήρωκε καὶ τὸ ὑπογάστριον. Galen. Usus. Part. vi. 2 (iii. 411) : ὁ πνεύμων ἐκπεπλήρωκε τοῦ θώρηκος τὴν εὐρύτητα. Galen. Usus. Part. vi. 4 (iii. 423): τοῦ θώρακος ἐν τῷ διαστέλλεσθαι τὸ μὲν ἄλλο πᾶν κύτος ὁ ἄνωθεν ἐκπληροῖ λοβός. Galen. Usus. Part. vii. 9 (iii. 546) : ὅτι μὲν οὖν ὁ πνεύμων ἅπασαν ἐκπεπλήρωκε τὴν εὐρυχωρίαν τοῦ θώρακος. Galen. Caus. Puls. i. 8 (ix. 28) : οὐδ' οὕτως ἐκπληροῦσι τὴν χρείαν. Galen. Progn. ex Puls. ii. 8 (ix. 306) : κἄπειτ' αὖθις ἐκπληρωσάσης τὴν διαστολήν.

*ἐκπλήρωσις. Acts, xxi. 26 : "Then Paul took the men, and the next day purifying himself with them entered into the temple, to signifying *the accomplishment* (τὴν ἐκπλήρωσιν) of the days of purification."

Galen. Progn. ex Puls. iv. 12 (ix. 427) : συστέλλονται δὲ τοσοῦτον μόνον ὅσον ἱκανὸν εἰς τὴν τῆς ἑτέρας χρείας ἐκπλήρωσιν. Dioscorides, Mat. Med. i. 69 : τὸ δὲ μεγαλεῖον πάλαι μέν ποτε ἐσκευάζετο ἐκλέλοιπε δὲ νῦν, πρὸς ἐκπλήρωσιν δὲ τῆς ἱστορίας οὐκ ἔστιν ἄτοπον καὶ τούτου ἐπιμνησθῆναι. The more usual form is ἐκπλήρωμα. Hipp. Artic. 785 : ὑποτιθέναι δὲ ἐς τὴν μασχάλην εἰρίον μαλθακὸν καθαρὸν ξυνειλίσαντα, ἐκπλήρωμα τοῦ κοίλου ποιέοντα. Hipp. Morb. 848 : τὰ ἐκπληρώματα τῇ μασχαλῇ τῇ δεξιῇ. Galen. Comm. i. 22, Artic. (xviii. A. 350) : ὑποβεβλημένου τινὸς εἰς τὸ κοῖλον ἐκπληρώματος. συμπλήρωσις is similarily used. Dioscorides, Animal. Ven. Proem. : εἰς συμπλήρωσιν τοῦ θεραπευτικοῦ τρόπου. Galen. Comm. Med. i. 18 (xiii. 454) : ἡ συμπλήρωσις τῶν τριῶν οὐγγιῶν.

*πληρης, see § 5.

§ LXV.

Luke, IX.

*ἀνάληψις. ἀναλαμβάνειν. *ὑπολαμβάνειν. *συλλαμβάνειν. *συλλαμβάνειν ἐν γαστρί. *συμπεριλαμβάνειν. *διαχωρίζειν. ἀποχωρίζειν.

* διαπορεῖν (verse 7, § 74). * ὑποχωρεῖν (v. 10, § 61).
* κατακλίνειν (v. 14, § 46). *συνεῖναι (v. 18, § 93).
κατέρχεσθαι (v. 37, § 84). * ἐπιβλέπειν (v. 38, § 15).
* διαστρέφειν (v. 41, § 76). στηρίζειν (v. 51, § 22).
* συμπληροῦν (v. 51, § 64). εὔθετος (v. 62, § 51).

51. "And it came to pass, when the time was come *that he should be received up* (τῆς ἀναλήψεως), he steadfastly set his face to go to Jerusalem."

*ἀνάληψις, peculiar to St. Luke, was the term employed in medical language to denote not only "taking up," as of the arm, &c., in a sling, but also "recovery," "restoration to former health after an attack of sickness"; indeed, in the signification of "taking up," both meanings run into each other, as the object of suspending a limb in a sling was to effect the restoration of its former power: so that the use of such a medical term by a physician may possibly imply both the ascension of our Lord and His resumption of His glory after His earthly humiliation.

Hipp. Moch. 847 : ἴησις, μαλάγμασι καὶ σχήμασι καὶ ἀναλήψει γενείου. Hipp. Moch. 850 : ἐπίθεσις ἐν τούτῳ τῷ σχήματι καὶ ἀνάληψις καὶ θέσις. Galen. Comm. i. 10, Artic. (xviii. A. 677) : ἀντισπᾶν ἐπὶ τὴν ἐναντίον χώραν ποιούμενον τὴν ἀνάληψιν. Galen. Comm. i. 51, Fract. (xviii. B. 413) : συμβαίνει μεγίστην γίνεσθαι τὴν διαστροφὴν τοῦ κώλου τῆς ἀναλήψεως πλημμεληθείσης—οὐδ᾽ ὅλως γίνεσθαι διαστροφὴν ἐπὶ τῆς μοχθηρᾶς ἀναλήψεως.

Of recovery from sickness. Hipp. Aliment. 383 : ὁκόσοι ταχείης προσθέσιος δέονται, ὑγρὸν ἴημα εἰς ἀνάληψιν δυνάμιος κράτιστον. Aret. Cur. Morb. Diuturn. 135 : ἐς δὲ τὴν ἀνάληψιν ἔστω ὁκόσα κοῦφα ᾖ φύσει. Dioscorides, Animal. Ven. Proem. : ἀπαλλαγμένων τῆς νόσου, ἀναλήψεως δὲ καὶ ῥώσεως δεομένων. Galen. Comm. ii. 44, Acut. Morb. (xv. 595) : κατάστασις τῆς ἀναλήψεως ἄχρι τῆς καθ' ἕξιν ὑγείας. Galen. Comm. ii. 23, Tumor. (xvi. 286) : φαίνεται καιροὺς τρεῖς τῶν ἀποστάσεων ἐπιτιθέναι, ἕνα μὲν ἐν ταῖς νόσοις, ἕτερον δὲ ἐν ταῖς ἀναλήψεσι, τρίτον δὲ πρὸ τῆς νόσου. Galen. Medicus. 10, (xiv. 701) : εἰς ἀνάληψιν τῆς ὄψεως.

ἀναλαμβάνειν. Acts, i. 2 : "Until the day on which he *was taken up*" (ἀνελήφθη).

ἀναλαμβάνειν, used *eight times* by St. Luke, and but *five times* in the rest of the N. T., was very much employed in medical language in various senses. Some of the other compounds of λαμβανειν, common in medical language, are peculiar to St. Luke.

Hipp. Fract. 762 : πήχεος μὲν γὰρ καὶ βραχίονος ἐπὴν ἐπιδεθῶσιν ὀστέα κατεαγότα ἀναλαμβάνεται ἡ χείρ. Hipp. Artic. 793 : σφενδόνην χρὴ ἐκ ταινίης περὶ τὸ ὀξὺ τοῦ ἀγκῶνος ποιήσαντα ἀναλαμβάνειν περὶ τὸν αὐχένα. Hipp. Moch. 850 : ἀναλαβὼν τὴν γὰρ μασχάλην ταινίῃ ἀνακρεμάσαι. Hipp. Intern. Affect. 539 : ὁ νεφρὸς ἐς ἑωυτὸν ἀναλαβὼν φλέγμα μὴ ἀφίῃ πάλιν. Hipp. Morb. Mul. 620 : ῥητίνην ξυμμίσγουσα προστίθει τῷ εἰρίῳ ἀναλαμβάνουσα. Hipp. Coac. Progn. 135 : οἱ ἐκ μακρῶν ἀναλαμβάνοντες. Dioscorides, Mat. Med. v. 13 : ἐπὶ τῶν ἐκ νόσου ἀναλαμβανόντων χρονίως. Dioscor. Mat. Med. v. 25 : ἀναλαμβάνει δὲ καὶ τοὺς λίαν ἀσθενεῖς. Dioscor. Med. Parab. i. 53 : κοχλίου τὸ κολλῶδες βελόνῃ ἀναλαμβανόμενον. Galen. Comm. ii. 7, Epid. ii. (xvii. A. 400) : ἀπὸ τοῦ μακροῦ νοσήματος τὴν δύναμιν ἀναλαμβανομένους.

*ὑπολαμβάνειν. Acts, i. 9 : "And when he had spoken these things, while they beheld, he was taken up; and a cloud *received* (ὑπέλαβεν) him out of their sight."

Used also in Acts, ii. 15 : Luke, vii. 43 ; x. 30 ; and peculiar to St. Luke, unless it be the true reading in III. John, 8.

Hipp. Acr. 293 : ὅταν δὲ ἀπορρυῇ τὸ αἷμα ὕπνος ὑπολαμβάνει ὑπὸ ἀσθενείας. Hipp. Morb. Mul. 607 : βὴξ ὑπολήψεται. Hipp. Morb. 470 : ἢν δὲ βὴξ ὑπολάβῃ ὑποχρεμψάμενος καὶ ἀποκαθαρθεὶς, ὑγιὴς γίνεται. Hipp. Epid. 1147 : ὅτε δὲ καὶ ἀφῆκε ῥῖγος ὑπολαβόν. Hipp. Epid. 1147 : πυρετὸς ὑπελάμβανεν. Hipp. Epid. 1150 : δυσεντερίη δὲ ὑπέλαβε. Hipp. Epid. 1150 : πυρετοὶ δὲ αὐτὸν ὑπέλαβον. Hipp. Epid. 1151 : σπασμὸς δὲ χεῖρα τὴν ἀριστερὴν ὑπελάμβανεν. Hipp. Epid. 1227 : ῥῖγος δ᾽ ἔστιν ὅτε καὶ πυρετὸς ὑπελάμβανε. Hipp. Epid. 1234 : ὑπελάμβανον δὲ ἐνίοτε θερμαὶ λεπταί.

* συλλαμβάνειν and * συλλαμβάνειν ἐν γαστρί. See § 57.

* συμπεριλαμβάνειν. Acts, xx. 10 : "And Paul went down, and fell on him, and *embracing him* (συμπεριλαβών) said, Trouble not yourselves : for his life is in him." Peculiar to St. Luke.

Galen. Comp. Med. iv. 5 (xiii. 685) : μετὰ τοῦτο πάλιν ἐπιτίθεται πλάτυσμα ἕτερον συμπεριλαμβάνον καὶ τὰ χείλη τοῦ ἕλκους.

33. "And it came to pass, *as they departed from him* (ἐν τῷ διαχωρίζεσθαι αὐτοὺς ἀπ᾽ αὐτοῦ), Peter said unto Jesus, Master, it is good for us to be here : and let us make three tabernacles ; one for thee, and one for Moses, and one for Elias : not knowing what he said."

* διαχωρίζειν is peculiar to St. Luke, and used, as well as διαχωρισμός, in medical language.

Hipp. De Acie Videndi. 689 : ἐπειδὰν ἥ τε ὀδύνη παύσηται καὶ διαχωρισθῇ κατὰ τὴν ἐσάλειψιν τοῦ φαρμάκου. Galen. Anat. Muscul. (xviii. B. 949) : ἀλλὰ τούτους μὲν οὐκ ἠδυνήθη διαχωρίσαι τῶν ῥαχιτῶν. Do. (978) : διαχωριζομένων δὲ τῶν συμφυῶν μυῶν. Galen. Ars. Med. 7 (i. 249) : τοὺς γοῦν δακτύλους εἰ συμπλέξῃς ἀλλήλοις, εἶτ᾽ αὖθις ἀποχωρίζοις, οὐθ᾽ ἡ σύνοδος οὐθ᾽ ὁ διαχωρισμὸς ὀδύνην ἐργάσεται. Galen.

Element. ii. 9 (i. 490): διὰ ταῦτα κἂν τῷ παραχρῆμα μὲν οἷόν τε διαχωρίσαι πάλιν ἀπ' ἀλλήλων ἔνια τῶν ἀναμιχθέντων. Galen. Usus. Part. vii. 1 (iii. 612): ἐπειδὴ γὰρ ἐχωρίσθησάν τε καὶ διεχωρίσθησαν ἀπ' ἀλλήλων ὁ θώραξ καὶ τὸ στόμα. Galen. Usus Part. x. 2 (iii. 764)—ἐν ὀφθαλμοῖς δ' ἀμφοτέρας διεχώρισεν ἀπ' ἀλλήλων γε καὶ τῆς ἄνωθεν ἀποφύσεως. Galen. Aliment. Facul. i. 2 (vi. 483): μὴ διαχωριζομένου τοῦ πιτυρώδους ἀπὸ τοῦ καθαροῦ. Galen. Progn. ex Puls. iv. 2 (viii. 945): καθ' ἣν τοὺς πλήρεις καὶ κενοὺς οἴνους διαχωρίζομεν.

ἀποχωρίζειν. Acts, xv. 39: "And the contention was so sharp between them, *that they departed asunder* (ἀποχωρισθῆναι) one from the other."

This word is met in one only other passage in N. T.— Revelation, vi. 14—and was frequently used in medical language.

Galen. Comm. 21, Nat. Hom. 1 (xv. 62): ὅταν τῶν τεσσάρων τις χυμῶν αὐτὸς κατ' ἑαυτὸν ἵστηταί που κατά τι μόριον ἀποχωρισθεὶς τῶν ἄλλων. Galen. Anat. Muscul. (xviii. B. 1015): ἄλλος δὲ τέταρτος μῦς—κατὰ δὲ τὴν γαστροκνημίαν ἀποχωρίζεται. Galen. De Crisibus, ii. 9 (ix. 679): ἕτερα δύο γένη εἰσί, τῶν ὀξέων ὀνομαζομένων πυρετῶν ἀποκεχωρισμένα. Galen. Hipp. et Plat. Decret. vi. 3 (v. 531): αἱ δὲ ἀρτηρίαι ἀποχωρισθεῖσαι αὐτῆς, ἢ βρόχοις ἢ τομαῖς ἅμα τῷ πάθει καὶ τὴν κίνησιν ἀπολλύουσιν. Galen. Usus. Part. xv. 5 (iv. 233): ἰδίᾳ δ' ἀπῆκται τοῦδε καὶ ἀποκεχώρισται τὸ οὖρον. Galen. Usus. Part. ix. 12 (iii. 732): νεῦρα προελθόντα δ' ἕως τινὸς ἅμα τοῖς κατὰ τὴν ἕκτην συζυγίαν, εἶτ' αὖθις αὐτῶν ἀποχωρισθέντα. Galen. Usus. Part. x. 12 (iii. 814): νεῦρα συντυχόντα γὰρ ἀλλήλοις ἐντὸς τοῦ κρανίου καὶ τοὺς πόρους ἐνώσαντα παραχρῆμα πάλιν ἀποχωρίζεται. Galen. Anat. Administr. v. 1 (ii. 476): τὰ δ' ὑπὸ τῶν ἀραχνοειδῶν διαφύσεων συνεχόμενα καὶ τοῖς δακτύλοις αὐτάρκως ἀποχωρίζεται—καὶ τοίνυν οὕτω χρὴ καὶ αὐτὸν τοῦτον τὸν μῦν—ἀποχωρίζειν τῶν ὑποκειμένων σωμάτων. Galen. Anat. Administr. v. 1 (ii. 483): ἀποκεχώρισται τῶν κατὰ τὰ στήθη μερῶν ἡ ὠμοπλάτη.

§ LXVI.

Luke, X.

κολλᾶσθαι. *προσκολλᾶσθαι. περιπίπτειν. ἐμπίπτειν. ἐκπίπτειν. *ἐπιπίπτειν. *καταπίπτειν. *συμπίπτειν. *αποπίπτειν. *ἀντιπίπτειν.

*ἀπομάσσειν (verse 11, § 61). *ὑπολαμβάνειν (v. 30, § 65). *συγκυρία (v. 31, § 21). *ἐπανέρχεσθαι (v. 35, § 21). *ἀντιπαρέρχεσθαι (v. 32, § 21). ὑποδέχεσθαι (v. 38, § 73). *περισπᾶσθαι (v. 40, § 75).

11. "Even the very dust of your city, which *cleaveth on us* (κολληθέντα), we do wipe off against you."

κολλᾶσθαι is used *seven* times by St. Luke—ch. x. 11; xv. 15: Acts, v. 13; viii. 29; ix. 26; x. 28; xvii. 34—and *four* times in the rest of the New Test. Both it and its derivatives were made great use of in medical language.

Dioscorides, Mat. Med. i. 77: κολλᾷ δὲ καὶ τὰ ἐν τῇ κεφαλῇ τραύματα. Dioscor. Mat. Med. i. 81: κολλᾷν τε ἔναιμα τραύματα. Dioscor. Mat. Med. ii. 11: τραύματα κολλῶσι. Dioscor. Mat. Med. ii. 72: νεύρων ἀποκοπὰς κολλᾷ. Dioscor. Mat. Med. ii. 129: κόλπους κολλᾷ. Dioscor. Mat. Med. iii. 98: τραύματα κολλῶσα. Galen. Comm. iii. 31, Humor. (xvi. 477): κατὰ δὲ τὸν θώρακα οὐκ ἄγαν δύσκολον κολλᾶσθαι τὰ ἀγγεῖα ῥαγέντα, ἐφ' οἷς ἔπτυσεν αἷμα. Galen. Comm. vi. 19, Aph. (xviii. A. 30): συμφύεσθαι δὲ ὅταν τοῦ διακοπέντος σώματος τὰ χείλη κολληθῇ. Do. (31): τὰ καταγνύμενα τῶν ὀστῶν κολλώμενα. Galen. Comm. ii. 49, Artic. (xviii. A. 485): ἂν γὰρ μὴ ταχέως τμηθὲν συναχθῇ τε καὶ κολληθῇ.

*προσκολλᾶσθαι. Acts, v. 36: "For before these days rose up Theudas, boasting himself to be somebody; to whom a number of men, about four hundred, *joined themselves*" (προσεκολλήθη).

This word is peculiar to St. Luke, the other places where it occurs being quotations from LXX. Gen. ii. 24.

Hipp. Artic. 799 : εὐμενέστερον γὰρ κόλλῃ προσκολλῆσαι τὴν δέριν ἄκρον πρὸς τὸ ἀπο κεκαυλισμένον τῆς γνάθου— ἕτερον δὲ ἱμάντα τοιοῦτον προσκολλῆσαι χρὴ πρὸς τὸ ἄνω μέρος τῆς γνάθου. Hipp. Artic. 803 : προσκολλῆσαι ἐς τὸ ἔκτοσθεν πρὸς τὸν μυκτῆρα τὸν ἐγκεκλιμένον—καὶ ἔξεστι μὲν κατὰ τὸ μέτωπον προσκολλῆσαι τὴν τελευτὴν τοῦ ἱμάντος. Hipp. Artic. 804 : πρὸς ἄκρην τὴν ῥῖνα προσκολλῆσαι. Dioscorides, Mat. Med. ii. 11 : τοῖς θαμνίσκοις προσκεκολλημένος. Galen. Comm. ii. 44, Artic. (xviii. A. 481): διὰ τῶν προσκολλημάτων. Galen. Comm. ii. 43, Progn. (xviii. B. 171) : ἐνίσχεται προσκολλώμενον ταῖς σήραγξι τοῦ πνεύμονος. Galen. Meth. Med. iv. 7 (x. 297) : διὰ τοῦτο πάντων τῶν ἔχεσθαί τε καὶ περιπήγνυσθαι καὶ προσκολλᾶσθαι δυναμένων ἐστὶ χρεία φαρμάκων.

30. "And Jesus answering said, A certain man went down from Jerusalem to Jericho, and *fell among* (περιέπεσε) thieves."

St. Luke uses *eight* of the compounds of πίπτειν, *four* of which are peculiar to him. These compounds are very much employed in medical language, and four of those used by St. Luke are used by him in their strict medical sense, viz.:—

* ἀποπίπτειν, Acts, ix. 18. See § 25.
* ἐπιπίπτειν, Acts, xiii. 11. See § 30.
* καταπίπτειν, Acts, xxviii. 6. See § 34.
* συμπίπτειν, Luke, vi. 49. See § 36.

περιπίπτειν is used again, Acts, xxvii. 41, and once elsewhere, James, i. 2.

Hipp. Vel. Med. 9 : πόνοισί τε ἰσχυροῖσι καὶ νούσοισι περιπίπτοντες. Hipp. Morb. 490 : ἐπειδὰν δὲ ἀφῇ ἡ νοῦσος καὶ σιτίων γεύηται, ἐλατηρίῳ νέῳ καθῆραι ἵνα μὴ ἑτέρῳ κακῷ περιπέσῃ. Hipp. Morb. Mul. 664 : ταῦτα ἢν ἐγκύμονι περιπέσῃ θνήσκει. Dioscor. Mat. Med. iv. 80 : οἱ δὲ προσενεγκάμενοι διαρροίαις περιπίπτουσι. Dioscor. Ven. 1 : λειποθυμίαις τε καὶ ἄσαις καὶ σκοτοδινίαις περιπίπτουσιν. Dioscor. Animal.

Ven. 1: τῷ πάθει περιπεσεῖν. Dioscor. Animal. Ven. 3: διὰ τὴν ὀλιγωρίαν κινδυνῷ περιπεσεῖν. Galen. Comm. ii. 46, Acut. Morb. (xv. 605): διὰ πλῆθος τοῖς τοιούτοις περιπίπτειν συμπτώμασι τοὺς κάμνοντας. Galen. Comm. ii. 7, Epid. i. (xvii. A. 96) : ποικιλώτατα γὰρ ἐνόσησαν ἑτερογενέσι περιπεσόντες νοσήμασι. Galen. Comm. ii. 21, Humor. (xvi. 280) : μεγίστης ἀποτυχίας τῆς διὰ καθάρσεως περιπιπτούσης.

ἐμπίπτειν. 36. "Which now of these three, thinkest thou, was neighbour unto him *that fell among* (τοῦ ἐμπεσόντος) the thieves?"

ἐμπίπτειν is used by St. Luke also in vi. 39, xiv. 5, and five times by other N. T. writers.

Hipp. De Dieb. Judic. 57 : καὶ εὐθὺς ἐς τὴν κεφαλὴν ὀδύνη ἐμπίπτει. Hipp. Coac. Progn. 190 : προσημαίνουσι στρόφοι περὶ τὸ λεπτὸν ἐμπίπτοντες κακόν. Hipp. Affect. 516 : καὶ σκοτοδινίη ἐμπίπτει εἰς τὴν κεφαλήν. Hipp. Intern. Affect. 539 : ὀδύνη ὀξείη ἐμπίπτει εἰς τὸν νεφρόν. Hipp. Intern. Affect. 540 : καὶ ἐς τὸ λεπτὸν τῆς γαστρὸς ἔστιν ὅτε ὀδύνη ἐμπίπτει. Hipp. Intern. Affect. 545 : κἄπειτα δηγμὸς ἐς τὸ σῶμα ἐμπίπτει. Hipp. Intern. Affect. 547 : ἐς τὸ ἧπαρ ὀδύνη ὀξείη ἐμπίπτει αὐτῷ. Dioscor. Animal. Ven. 1 : τῶν δὲ ἐμπεσόντων εἰς τὸ πάθος μηδένα ἴσμεν περισωθέντα. Dioscor. Animal. Ven. 11 : τοῖσι δὲ ὑπὸ δρυΐνου δηχθεῖσιν ἰσχυραὶ περιωδυνίαι ἐμπίπτουσι. Galen. Comm. iii. 33, Humor. (xvi. 483) : ὥσπερ καὶ τοὺς εἰς ἐπιληψίαν τε καὶ ἀποπληξίαν ῥᾳδίως ἐμπίπτοντας.

ἐκπίπτειν. Acts, xii. 7: "And his chains *fell off* (ἐξέπεσον) from his hands."

Used also xxvii. 17, 26, 29, 32, and eight times elsewhere in N. T. Hipp. Praedic. 100 : ὀστέου μέλλοντος ἐκπεσεῖσθαι. Hipp. Artic. 780: ἡ κεφαλὴ τοῦ βραχίονος καίπερ οὐκ ἐκπεπτωκυῖα. Hipp. Artic. 826 : τὸ ἄρθρον ἐκπεσὸν μὴ ἐμπέσῃ. Hipp. Moch. 857 : γόνυ δὲ εὐηθέστερον ἀγκῶνος διὰ τὴν εὐσταλίην καὶ εὐφυΐην, διὸ καὶ ἐκπίπτει καὶ ἐμπίπτει ῥᾷον, ἐκπίπτει δὲ πλειστάκις ἔσω ἀτὰρ καὶ ἔξω. Hipp. Moch. 866 : ἄριστον ᾖ ἂν ἐκπέσῃ ἢ ἐμπέσῃ τάχιστα. Hipp. Artic. 819 : ἢν δὲ μηροῦ ἄρθρον ἐξ ἰσχίου ἐκπέσῃ, ἐκπίπτει δὲ κατὰ τέσσαρας τρόπους. Galen. Comm. i. 3, Artic. (xviii. A. 310): τὸ κατ' ὦμον ἄρθρον πάντων τῶν ἄλλων ἑτοιμότερον ἐκπίπτει. Galen. Comm. i. 6, Artic. (xviii. A. 317): διὰ δύο αἰτίας ἐκπίπτειν ἄρθρον πυκνῶς. Galen. Comm. i. 7, Artic. (xviii. A. 322): οἷς μὲν οὖν ἐκπίπτει πυκνῶς ἀνάγκη τήν τε διάρθρωσιν εἶναι χαλαράν. Galen. Comm. ii. 2, Artic. (xviii. A. 428): διά τε οὖν ταῦτα δυσκόλως ἐκπίπτει καὶ διὰ τὴν ἀνεχόντων μυῶν ῥώμην.

* ἀντιπίπτειν. Acts, vii. 51: "Ye stiffnecked and uncircumcised in heart and ears, ye do always *resist* (ἀντιπίπτετε) the Holy Ghost."

Peculiar to St. Luke. Hipp. Vct. Med. 18: ὅταν δ' ἐγκύρσῃ πλατέι τε καὶ ἀντικειμένῳ καί τι πρὸς αὐτὸ ἀντιπέσῃ, καὶ φύσει τοῦτο τύχῃ μήτε ἰσχυρὸν ἐόν — ἁπαλόν τε καὶ ἔναιμον καὶ πυκνὸν, οἷον ἧπαρ, &c. Dioscor. Animal. Ven. 3: καταλαμβανόμενα γὰρ ἀντιπίπτει τῇ παρεισδύσει τῆς φθοροποιοῦ δυνάμεως.

§ LXVII.

Luke, XI.

μεσονύκτιον. *μεσημβρία. *ἑσπέρα. ὄρθρος. *ὄρθριος. *καθημερινός. σκορπίος. *ὠόν. *ἐνόντα.

*προσψαύειν (verse 46, § 39). *ἐνεδρεύειν (v. 54, § 94).

The usual division of the day and night in the writers of the N. T. is into *hours* and *watches*, e. g. Matt. xx. 3: "And he went out about the third hour." 5, 6: "Again he went out about the sixth and ninth hour, and did likewise. And about the eleventh hour he went out." Mark, xv. 25: "And it was about the third hour, and they crucified him." John, i. 39: "For it was about the tenth hour." Acts, x. 3: "He saw in a vision evidently about the ninth hour of the day." Matt. xiv. 25: "In the fourth watch of the night." Luke, xii. 38: "And if he shall come in the second watch, or come in the third watch." St. Luke, however, employs another division of time as well, viz., *Midday, Evening, Midnight, Morning* — *μεσημβρία, *ἑσπέρα, μεσονύκτιον, ὄρθρος—the first two of which are peculiar to him, and the last two almost so, as μεσονύκτιον is used but once outside his writings, Mark, xiii. 35; and ὄρθρος, too, but once, John, viii. 2; and *ὄρθριος is used by him alone.

Now, these latter were the usual times, and the usual terms to denote them, for the accession or abatement of disease, visiting patients, applying remedies, &c. In the following passage we meet with three of them, used in describing the visiting of a patient. Galen. Meth. Med. ix. 4 (x. 614): ὄρθρου δὴ βαθέος ἐπὶ τὸν ἄνθρωπον ἐλθόντες εὕρομεν ὅπερ ἠλπίσαμεν. οὔτε γὰρ ὁ διὰ τρίτης ἐγεγόνει παροξυσμὸς ἐφαίνετό τε βραχύ τι μικρότερος ὁ πυρετὸς οὗ καταλείπομεν ἐπὶ τῆς ἑσπέρας, ὡς δὲ καὶ τῆς μεσημβρίας ἰδὼν αὐτὸν ἤν ἤδη βεβαιότατος σύνοχον εἶναι παρακμαστικόν, &c.

*μεσημβρία. Acts, xxii. 6: "And it came to pass that, as I made my journey, and was come nigh unto Damascus about *noon* (περὶ μεσημβρίαν), suddenly there shone from heaven a great light round about me."

Peculiar to St. Luke. It occurs also in Acts, viii. 26. Hipp. Morb. Mul. 599: καὶ βάλανον ἐκ τούτου ποιήσας προσθεῖναι ἔς τε μεσημβρίην. Hipp. Morb. Mul. 633: προστιθέσθω μέχρις ἑσπέρης, τὴν δὲ νύκτα αἴρειν τῇ δ' ὑστεραίῃ πάλιν προστίθεσθαι μέχρι μεσημβρίης. Hipp. Epid. 966: μέχρι μέσου ἡμέρης ἔδοξε γενέσθαι ἀπύρετος. Hipp. Epid. 1153: καὶ ἀπὸ μέσης ἡμέρης ὀδύνη ἔσχεν ἰσχυρή. Hipp. Epid. 1215: περὶ μέσον ἡμέρης ἐθερμαίνετο. Hipp. Epid. 1216: πρὸς μέσον δὲ ἡμέρης σφόδρα ἐλήρει. Hipp. Epid. 1240: περὶ μέσον ἡμέρης ἐτελεύτησεν. Aretaeus, Sign. Morb. Diuturn. 32: πόνος ἄλλοισι δ' ἀπὸ δύσιος ἐς μεσημβρίην καὶ τῇδε τέλεον ἀποπαύεται, ἢ ἀπὸ μεσημβρίης ἐς ἑσπέραν. Galen. Meth. Med. viii. 4 (x. 568): ἡ δ' ὕποπτος ὥρα καθ' ἣν εἰσέβαλεν ὁ πυρετὸς ἐν τῇ πρώτῃ τῶν ἡμερῶν, ἐξωτέρω τῆς μεσημβρίης εἴη. Galen. Meth. Med. x. 3 (x. 673): ἡσύχαζε κατὰ τὴν ἐπιοῦσαν ἄχρι μεσημβρίης. Galen. Ven. Sect. 9 (xi. 242): ἕως μεσημβρίας ἄσιτος διατρῖψαι.

*ἑσπέρα. Luke, xxiv. 29: "But they constrained him, saying, Abide with us: for it is *toward evening* (πρὸς ἑσπέραν), and the day is far spent."

Peculiar to St. Luke. It occurs also in Acts, iv. 3, xxviii. 23. Hipp. Epid. 1146: πρὸς τὴν ἑσπέρην οὔτε ἐφθέγγετο οὔτε ᾐσθάνετο. Hipp. Epid. 1162: πρὸς τὴν ἑσπέρην ἔκκλυσέ τε καὶ ἐφαρμάκευσε κάτω. Hipp. Epid. 1207: πρὸς τὴν ἑσπέρην παραλήρησις. Hipp. Epid. 1210: πρὸς ἑσπέρην δὲ διεγέρθη. Hipp. Epid. 1212: τὸ πνεῦμα πρὸς τὴν ἑσπέρην ὑπέρπολυ ἦν. Hipp. Epid. 1215: πρὸς τὴν ἑσπέρην τοῦ δεξιοῦ ὄμματος κίνησις. Hipp. Epid. 1225: θέρμαι οὐκ ἔλιπον οὐδένα χρόνον μᾶλλον πρὸς ἑσπέρην ἐπετείνοντο. Aretaeus, Sign. Morb. Diuturn. 62: ἢν προσγένωνται πυρετοὶ ἐς ἑσπέρην. Galen. De Crisibus, ii. 5 (ix. 661): καὶ ἡ ἀρχὴ τῶν παροξυσμῶν εἰς ἑσπέραν. Galen. Meth. Med. v. 13 (x. 372): εἰς ἑσπέραν ἔδωκα τὸ διὰ τῶν σπερμάτων φάρμακον.

μεσονύκτιον. 5. "And he said unto them, which of you shall have a friend, and shall go unto him at *midnight* (μεσονυκτίου), and say unto him, Friend, lend me three loaves."

μεσονύκτιον occurs also in Acts, xvi. 25, xx. 7, and once elsewhere, Mark, xiii. 35.

Hipp. Morb. 477: καὶ βήσσει τοὺς ὄρθρους καὶ μεσονυκτίου μάλιστα. Galen. Remed. Parab. iii. (xiv. 556): ἅπαξ τὴν ἑβδόμαδα μετὰ τὸ διαβῆναι τὸ μεσονύκτιον. Galen. Different. Febr. ii. 7 (vii. 360): εἶτα ὁ πυρετὸς ἄχρι μέσης νυκτὸς παρακμάσας—εἶτα τὸ ὑπόλοιπον ἥμισυ τῆς νυκτὸς καὶ τὸ μέχρι μεσημβρίης—κατασχών. Galen. Cur. per Ven. Sect. 12 (xi. 287): ὅταν μὲν πυρετὸς ἄρξηται περὶ τὰ πρῶτα τῆς νυκτὸς ἢ τὰ μέσα.

ὄρθρος. Luke, xxiv. 1: "Now upon the first day of the week, *very early in the morning* (ὄρθρου βαθέος), they came unto the sepulchre."

ὄρθρος occurs again in Acts, v. 21, and once elsewhere, John, viii. 2.

Hipp. Rat. Vic. 371 : καὶ τοῖσι περιπάτοισι χρέεσθαι ἀπό τε τῶν γυμνασίων καὶ ὄρθρου. Hipp. Morb. 466 : ἐς ἑσπέρην σιτίοισιν ὀλίγοισι χρήσθω καὶ ἀλουτείτω καὶ περιπατείτω ἀπὸ τῶν σιτίων καὶ ὄρθρου. Hipp. Intern. Affect. 544 : καὶ ὄρθρου καὶ ὄψιος εὑδέτω. Hipp. Aphoron. 679 : προσθεῖναι ἐς νύκτα, ὄρθρου δὲ ἀνελομένη. Hipp. Epid. 1231: ἔμετος ὄρθρου ὁμοίως. Hipp. Rat. Vic. 351 : ὄρθρου δὲ, ὅκως αἱ διέξοδοι κενῶνται τοῦ ὑγροῦ. Dioscor. Mat. Med. v. 170 : ἑσπέρας δὲ ἐάσας ὑποστῆναι, περὶ τὸν ὄρθρον ἀπήθησον. Galen. Meth. Med. ix. 4 (x. 614) : ὄρθρου δὴ βαθέος ἐπὶ τὸν ἄνθρωπον ἐλθόντες. Galen. Acut. Morb. 10 (xix. 218) : ἐπὶ δὲ τῶν ἀνενδύτων πυρετῶν ἀκόλουθόν ἐστι κατὰ τὸν ὄρθρον διδόναι τροφήν. Galen. Remed. Parab. iii. 14 (xiv. 446) : ἐψήσας εἰς ῥάκος ἐπιτίθει ἀπὸ ὄρθρου ἕως ἑσπέρας.

*ὄρθριος. Luke, xxiv. 22 : "Yea, and certain women also of our company made us astonished, which were *early* (ὄρθριαι or ὀρθριναί) at the sepulchre."

Peculiar to St. Luke. Hipp. Rat. Vic. 351 : τοῖσί τε περιπάτοισι ξυμφέρει χρέεσθαι καὶ ἀπὸ δείπνου καὶ ὀρθρίοισι. Hipp. Rat. Vic. 352 : καὶ τοῖσι περιπάτοισι τοῖσι ὀρθρίοισι πολλοῖσι—τὸ δὲ σῶμα κενῶται ὑπὸ τοῦ ὀρθρίου. Hipp. Rat. Vic. 362 : ἀπὸ δὲ τῶν ὀρθρίων περιπάτων ὕπνος μάλιστα ξηραίνει. Hipp. Rat. Vic. 367 : τῶν περιπάτων ἀφαιρέειν τῶν ἀπὸ τοῦ δείπνου τοὺς πλείους τῶν δὲ ὀρθρίων ἐλάττους. Hipp. Intern. Affect. 554 : ἐν περιόδοισι ταλαιπωρείτω δι᾽ ἡμέρης καὶ μετὰ τὸ δεῖπνον καὶ ὄρθριος, &c.

*καθημερινός. Acts, vi. 1 : "There arose a murmuring of the Grecians against the Hebrews, because their widows were neglected in the *daily* (τῇ καθημερινῇ) ministration."

Peculiar to St. Luke, and in medical language applied to a class of fevers, daily doses of medicine, &c. Galen. Comm. iii. 2, Epid. i. (xvii. A. 221) : ὧν τοὺς μὲν εἰς ἀπυρεξίαν μὴ λήγοντας ἔνιοι τῶν νεωτέρων ἰατρῶν μεθημερινοὺς ἢ καθημερινοὺς ὀνομάζουσι, τοὺς δὲ λήγοντας ἀμφημερινούς. Galen.

Comp. Med. vii. 12 (xiii. 1022): ἰσχιαδικοῖς, ἀρθριτικοῖς, παρετικοῖς, τρομώδεσι ποιεῖ καὶ πρὸς χρῆσιν καθημερινήν. Galen. Comm. i. 1, Epid. i. (xvii. A. 34): αἱ μὲν καθημεριναὶ καταστάσιες. Dioscor. Medic. Parab. i. 17: βρυωνίας ῥίζας δραχμὴ ά μεθ᾽ ὕδατος καθημερινὴ σὺν μελικράτῳ. Dioscor. Med. Parab. ii. 111: σχοίνου ἄνθος πινόμενον καθημέραν. Hipp. Morb. 473: πυρετὸς αὐτὸν λαμβάνει καθημέρην καὶ ἀφίει. Galen. Remed. Parab. ii. 16 (xiv. 449): ἀσάρῳ χρῖε πρωῒ καθ᾽ ἡμέραν ἢ στυπτηρίαν ὑγρὰν κατάχριε καθ᾽ ἡμέραν. Galen. Remed. Parab. ii. 25 (xiv. 473): κοτυληδόνος ῥίζα— πινομένη καθ᾽ ἡμέραν ὁλκὴ μία κατὰ κράματος. Galen. Remed. Parab. ii. 20 (xiv. 456): βοτάνῃ ῥυβίᾳ χρώμενος τῇ καθημερινῇ διαίτῃ.

11 and 12: "If a son shall ask bread of any of you that is a father, will he give him a stone? or if he ask a fish, will he for a fish give him a serpent? or if he shall ask *an egg* (ᾠόν), will he offer him *a scorpion*" (σκορπίον)?

St. Luke alone records the latter parts of this saying of our Lord, St. Matt. vii. 9, 10, omitting "if he shall ask an egg, will he offer him a scorpion?" St. Luke, too, alone of the N. T. authors uses the word ᾠόν; and alone of the Evangelists the word σκορπίος, here and ch. x. 19: "Behold, I give unto you power to tread on serpents and scorpions." It is used, however, in Rev. ix. 3, 5, 10. Now, the saying about the egg and the scorpion would be likely to impress itself on a physician's mind—from the medical opposition, as it were, between the things, and his familiarity with the words. The egg was a frequent prescription for the nourishment of invalids, and an ingredient in medical compounds; and the venom of the scorpion's sting had frequently to be medically treated. The medical writers abound in prescriptions for the latter: Dioscorides gives over thirty, and Galen over thirteen.

* ᾠόν. Peculiar to St. Luke. Hipp. Morb. Mul. 603: ὃ καὶ παιδία βήσσοντα ψωμίζουσι ξὺν ᾠῷ ὀπτῷ λεκίθῳ. Hipp. Morb. Mul. 634: ᾠὸν ὀπτήσαντα τὴν λέκιθον ἐξελόντα τρῖψαι καὶ σήσαμον πεφρυγμένον καὶ ἅλες ἐν μέλιτι, ἐνλείχειν. Hipp.

Morb. Mul. 660 : καὶ μαλθάσσειν ὠοῦ τὸ πυρρὸν καὶ κηροῦ λευκοῦ ὡς ἐπίπλασμα. Hipp. Morb. Acut. 405 : καὶ ὠὰ ἡμιπαγέα ἐσθιέτω ὀπτά. Aretaeus, Cur. Acut. Morb. 113 : κἢν σιτία στερεὰ ἔῃ, ὀλισθηρὰ ἔσεσθαι γιγνέσθω. ὠὰ μὴ κάρτα ξυνεστῶτα. Aret. Cur. Morb. Diuturn. 139 : ὠὰ δὲ ἐκ πυρὸς μὲν ὑδρέα θερμά. Galen. Comp. Med. ix. 7 (xiii. 315) : ὠοῦ ὀπτοῦ λέκυθον λειώσας οἴνῳ λευκῷ καὶ ῥοδίνῃ κηρωτῇ ἀναλαβὼν διάχριε. Dioscor. Mat. Med. ii. 54 : (περὶ ὠοῦ) ὠὸν τὸ ἁπαλὸν τροφιμώτερον τοῦ ῥοφητοῦ καὶ τοῦ ἁπαλοῦ τὸ σκληρόν, ἡ λέκυθος αὐτοῦ χρησίμη πρὸς ὀφθαλμῶν περιωδυνίας ὀπτηθεῖσα σὺν κρόκῳ καὶ ῥοδίνῳ· πρός τε τὰς περὶ δακτύλων φλεγμονὰς καὶ κονδυλώματα σὺν μελιλώτῳ μετὰ ῥοὸς ἢ κηκίδος τηγανισθεῖσα καὶ βρωθεῖσα ἵστησι κοιλίαν, καὶ μεθ' ἑαυτὴν δὲ προσενεχθεῖσα.

Dioscor. Mat. Med. ii. 55 : (περὶ λευκοῦ τοῦ ὠοῦ) τὸ δὲ λευκὸν αὐτοῦ ὠμὸν ὂν ψύχει, ἐμπλάττει, παρηγορεῖ ἐγχυματισθὲν ἐπ' ὀφθαλμῶν φλεγμαινόντων· κατακαύματά τε οὐκ ἐᾷ φλυκταινοῦσθαι παραχρῆμα ἐπιχρισθέν, ὠμὸν δὲ ῥοφηθὲν αἱμορροΐδος δήγμασι βοηθεῖ. ἀκροχλιαρὸν δὲ πρὸς κύστεως δηγμοὺς καὶ ἕλκωσιν νεφρῶν καὶ τραχυσμοὺς τραχείας ἀρτηρίας καὶ αἵματος ἀναγωγὰς καὶ καταρρους καὶ θώρακος ῥευματισμοὺς ἁρμόζει.

σκορπίος. (Luke, x. 19, xi. 12. Rev. ix. 3, 5, 10, only.)

Dioscor. Animal. Ven. 6 : (περὶ σκορπίου) τοῖς δὲ ὑπὸ σκορπίου πληγεῖσιν ὁ μὲν τόπος εὐθέως ἄρχεται φλεγμαίνειν, σκληρὸς καὶ ἐνερευθὴς καὶ περιτενὴς σὺν ὀδύνῃ γινόμενος, καὶ ἐναλλάξ, ὅτε μὲν γὰρ πύρωσις, αὖθις δὲ ψύξις ἐπιλαμβάνεται, καὶ πόνος ἐξαπίνης καί ποτε μὲν ῥαΐζει, ποτὲ δὲ ἐπιτείνεται· παρέπεται δ' αὐτοῖς ἱδρὼς καὶ φρικώδης αἴσθησις καὶ τρόμος καὶ περίψυξις ἀκρωτηρίων, καὶ βουβώνων ἔπαρσις, φυσήματα διὰ τῆς ἕδρας ὀρθοτριχία τε καὶ δύσχροια ἐπαλγὴς περὶ τὴν ἐπιφάνειαν τῆς αἰσθήσεως καθάπερ ἀπὸ βελόνης κεντημάτων ὀδυνωμένης. Dioscor. Animal. Ven. 23 : τοῖς δὲ ὑπὸ σκορπίου πληγεῖσι παραχρῆμα μὲν ἀκριβῶς βοηθεῖ συκῆς ὑπὸς εἰς τὰ τραύματα ἐνσταχθείς. Galen. Antid. ii. 12 : τὰ τῶν ἐκτός τε καὶ τῶν ἐντὸς πρὸς σκορπιοδήκτους φάρμακα—πρὸς δὲ τὰς τῶν σκορπίων πληγὰς χρηστέον ταῖς ὑπογεγραμμέναις σκευασίαις, &c.

41. "But rather give alms of *such things as ye have* (τὰ ἐνόντα = *the things within your vessels*); and, behold, all things are clean unto you."

*ἐνόντα. Peculiar to St. Luke, and a frequent word in medical language. Hipp. Nat. Hom. 231: τῶν ἐν σώματι ἐνεόντων. Hipp. Vet. Med. 13: καὶ τῷ ἀνθρώπῳ ἐνεόντα καὶ λυμαινόμενα τὸν ἄνθρωπον. Hipp. De Corde. 270: τὰ ἐνεόντα ἐν τῇ ἀρτηρίῃ. Hipp. Morb. 460: ἐν τῇ κοιλίᾳ τὰ ἐνεόντα. Hipp. Morb. 461: πιμπλῶνται δὲ αἱ ἀρτηρίαι ὑπὸ τῶν ἐνεόντων. Hipp. Morb. 501: ἀπὸ τοῦ ὕδατος τοῦ ἐνεόντος ἐν τῷ σπληνί. Hipp. Affect. 518: τὴν δὲ κοιλίην θεραπεύειν, κἢν μὲν μὴ ὑποχωρέῃ τὰ ἐνεόντα. Hipp. Affect. 522: ὑπάγειν αἰεὶ τὰ ἐνεόντα. Galen. Comm. ii. 26, Humor. (xvi. 293): τῶν ἐν τῷ σώματι ἐνεόντων. Galen. Comp. Med. vii. 6 (xiii. 1049): κατὰ τῶν ἐνόντων τῇ θυείᾳ καταχέων.

§ LXVIII.

LUKE, XII.

*ἐμβάλλειν. *ἀναβάλλειν. *ἀντιβάλλειν. *διαβάλλειν. *μεταβάλλειν. *προβάλλειν. *συμβάλλειν. *ὑποβάλλειν. *ἀναβολή. *ἐκβολή. *βολή. *εὐφορεῖν. *τελεσφορεῖν. *μετεωρίζεσθαι.

*ἀπαιτεῖν (verse 20, § 62). προστιθέναι (v. 31, § 59). ἐργασία (v. 58, § 91). ἀπαλλάσσειν (v. 58, § 32).

βάλλειν and its derivatives are most extensively used in medical language, and it is very remarkable that St. Luke employs, besides those he has in common with the other N. T. writers, *no less than eleven, which are not used in the rest of the N. T.*

5. "Fear him, which after he hath killed hath power *to cast into* (ἐμβαλεῖν) hell."

*ἐμβάλλειν, peculiar to St. Luke, in medical language is

used of putting a dislocated joint into its place, casting in ingredients into mixtures, &c.

Hipp. Loc. in Hom. 411: ὁ δὲ μηρὸς ἄνωθεν μὲν ᾗ ἐς τὴν κοτύλην ἐμβάλλει. Hipp. Fract. 761: ῥηΐδιον ἤδη τὸ ἄρθρον ἐμβάλλειν—ἐπὴν δὲ ἐμβάλῃς. Hipp. Fract. 773: ἢν μὲν οὖν ἐμβάλῃς τὰ ὀστέα ἐς τὴν ἑωυτῶν χώρην. Hipp. Artic. 780: εἰδέναι πάντας τοὺς τρόπους οἷσιν οἱ ἰητροὶ ἐμβάλλουσι — ἐμβολὴ ὤμου. Dioscor. Mat. Med. i. 65: βρέξας ἐν ὕδατι ἐμβαλών.—ἔμβαλε τὸ φύραμα τοῦ καλάμου— τοῦ νεαροῦ ἄνθους τὸ ἴσον ἐμβαλὼν πλῆθος. Galen. Comm. iii. 2, Aliment. (xv. 338): καθάπερ εἰ κ' αὐτὸς ἐμβάλῃς τῷ χυλῷ τῆς πτισάνης ὀλίγον τι σκαμμωνίας. Galen. Comm. i. 7, Artic. (xviii. A. 322): διὰ τοῦτο ῥᾳδίως αὐτοὶ ἑαυτοῖς ἐμβάλλουσι τὸ ἄρθρον. Galen. Comm. i. 8, Artic. (xviii. A. 324): οἱ ἰατροὶ ἐμβάλλοντες τὸ ἐξαρθρῆσαν.

* ἀναβάλλειν. Acts, xxiv. 22: "And when Felix heard these things, having more perfect knowledge of that way, he *deferred* (ἀνεβάλετο) them."

Peculiar to St. Luke, and was the medical term for "to put off some medical practice," or "defer some mode of treatment for a time."

Hipp. Morb. 448: ἢ ὅ τι ἤδη δεῖ θεραπεύεσθαι, τοῦτο δὲ ἀναβάλληται ἢ ὅ τι ἀναβάλλεσθαι δεῖ τοῦτ' ἤδη θεραπεύηται. Hipp. Vuln. Cap. 913: καὶ πειρᾶσθαι ἀνακινέων τὸ ὀστέον ἀναβάλλειν. Aretaeus, Cur. Acut. Morb. 92: ἢν δὲ ἀπὸ πληγῆς ἢ καταφορῆς ἢ πιέσιος ξυμβῇ, χρὴ ἀναβάλλεσθαι. Dioscor. Ven. Proem.: εἰ δέ τινες ἑκουσίᾳ γνώμῃ προσενέγκοιντο ἢ καὶ ἐξ ἐπιβουλῆς τινων λάβοιεν δεήσει μηδὲν ἀναβαλλομένους βοηθεῖν. Do.: ὅθεν μηδὲν ἀναβαλλομένους προσφέρειν δεῖ ἔλαιον θερμόν. Galen. Comm. i. 45, Morb. Acut. (xv. 511): προσενεχθεῖσα τροφὴ βλάπτειν πέφυκε μεγάλα διὰ τοῦτ' ἀναβαλλόμεθα τὴν δόσιν αὐτῆς. Galen. Comm. i. 38, Fract. (xviii. B. 390): εἰ δὲ μέτριον εἴη γεγονὸς οἰδημάτιον ὁ μὲν οὖν Ἱπποκράτης καὶ τοῦτο διὰ τρίτης λύει, ἐγὼ δὲ εἰς τὴν τετάρτην ἡμέραν ἀναβαλλόμενος, &c. Galen. San. Tuend. iii. 4 (vi. 184): ἀναβεβλημένης ἐν τῷ παρόντι τῆς εἰς τὰ νοσήματα χρείας αὐτῶν. Galen. De Plenitud. 11 (vii. 581): βέλτιον ἀναβάλλεσθαι τὴν διάγνωσιν. Galen. Cur. per Ven. Sect. 11 (xi. 283): οὐδ᾽ ἐπὶ τούτων ἀναβάλλεσθαι χρὴ τὴν κένωσιν.

*ἀντιβάλλειν. Luke, xxiv. 17: "And he said unto them, What manner of communications are these that *ye have one to another* (ἀντιβάλλετε πρὸς ἀλλήλους), as ye walk, and are sad?"

Peculiar to St. Luke. Hipp. Oss. Nat. 279 : καὶ νέμεται ἄνω παρὰ τοῦ ἀντικνημίου τὴν ἀντιβεβλημένην κερκίδα. Galen. Anat. viii. 7 (ii. 686) : τούτου σοι καλῶς πραχθέντος, ἐκκόπτεσθαι τὸ τῆς πλευρᾶς ὀστοῦν, ἀντιβαλλομένων δυοῖν ἀλλήλοις ἐκκοπέων ὡς ἔθος. Hipp. Fract. 759 : ἄλλοτε πρὸς τὰ ἄκρα τοῦ ποδὸς ἀντιπεριβάλλοντα.

*διαβάλλειν. Luke, xvi. 1: "There was a certain rich man, which had a steward; and the same *was accused* (διεβλήθη) unto him that he had wasted his goods."

Peculiar to St. Luke. Hipp. De Cor. 270 : εὐπορέει δὲ τὴν τροφὴν ἐκ τῆς ἔγγιστα δεξαμένης τοῦ αἵματος διαβάλλουσα τὰς ἀκτῖνας καὶ νεμομένη ὥσπερ ἐκ νηδύος τῶν ἐντέρων τὴν τροφὴν οὐκ ὂν κατὰ φύσιν. Hipp. Nat. Mul. 568 : ἐπὴν διαβάλλῃ τοὺς τόκους φύσει ἄτοκος ἐοῦσα. Hipp. Morb. 513 : οὗτοι δὲ οἱ ταῦτα λέγοντες, διαβάλλονται τούτῳ ᾧ μέλλω ἐρέειν ὅτι ὁ πλεύμων κοῖλος ἐστί. Galen. San. Tuend. iii. 4 (vi. 186): πολλοὶ γὰρ κακῶς ἀρξάμενοι διεβλήθησαν οὕτω ὅλον τὸ ἐπιτήδευμα τῆς ψυχρολουσίας ὥστε μηδὲ τοῖς ἀσφαλῶς αὐτὸ μεταχειριζομένοις ὑπομένειν ἑαυτούς ποτε παρασχεῖν. Galen. Remed. Parab. ii. 14 (xiv. 466): ᾠὸν, μέλι, οἶνον, σίδια, ἴσα διαβάλλων τηγάνιζε καὶ πεπέρεως μικρὸν ἐπιπάσσων δίδου πιεῖν. Galen. Medicus, 19 (xiv. 789) : ἐπὶ μὲν οὖν τῶν συντετρημένων εἰς τὸν δακτύλιον διαβάλλων τὴν μηλωτίδα. Galen. Comm. 5, Nat. Hom. i. (xv. 36) : δόξαν ὡς οὐκ ἀληθῆ διαβάλλειν. Galen. Comm. ii. 18, Morb. Acut. (xv. 547) : ἐξ ὧν μικρότερα διέβαλλε καὶ τὴν ἀπ᾽ ἐκείνων ἐνδεικνύμενος βλάβην. Galen. Comm. ii. 9, Epid. vi. (xvii. A. 913): διαβάλλειν ἐπιχειροῦσιν—ἴησιν ὑπὸ τῶν ἐναντίων, &c., &c.

*μεταβάλλειν. Acts, xxviii. 6 : "But after they had looked a great while, and saw no harm come to him, they *changed their minds* (μεταβαλλόμενοι), and said that he was a god."

Peculiar to St. Luke, and very much used in medical language. Hipp. Nat. Hom. 229 : τὰ μὲν διαιτήματα μὴ μεταβάλλειν. Hipp. Morb. Acut. 390 : ἐν ᾗσί τε νούσοισιν οὐ χρὴ μεταβάλλειν ἐκ κεναγγείης ἐς ῥοφήματα, ἐν ταύτῃσι μεταβάλλουσι καὶ ὡς ἐπιτοπολὺ ἁμαρτάνουσιν, ἐνίοτε δὲ ἐν τοῖσι καιροῖσι μεταβάλλουσιν ἐς τὰ ῥοφήματα ἐκ τῆς κεναγγείης. Hipp. Epid. 1010 : αἱ μεταβολαὶ ὠφελέουσιν ἢν μὴ ἐς πονηρὰ μεταβάλλῃ. Aretaeus, Sign. Morb. Diuturn. 49 : ἢν δὲ μεταβάλλῃ εἰς τὸ ἀρχαῖον ἡ φύσις — καὶ τὸν ὕδρωπα ἰήσατο. Dioscor. Mat. Med. i. 62 : μώλωπάς τε ταχέως μεταβάλλει. Galen. Comm. 2, Nat. Hom. i. (xv. 30) : νοῆσαι μέντοι δυνατὸν ἑτέραν μὲν εἶναι τοῦ μεταβάλλοντος τὴν οὐσίαν, ἑτέραν δὲ τὴν μεταβολὴν αὐτοῦ, οὐ γὰρ ταὐτό ἐστι τὸ μεταβάλλον σῶμα τῇ κατ' αὐτὸ μεταβολῇ, τὸ μὲν γὰρ μεταβάλλον ἐστὶ τὸ ὑποκείμενον, ἡ μεταβολὴ δὲ αὐτοῦ κατὰ τὴν τῶν ποιοτήτων ἀμοιβὴν γίνεται. Galen. Comm. i. 19, Humor. (xvi. 181) : αὕτη δὲ ἡ φλεγμονὴ εἰς ἀπόστασιν μεταβάλλεται.

*προβάλλειν. Luke, xxi. 29, 30 : "And he spake to them a parable : Behold the fig tree, and all the trees ; when they now *shoot forth*" (προβάλωσιν).

Acts, xix. 33 : "And they drew Alexander out of the multitude, the Jews *putting him forward*" (προβαλόντων).

Peculiar to St. Luke. Dioscorides uses the word in the same way of plants putting forth flowers or emitting smell. Dioscor. Mat. Med. ii. 205 : θέρους δὲ γαλακτινὸν ἄνθος προβάλλει. Dioscor. Mat. Med. iv. 50 : προβάλλει δὲ κατὰ τὸ φθινόπωρον τὰ φύλλα τράγου ὀσμήν. Dioscor. Animal. Ven. 1 : φλέγμα πολὺ ἀφρῶδες ἐκ τοῦ στόματος καὶ τῶν ῥινῶν προβάλλει. Hipp. Morb. 481 : σικύην προβάλλειν καὶ τὰς φλέβας ἀποτύψαι. Hipp. Vet. Med. 17 : αἱ σικύαι προβαλλόμεναι. Hipp. Artic. 785 : παχεῖα μὲν ἡ προβολὴ τοῦ χείλεος. Aretaeus, Sign. Acut. Morb. 11 : ἢν δὲ τὸ ἐμπύημα ἐς τὸ μεσηγὺ τῶν πλευρέων ῥέψῃ καὶ διαστήσῃ τάσδε καὶ κορυφὴν ἐς τὸ ἔξω προβάληται τὰ πολλὰ περιγίγνεται ἄνθρωπος. Galen. Comm. vii. 59, Aph. (xviii. A. 174): προβληθείσης δὲ τῇ κάτω γένυι τῆς γλώττης. Galen. Diff. Febr. ii. 7 (vii. 352): εἶτα καὶ τἆλλα πάντα μέχρι τῆς ἀκμῆς τοῦ τριταίου πυρετοῦ γνωρίσματα προβάλλοντα. Galen. Loc. Affect. iii. 5 (viii. 156): ἀλλ' οὐδὲ τῶν ὅλου τοῦ σώματος σπασμῶν ἢ παλμῶν ἢ τῆς ἐξ ἡμίσεος αὐτοῦ μέρους παραλύσεως, ἡ οἷον ῥίζα προβάλλει τι σημεῖον.

*συμβάλλειν. Luke, ii. 19: "But Mary kept all these things, and *pondered* them (συμβάλλουσα) in her heart."
Peculiar to St. Luke, and occurs again in ch. xiv. 31; Acts, iv. 15; xvii. 18; xviii. 27; xx. 14. Hipp. Morb. Sacr. 305: καὶ ὅσον πνεύματος ἐς μὲν τὴν κοιλίην διαψύχει καὶ ἄλλο τι οὐδὲν ξυμβάλλεται. ὁ δὲ ἐς τὰς φλέβας ἀὴρ ξυμβάλλεται. Hipp. Loc. in Hom. 409: αἱ μὲν γὰρ φλέβες σφίσιν ἑωϋταῖς ξυμβάλλουσιν. Hipp. Artic. 797: δεῖ δὲ ἑπόμενον τούτοισι συμβάλλειν τὰς γνάθους καὶ μὴ χάσκειν. Hipp. Moch. 845: ἅμα δὲ τῷ ξυμβαλεῖν ἢ θείῳ ξὺν κηρωτῇ αὐτίκα ἀναπλάσσειν. Hipp. Vuln. Cap. 897: συμβολή τε γὰρ τῆς κάτω γνάθου πρὸς τὸ κρανίον. Aretaeus, Sign. Acut. Morb. 3: οὐ ξυμβάλλουσι τὰ βλέφαρα. Galen. Comm. i. 51, Artic. (xviii. A. 386): καθ' ἣν οἱ δύο μύες συμβάλλουσιν. Galen. Comm. ii. 2, Artic. (xviii. A. 426): καθ' ὃ δὲ συμβάλλει ταῦτα ἀλλήλοις γίγνεσθαι συνάρθρωσιν ὁμοίαν ῥαφῇ. Galen. Medicus, 12 (xiv. 722): αἱ δὲ λοιπαὶ πέντε τῇ μὲν ῥάχει συμβάλλουσιν. Galen. Comp. Med. v. 3 (xiii. 792): ἐγχωρεῖ δὲ καὶ ιβ' συμβάλλειν εἰ μὲν ἐπὶ πλέον ἑψηθείη τὸ φάρμακον.

* ὑποβάλλειν. Acts, vi. 11: "Then they *suborned* (ὑπέβαλον) men, which said," &c.
Peculiar to St. Luke. Hipp. Aphoron. 682: ῥάκος ὑποβαλλομένη ὑπὸ τὰ ἰσχία καὶ τὴν νύκτα προσκείσθω. Hipp. Fract. 773: ἔπειτα τουτέοισι χρὴ ἅμα τῇ καταστάσει μοχλεύειν ὑποβάλλοντα, πρὸς μὲν τὸ κατώτερον τοῦ ὀστέου ἐρείδοντα. Hipp. Artic. 780: ἔστι δὲ ἐμβολὴ ὤμου καὶ εἰς τοὐπίσω ὑποβάλλοντα τὸν πῆχυν ἐπὶ τὴν ῥάχιν. Hipp.

Haemorr. 892 : ἔπειτα ὑποβαλὼν τῷ δακτύλῳ τῷ λιχανῷ τῆς ἀριστερῆς χειρὸς, μέσον τὸν σπόγγον ὦσαι, &c. Hipp. Superfoet. 260 : ὑποβάλλων τὸν δάκτυλον ὑπὸ τὸ γένειον διαβύσας ἐς τὸ στόμα ἔξω ἕλκειν. Galen. Comm. iii. 19, Artic. (xviii. A. 539) : ἔπειτα βαίνουσι πρὸς ὀλίγας τῶν πλευρῶν οἱ ὑποβεβλημένοι τῷ στομάχῳ μύες. Galen. Comm. i. 7, Progn. (xviii. B. 30): ὅτι σαρκοειδὴς οὐσία λεπτὴ κατὰ τοῦτο τὸ μέρος ὑποβέβληται τῷ δέρματι. Galen. Comm. i. 51, Fract. (xviii. B. 411): τὴν ὑποβεβλημένην τῷ πήχει ταινίαν. Galen. Anat. Muscul. (xviii. B. 992) : οἱ δύο μύες, οὓς ὑποβεβλῆσθαι τῷ στομάχῳ. Galen. Anatom. i. 5 (ii. 252) : αὕτη μὲν ἐγχείρησις ἔστω σοι περὶ τοὺς ὑποβεβλημένους τῷ συνδέσμῳ τένοντας.

* ἀναβολή. Acts, xxv. 17 : " Therefore, when they were come hither, *without any delay* (ἀναβολὴν μηδεμίαν ποιησάμενος) on the morrow I sat on the judgment-seat," &c.

Peculiar to St. Luke. Used in medical language of delay in treating disease, &c.

Hipp. Epid. 1278 : τέχνης μὲν γὰρ πάσης ἀλλότριον ἀναβολή, ἰητρικῆς δὲ καὶ πάνυ, ἐν ᾗ ψυχῆς κίνδυνος ἡ ὑπέρθεσις. Aretaeus. Cur. Acut. Morb. 95 : χρὴ δὲ μηδὲ ἐς τὰ ἄλλα τὰ μεγάλα ἄκεα μέλλειν, οὐ γὰρ καιρὸς ἀμβολῆς. Aret. Cur. Acut. Morb. 100: οὐκ ἀμβολῆς καιρὸς ἐν πλευριτικοῖσι. Aret. Cur. Acut. Morb. 117: ἐς βαιὸν χρόνον ἔρῃ τοῦ πόνου ἀμβολή. Aret. Cur. Acut. Morb. 122: ἢν δ' ἐξ αἱμορραγίης ὁ κίνδυνος, ἴσχειν μὲν οὐκ εἰς ἀμβολὴν τῶνδε μᾶλλον. Aret. Cur. Morb. Diuturn. 127: ἐν τῇσι χρονίῃσι νούσοισι ἡ ἀμβολὴ τῆς ἰητρείης κακόν. Aret. Caus. Acut. Morb. 13: οὐκ εἰς μακρὰν τοῦ θανάτου ἡ ἀμβολή. Dioscorides, Animal. Ven. Proem. : ὀλίγα μὲν γὰρ καὶ τῶν ἰοβόλων καὶ τῶν θανασίμων σχολαίους καὶ ἐξ ἀναβολῆς φέρει τοὺς κινδύνους. Do.: ὁ μὲν γὰρ ὀξέως καὶ παραχρῆμα καὶ τὰς ὀχλήσεις καὶ τοὺς κινδύνους ἐπιφέρει, ὁ δὲ ἐξ ἀναβολῆς καὶ χρόνου πλείονος ἢ ἐλάττονος. Galen. Med. Parab. i. Proem. (xiv. 312) : οὔτε μὴν τὰς περιστάσεις παρεῖναι τὰς ὑποπροσθέσεως καὶ ἀναβολῆς καιροὺς διδούσας οἷον ἐπὶ συνάγχης.

* ἐκβολή. Acts, xxvii. 18: "And wo being exceedingly tossed with a tempest, the next day *they lightened* (ἐκβολὴν ἐποιοῦντο) the ship."

Peculiar to St. Luke, and is the medical term applied to the ejection of the foetus by abortion or miscarriage (ἐκβόλιον, the drug producing this effect)—to casting of the teeth, &c. Hipp. Morb. Mul. 627: ἕτερον ποτὸν ἐκβολῆς ὁ τὸ παιδίον ἐκβάλλει πέλιδνον. Hipp. Epid. 1200: ὀδόντων ἐκβολαί. Hipp. Nat. Mul. 584: ἐκβόλιον ἐμβρύου καὶ μητρίων. Hipp. Morb. Mul. 624: ἐκβόλιον ὑστέρων. Hipp. Morb. Mul. 625: ἕτερον ἐκβόλιον. Hipp. Morb. Mul. 626: ἄλλο πρόσθετον ἐκβόλιον. Dioscorides, Mat. Med. i. 128: ὑποθυμιᾶται δὲ καὶ πρὸς δευτέρων ἐκβολάς. Dioscor. Mat. Med. iii. 125: καὶ τὰ φύλλα ποτίζεται πρὸς δευτέρων ἐκβολήν. Dioscor. Mat. Med. iii. 126: καὶ πίνεται σὺν οἴνῳ τὸ ἄνθος καὶ τὰ φύλλα πρὸς ἐμβρύων ἐκβολήν. Dioscor. Mat. Med. iii. 157: ποτίζεται δὲ ἐν γλευκεῖ πρὸς ἄσθμα καὶ ἐκβολὴν χορίου καὶ ἐμβρύου.

* βολή. Luke, xxii. 41: "And he was withdrawn from them about a *stone's cast* (ὡσεὶ λίθου βολήν), and kneeling down, and prayed."

Peculiar to St. Luke, and used in medical language of the impulse in swallowing that carries the food to the stomach—of throwing a bandage round a limb, &c.

Galen. Nat. Facul. iii. 8 (ii. 176): οὔθ' ὡς ἡ σκολιὰ θέσις στομάχου διαβάλλει σαφῶς τὸ δόγμα τῶν νομιζόντων, ὑπὸ τῆς ἄνωθεν βολῆς, ποδηγούμενα μέχρι τῆς γαστρὸς ἰέναι τὰ καταπινόμενα—ὅτι γὰρ μὴ διὰ μόνης τῆς ἄνωθεν βολῆς ἐκ τούτου δῆλον. Galen. Comm. ii. 2, Offic. (xviii. B. 725): πρόσκειται μὲν δευτέραν οὖν βολὴν τοῦ ἐπιδέσμου—Galen. Usus. Part. i. 24 (ii. 85): ὅτι πανταχόθεν ἰσορρόπως αἱ κορυφαὶ τῶν δακτύλων ἀντιτεταγμέναι τήν τε λαβὴν αὐτῶν ἀσφαλεστέραν καὶ τὴν βολὴν ἰσχυροτέραν ἀπεργάζονται.—Galen. Hipp. et Plat. Decret. vii. 7 (v. 642): ὑπὸ τοῦ πνεύματος εἰς αὐτὸν ἐκ τῆς βολῆς ἐναποτελουμένην.—Galen. Loc. Affect. v. 3 (viii. 316): βούλεται γὰρ εἰς τὴν ἀρτηρίην ταύτην ἐνθλιβόμενον ὑπὸ τῆς καρδίας τὸ πνεῦμα διασῶζον τῆς βολῆς τὴν ῥύμην, εἰς ὅλον φέρεσθαι τὸ σῶμα. Galen. Meth. Med. xiii. 22 (x. 935) : εἰ δ' ὑγρὸν εἴη τὸ προσφερόμενον ἐξ ὑψηλοτέρου βάλλοντα καὶ οἷον κατακρουνίζοντα διϊκνεῖται γὰρ εἴσω μᾶλλον ὑπὸ τῆς βολῆς ὠθούμενον. ὥσπερ δ' ἐνταῦθα τὸ σφοδρότερον τῆς βολῆς συμφέρον ἐστίν—τῆς δὲ διὰ τὴν βολὴν ἀφικνουμένης εἰς αὐτὸ δυνάμεως ἀπολαύσει. And of throwing a ball. Galen. Parv. Pil. Exerc. 4 (v. 908): ὀλιγάκις τε προχρῆσθαι τῇ βολῇ, τὰ κάτω μᾶλλον διαπονεῖ.

16. "And he spake a parable unto them, saying, The ground of a certain rich man *brought forth plentifully*" (εὐφόρησεν).

The verb * εὐφορεῖν seems to be used in this sense by St. Luke, Hippocrates, and Galen only. In other writers, as Lucian, it is applied to a ship—" to carry a good burden." εὐφορίη, εὔφορος, ἄφορος, and φορύς are all medical terms. εὔφορος is used of a woman, "fruitful," as opposed to ἄφορος, and is even applied to a country or climate productive of disease.

Hipp. Epis. 1274 : σχεδὸν οὖν οὐδέποτε γονιμώτερον εὐφορήσουσιν οὔτε γῆ οὔτε ὀρῶν ἀκρώρειαι. Galen. Temperament. i. 6 (i. 547) : κατὰ ταὐτὰ δὲ καὶ τῆς ἀμπέλου τὸ πλείστας τε καὶ καλλίστας εὐφορεῖν σταφυλάς. Hipp. Morb. Acut. 400 : ἐνῇ δὲ τοῦ πνεύματος εὐφορίη. Hipp. Aphoron. 676 : ἐν τάχει δὲ μελεδανθεῖσα εὔφορος γίνεται ἡ γυνή—καὶ ἢν μὲν ἐν ἀρχῇ μελεδαίνηται ὑγιαίνει καὶ φορὸς γίνεται, ἢν δὲ χρόνος ἐγγένηται ἄφορος μένει ἡ γυνή. Galen. Aliment. Facul. ii. 38 (vi. 620) : εὐφορίας δὲ γενομένης τῶν τε βαλάνων καὶ τῶν μεσπίλων. Galen. De Crisibus, ii. 3 (ix. 648) : ἆρ' οὖν ὥρα μὲν ἡ θερμὴ καὶ ξηρὰ τριταίων πυρετῶν εὔφορος, ἡ χώρα δ' οὐχ ὁμοίως ἡ θερμὴ καὶ ξηρὰ τῆς ὑγρᾶς καὶ ψυχρᾶς εὐφορωτέρα. Hipp. Morb. Mul. 565 : ἐκ ταύτης τῆς νόσου ἄφοροι γίνονται. Hipp. Morb. Mul. 590: ἢν τοῦτο γένηται, οὐ περιγίνεται ἡ γυνή, ἢν δὲ καὶ περιγένηται, ἀεὶ ἄφορος ἔσται. Galen. De Crisibus, ii. 4 (ix. 659) : εἰ καὶ τὸ χωρίον αὐτὸ τοιούτων πυρετῶν εὔφορον ᾖ. Galen. De Crisibus, ii. 5 (ix. 661) : καὶ ὁ χειμὼν εὔφορος τοιούτων νοσημάτων.

* τελεσφορεῖν. Luke, viii. 14. *See* § 41.

29. "And seek not ye what ye shall eat, or what ye shall drink, neither *be ye of doubtful mind*" (μετεωρίζεσθε).

* μετεωρίζεσθαι is peculiar to St. Luke, and of frequent recurrence in the medical writers in various significations. Hipp. Coac. Progn. 220: ὅσα κοιλίης καθυγραινομένης οἰδήματα μετεωρίζεται μετὰ ἀλγημάτων κακόν. Hipp. Oss. Nat. 276: ὅθεν ἡ ἡπατῖτις ἐμετεωρίσθη. Hipp. Morb. 462: ὅταν ἐς τὰς φλέβας χολὴ ἢ φλέγμα ἐσέλθῃ μετεωρίζονται γὰρ αἱ φλέβες καὶ σφύζουσι. Hipp. Artic. 782: ὅτι ἀσφαλεστέρως ἂν τὸ σῶμα τὸ μὲν τῇ, τὸ δὲ τῇ ἀντισηκωθείη μετεωρισθέν Hipp. Epid. 1136: ὁ ἀπὸ τῶν φύσεων μετεωριζόμενος ἐπῄρτο καὶ ὑπήλγει κενεῶνι. Hipp. Epid. 1153: ὁ δὲ μηρὸς ὅλος ἐμετεωρίζετο καὶ διέτεινεν ὁ μετεωρισμὸς ἔς τε τὸν βουβῶνα καὶ τὸν κενεῶνα. Aretaeus, Sign. Acut. Morb. 23: γνώμη οὐ κάρτα παράφορος, νωθρή, μετέωρος. Dioscorides, Mat. Med. ii. 137: ῥαφανὶς προεσθιομένη δὲ μετεωρίζει τὴν τροφήν. Galen. Comm. ii. 4, Epid. iii. (xvii. A. 598): ἐγχωρεῖ δὲ καὶ διὰ τὸ μετεωρίζειν ἑαυτοὺς ἐθέλειν οὕτως εἰρῆσθαι ταὐτὸν σημαίνοντος τοῦ μετεώρου πνεύματος τῇ κατὰ τὸ προγνωστικὸν ὀρθοπνοίᾳ. Galen. Comm. ii. 9, Epid. vi. (xvii. A. 917): τοὺς μὲν γὰρ αἰρομένους ἄνω χυμοὺς, τουτέστι μετεωριζομένους.

§ LXIX.

LUKE, XIII.

* ἀποκλείειν. * κατακλείειν.

παραχρῆμα (verse 13, § 57). * ἴασις (v. 32, § 17). ἀποτελεῖν (v. 32, § 17). * ἐνδέχεσθαι (v. 33, § 73).

25. "When once the master of the house is risen up, and *hath shut to* (ἀποκλείσῃ) the door."

* ἀποκλείειν and * κατακλείειν are peculiar to St. Luke, and both were much used in medical language.

Hipp. Morb. Sacr. 305: ἄφωνος μέν ἐστιν ὁκόταν ἐξαίφνης τὸ φλέγμα ἐπικατελθὸν ἐς τὰς φλέβας ἀποκλείσῃ τὸν ἀέρα—ἐπειδὰν ἀποκλεισθῶσιν αἱ φλέβες τοῦ ἀέρος—τῶν φλεβίων ἀποκλειομένων τοῦ ἤέρος—λακτίζει δὲ τοῖσι ποσὶν ὁκόταν ὁ ἀὴρ ἀποκλεισθῇ ἐν τοῖσι μέλεσι. Hipp. Aph. 1260: ὁκόσοισι μεταξὺ τῶν φρενῶν καὶ τῆς γαστρὸς φλέγμα ἀποκλείεται καὶ ὀδύνην παρέχει. Hipp. Epid. 1235: σιτίων ἀπόκλεισις. Aretaeus, Sign. Morb. Diuturn. 71: τὸ γὰρ τῶν ἐντέρων ἀραιὸν—ἀπέκλεισεν ἡ ὠτειλή. Galen. Comm. ii. 34, Epid vi. (xvii. A. 962): καὶ ἀποκλείει τὸ ἔμφυτον θερμόν. Galen. Comm. iv. 34, Aph. (xvii. B. 706): αἱ τ' ἔνδον αὐτοῦ μύες φλεγμήναντες ἀποκλεῖσαι δύνανται τὴν ὁδὸν τοῦ πνεύματος. Galen. Comm. ii. 2, Artic. (xviii. A. 427): τὸ ζύγωμα τὰς κεφαλὰς ἀποκλείειν. Galen. Nat. Facul. iii. 13 (ii. 192): ὥστ' ἐν τοῖς εἰλεοῖς ὅταν ἀποκλεισθῇ τελέως ἡ κάτω διέξοδος.

* κατακλείειν: see § 42.

§ LXX.

Luke, XIV.

* προσαναβαίνειν.   καταβαίνειν.   * κατάβασις.   ἀνώτερον.
* ἀνωτερικός.   * ἀνάπηρος.   * ζεῦγος.

ἡσυχάζειν (verse 4, § 86).   * ἀνασπᾶν (v. 5, § 75).   *κατακλίνειν (v. 8, § 46).   * δοχή (v. 13, § 73).   *συμβάλλειν (v. 31, § 68).   εὔθετος (v. 35, § 51).

10. "But when thou art bidden, go and sit down in the lowest room; that when he that bade thee cometh, he may say unto thee, Friend, *go up higher*" (προσανάβηθι ἀνώτερον).

ἀνώτερον is used in only one other passage in the N. T. (Heb. x. 8); it is very frequently used in medical language, particularly in describing the position of the parts of the human body.

*προσαναβαίνειν, peculiar to St. Luke, is also used in anatomical description, and in the first of the following passages it is used *joined with ἀνώτερον*, as *in St. Luke.*
Galen. Anat. Admin. vi. 5 (ii. 561): καὶ εἰ προσαναβαίνοις αὖθις ἀνώτερον διὰ τῶν ταπεινῶν κατὰ βάθους μερῶν, ὅπου τὸ μεσαντέριον ὃ καὶ μεσάραιον καλεῖται, τοῖς κατ' ὀσφὺν ἅπασιν, ἐν οἷς εἰσι καὶ οἱ νεφροί. Galen. Anat. Muscul. (xviii. B. 983): οὗτος ὁ μῦς ἅπτεται μὲν ἀεὶ καὶ τοῦ βραχίονος αὐτοῦ κατὰ τὴν πρώτην ἔμφυσιν ὀλίγον τι προσαναβαίνων ἀπὸ τοῦ κονδύλου. Galen. Comm. iii. 132, Praedic. i. (xvi. 794): πλήθους γὰρ ἠθροισμένου κατὰ τὰς φλέβας λεπτὸς μέν τις ὀρρὸς αὐτῷ συρρέων εἰς τὴν γαστέρα τὰς καρδιαλγίας ἐργάζεται προσαναβαίνων ἐπὶ τὸ κατ' αὐτὴν στόμα. Galen. San. Tuend. vi. 11 (vi. 434): καὶ προσανέβαινεν ἀεὶ τὰ συμπτώματα τοῖς ὑπερκειμένοις μέρεσι.

καταβαίνειν : *see* § 56.

*καταβάσις, Luke, xix. 37. "At *the descent* (τῇ καταβάσει) of the Mount of Olives."

Both this word and ἀνάβασις were in use in medical language. Hipp. Humor. 47 : πεπασμὸς, κατάβασις τῶν κάτω, ἐπιπύλασις τῶν ἄνω, καὶ τὰ ἐξ ὑστερέων. Galen. Hipp. et Plat. Decret. iii. 5 (v. 322): οὔτε τῆς καταβάσεως τῶν ῥηθέντων εἰ μὴ περὶ τὸν θώρακα—ἐὰν ᾖ περὶ τὸν θώρακα, οἰκείως κατάβασις ῥηθήσεται. Galen. Comm. iv. 24, Alim. (xv. 411): αἱ ὁδοὶ καὶ οἷον ὀχετοὶ ἐν τῷ σώματί εἰσι τὰ καλούμενα ἀπ' αὐτοῦ ἀγγεῖα—τῇ τε ἀναβάσει καὶ τῇ καταβάσει ὑπηρετοῦσι. Galen. Comm. i. 9, Aph. (xvii. B. 378): ὑποκαταβαίνειν ἐκέλευσε τῆς ἐσχάτως λεπτῆς διαίτης — νῦν προστίθησιν ἕτερον σκοπὸν εἰς ἀκρίβειαν τοῦ τὸ ποσὸν λαβεῖν τῆς ὑποκαταβάσεως. It was also applied to "the going down," "descent," of a patient into a bath. Dioscor. Medic. Parab. i. 230 : εἰς τὴν ἔμβασιν τοῦ ἐλαίου κατάβασις. And ἀνάβασις to one of the stages of a sickness. Galen. Comm. i. 3, Humor. (xvi. 71): ἥκει δὲ ὁ δεύτερος καιρὸς ὁ τῆς ἀναβάσεως ὀνομαζόμενος.

ἀνώτερον. Hipp. Fract. 797 : ὅπερ ἀποκλείει τὰς κεφαλὰς

τῆς κάτω γνάθου τῆς μὲν ἀνωτέρω ἐὸν, τῆς δὲ κατωτέρω τῶν κεφαλαίων. Hipp. Fract. 802 : ἢ κάτω τὸν χόνδρον ἢ ἀνωτέρω. Hipp. Fract. 807 : ὅσοισι ἂν ᾖ ἀνωτέρω τῶν φρενῶν τὸ κῦφος. Hipp. Fract. 808 : προσδῆσαι δὲ κατωτέρω ἑκάτερον τῶν γουνάτων καὶ ἀνωτέρω. Hipp. Fract. 794 : ἴησις δὲ σχήματος μὲν ὀλίγον ἀνωτέρω ἄκρην τὴν χεῖρα τοῦ ἀγκῶνος ἔχειν. Hipp. Fract. 776 : τὸ δὲ σκέλος ἀνωτέρω ἔχειν. Hipp. Artic. 822 : ἀτὰρ καὶ ἀνωτέρω φαίνεται ὁ γλουτός. Galen. Comm. i. 15, Off. (xviii. B. 692) : οὐκ ἀνωτέρω τῶν ἀγκώνων τὴν περιβολὴν γίγνεσθαι. Galen. Anat. Muscul. (xviii. B. 976) : ὁ σύνδεσμος ἐμφύεται τῷ βραχίονι τῆς μέσης αὐτῆς χώρας ἀνωτέρω. Galen. Medicus, 19 (xiv. 784) : μικρὸν ἀνωτέρω τῶν κροτάφων.

*ἀνωτερικός. Acts, xix. 1 : " Paul having passed through the *upper* coasts (τὰ ἀνωτερικά) came to Ephesus." ἀνωτερικός is met here only in the N. T. It is a very rare word, and in medical language was applied to the upper part of the body—medicines which acted there—emetics.

Hipp. Superfoet. 264 : ἢν δὲ μὴ δοκέῃ δεῖσθαι ἀνωτερικοῦ, προπυριήσας κάτω πίσαι. Hipp. Aphoron. 677 : ἢν δὲ μὴ δοκέῃ δεῖσθαι ἀνωτερικοῦ. Hipp. De Purgant. 1 : ὁ αὐτὸς δὲ τρόπος καὶ πρὸς τὰ ἀνωτερικά. Galen. Meth. Med. xiv. 7 (x. 969) : κάθαρσις, ἥ τε διὰ τῶν ὑπηλάτων φαρμάκων καὶ ἡ διὰ τῶν ἀνωτερικῶν ἢ ἐμετικῶν ὀνομαζομένων. Galen. Medicus, 13 (xiv. 754) : ἀνωτερικοῖς δὲ φαρμάκοις χρῆσθαι.

13. " But when thou makest a feast, call the poor, *the maimed* (ἀναπήρους), the lame, the blind."

*ἀνάπηρος. Peculiar to St. Luke. πηρός, and some of its derivatives, were medical terms. Galen. Usus Part. iii. 10 (iii. 237) : ἀνάπηρον μὲν αὐτὴν καὶ τυφλὴν τὴν θείαν ἀπεργασάμενον δύναμιν. Galen. Usus Part. xiv. 6 (iv. 162) : μὴ γὰρ δὴ νομίσῃς, ὡς ἑκὼν ἄν ποτε τὸ ἥμισυ μέρος ὅλου τοῦ γένους ἡμῶν ὁ δημιουργὸς ἀτελὲς ἀπειργάσατο καὶ οἷον ἀνάπηρον, εἰ μή τις κἀκ τούτου τοῦ πηρώματος ἔμελλεν ἔσεσθαι χρεία μεγάλη. Galen. Meth. Med. vi. 3 (x. 408) : διακοπέντος δὲ ὅλου τοῦ νεύρου κίνδυνος μὲν οὐκέτι οὐδεὶς ἀνάπηρον δ' ἔσται τὸ μόριον. Galen. Anat. Administr. ii. 2 (ii. 284): ἐν οἷς εἰ μήτις εἰδείη, ποῦ μὲν ἐπίκαιρον τέτακται νεῦρον ἢ μῦς— θανάτου μᾶλλον ἢ σωτηρίας αἴτιος ἔσται τοῖς ἀνθρώποις, ἔστιν ὅτε δ' αὐτὸς ἀναπήρους αὐτοὺς ἐργάσεται. Galen. Usus Part. xiii. 11 (iv. 126): καὶ ὡς τετράπουν ἀνάπηρόν τε ἅμα καὶ βραδὺ, διὰ τὸ πλεῖστον ἀπῆχθαι τοῦ θώρακος. Hipp. Morb. Mul. 647: καὶ πηραὶ τὰ σκέλεα πολλάκις γίνονται. Hipp. Artic. 826: πηροῦται τούτοισι τὸ σκέλος μᾶλλόν τι. Hipp. Semen. 235: ταύτῃ πηροῦται τὸ παιδίον—ἢ ἑτέρῳ τρόπῳ τοιῷδε πηροῦται παιδία—ἐπὴν ἐν τῇσι μήτρῃσι κατὰ τὸ χωρίον καθότι καὶ ἐπηρώθη στενὸν ἔῃ ἀνάγκη ἐν στενῷ κινευμένου τοῦ σώματος πηροῦσθαι κατ' ἐκεῖνο τὸ χωρίον—ἐκπεπηρωμένων ἀνθρώπων ὑγιέα τίκτονται τὰ παιδία.

19. "And another said, I have bought *five yoke* (ζεύγη πέντε) of oxen, and I go to prove them : I pray thee have me excused."

*ζεῦγος is peculiar to St. Luke, and is the word used in medical language for a pair of nerves—arteries—veins— muscles.

Galen. Usus Part. iv. 7 (iii. 277) : καὶ τούτου χάριν εἰς αὐτὴν ζεῦγος οὐ σμικρῶν νεύρων ἄνωθεν καταφέρεται. Galen. Usus Part. xi. 10 (iii. 881) : διττὰ ζεύγη νεύρων. Galen. Usus Part. xiv. 13 (iv. 204): διὰ τοῦτ' οὖν πάνυ λεπτὸν τὸ ζεῦγος τουτὶ τῶν νεύρων. Galen. Usus Part. xvi. 12 (iv. 332): τοῦ λοιποῦ ζεύγους τῶν ἀρτηριῶν ἐπιμνησθήσομαι. Galen. Hipp. et Plat. Decret. vi. 3 (v. 527): ἀπὸ τῆς κεφαλῆς καταφέρεσθαι τέτταρα ζεύγη φλεβῶν—τὰ τέτταρα ἐκεῖνα ζεύγη φλεβῶν. Galen. Comm. 6, Nat. Hom. ii. (xv. 138): ἕτερον δ' ἄλλο ζεῦγος φλεβῶν ἄρχεται—ὥσπερ τὸ πρότερον ζεῦγος. Galen. Comm. 7, Nat. Hom. ii. (xv. 146): τὰ τέτταρα ζεύγη τῶν φλεβῶν. Do. 8 (148): τῷ πρώτῳ ζεύγει τῶν φλεβῶν. Do. (149): τῷ δὲ δευτέρῳ ζεύγει φλεβῶν. Galen. Comm. ii. 3, Artic. (xviii. A. 431) : τὸ δ' ἕτερον ζεῦγος μυῶν ὅπερ τὰς κορώνας ἐμφέρεσθαι ἔφην.

§ LXXI.

Luke, XV.

* δραχμή.   * μνᾶ.

* ἐπιμελῶς (verse 8, § 97).   κολλᾶσθαι (v. 15, § 66).

* δραχμή. 8. "Either what woman having ten *pieces of silver* (δραχμὰς ἔχουσα δέκα), if she lose one *piece* (δραχμὴν μίαν), doth not light a candle, and sweep the house, and seek diligently till she find it?"

* μνᾶ. Luke, xix. 13: "And he called his ten servants, and delivered them ten *pounds* (δέκα μνᾶς), and said unto them, Occupy till I come."

St. Luke alone mentions the δραχμή and μνᾶ. He was accustomed to the use of them in his medical practice, as they were the common weights employed in dispensing medicines and in writing prescriptions.

Hipp. Morb. Mul. 626: ἀσφάλτου δραχμὴν μίαν, δαύκου καρποῦ δραχμὰς δύο—κρόκον τρίψας λεῖον ὅσον δραχμὴν ὁλκήν. Hipp. 627: στυπτηρίης σχιστῆς δραχμὰν μίαν. Hipp. Intern. Affect. 538: εἶτα συμμίξας ἅμα συνεψεῖν τὸ στέαρ τεταρτημόριον μνᾶς. 560: νίτρου ἐρευθροῦ Αἰγυπτίου τεταρτημόριον μνᾶς. Aretaeus, Cur. Acut. Morb. 89: καστόριον πιπίσκειν δραχμῆς ὁλκῆς ἥμισυ. 97: τῆς ἱερῆς δραχμὰς δύο. 104: σμύρνης δραχμὰς δύο. 109: ἀκακίης ἐμπάσσειν ἐς γ΄ κυάθους, τοῦ ὀξυκρήτου δραχμὴν μίαν. Dioscor. Mat. Med. i. 24: σταφίδων λιπαρῶν μνᾶς ιβ΄, ῥητίνης ἀποκεκαθαρμένης μνᾶς ε΄, καλάμου ἀρωματικοῦ, ἀσπαλάθου, σχοίνου, ἑκάστου μνᾶν α΄, σμύρνης δραχμὰς ιβ΄, οἴνου παλαιοῦ ξέστας θ΄, μέλιτος μνᾶς β΄, μίξον ἐπιμελῶς, &c., &c.

Galen. Comp. Med. vii. 3 (xiii. 78): μίλτου δραχμὰς δ΄, λιβάνου δραχμὰς η΄, κωνείου σπέρματος δραχμὰς δ΄, λίθου αἱματίτου δραχμὰς δ΄, ὑοσκυάμου σπέρματος δραχμὰς η΄, γῆς Σαμίας δραχμὰς γ΄. Galen. Comp. Med. viii. 5 (xiii. 187): βδελλίου μνᾶν α΄, κηροῦ μνᾶν α΄, ῥητίνης μνᾶς δ΄, τερεμινθίνης μνᾶς δ΄, κασσίας μνᾶς δ΄, σμύρνης ἀνὰ μνᾶς δ΄, &c.

§ LXXII.

Luke, XVI.

*διαβάλλειν (verse 1, § 68). *ἐκλείπειν (v. 9, § 63). ἑλκοῦν (v. 20, § 22). ἕλκος (v. 21, § 22). *καταψύχειν (v. 24, § 22). *ὀδυνᾶσθαι (v. 24, § 22). στηρίζειν (v. 26, § 22). *χάσμα (v. 26, § 22).

Luke, XVII.

*λυσιτελεῖν. *συκάμινος. *συκομορέα. *παρατήρησις. παρατηρεῖν. *διατηρεῖν. τήρησις. *ζωογονεῖν.

προστιθέναι (verse 5, § 59).

2. "*It were better for him* (λυσιτελεῖ αὐτῷ) that a millstone were hanged about his neck, and he cast into the sea, than that he should offend one of these little ones."

*λυσιτελεῖν. This is the only passage in the N. T. where this word occurs; it is common in the medical writers, and by Hippocrates is used, as by St. Luke, with a comparative force.

Hipp. Fract. 765: ὥστε λυσιτελεῖ τὸν μέλλοντα κακῶς ἰητρεύεσθαι ἀμφότερα καταγῆναι τὰ σκέλεα μᾶλλον ἢ τὸ ἕτερον. Hipp. Fract. 773: λυσιτελέει δὲ ὀπίσω ἐμβάλλειν τὸ ὀστέον εἰ οἷόντε εἴη ἀόχλως. Epid. 1170: καὶ ὅπῃ ἔρευξις λυσιτελέει καὶ ἄλλα τοιαῦτα. Hipp. Praedic. 98: λυσιτελεῖ δὲ καὶ σφακελισμὸς νεύρου. Hipp. Vict. Acut. Morb. 389: ὁκότε γοῦν ταῦτα γίνεται τοῖσιν ὑγιαίνουσιν ἕνεκεν διαίτης μεταβολῆς οὔτε προσθεῖναι λυσιτελέειν φαίνεται οὔτε ἀφελέειν. Hipp. Vict. Morb. Acut. 390: ὅλως ἀφελεῖν πολλαχοῦ λυσιτελέει, ὅκου διαρκέειν μέλλει ὁ κάμνων. Hipp. Vict. Morb. Acut. 395: κίνδυνος μὴ λυσιτελέειν τὸ λουτρὸν ἀλλὰ μᾶλλον βλάπτειν. Galen. Renum Affect. 6 (xix. 687): ῥητέον τε ἰδικώτερον ποῖος τῶν οἴνων σοι πρόσφορος, ἄλλος γὰρ ἄλλοις λυσιτελεῖ. Galen. Comp. Med. i. 2 (xiii. 370): τὰ λυσιτελοῦντα τοῖς θεραπείας δεομένοις σώμασιν. Galen. Comm. ii. 36, Epid. vi. (xvii. A. 967): ὅπῃ ἔρευξις λυσιτελεῖ.

* συκάμινος. 6. "And the Lord said, If ye had faith as a grain of mustard seed, ye might say unto *this sycamine tree* (τῇ συκαμίνῳ), Be thou plucked up by the root, and be thou planted in the sea; and it should obey you."

* συκομορέα. Luke, xix. 4: "And he ran before, and climbed up into *a sycomore tree* (ἐπὶ συκομορέαν) to see him: for he was to pass that way."

St. Luke distinguishes between the mulberry tree (συκάμινος) and the fig-mulberry (συκομορέα). This distinction was not always made: even the LXX. call the fig-mulberry συκάμινος. Dioscorides notices this confusion of names. Mat. Med. i. 181: συκόμορον ἔνιοι δὲ καὶ τοῦτο συκάμινον λέγουσι. A physician would readily make the distinction, as both were used medicinally, and are frequently prescribed in the medical writers. Dioscor. Mat. Med. i. 180, 181, states their medical uses: περὶ μορέας—μορέα ἢ συκαμινέα δένδρεον ἐστὶ γνώριμον, ἧς ὁ καρπὸς λυτικὸς κοιλίας, εὔφθαρτος, κακοστόμαχος, χυλὸς ἑψηθεὶς δὲ ἐν χαλκώματι ἢ ἡλιασθεὶς στυπτικώτερος γίνεται, μιγέντος δὲ αὐτοῦ ὀλίγου μέλιτος ποιεῖ πρὸς ῥεύματα καὶ νομὰς καὶ παρίσθμια φλεγμαίνοντα. ὁ δὲ τῆς ῥίζης φλοιὸς συνεψηθεὶς ὕδατι καὶ ποθεὶς κοιλίαν λύει καὶ πλατεῖαν ἕλμινθα ἐκτινάσσει καὶ τοῖς ἀκόνιτον πεπωκόσι βοηθεῖ, τὰ δὲ φύλλα λεῖα σὺν ἐλαίῳ καταπλασθέντα περίκαυστα ἰᾶται, &c.

περὶ Συκομόρου—συκόμορον δένδρον δέ ἐστι μέγα, ὅμοιον τῇ συκῇ, πολύχυλον σφόδρα, τοῖς φύλλοις ἐοικὸς μορέᾳ,—ἔστι δὲ, εὐκοίλιος ὁ καρπὸς, ἄτροφος, κακοστόμαχος—δύναμιν δὲ ἔχει ὁ ὀπὸς μαλακτικὴν, κολλητικὴν τραυμάτων, διαφορητικὴν τῶν δυσπέπτων πίνεται δὲ καὶ συγχρίεται πρὸς ἑρπετῶν δήγματα καὶ ἐσκιρρωμένους σπλῆνας, στομάχου τε ἀλγήματα καὶ φρικίας.

Galen also gives the medicinal properties of both trees. De Facul. Aliment. ii. 11: περὶ συκαμίνων ἃ καὶ μόρα καλοῦσι. Do. ii. 35: περὶ συκομόρων.

20. "And when he was demanded of the Pharisees, when the kingdom of God should come, he answered them and said, The kingdom of God cometh not *with observation*" (μετὰ παρατηρήσεως).

*παρατήρησις is peculiar to St. Luke, and was employed (as also τήρησις) to denote medical observation of disease. Dioscor. Animal. Ven. Proem.: οἶον ἐπὶ τῶν θηριοδήκτων καὶ θανασίμων ἢ ἐπὶ τῶν λοιπῶν, ἀρκεσθησόμεθα τῇ παρατηρήσει—πρὸ τῆς παρατηρήσεως ἐπ' ἔμετον. Galen. Def. Med. 176 (xix. 396): ὑπομνηστικὸν σημεῖόν ἐστι, ὡς οἱ ἐμπειρικοὶ λέγουσι πρᾶγμα φαινόμενον καὶ γινωσκόμενον ἐκ προπαρατηρήσεως. Galen. De Opt. Sect. 2 (i. 109): τῶν δὲ φαινομένων μὲν, μὴ ἐξ ἑαυτῶν δὲ, ἀλλ' ἐξ ἑτέρων καταλαμβανομένων, κριτήριόν ἐστι συμπαρατήρησις. Galen. Opt. Sect. 10 (i. 127): ὅταν γὰρ τοῖς βλάπτουσι συμπίπτῃ τὸ συμφέρον τότε οὔτε παρατηρήσει οὔτε λογισμῷ. Galen. Opt. Sect. 11 (i. 131): ἄνευ ἀποδείξεως καὶ παρατηρήσεως. Galen. Opt. Sect. 10 (i. 127): τῇ συμπαρατηρήσει καταλαμβάνεσθαι.

παρατηρεῖν. Luke, vi. 7 : "And the scribes and Pharisees *watched him* (παρετήρουν), whether he would heal on the sabbath day."

This word, used four times by St. Luke—vi. 7, xiv. 1, xx. 20 ; Acts, ix. 24—and twice elsewhere—Mark, iii. 2 ; Gal. iv. 10—was employed in medical language to express close observation of the symptoms of an illness—the constitution of a patient, &c.

Hipp. Acut. Morb. 405 : τῆς διαιτητικῆς ἐστι μέγιστον παρατηρεῖν καὶ φυλάττειν καὶ τὰς ἐπιτάσιας τῶν πυρετῶν καὶ τὰς ἀνέσιας. Hipp. Epis. 1286 : χρὴ οὖν τὸν ἰατρὸν καὶ διαφορὴν καὶ ὥρην καὶ ἡλικίην παρατηροῦντα ἰητρεύειν τὸ πάθος. Hipp. Acut. Morb. 398 : θερμοῖσι δὲ οὖσι θέρμασμα μηδὲν πρόσφερε, ἀλλὰ παρατήρει ὅκως μὴ ψυχθήσονται. Galen. Comm. iii. 20, Epid. ii. (xvii. A. 270) : οὐ γὰρ ἀκριβῶς ταῦτα παρατήρησεν ἵνα καὶ ἐπιμελῶς ἐξηγεῖσθαι δύναιτο. Galen. Comm. i. 13, Epid. iii. (xvii. A. 561): ὥσπερ οὐκ ἐπὶ πάντων μὲν τῶν νοσούντων κοινῶς παρατηρουμένου. Galen. Morb. Acut. 9 (xix. 217): μέγιστον γὰρ ὂν τὸ ἐν τοῖς χρονίοις νοσήμασι παρατηρεῖν τοὺς καιρούς. Galen. De Affect. Renum. (xix. 677): τούτου ἕνεκα παρατηρεῖν χρή, κἂν μὴ ὑπακούοι τῆς θεραπείας. Galen. De Dieb. Decret. iii. 6

(ix. 913): εἰ δὲ μήτ' αὐτὸς παρατηρεῖν ἐθέλεις τὰ τοιαῦτα μήτε τοῖς τηρήσασι πιστεύεις. Galen. Morb. Acut. 8 (xix. 217): μέγιστον παρατηρεῖν ὡς ἐν τοῖς ὀξέσι καὶ ἐν τοῖσι μακροῖσιν ἀρρωστήμασι καὶ τὰς ἐπιτάσιας τῶν πυρετῶν. Galen. San. Tuend. iii. 8 (vi. 212): ὥσπερ αὐτὸς ὁ Θέων τοῦτό γε παρετήρησεν ὀρθῶς, φυλακτέον ἐστὶ τὴν ἐν τῷ ψυχρῷ διατριβήν.

*διατηρεῖν. Luke, ii. 51: "But his mother *kept* (διετήρει) all these sayings in her heart."

Peculiar to St. Luke, and used again in Acts, xv. 29.

Hipp. Decor. 25: χρὴ τὸν ἰητρὸν διειληφότα τὰ μέρεα περὶ ὧν εἰρήκαμεν διατηρέοντα φυλάσσειν. Hipp. Epid. 1290: ἀλλ' ἐπακολουθοῦντα τοῖς σημείοις τοῖς γινομένοις ἐν τῷ σώματι διατηρεῖν τὸν καιρὸν ἑκάστου σώματος. Dioscor. Mat. Med. i. 86: φλεγμονὰς παρηγορεῖ καὶ τραύματα ἀφλέγματα διατηρεῖ. Dioscor. Mat. Med. ii. 93: θέλῃ τις ἄσηπτον διατηρῆσαι οὕτω ποιητέον. Dioscor. Mat. Med. ii. 108: διατηρήσει γὰρ αὐτήν. Dioscor. Mat. Med. v. 175: πρός τε τὰ πυρίκαυστα ποιοῦσιν ἐπιχριόμενοι παραχρῆμα, ὥστε ἀφλυκταίνωτα διατηρεῖν τὰ πεπονθότα μέρη. Galen. Def. Med. 95 (xix. 371): φύσις ἐστὶ πνεῦμα ἔνθερμον ἐξ ἑαυτοῦ κινούμενον, διατηρεῖν τὸν ἄνθρωπον. Galen. Remed. Parab. iii. (xiv. 540): ἀμέθυσος διατηρηθῆναι εἰ θέλεις καὶ ἄνοσος φύλλα πηγάνου ἔσθιε—ἀμέθυσος διατηρεῖτο ὁ προφαγὼν ἀμύγδαλα πικρά—ἀμέθυσος διατηρεῖται ὁ πνεύμονα προβάτου νήστης ἐσθίων ἐφθόν. Galen. Medicus, 8 (xiv. 693): διαφέρει δὲ ἐν τῷ ὑγιεινῷ πάλιν, τὸ ἐν ὑγείᾳ διατηρῆσαι τοῦ προφυλάξαι νόσους ἐπιούσας.

τήρησις. Acts, iv. 3: "And they laid hands on them, and put them *in hold* (εἰς τήρησιν) unto the next day."

τήρησις, met again in Acts, v. 18, and one other passage in the N. T. (1 Cor. vii. 19), is of frequent occurrence in medical language, signifying observation like παρατήρησις—preservation of health—and guarding against disease.

Galen. Comm. iv. 55, Acut. Morb. (xv. 830): τῶν ἐκ τηρήσεως, ἐμπειρικῶς γεγραμμένων τοῖς ἰατροῖς. Galen. Comm. ii. 1, Humor. (xvi. 209): αὐτῶν γὰρ τήρησις πρὸς τὴν θεραπευτικήν ἐστιν ἀναγκαία. Galen. Comm. iii. 31, Epid vi. (xvii. B. 100): οὐ μόνον λογικὴν εὕρεσιν βοηθημάτων ἀγνόειν ἀλλὰ καὶ τήρησιν ἐμπειρικήν. Galen. Comm. iii. Praef. Aph. (xvii. B. 562) : ἀλλ' εἰς ἐμπειρίαν καὶ τήρησιν ἀναπέμψαντας ἅπαντα. Galen. Comm. i. 1, Offic. (xviii. B. 645): κἀπειδὰν ἐκ τῆς τηρήσεως ταύτης πολλῶν συνδρομῶν ἐμπειρίαν ἔχῃ. Galen. Aliment. Facul. ii. 6 (vi. 569): ἐν τούτῳ δ' ἐστὶν μάλιστα τὸ χρήσιμον εἰς ὑγιείας τε φυλακὴν καὶ νόσων τήρησιν. Galen. Medicus, 3 (xiv. 683) : μήτε τῇ ἐπὶ ταῖς συνδρομαῖς τηρήσει τῶν διὰ πείρας ἁρμαζόντων ἀρκεῖσθαι. Galen. Opt. Sect. 8 (i. 124) : δεῖ τὰς τηρήσεις ποιῆσαι. Do. : ἀδύνατον ἂν εἴη ἡ τοιαύτη τήρησις. Galen. Opt. Sect. 24 (i. 173): ἡ τῆς ὑγείας τήρησις.

33. " Whosoever shall seek to save his life shall lose it ; and whosoever shall lose his life *shall preserve it*" (ζωογονήσει).

* ζωογονεῖν, peculiar to St. Luke (it is however a various reading for ζωοποιεῖν, 1 Tim. vi. 13), and used also in Acts, vii. 19. ζωογονεῖν, ζωογόνος, and ζωογονία were used in medical language to signify " producing alive," " enduing with life."

Galen. Animal in Utero, 2 (xix. 163) : εἰ μὴ τὴν ἀπὸ τῶν τελείων ξωογονίαν λάβοι. Do. 5 (175) : μὴ τοίνυν μηδὲ περὶ τὴν τὰ ἔμβρυα ζωογονίαν ἀπιστῶμεν εἶναι ζώωσιν. Do. (180): Κύψελος ζωογονούμενος. Galen. Ars Med. 12 (i. 266): πραγματεῖαι δέ εἰσιν, ἥ τε περὶ ζωογονίας ὀνομαζομένη. Aretaeus, Sign. Morb. Diuturn. 64: ζωογόνον σπέρμα. Theophrastus, H. P. vii. 14. 3 : ἐκεῖνά τε γὰρ ἐν ἑαυτοῖς ὠοτοκήσαντα ζωογονεῖ. Do. H. P. viii. 11. 2 : μόνος γὰρ οὗτος οὐ ζωογονεῖ. Do. C. P. iii. 23. 3 : πανταχοῦ γὰρ ἡ φύσις ζωογονεῖ. Do. C. P. iii. 24. 3 : ζωογονεῖται. Do. C. P. iv. 15. 2 : τὰ ὠὰ καὶ τελειοῖ καὶ ὅλως ζωογονεῖ τὸ περιέχον. Do. C. P. iv. 15. 4 : καὶ ὅλως ὅσα τῶν ἀψύχων ζωογονεῖται. Do. C. P. v. 9. 3 : ἐν τῇ μεταβολῇ διὰ τὴν σῆψιν ἡ ζωογονία—ἡ δριμύτης κωλύει ζωογονεῖν.

§ LXXIII.

Luke, XVIII.

* βελόνη (verse 25, § 38). *τρῆμα (v. 25, § 38). παραχρῆμα (v. 43, § 57).

Luke, XIX.

ὑποδέχεσθαι. * διαδέχεσθαι. * διάδοχος. * δοχή. * ἐνδέχεσθαι. * πραγματεύεσθαι. * διαπραγματεύεσθαι. * ἐκκρέμασθαι.

* συκομορέα (verse 4, § 72). παραχρῆμα (v. 11, § 57). προστιθέναι (v. 11, § 59). *μνᾶ (v. 13, § 71). * ἐπανέρχεσθαι (v. 15, § 21). * ὑποστρώννυμι (v. 36, § 50). * κατάβασις (v. 37, § 70).

ὑποδέχεσθαι. 6. "And he made haste, and came down, and *received him* (ὑπεδέξατο) joyfully."

Used again: ch. x. 38, Acts, xvii. 7; and in only one other place in the N. T. : James, ii. 25.

The derivatives of δέχεσθαι were very much employed in medical language.

Hipp. Loc. in Hom. 418 : ὁ ἰχὼρ ὁ ἀπὸ τοῦ ἕλκεος ἀποῤῥέων κωλύεται ἔξω χωρέειν—ἡ δὲ σὰρξ ὑποδέχεται. Hipp. Morb. 460 : ὁκόταν γὰρ ἡ ἄνω κοιλίη ὑπερθερμανθῇ, ἕλκει ἐφ' ἑωυτὴν καὶ ὑποδέχεται ὁ πλεύμων. Hipp. Affect. 530 : ἡ κοιλίη ὅταν ὑγρυτέρη ἐοῦσα καὶ ὅταν ξηροτέρη ὑποδέχεται τὸ σιτίον. Hipp. Humor. 51 : οἱ ὕποπτοι τόποι ὑποδεξάμενοι πόνῳ ἢ βάρει ἢ ἄλλῳ τινὶ ῥύονται. Galen. Comm. iv. 5, Humor. (xvi. 385): γαστὴρ μὲν οὖν ὑποδέχεται τὴν τροφήν. Galen. Comm. i. 1, Humor. (xvi. 17): ἐνίοτε δὲ ἕν τι μόριον ἢ πικρόχυλον ἢ φλεγματικὸν ἢ μελαγχολικὸν ὑποδεξάμενον χυμόν. Galen. Comm. ii. 22, Humor. (xvi. 282): τὰς ἀποστάσεις ὑποδέχεσθαι. Galen. Comm. vi. 2, Epid. vi. (xvii. B. 318):

τὰ δ' ἐκ τῆς καρδίας ὁ πνεύμων ὑποδέχεται. Galen. Comm. i. 3, Aph. (xvii. B. 364): αἱ φλέβες ἔτι χώραν ἔχωσιν ὑποδέχεσθαι τὴν ἀναδιδομένην τροφήν. Galen. Comm. ii. 15, Aph. (xvii. B. 472): ἥ τε φάρυγξ ὑποδεχομένη τοὺς ἐκ τῆς κεφαλῆς καταρρέοντας χυμούς.

* διαδέχεσθαι. Acts, vii. 45: "Which also our fathers *that came after* (διαδεξάμενοι) brought in with Jesus into the possession of the Gentiles."

Peculiar to St. Luke, and used in medical language of a succession of diseases.

Aretaeus, Cur. Acut. Morb. 88: ἦν μὲν ἐξ ἑτέρης νούσου ὁκοῖόν τι φρενίτιδος διαδέξηται ἡ λήθη—ἦν δὲ μὴ ἐκ διαδέξιος νούσου ἀλλ' ἑωυτέου ἄρχηται ὁ λήθαργος. Aret. Cur. Morb. Acut. 148: ἦν δὲ ἐκ πολλῶν μὲν ἤδη χρόνων ἔῃ ἀτὰρ καὶ ἐκ διαδέξιος πατέρων φανῇ συναποθνήσκει ἡ νοῦσος. Galen. Comm. ii. 2, Aliment. (xv. 233): ἀλλήλας γὰρ αἱ πέψεις διαδέχονται. Galen. Comm. iii. 27, Aliment. (xv. 374): τῶν ἐναντίων κινήσεων τῶν ἀλλήλων διαδεχομένων. Galen. Comm. iv. 29, Aliment. (xv. 417): διαδέχεται δ' αὐτὸν ἐνταῦθα μεγίστη φλέψ. Galen. Comm. iii. 120, Praedic. (xvi. 772): καὶ μετάπτωσιν ἔχοντα ποικίλως ἄλληλα διαδεχομένων τῶν συμπτωμάτων. Galen. Comm. iii. 153, Praedic. (xvi. 814): ὅταν μὴ παύσῃ τὴν νόσον αἱμορραγία, διαδέξεται δ' αὐτὴν ῥῖγος. Galen. Comm. iii. 9, Epid. ii. (xvii. A. 333): ἡ δὲ παραπληγία πολλάκις τὴν τῆς ἀποπληξίας λύσιν διαδέχεται. Galen. Comm. i. 4, Epid. iii. (xvii. A. 574): τῶν ἐναντίων κινήσεων ἀλλήλων διαδεχομένων ἅμα ψύξεως αἰσθήσει. Galen. Loc. Affect. vi. 3, (viii. 399): τέσσαρα γὰρ ταῦτα συμπτώματα διαδέχεται τὴν ἐν τῷ σφοδρῷ δίψει πόσιν.

* διάδοχος. Acts, xxiv. 27: "But after two years Porcius Festus *came into Felix' room* (ἔλαβε διάδοχον ὁ Φῆλιξ).

Peculiar to St. Luke, and used in medical language like διαδέχεσθαι.

Hipp. Epid. 959: καὶ ὅσαι ἐξ οἵων εἰς οἷα διαδοχαὶ νοσημάτων. Aretaeus, Cur. Morb. Diuturn. 141: ἥνπερ οἱ σκίρροι διάδοχον ἐς διαπνοὴν ἄγωνται. Aret. Sign. Acut. Morb. 25 : εἶτ᾽ αὐτοῖς ἐξάπτεται τὸ δίψος, αὖθις ἄδην πίνουσι καὶ ἥδε ἡ διαδοχὴ τοῦ κακοῦ. Aret. Sign. Morb. Diuturn. 75 : νεφρῶν καὶ κύστιος ἡ διαδοχή—καὶ τῶνδε ἄφυκτος ἡ διαδοχή. Galen. Comm. i. 1, Humor. (xvi. 56) : διαδοχαὶ γίνονται νοσημάτων— ἐν τῇ τῶν ἡλικιῶν διαδοχῇ. Galen. Comm. ii. 11, Humor. (xvi. 247) : γίνονται διαδοχαὶ ὀλέθριοὶ τῶν νοσημάτων—διαδοχὴ σωτηρίας. Galen. Comm. iii. 31, Humor. (xvi. 471) : γίνονται διαδοχαὶ τῶν χυμῶν. Galen. Comm. iii. 1, Epid. i. (xvii. A. 216) : διαδοχαὶ νοσημάτων καὶ ἀποστάσιες—διαδοχαὶ γοῦν ὀλέθριοί τε καὶ κρίσιμοι γίνονται νοσημάτων.

* δοχή. Luke, v. 29 : "And Levi made him a great feast (δοχήν) in his own house."

Peculiar to St. Luke, and used also in ch. xiv. 13.

This very rare word, used by St. Luke for a reception, is used by Aretaeus for a receptacle. ὑποδοχή, δοχεῖον, and ὑποδοχεῖον are the more usual medical words.

Aretaeus, Sign. Acut. Morb. 13 : πνεύμονος ἔρυμα καὶ δοχή. Aret. Cur. Morb. Diuturn. 143 : ἀσκίτῃ μὲν γὰρ δοχεῖον τὸ περιτόναιον. Galen. Medicus, 11 (xiv. 719) : δοχεῖα δέ εἰσιν καὶ ἐργαστήρια τοῦ γόνου. Galen. Med. Defin. 57 (xix. 362) : κύστις ἐστὶ νευρώδης ὑποδοχεῖον ἅμα καὶ ἐργαλεῖον ἐκκριτικὸν ὑγροῦ τοῦ περιττώματος. Galen. Med. Def. 54 (xix. 361) : κοιλία ἐστὶ νευρώδης ὑποδοχεῖον τροφῆς. Do. 55 : ἔντερά ἐστι νευρώδη τὰ μὲν πρὸς τὴν πέψιν συνεργοῦντα τὰ δὲ πρὸς τὴν ὑποδοχήν.

* ἐνδεχέσθαι. Luke, xiii. 33 : "Nevertheless I must walk to-day, and to-morrow, and the day following : for it cannot be (οὐκ ἐνδέχεται) that a prophet perish out of Jerusalem."

Peculiar to St. Luke, and much employed in medical language.

Hipp. De Gland. 271 : τὰ δὲ ἔντερα ἐκ τῶν τευχέων ἐς τὰ ἐπίπλοα ἐνδέχεται καὶ καθίησι τὴν ὑγρασίαν. Hipp. De Liquid. Usu. 426 : μέλας οἶνος ψυχρὸς ἐπὶ τὰ ἕλκεα ἐνδέχεται. Do. 427 : ὑστέρῃσιν οὐ πάνυ ἐνδέχεται. Hipp. Aphoron. : ἢν δὲ ἐνδέχηται ἐν τῷ στόματι τῆς μήτρας. Hipp. Fract. 771 : μάλιστα δὲ ἐν κνήμῃ ἐνδέχεται μηχανοποιέειν. Hipp. Artic. 789 : ἄλλην ἐσχάρην ἐνδέχεται ἐνθεῖναι. Hipp. Aph. 1243 : ἀλλ᾽ ἐνδέχεται ἁδροτέρως διαιτᾶν. Galen. Comm. iii. 13, Aliment. (xv. 305) : ἐνδέχεται δὲ προηγεῖσθαι τῆς νόσου διάθεσιν ἑτέραν τινά. Galen. Comm. i. 19, Humor. (xvi. 187): οὐ γὰρ ἐνδέχεται τὸν νοσοῦντα ἔχειν κατὰ φύσιν τὴν κοιλίαν. Galen. Comm. iii. 26, Humor. (xvi. 460) : ἐνδέχεται μὲν γὰρ αὐτοὺς ἐπιτηδείους εἶναι πρός τι μέγα πάθος.

* πραγματεύεσθαι. 13 : " And he called his ten servants, and delivered them ten pounds, and said unto them, *Occupy* (πραγματεύσασθε) till I come."

* διαπραγματεύεσθαι. 15 : "And it came to pass, that when he was returned, having received the kingdom, then he commanded these servants to be called unto him, to whom he had given the money, that he might know how much every man *had gained by trading*" (διεπραγματεύσατο).

Both words are peculiar to St. Luke, and in medical language were used of a physician, in the practice of his profession, using his utmost skill and attention in a case of sickness. Hipp. Epid. 1201 : καὶ πάντα πραγματευσαμένων ἡμῶν ὅσα ἦν πρὸς τὸ τὰ γυναικεῖα κατασπάσαι οὐκ ἦλθεν ἀλλ᾽ ἀπέθανεν οὐ πολὺν μετέπειτα χρόνον βιώσασα. Galen. Comm. ii. 40, Praedic. (xvi. 600): οὐχ ἁπλῶς, ἀλλὰ μετὰ τοῦ πραγματεύεσθαί τι τὸν ἰατρὸν ἢ διὰ κλυστῆρος, ἢ διὰ βαλάνου. Galen. Comm. ii. 59, Praedic. i. (xvi. 639) : πραγματευσαμένων τῶν ἰατρῶν. Galen. Comm. iii. 100, Praedic. (xvi. 720) : τουτέστι μετὰ τοῦ πραγματεύσασθαί τι τὸν ἰατρόν. Galen. Comm. iii. 9, Epid. ii. (xvii. A. 406) : μετὰ τοῦ πραγματεύεσθαί τι τὸν ἰατρὸν ἢ διὰ κλυστῆρος ἢ διὰ βαλάνου. Galen. Comp. Med. i. 3 : ἐπιμελέστερόν μοι δοκοῦντος πεπραγματεῦσθαι τὴν τῶν ἀχώρων θεραπείαν. Galen. Comp. Med. viii. 7 (xiii. 198) : οἱ πρὸ ἡμῶν ἄριστα πραγματευόμενοι περὶ φαρμάκων. Galen. Loc. Affect. iii. 11 (viii. 197): διεσώθη γὰρ οὐδὲν ἄλλο πραγματευόμενος ἔτι. Galen. Loc. Affect. iv. 11 (viii. 291) : ἀλλ᾽ ὅπως οὐκ ὀλίγα πραγματευσαμένων ἀμφ᾽ αὐτοὺς ἡμῶν οὔτε τούτων τις οὔτ᾽

ἄλλος ἐσώθη. Galen. Med. Def. 11 (xix. 352) : θεραπευτικὸν δὲ τὸ περὶ τὴν ἴασιν ἢ ἀνάκλησιν τῆς διαφθαρμένης ὑγιείας καὶ ἀποκατάστασιν αὐτῆς πραγματευόμενον.

Galen. Comm. i. 20, Aph. (xvii. B. 436) : πότε μὲν ἐπιτρεπτέον ἐστὶ τῇ φύσει τὸ πᾶν αὐτῇ περὶ τὸν νοσοῦντα διαπράττεσθαι, μηδὲν ἡμῶν ἄλλο διαπραγματευομένων, ὅτι μὴ τὸ κατὰ τὴν δίαιταν, πότε δὲ οὐ μόνον τῇ φύσει τὸ πᾶν ἐπιτρεπτέον, ἀλλά τι καὶ αὐτοὺς πραγματεύεσθαι.

48. "And he could not find what they might do: for all the people were *very attentive* (ἐξεκρέματο) to hear him."

ἐκκρέμασθαι is found in this passage only, and was in medical use.

Hipp. Superfoet, 261 : ἵνα τὸ ἔμβρυον ἐκκρεμάμενον συνεπισπᾶται τῷ βάρει ἔξω. Hipp. Artic. 795 : ἀγκῶνι δὲ ἄκρῳ ὑποτιθέντα τι παρὰ τὸ ἄρθρον βάρος ἐκκρεμάσαι. Hipp. Artic. 833 : παραστάντα ὀρθὸν παρὰ τὸ σῶμα τοῦ κρεμαμένου ἐξαπίνης ἐκκρεμασθέντα μετέωρον αἰωρηθῆναι—αὐτό τε γὰρ τὸ σῶμα κρεμάμενον τῷ ἑωυτοῦ βάρει κατάτασιν ποιέεται, ὅ τε ἐκκρεμασθεὶς ἅμα μὲν τῇ κατατάσει ἀναγκάζει ὑπεραιωρεῖσθαι τὴν κεφαλὴν τοῦ μηροῦ ὑπὲρ τῆς κοτύλης. Hipp. Moch. 850 : ὑποθείς τι παρὰ τὸ ἄρθρον βάρος ἐκκρεμάσαι ἢ χερσὶ καταναγκάσαι. Hipp. Morb. 484 : ἀλλὰ δοκέει τι αὐτῷ οἷον ἐκκρέμασθαι βαρὺ ἀπὸ τοῦ πλευροῦ. Galen. Comm. ii. 22, Acut. Morb. (xv. 554) : ἀλλὰ μὴν καὶ ἐκκρέμασθαι δοκεῖν τὰ σπλάγχνα τοῖς ἐνδεῶς διαιτηθεῖσι. Galen. Comm. i. 9, Humor. (xvi. 94) : ὅθεν αἴσθησις γίνεταί τισιν κρεμᾶσθαι αὐτοῖς τὰ σπλάγχνα. Galen. Comm. i. 43, Artic. (xviii. A. 753) : ἐκκρεμασθῆναι τὸν εἰς τὸ κάτω μέλλοντα τὴν κεφαλὴν ἐπισπάσαι τοῦ μηροῦ. The adjective ἐκκρεμής also was used.

§ LXXIV.

Luke, XX.

προστιθέναι (verse 11, § 59).   παρατηρεῖν (v. 20, § 72).
* ἄτεκνος (v. 28. § 57).

Luke, XXI.

* φόβητρα.   * προσδοκία.   προσδοκᾶν.   * ἀπορία.   ἀπορεῖν.
* εὐπορία.   * εὐπορεῖσθαι.   * διαπορεῖν.   * ἀποψύχειν.
* ἀνάψυξις.   * ἐκψύχειν.   * καταψύχειν.   * κραιπάλη.
* βαρύνειν.

* ἐκχωρεῖν (verse 21, § 61).   πίμπλημι (v. 22, § 60).   *σάλος (v. 25, § 97).   * προβάλλειν (v. 30, § 68).

11. "And great earthquakes shall be in divers places, and famines, and pestilences; and *fearful sights* (φόβητρα) and great signs shall there be from heaven."

* φόβητρα. This rare word is peculiar to St. Luke, and used by Hippocrates to express fearful objects that present themselves to the imagination of the sick.

Hipp. Morb. Sacr. 303: ὁκόσα δὲ δείματα νυκτὸς παρίσταται καὶ φόβοι καὶ παράνοιαι καὶ ἀναπηδήσιες ἐκ τῆς κλίνης καὶ φόβητρα.

26. "*Men's hearts failing them* (ἀποψυχόντων ἀνθρώπων) for fear and *for looking after* (προσδοκίας) those things which are coming on the earth."

* προσδοκία, peculiar to St. Luke, and used also in Acts, ch. xii. 11, was employed in medical language to denote "expectation" of the result, usually fatal, of an illness, approach of pain, or paroxysms.

Galen. Comm. iii. 11, Epid. i. (xvii. A. 295): καὶ τὰ συμπτώματα πάντα διέμεινε τὴν προσδοκίαν βεβαιοῦντα τοῦ θανάτου. Galen. Comm. 33, Aph. vi. (xviii. A. 54): ἐπιγίνεται τοῖς πλευριτικοῖς ἤ τε τῆς σωτηρίας ἤ τε τοῦ θανάτου προσδοκία. Galen. Comm. i. 13, Offic. (xviii. B. 686): διὰ τὴν τῆς ὀδύνης προσδοκίαν. Galen. De Melanchol. i. (xix. 703): γίγνεσθαι καὶ δυσθυμίας καὶ θανάτου προσδοκίας οὐδὲν θαυμαστόν. Galen. San. Tuend. iii. 2 (vi. 169): ἀλλ᾽ ὅμως ἀποθεραπεύειν αὐτῶν χρὴ σώματα, κἂν εἰ μὴ διὰ κόπου προσδοκίαν. Galen. Caus. Sympt. ii. 7 (vii. 208): δυσθυμίας καὶ θανάτου προσδοκίας. Galen. De Crisibus, iii. 10 (ix. 748): βεβαιοτέρον δέ σοι ποιήσει τὴν προσδοκίαν ἡ κίνησις τοῦ νοσήματος. Galen. Progn. ad Posthum. 2 (xiv. 611): ἐφ᾽ ᾧ κατὰ τὴν ἑσπέραν ἐπυνθάνετό μου τίνα προσδοκίαν ἔχοιμι τῶν μελλόντων. Galen. Comm. iii. 114, Praedic. i. (xvi. 756) : τῇ προσδοκίᾳ τοῦ σπασμοῦ. Galen. Comm. iii. 117, Praedic. (xvi. 760) : ἀπὸ βραχυτάτης προσδοκίας ἐνίοτε σπασμώδεις ἔσεσθαι.

προσδοκᾶν, Luke, xii. 46: "The lord of that servant will come in a day when *he looketh not for him*" (οὐ προσδοκᾷ).

This word, which was much employed in medical language, is used *eleven times* by St. Luke—i. 21, iii. 15, vii. 19, 20, viii. 40, xii. 46; Acts, iii. 5, x. 24, xxvii. 33, xxviii. 6, *bis;* and *but five times* in the rest of the N. T.— Matt. xi. 3, xxiv. 50; 2 Pet. iii. 12, 13, 14.

Galen. Comm. ii. 81, Praedic. (xvi. 669): τῶν καταφορικῶν τι νοσημάτων προσδόκα. Galen. Comm. iii. 1, Epid. i. (xvii. A. 256): ἐν ὀξεῖ νοσήματι τὴν κρίσιν ἐχρῆν ἐσυμένην προσδοκᾶν διὰ ταχέων. Do. (258): προσδόκησεν ἄν τις εὐλόγως μὴ δυνηθήσεσθαι τὸν κατὰ τὴν ἕκτην ἡμέραν ἐσόμενον παροξυσμὸν ὑπομεῖναι τὸν κάμνοντα. Do. (257): ἐπεκύρωσε τὸν προσδοκώμενον ὄλεθρον σύντομον. Galen. Comm. iii. 11, Epid. i. (xvii. A. 295): εἰκότως ἄν τις αὐτὴν προσεδόκησε τεθνήξεσθαι διὰ ταχέων. Galen. Comm. i. 23, Epid. iii. (xvii. A. 570): ἀλλ᾽ ὑποστρέφειν ἐν τάχει τὸ νόσημα προσδοκώμεν. Galen. Comm. iii. 19, Progn. (xvii. B. 270): τηνικαῦτα θάνατον οὐκέτι προσδοκᾶν χρὴ τῷ κάμνοντι γενέσθαι. Galen Progn. ad Posthum. 2 (xiv. 610):

ἐν ᾗ προσδοκᾶται γενησόμενος ὁ διὰ τετάρτης παροξυσμός. Galen. Progn. ad Posthum. 13 (xiv. 668) : σφοδρὰν ἔσεσθαι προσδοκᾶν τὴν αἱμορραγίαν. Hipp. De Arte 5 : κρέσσον ἐστὶ τῶν ἐν τῇ ἰατρικῇ ὀργάνων, οὐδὲ προσδοκᾶσθαι δεῖ ὑπὸ ἰητρικῆς κρατηθῆναι ἄν.

25. "And there shall be signs in the sun and in the moon and in the stars; and upon the earth distress of nations *with perplexity*" (ἐν ἀπορίᾳ).

*ἀπορία, ἀπορεῖν, *εὐπορία, *εὐπορεῖν, *διαπορεῖν, are all peculiar to St. Luke, with the exception of ἀπορεῖν : they were much used by the medical writers.

*ἀπορία is used in the same sense as in St. Luke, for a perplexed state, as also in the more usual one of "want," absence of a thing.

Hipp. De Dieb. Judic. 58 : καὶ πνεῦμα πυκνὸν καὶ θερμὸν ἀναπνέει καὶ ἀπορίη καὶ ἀδυναμίη ἔχει καὶ ῥιπτασμός. Hipp. Morb. 489 : καὶ δηγμὸς ἰσχυρὸς ἐμπίπτει καὶ ἀπορίη ὥστε οὔτε ἑστάναι οὔτε καθῆσθαι οὔτε κατακεῖσθαι, οἷός τέ ἐστιν. Hipp. Epid. 1077 : πολὺς βληστρισμὸς, ἀπορίη, παρέκρουσεν. Hipp. Epid. 1153 : πνεῦμα δὲ προΐστατο καὶ ἀπορίη ξὺν ὀδύνῃ—καὶ ἀπὸ μέσης ἡμέρας ὀδύνη ἔσχεν ἰσχυρὴ πάνυ καὶ ἐς τὴν ὑστέρην πνεῦμα καὶ ἀπορίη. Aretaeus, Sign. Acut. Morb. 13 : γλώσσης ξηρότης, ἐπιθυμίη ψυχροῦ ἠέρος, γνώμης ἀπορίη. Aret. Sign. Acut. Morb. 25: ἔκλυσις μελέων ἀπορίη, ἀποσιτίη. Aret. Sign. Morb. Diuturn. 33 : καρηβαρίη, ἀπορίη, ζωὴ δύσφορος. Galen. Med. Comp. viii. 4 (xiii. 171) : ἐφ' ὧν δυσθυμία τις ᾖ ἀπορία παρέπεται. Galen. Loc. Affect. ii. 5 : ἄση τε καὶ ἀπορία πολλή.

ἀπορεῖν. Luke, xxiv. 4: "And it came to pass *as they were much perplexed* (ἐν τῷ ἀπορεῖσθαι) thereabout."

Used also Acts, xxv. 20, and three other places in the N. T.

Hipp. Aer. 281 : ὥστε μὴ ἀπορέεσθαι ἐν τῇ θεραπείῃ τῶν νούσων μηδὲ διαμαρτάνειν. Hipp. Fract. 763 : περὶ γὰρ τῶν σωλήνων τῶν ὑποτιθεμένων ὑπὸ τὰ σκέλεα τὰ κατεηγότα ἀπορέω ὅτι ξυμβουλεύσω. Hipp. Decor. 24 : ἐπὴν δὲ ἐσίῃς πρὸς τὸν νοσέοντα, τουτέων σοι ἀπηρτισμένων ἵνα μὴ ἀπορῇς, εὐθέτως ἔχων ἕκαστα πρὸς τὸ πονησόμενον. Aretaeus, Sign. Morb. Diuturn. 72: ὀλέθρια δὲ τὰ ἕλκεα, ἣν πρὸς τοῖσι ἄλγος ὀξύνῃ ἡ ἄνθρωπος ἀπορῇ. Galen. Comm. ii. 27, Humor. (xvi. 299): οὐ γὰρ δεῖ ἀπορεῖν περὶ σπληνός. Galen. Comm. ii. 41, Praedic. (xvi. 601): οὐκ ἀπορῶν περὶ ταύτης διὰ τὸ πολὺ παραμένειν τῆς ὀσφύος ἄλγημα. Galen. Comm. iii. 10, Progn. (xviii. B. 254): ἀπορούμεθα, προσηγορίαν ἰδίαν οὐκ ἔχοντες θέσθαι τῷ νοσήματι. Galen. Temperament. ii. 6 (i. 631): οὐκ γνόντες ἔνιοι τῶν ἰατρῶν ἀπορούνται δεινῶς ἐπὶ τῇ διαφωνίᾳ τῶν συμπτωμάτων. Galen. Usus. Part. iv. 13 (iii. 308): οὔκουν ἔτ᾽ ἀπορήσεις περὶ τῆς τοῦ νεύρου μικρότητος. Galen. Aliment. Facul. ii. 22 (vi. 601): ἐπάρθαι δὲ καὶ βαρύνεσθαι τὴν γαστέρα καὶ διὰ τοῦτο ὠχριᾶν τε καὶ ἀπορεῖσθαι.

*εὐπορία, Acts, xix. 25: "Whom he called together with the workmen of like occupation and said, Sirs, ye know that by this craft we have our *wealth*" (ἡ εὐπορία ἡμῶν).

This word, peculiar to St. Luke, is found here only: it was very much used in medical language as opposed to ἀπορία.

Hipp. Decor. 24: ἐσκέφθω δὲ ταῦτα πάντα ὅπως ᾖ σοι προκατηρτισμένα εἰς τὴν εὐπορίην, ὡς δέοι, εἰ δὲ μὴ, ἐπὶ τοῦ χρέους ἀπορίη ἀεί. Hipp. Morb. Sacr. 301: κατὰ δὲ τὴν εὐπορίην τοῦ τρόπου τῆς ἰήσιος ἰῶνται. Hipp. Decor. 17: ἰητρὸς κελεύῃ καὶ ἑτέρους εἰσάγειν ἕνεκα τοῦ ἐκ κοινολογίας ἱστορῆσαι τὰ περὶ τὸν νοσέοντα καὶ συνεργοὺς γενέσθαι ἐς εὐπορίην βοηθήσιος—πάσῃ γὰρ εὐπορίῃ ἀπορίη ἔνεστι. Galen. Comm. iv. 60, Artic. (xviii. A. 776): τὴν εὐπορίαν ἀσκεῖν τῶν ἐπιτηδείων πρὸς τὴν θεραπείαν. Galen. Comm. i. 42, Fract. (xviii. B. 400): ὁ γὰρ ἐν ἐλάττονι χρόνῳ δι᾽ εὐπορίας τῆς ὕλης αἱ δυνάμεις ἐργάζονται, τοῦτ᾽ ἐν πλείονι δι᾽ ἀπορίαν. Galen. Comm. ii. 41, Fract. (xviii. B. 479): τὴν δ᾽ εὐπορίαν τῶν εἰς τὰς θεραπείας χρησίμων ἀσκεῖν ἀεὶ συμβουλεύων ὁ Ἱπποκράτης. Do. 48 (xviii. B. 484): ἐπεὶ δὲ ἀσκεῖν ἡμᾶς ἀξιοῖ τὴν εὐπορίαν τῶν ἰαμάτων. Galen. Comp. Med. i. 4

(xiii. 390): εὐπορία δὲ τοῖς ἐνιεμένοις ὑγροῖς φαρμάκοις ἐπὶ πλέον διεξιέναι. Galen. Remed. Parab. Praef. (xiv. 313): ὅπου δὲ ὀξὺς ὁ καιρὸς καὶ οὐκ εὔπορος ἡ τῶν βοηθημάτων εὐπορία.

Galen and Dioscorides have written works entitled περὶ εὐπορίστων φαρμάκων.

* εὐπορεῖσθαι. Acts, xi. 29 : " Then the disciples every man *according to his ability* (καθὼς εὐπορεῖτο) determined to send relief unto the brethren which dwelt in Judaea."

Peculiar to St. Luke, and of frequent use in medical language. Hipp. de Arte 6 : πρὸς μὲν οὖν τὰ φανερὰ τῶν νοσημάτων οὕτω δεῖ εὐπορέειν τέχνην, δεῖ γε μὲν αὐτὴν μηδὲ πρὸς τὸ ἧσσον φανερὰ ἀπορέειν. Hipp. De Corde 279 : εὐπορέει δὲ τὴν τροφὴν ἐκ τῆς ἔγγιστα δεξαμένης τοῦ αἵματος. Hipp. Artic. 814 : ἐπειρήθην δὲ δήποτε ὕπτιον τὸν ἄνθρωπον κατατείνας—ἀλλά μοι οὐκ εὐπορεῖτο. Hipp. De Octimestr. Partu. 258: ὁκόσα δὲ παιδία ἂν εὐπορήσῃ καὶ ἀσφαλέως καὶ ἐς τοὐμφανὲς ἐξίῃ, &c. Aretaeus Cur. Acut. Morb. 120: πάντων δὲ κράτιστον σικύη καὶ κιννάμωμον, ἤν τις εὐπορῇ—τάσδε μέντοι ἐν τροφῇ τὰς ἀρετὰς ἴσχει τὸ γάλα, εὐπορείσθω δὲ νεοτόκου. Dioscorides Venen. 5: ὥστε τοὺς εὐπορήσαντας τούτου, ἄλλου μηδενὸς χρῄζειν βοηθήματος. Galen. Remed. Parab. i. Proem. (xiv. 312) : οὔτε γὰρ φαρμάκων πολυτελῶν ἐν παντὶ τόπῳ ῥᾴδιον εὐπορεῖν—ἐπ' ἀπόροις εὐπορουμένων βοηθημάτων. Do. (p. 313): καὶ διὰ τοῦτο εὐπορουμένων φαρμάκων μνημονεύσομεν.

* διαπορεῖν. Luke, ix. 7: "Now Herod the tetrarch heard of all that was done by him, and *he was perplexed*" (διηπόρει).

Peculiar to St. Luke, and met with again, Acts, ii. 12, v. 24, x. 17.

Hipp. Morb. Acut. 391: καὶ ἱδρῶτες περὶ τὸν τράχηλον καὶ διαπορήματα. Galen. Hipp. et Plat. Decret. ix. 1 (v. 721) : περὶ ὧν πλάνας καὶ διαπορίας καὶ τοῖς ἀγαθοῖς ἰατροῖς παρέχει. Do. v. 6 (v. 473) : τὰ διαπορούμενα περὶ τῆς ἐκ πάθους ὁρμῆς. Galen. De Crisibus, ii. 9 (ix. 684) :

ἀλλ' ἐνίοτε μέχρι παμπόλλου χρόνου διαπορούμέν τε καὶ ἀμφιβάλλομεν. Galen. Nat. Facul. ii. 4 (ii. 93): τάχ' ἂν οὖν ἤδη τις θαυμάζοι καὶ διαποροίη. Galen. Comp. Med. i. 1 (xii. 426): οὐκ ἂν οἶμαί τινα διαπορῆσαι. Galen. Comm. iii. 123, Praedic. i. (xvi. 776): ἐνίοτε δὲ διαπορῶν, ὥσπερ καὶ νῦν ἐπί τινος διακοπέντος ὀστοῦ τῆς κεφαλῆς κατὰ κρόταφον, &c. This compound is not so frequently used as the preceding ones by the medical writers.

26. "*Men's hearts failing them*" (ἀποψυχόντων ἀνθρώπων).

* ἀποψύχειν is peculiar to St. Luke, and found here only. ψύχειν and its derivatives were greatly employed in medical language. St. Luke uses four of them, which are peculiar to him.

* ἀποψύχειν. Hipp. Morb. Sacr. 305: ἀποψύχεται τὸ αἷμα. Hipp. Morb. Sacr. 306: ἀποψύχει γὰρ καὶ ἵστησι τὸ αἷμα—ἀποψύχεται καὶ πήγνυται τὸ αἷμα καὶ οὕτως ἀποθνῄσκει. Hipp. Morb. Mul. 645: τὰ σκέλια ἀποψύχονται. Hipp. Morb. Mul. 662: καὶ ἀποψυχέει καὶ περίψυξις δι' ὅλου τοῦ σώματος καὶ ὀδύνη τὴν νειαίρην γαστέρα ἴσχει καὶ τὰς ἰξύας καὶ ἀποψυχέει. Galen. Comm. ii. 3 Aliment. (xv. 235): ἐν ταῖς ἀτροφίαις τάχιστα ἀποψύχεται τὰ μόρια. Galen. Comm. iv. 48, Aph. (xvii. B. 729): ἀποψύχεται δὲ τὸ δέρμα, καθάπερ ἐν ταῖς ἐπισημασίαις. Galen. Caus. Sympt. iii. 7 (vii. 245): οὐ γὰρ ἀποψυχόμενον τὸ αἷμα γεννᾷ τὴν μέλαιναν χολήν. Do. (246): ἀποψυχθέντος τοῦ αἵματος. Galen. Caus. Puls. iv. 13 (ix. 184): καὶ δυνάμεως ἐπὶ πλέον ἀπεψυγμένης.

* ἀνάψυξις. Acts, iii. 19: "Repent ye therefore, and be converted, that your sins may be blotted out, when the times *of refreshing* (ἀναψύξεως) shall come from the presence of the Lord."

Hipp. Medicus, 20: ἡ δὲ μετὰ ταῦτα ἀφαίρεσις τούτων, ἀνάψυξίς τε καὶ περικάθαρσις. Galen. Comm. iii. 14, Aliment. (xv. 310): φύσις ὀχετοὺς ἐντιθεῖσα τοὺς μὲν ὥσθ' ἕλκειν δι' αὐτῶν τὴν τροφὴν τοὺς δὲ εἰς ἀνάψυξιν καὶ ἀναπνοήν. Galen. Usus Part. vi. 2 (iii. 415): χώραν ἐπιτηδειοτάτην εἰς ἀσφάλειάν θ' ἅμα καὶ τὴν ἐκ παντὸς τοῦ πνεύμονος ἰσύρροπον ἀνάψυξιν ἐξευροῦσα. Galen. Usus Part. vi. 15 (iii. 481) : τὸ μὲν οἰκειότερον αὐτῇ πνεύματος εἰς ἀνάψυξιν. Galen. Usus Part. vii. 5 (iii. 528) : πρὸς μέντοι τὴν ἀνάψυξιν τοῦ κατὰ τὴν καρδίαν θερμοῦ. Galen. Usus Part. vii. 9 (iii. 544) : δι' ἣν καὶ παραχρῆμα διαφθείρεσθαι τὰ ζῶα στερούμενα τῆς ἀναψύξεως — κατὰ τοῦτο μὲν ὡς ἀνάψυξιν συνεχῆ τῇ καρδίᾳ παρασκευάσασαν αὐτὴν ἐπαινεῖσθαι δίκαιον. Galen. San. Tuend. iii. 7 (vi. 200): ἀνάψυξιν τοῦ φλογώδους. Galen. Diff. Febr. i. 4 (vii. 287) : ἑτοιμότατα γὰρ σήπεται πάνθ' ὅσα θερμὰ καὶ ὑγρὰ εἰ μὴ τύχῃ διαπνοῆς τι ἅμα καὶ ἀναψύξεως. Galen. Instrum. Odor. 4 (ii. 870) : τῆς δ' εἰσπνοῆς ἀναψύξεως χάριν.

* ἐκψύχειν, see § 24.
* καταψύχειν, see § 22.

34. "And take heed to yourselves, lest at any time your hearts be *overcharged* (βαρυνθῶσιν) *with surfeiting*" (κραιπάλῃ).

* κραιπάλη is peculiar to St. Luke, and is employed by the medical writers to denote "drunken nausea."

Hipp. Aer. 281 : ὁκόσοι μὲν γὰρ κεφαλὰς ἀσθενέας ἔχουσιν, οὐκ ἂν ἀγαθοὶ πίνειν, ἡ γὰρ κπαιπάλη μᾶλλον πιέζει. Hipp. Acut. Morb. 404 : νηστείη δὲ πονηρὸν πρὸς τὴν κεφαλαλγίαν καὶ κραιπάλην. Hipp. Epid. 1056 : ἣν ἐκ κραιπάλης κεφαλὴν ἀλγέῃ. Hipp. Epid. 1252 : ᾗ ἐς τὴν ὥρην ἐλθὼν καθ' ἣν αἱ κραιπάλαι λύονται, φθέγξεται. Aretaeus, Cur. Acut. Morb : ἣν μὲν ἀπὸ κραιπάλης ἔωσι. Dioscor. Mat. Med. ii. 146 : καὶ τὰς ἐκ κραιπάλης καὶ οἴνου κακίας σβέννυσι ἐπιλαμβανομένη. Galen. Comm. v. 5, Aph. (xvii. B. 788) : κραιπάλας δ' ὅτι πάντες οἱ Ἕλληνες ὀνομάζουσι τὰς ἐξ οἴνου βλάβας τῆς κεφαλῆς εὔδηλον—τὴν δ' ὥραν καθ' ἣν αἱ κραίπαλαι λύονται— κατὰ τὴν ὑστεραίαν ἡμέραν ἐπαύσαντο τῆς κραιπάλης. Galen. Progn. de Decub. 4 (xix. 536) : ἔσται ἡ νόσος καὶ ἐν τῇ καταρχῇ, ἀπὸ κραιπάλης.

* βαρύνειν. This word is very frequently employed in medical language, the various reading βαρεῖν not so often.

Hipp. Coac. Progn. 175 : βαρύνηται τὸ στῆθος. Hipp.

Flat. 299 : πρῶτον μὲν ἡ κεφαλὴ βαρύνεται τῶν φυσίων ἐγκειμένων. Hipp. Rat. Vict. 370 : τὴν κεφαλὴν ἀλγέει καὶ βαρύνεται. Hipp. Rat. Vict. 374 : τὴν κεφαλὴν βαρύνεται— ἡ κεφαλὴ βαρύνεται. Hipp. Morb. Acut. 389 : δειπνήσαντες δὲ βαρύνουσι τὴν κοιλίαν. Dioscor. Mat. Med. i. 106 : ποθέντα δὲ βαρύνει τὸν στόμαχον. Galen. Comm. i. 12, Humor. (xvi. 114) : τῆς κεφαλῆς βαρυνομένης. Galen. Comm. ii. 63, Praedic. (xvi. 646) : ὅταν ὑπὸ πλήθους ὑγροῦ χρηστοῦ βαρύνηται τὸ σῶμα. Galen. Comm. iii. 95, Praedic. (xvi. 707) : ὑπὸ πλήθους χρηστοῦ βαρυνομένου τοῦ ἐγκεφάλου. Galen. Comm. iii. 105, Praedic. (xvi. 737) : κεφαλαλγικὰ μετὰ τοῦ βαρύνεσθαι τὴν κεφαλήν.

§ LXXV.

Luke, XXII.

ἀποσπᾶν. *ἀνασπᾶν. διασπᾶν. *περισπᾶν. *διϊστάναι. *διάστημα.

ἀναιρεῖν (verse 2, § 84). *ἄτερ ὄχλου (v. 6, § 88). *ἐκλείπειν (v. 32, § 63). ἔθος (v. 39, § 58). *ἐνισχύειν (v. 43, § 56). *ἀγωνία (v. 44, § 56). *ἱδρώς (v. 44, § 56). ἀτενίζειν (v. 56, § 53). *διϊσχυρίζεσθαι (v. 59, § 54). παραχρῆμα (v. 60, § 57). *βολή (v. 41, § 68).

σπᾶν and its derivatives are greatly employed in medical language. St. Luke uses four of them, two of which are peculiar to him; and the remaining two are each used but once in the rest of the N. T.

41. "And *he was withdrawn from them* (ἀπεσπάσθη ἀπ' αὐτῶν) about a stone's cast, and kneeled down, and prayed."

ἀποσπᾶν is used also in Acts, xx. 30, xxi. 1, and once in the rest of the N. T. (Matt. xxvi. 21).

Hipp. Intern. Affect. 531 : λεπίδας ἀπὸ τῆς ἀρτηρίας ἀποσπᾷ. Hipp. Artic. 790 : ὅσοισι δ' ἂν τὸ ἀκρώμιον ἀποσπασθῇ. Hipp. Artic. 792 : ἁρμοσθείῃ πρὸς τὸ ὀστίον τὸ ἀπὸ τοῦ στήθεος πεφυκὸς ὅθεν ἀπεσπάσθη. Hipp. Artic. 830 : μὴ κατεηγότος τοῦ ὀστίου ἀλλὰ κατ' αὐτὴν τὴν ξύμφυσιν ἀποσπασθέντος. Aretaeus, Sign. Morb. Diuturn. 73 : ὁ ἔνδον ὑπεζωκὼς χιτὼν εὖτε ἀποσπᾶται τοῦ ξυναφέος. Arot. Cur. Acut. Morb. 97 : ὡς ἀποσπᾶσθαί τι τῶν χυμῶν ἀπὸ τῶν παρισθμίων τε καὶ θώρηκος. Dioscor. Medic. Parab. i. 87 : συναγχικοὺς δὲ ὠφελεῖ, ὅσα δύναται ἀποσπᾶν ὑγρασίαν. Galen. Comm. vii. 58, Aph. (xviii. A. 171) : εἰ δ' ἀποσπασθῆναι φθάσειεν ἢ κατά τι μέρος αὐτοῦ κατασπασθῆναι ὁ ἐγκέφαλος. Galen. Comm. i. 61, Artic. (xvii. A. 400) : ἀποσπασθέντι δὲ αὐτῷ καὶ κλεὶς εἴωθε συνέπεσθαι. Do. (402) : ἀποσπασθέντο γὰρ τοῦ ἀκρωμίου.

*ἀνασπᾶν. Luke, xiv. 5 : " Which of you shall have an ass or an ox fallen into a pit, and will not straightway *pull him out* (ἀνασπάσει) on the Sabbath day?"

Peculiar to St. Luke, and used again, Acts, xi. 10.

Hipp. Affect. 517 : καὶ ἀνασπάσαι ὀπίσω τὸ ῥεῦμα τοῦ φλέγματος. Hipp. Affect. 523 : παραχρῆμα ἀνασπᾶται ἄνω ἡ κάτω ἄφοδος. Hipp. Artic. 829 : καὶ γὰρ ὁ ποὺς ἐπὶ τὸ ἄνω ἀνέσπασται καὶ τὰ ὀστέα. Galen. Comm. ii. 44, Praedic. (xvi. 607) : ἀνασπώμενον ὑπὸ τοῦ τὰς πλευρὰς ὑπεζωκότος ὑμένος—τὸ ἀνεσπασμένον ὑποχόνδριον—οὐκ ἀνασπᾶσθαι τὰ ὑποχόνδρια. Galen. Comm. iii. 29, Epid. vi. (xvii. B. 93) : οὕτως τὸ κατεσπάσθαι μαζούς, ἰσχνοὺς δὲ ἀνεσπάσθαι καὶ περιτετάσθαι — τῷ δὲ δευτέρῳ τὸ ἀνεσπάσθαι συνεπόμενον εὑρίσκεις—ταῖς γηρώσαις χαλῶνται μὲν πρῶτον, ὕστερον δ' ἀνασπῶνται.

διασπᾶν. Acts, xxiii. 10: "And when there arose a great dissension, the chief captain, fearing lest Paul should have *been pulled in pieces* (διασπασθῇ) of them, commanded the soldiers to go down, and to take him by force from among them."

This word is used once elsewhere (Mark, v. 4).

Hipp. Morb. Acut. 612 : τὸ λοιπὸν δὲ ὁ σπλὴν λαμβάνει διασπῶν ἀπὸ τῆς κοιλίης πρὸς ἑωυτόν. Hipp. Artic. 799 :

ἣν δὲ ὁ κάτω γνάθος κατὰ τὴν σύμφυσιν τὴν κατὰ τὸ γένειον διασπασθῇ. Hipp. Epid. 1200 : τὰ ἀπιόντα εἰδέναι ὅθεν ἤρξατο ἢ ὅπῃ ἐπαύσατο ἢ ὅσον διεσπᾶτο. Hipp. Intern. Affect. 531 : φλέβες διασπῶνταί τε καὶ καταρρήγνυνται διὰ τάσδε τὰς αἰτίας. Hipp. Epid. 938 : διεσπασμένως ἔπνευσεν. Galen. Comm. vii. 58, Aph. (xviii. A. 171) : τῶν δ' ἀποφύσεων ἔνιαι μὲν ἱκανῶς τείνονται, τινές δ' ἐκ μέρους γε διασπῶνται. Galen. Comm. ii. 16, Artic. (xviii. A. 444) : ἣν δὲ ἡ κάτω γνάθος κατὰ ξύμφυσιν τὴν κατὰ τὸ γένειον διασπασθῇ. Galen. Comm. iv. 40, Artic. (xviii. A. 735) : διὰ τὸ μὴ διασπᾶσθαι τὸ συνέχον νεῦρον πρὸς τὴν κοτύλην. Galen. Medicus, 11 (xiv. 717) : ἥτις λεπτὸν ἔντερον οὖσα, διὰ τοῦτο ὅπως μὴ ῥᾳδίως διακόπτηται ἢ διασπᾶται. Galen. Loc. Affect. ii. 8 (viii. 91) : οἱ καὶ διασπῶντας πόνους ἐπιφέρουσι.

*περισπᾶσθαι. Luke, x. 40 : " But Martha was *cumbered* (περιεσπᾶτο) about much serving," &c.

Peculiar to St. Luke, and used in the medical writers; but not with the frequency of the other compounds of σπᾶν.

Galen. San. Tuend. vi. 12 (vi. 439) : ὀφθαλμῶν μὲν γὰρ καὶ ὤτων ἡ χρεία μεγάλη, καὶ διὰ ταῦτα προσήκει τῶν ἐκ τῆς κεφαλῆς περιττωμάτων εἰς αὐτὰ φερομένων, τὴν ὑφ' Ἱπποκράτους ὀνομαζομένην παροχέτευσιν, ἐργάζεσθαι, μάλιστα μὲν ἐπὶ ῥῖνα περισπῶντα τὸ φερόμενον ἐπ' αὐτά. Galen. Comm. i. 7, Progn. (xviii. B. 30) : ἴδιον δ' ἑκάστῳ τῶν ἐν τῷ σώματι μορίων ἐπ' ἐκεῖνο τὸ μέρος διαστρέφεσθαί τι καὶ περισπᾶσθαι μᾶλλον ἔνθα τῶν ἐμφυομένων αὐτῷ νεύρων ἐστὶν ἡ ἀρχή. Theophrastus, C. P. i. 16. 2 : τὴν τροφὴν περισπῶν εἰς τὸ περικάρπιον.

59. "And about *the space of one hour after*" (διαστάσης ὡσεὶ ὥρας μιᾶς).

*διϊστάναι is peculiar to St. Luke, and is used again in xxiv. 51 : διέστη ἀπ' αὐτῶν, " he was parted from them "; and Acts, xxvii. 28.

Hipp. Flat. 298 : διέστησε τὸ στόμα. Hipp. Flat. 299 : ὁκόταν ὑπὸ βίης διαστέωσιν αἱ σάρκες ἀπ' ἀλλήλων. Hipp. Fract. 759 : τουτέοισι διΐστανται μὲν τὰ ὀστέα. Hipp. Fract.

765: οὐδὲ γὰρ εἰ διεστεῶτα τὰ ὀστέα ὑπὸ τῆς ἰσχύος τῆς καταστάσιος. Hipp. Artic. 840 : ὥστε διαστῆναι τὰ ὀστέα καὶ φλέβας. Aretaeus, Sign. Acut. Morb. 5 : γένυς τὰ πολλὰ διΐσταται. Aret. Cur. Acut. Morb. 109 : ἐπὶ δὲ τῇσι διαστάσεσι τῶν τραυμάτων. Galen. Comm. i. 72, Artic. (xviii. A. 421): συναπάγειν πρὸς ἄλληλα τὰ διεστῶτα τῆς χειρὸς μύρια. Galen. Comm. i. 1, Fract. (xviii. B. 333) : ὡς ἱκανῶς διαστῆσαι τὰ μέρη τοῦ καταγέντος ὀστοῦ. Galen. Comm. ii. 27, Offic. (xviii. B. 793): ἐάν τε ὀστοῦ κατεαγότος τὰ μόρια διέστηκε παρὰ φύσιν ἀπ' ἀλλήλων.

*διάστημα. Acts, v. 7 : "And it was about *the space* (διάστημα) of three hours after, when his wife, not knowing what was done, came in."

Peculiar to St. Luke, and of frequent occurrence in medical writers in various senses as—the violent severance of a limb—interval of time between the giving of medicines, or between the paroxysms of a disease, &c., &c.

Hipp. Offic. 748 : ἐκπτώματα ἢ στρέμματα ἢ διαστήματα ἢ ἀποσπάσματα. Hipp. Intern. Affect. 555 : ἐν γὰρ τῶν τοσούτων μηνῶν τῷ διαστήματι κρίνεται ἥν τε θανάσιμος. Hipp. Decor. 25 : ὅκως τε ἐν διαστήμασι μηδὲν λανθάνῃ σε. Dioscor. Venen. 11 : διδόντες μεταξὺ διαστήματα, ἐν οἷς πίειν διδόμενον βοηθεῖ γάλα ὄνειον. Dioscor. Animal. Ven. 30 : ταῦτα συνεχῶς ἐκ μακρῶν διαστημάτων πλεονάκις παραληπτέον. Galen. Comm. iii. 1, Aliment. (xv. 254) : οὗτοι δὲ ὀχετοὶ ἔχουσι διαστήματά τινα μεταξύ. Galen. Comm. ii. 26, Epid. vi. (xvii. A. 942): οἱ δὲ παροξυσμοὶ μακρότεροι προσήκουσι δὲ τοὐπίπαν εἰς τὰ τρία διαστήματα. Galen. Comm. ii. 26, Epid. vi. (xvii. A. 944) : ὅστις δ' ἂν ὑπὲρ τὰ τρία διαστήματα τὸν παροξυσμὸν ἐκτείνῃ. Galen. Morb. Acut. 8 (xix. 216) : ὅταν ἐστενοχωρημένον ᾖ τὸ διάστημα τῆς ἀνέσεως. Galen. Opt. Sect. 37 (i. 200) : τὰ διαστήματα τῶν νοσημάτων.

§ LXXVI.

Luke, XXIII.

διαστρέφειν. *ἐπιστροφή. *συστρέφειν. *συστροφή. ὑποστρέφειν. *ἐπισχύειν. *ἐνισχύειν. *ὑγρός. *συνακολουθεῖν. παρακολουθεῖν. *θεωρία.

ἀνασείειν (verse 5, § 59). ἀναπέμπειν (v. 7, § 89). *προϋπάρχειν (v. 12, § 84). *εὐτόνως (v. 10, § 90). *στεῖρα (v. 29, § 57). ἀναιρεῖν (v. 32, § 84).

2. "And they began to accuse him, saying, We found this fellow *perverting* (διαστρέφοντα) the nation."

διαστρέφειν is used five times by St. Luke—here and in ix. 41; Acts, xiii. 8; xiii. 10; xx. 30—and but twice in the rest of the N. T. In medical language the derivatives of στρέφειν were much employed.

Hipp. Fract. 752: οὕτως οὖν ὑπτίην ἔχοντι τὴν χεῖρα τοῦτο μὲν τὸ ὀστέον διεστραμμένον φαίνεται. Hipp. Fract. 758: ὅτι βραχίων κυρτὸς πέφυκεν ἐς τὸ ἔξω μέρος καὶ διαστρέφεσθαι φιλέει. Hipp. Fract. 803: ἢν μὴ αὐτίκα κατορθώσηται, οὐχ οἷόν τε μὴ καὶ διεστράφθαι τὴν ῥῖνα. Hipp. Praedic. 94: οἷσι δὲ τῶν παιδίων ἐξαπίνης οἱ ὀφθαλμοὶ διεστράφησαν. Hipp. Coac. Progn. 127: ἢ διαστρέφεσθαι χεῖλος. Hipp. Coac. Praedic. 153: φλαῦρον δὲ καὶ τὸ τὴν αὐγὴν φεύγειν ἢ δακρύειν ἢ διαστρέφεσθαι. Galen. Comm. i. 1, Humor. (xvi. 7): οὕτω δὲ καὶ διαστρέφεσθαι ὅπερ γίγνεται σπωμένων τῶν κινούντων αὐτοὺς μυῶν. Galen. Comm. ii. 69, Praedic. (xvi. 652): ἡ τῶν ὀφθαλμῶν διαστροφή. Galen. Comm. i. 28, Epid. vi. (xvii. A. 871): ἢν γὰρ διαστρέφονται οἱ ὀφθαλμοί. Galen. Comm. i. 31, Epid. vi. (xvii. A. 895): ὅταν διαστρέφεται τὰ βλέφαρα.

*ἐπιστροφή. Acts, xv. 3: "And being brought on their way by the church, they passed through Phenice and·

Samaria, declaring *the conversion* (τὴν ἐπιστροφήν) of the Gentiles."

Peculiar to St. Luke, and met here only. In medical language it is used generally in its literal sense: sometimes, but very rarely, like ὑποστροφή, for "the return of a disease" —"a relapse."

Hipp. Coac. Progn. 159: ἴσως δὲ καὶ οἱ ἐξ ἐπιστροφῆς παθόντες τοιοῦτον ἀσφαλέστατοι. Hipp. Offic. 741: κατὰ λόγον δὲ τῆς ἐπιστροφῆς προβαλλόμενον τὸ σῶμα. Aretaeus, Sign. Morb. Diuturn. 57: ἀτὰρ καὶ ἐν τῇσι τοῦ ἀνθρώπου τῇδε ἢ τῇδε ἐπιστροφῇσι, ἐς τὰς μετακλίσιας τὸ ὑγρὸν ὄγκον τε καὶ κλύδωνα ποιέει—οὐδὲ μεταχωρέει τὸ πνεῦμα ἐν τῇσι ἐπιστροφῇσι. Galen. Comm. i. 10, Offic. (xviii. B. 682): ἐγώ σοι τὴν ὁδὸν ἀφηγησάμην, ᾗ χρεόμενος εὑρήσεις τὸ μέτριον τῆς ἐπιστροφῆς. Galen. Comm. i. 17, Offic. (xviii. B. 697): ὡς ἄχρηστον ποιεῖσθαι τὰς ἐπιστροφὰς ὡς μὴ κατακινεῖσθαι τὰς ἕδρας. Galen. Anat. Administr. iv. 8 (ii. 462): αἱ δ' εἰς τὸ πλάγιον ἐπιστροφαὶ τῆς κεφαλῆς γίγνονται μὲν ὑπὸ τῶν λοξῶν μυῶν. Galen. Usus Part. ii. 4 (iii. 100): τὴν ἀρχὴν τῆς κινήσεως ἡ φύσις ἐποιήσατο ταῖς ἐς τὸ πλάγιον ἐπιστροφαῖς τῶν δακτύλων. Galen. Usus Part. ii. 4 (iii. 102): οἱ δ' αὐτοὶ οὗτοι μύες τὰς ἐς τὸ πλάγιον ἐπιστροφὰς ῥυθμίζουσι. Galen. Usus Part. xii. 12 (iv. 54): τὰς γὰρ εἰς τὰ πλάγια ἐπιστροφὰς τῶν σπονδύλων.

* συστρέφειν. Acts, xxviii. 3: "And when Paul had *gathered* (συστρέψαντος) a bundle of sticks."

Peculiar to St. Luke, and much used in medical language in the same sense as here, "to collect."

Hipp. Morb. Sacr. 304: ἢν δὲ κάθαρσις μὴ ἐπιγένηται, ἀλλὰ ξυστραφῇ τῷ ἐγκεφάλῳ. Hipp. Morb. 453: ὁκόταν φλέγμα ἢ χολὴ συστραφῇ. Hipp. Morb. 510: τὸ μέν τι ξυστρέφεσθαι καὶ παχύνεσθαι τῆς ἐν τῷ ἀνθρώπῳ ἰκμάδος. Hipp. Intern. Affect. 533: ὁκόταν ὁ πλεύμων αἷμα ἑλκύσας ἐφ' ἑωυτὸν ἢ φλέγμα ἁλμυρὸν μὴ ἀπῇ πάλιν, ἀλλ' αὐτοῦ ξυστραφῇ. Hipp. Aph. 1254: γυναιξὶν ὁκόσοισιν ἐς τοὺς τιτθοὺς αἷμα συστρέφεται μανίην σημαίνει. Hipp. Morb. 508: τὸ αἷμα οὐκ ἔχον ἔξοδον ὑπὸ πλήθεος ἀπελθεῖν συνεστράφη.

Galen. Comm. iv. 40, Artic. (xviii. A. 736) : νεῦρον ἀποχαλᾶσθαι καὶ συστρέφεσθαι πάλιν. Galen. Loc. Affect. ii. 8 (viii. 95) : οὐ γὰρ ἅπαν πάθος νεύρων σκληρύνει καὶ συστρέφει τὴν οὐσίαν αὐτῶν. Galen. San. Tuend. ii. 2 (vi. 91) : ἀλλ' ὑπὲρ τοῦ προτρέψαι τε εἰς τὰς ἐνεργείας καὶ συστρέψαι τὸν τόνον. Galen. Comm. iv. 20, Morb. Acut. (xv. 774) : χυμοὺς συστρέφεσθαι λέγεται ἐν τῷδε τῷ μορίῳ.

*συστροφή. Acts, xix. 40 : "For we are in danger to be called in question for this day's uproar, there being no cause whereby we may give an account *of this concourse*" (τῆς συστροφῆς ταύτης).

Peculiar to St. Luke, and used in medical language to denote "a collection of tubercles—diseases," &c.

Hipp. Morb. 510 : καὶ τοῦ μὲν ὕδρωπος τὸ ἀποκριθὲν ἀπὸ τῆς συστροφῆς ἔρχεται—εἶτα κενεώτρο ν ἐγένετο τοῦ σώματος ἐν τῇ ξυστροφῇ. Hipp. Morb. Acut. 396 : καὶ ξυστροφαὶ νοσημάτων οὐ δύνανται λύεσθαι. Dioscorides, Mat. Med. i. 35 : τὰς περὶ τοὺς κονδύλους συστροφὰς ὠφελεῖ. Dioscor. Mat. Med. i. 185 : πᾶσαν συστροφὴν καὶ χοιράδας ἐκμαλάσσουσιν. Dioscor. Mat. Med. v. 134 : καὶ συστροφὰς νεύρων ὠφελεῖ. Galen. Comm. iii. 22, Epid. ii. (xvii. A. 431) : συστρέμματα καὶ συστροφαὶ τὰ φύματα καὶ σκληρίας σημαίνουσι. Galen. Med. Defin. 354 (xix. 473) : χάλαζά ἐστι κεγχρώδης συστροφὴ κατὰ τὸ βλέφαρον. Galen. Med. Defin. 396 : ἀδήν ἐστι συστροφή τις ξηρὰ καὶ σαρκώδης ἢ συστροφὴ σαρκώδης.

ὑποστρέφειν. Luke, xxiii. 56 : "And *they returned* (ὑποστρέψαι) and prepared spices and ointments."

This word is employed by St. Luke *thirty-three times*, and *only three times* in the rest of the N. T. It was a word that would be constantly used by a physician, as it and ὑποστροφή were *the* medical terms for a "relapse"—"a recurrence of sickness, or of symptoms," &c.

Hipp. Praedic. 98 : αἱ δὲ λευκαὶ καὶ μυξώδεες τῶν σηπεδόνων ἀποκτείνουσι μὲν ἧσσον, ὑποστρέφουσι δὲ μᾶλλον. Hipp. Morb. Mul. 642 : καὶ ἢν ἐν γαστρὶ λάβηται, ὑποστρέφει καὶ ὑποστρεφομένης τῆς νούσου ἀπόλλυται. Hipp. Judicat. 52 : τουτέοισιν αὐθημερὸν ὑποστροφὴ τοῦ πυρετοῦ γίνεται. Hipp. Judicat. 55 : προσδέχου τούτοις ὑποστροφὴν πυρετοῦ —καὶ ὀλίγοι ἐκ ταύτης σώζονται ὅταν ὑποστρέφῃ ὁ καῦσος— τὰ πολλὰ καὶ ἐξιδροῖ καὶ ἢν ἡμέρας λάβῃ ὑποστρέψας ὅσας τὸ πρῶτον, &c.—τουτέων ἀπαλλασσομένων ὑποστροφὴ γίνεται κατὰ λόγον τῶν ὑποστροφῶν. Galen. Progn. ad Posthum. 7 (xiv. 635) : εἶτα ῥωσθέντος, ὑποστρέψαντός τε τοῦ νοσήματος. Do. 10 (654) : περὶ τῆς ὑποστροφῆς τοῦ νοσήματος. Galen. Comm. iii. 13, Epid. i. (xvii. A. 300) : ἐν ᾗ νόσος πάλιν μετὰ ῥίγους ὑποστρέψασα δι' ἐμέτου καὶ ἱδρῶτος ἐκρίθη τελέως. Galen. de Crisibus, i. 18 (ix. 629) : ἑβδόμῃ καὶ εἰκοστῇ ὁ πυρετὸς ὑπέστρεψεν.

* ἐπισχύειν. Luke, xxiii. 5 : "And they were instant" (οἱ δὲ ἐπίσχυον).

Peculiar to St. Luke, and used medically, but not very frequently; the simple ἰσχύειν, which St. Luke employs about as often as all the other N. T. writers together, being more in use.

Hipp. Morb. 458 : ἐπισχύοντος τοῦ κακοῦ τοῦ ἐν τῷ σώματι ὑπολειπομένου. Dioscor. Venen. 5 : ἐπισχύοντος δὲ τοῦ πάθους, κατὰ κοιλίαν φέρεται αἱματώδη, ξύσμασι μεμιγμένα.

* ἐνισχύειν : see § 56.

31. "For if they do these things in *a green tree* (ἐν τῷ ὑγρῷ ξύλῳ), what shall be done in *the dry?*" (ξηρῷ).

ὑγρός. Peculiar to St. Luke, and of constant recurrence in the medical writers, as opposed to ξηρός.

Hipp. Vet. Med. 8 : ὁκόσοι ἐπεχείρησαν περὶ ἰητρικῆς λέγειν ἢ γράφειν ὑπόθεσιν σφίσιν αὐτέοισι ὑποθέμενοι τῷ λόγῳ θερμὸν ἢ ψυχρὸν ἢ ὑγρὸν ἢ ξηρόν. Hipp. Vet. Med. 12 : εἰ γάρ ἐστι θερμὸν ἢ ψυχρὸν, ἢ ξηρὸν ἢ ὑγρὸν τὸ λυμαινόμενον τὸν ἄνθρωπον καὶ δεῖ τὸν ὀρθῶς ἰητρεύοντα βοηθεῖν τῷ μὲν θερμῷ ἐπὶ τὸ ψυχρὸν, τῷ δὲ ψυχρῷ ἐπὶ τὸ θερμὸν, τῷ δὲ ξηρῷ ἐπὶ τὸ ὑγρὸν, τῷ δ' ὑγρῷ ἐπὶ τὸ ξηρόν. Hipp. Nat. Hom. 225 : καὶ πάλιν ἀνάγκη ἀποχωρέειν εἰς τὴν ἑωυτοῦ φύσιν ἕκαστον, τελευτῶντος ἀνθρώπου, τό τε ὑγρὸν πρὸς τὸ ὑγρὸν καὶ τὸ ξηρὸν πρὸς τὸ ξηρὸν καὶ τὸ θερμὸν πρὸς τὸ θερμὸν καὶ τὸ ψυχρὸν πρὸς τὸ ψυχρόν. Galen. Acut. Morb. Comm. iv. 1 (xv. 734) : ἡ τοῦ περιέχοντος ἀέρος κρᾶσις ἑαυτῇ συμμεταβάλλουσα τὴν τοῦ σώματος διάθεσιν, ἡ μὲν ξηρὰ πρὸς τὸ ξηρότερον, ἡ δ' ὑγρὰ πρὸς τὸ ὑγρότερον—τὸ σῶμα κατὰ τοῦτο καὶ τῆς οἰκείας ἐπικουρίας δεῖται ξηραινόμενον μὲν ὑγραίνεσθαι, ὑγραινόμενον δὲ ξηραίνεσθαι, &c. Galen. Comp. Med. vii. 3 (xiii. 64) : πρὸς βῆχα ξηράν. Do. 68 : πρὸς βῆχα ὑγράν.

Hippocrates, 236, uses the phrase τὸ ὑγρὸν τὸ ἐν τῷ ξύλῳ ἐνεόν. Wetstein cites from Galen : παραπλήσιόν τι συμβαίνει —τῷ πολλάκις ἐπὶ τῶν ὑγρῶν τε καὶ χλωρῶν ξύλων γιγνομένῳ.

49. "And all his acquaintance, and the women that *followed him* (συνακολουθήσασαι) from Galilee, stood afar off, beholding these things."

*συνακολουθεῖν is peculiar to St. Luke, unless it be the correct reading, Mark, v. 37.

Hipp. Morb. 490 : συνακολουθέει γὰρ ταύτῃ ἐκ τοῦ πλεύμονος θερμὸν πνεῦμα. Galen. Comm. v. 25, Epid. vi. (xvii. B. 287): συμβαίνει δέ ποτε κενωθέντι τῷ μοχθηρῷ τὸ χρηστὸν συνακολουθεῖν. Galen. Comm. iv. 27, Artic. (xviii. A. 706): εἰ μὴ συνακολουθοῖεν οἱ ἀντιτεταμένοι τοῖς ἐνεργεῖν ἐπιχειροῦσι μυσίν. Galen. Comm. ii. 14, Progn. (xviii. B. 135) : συνακολουθεῖ δὲ καὶ ἄλλα τινὰ τοῖς τοιούτοις διαχωρήμασι. Galen. San. in. Arter. 4 (iv. 714) : οὕτω δὲ καὶ τὸ διὰ τῶν πασῶν ἀρτηριῶν μεταληφθὲν αἷμα τῷ πνεύματι συνακολουθοῦν. Galen. Comm. ii. 15, Artic. (xviii. A. 443): χάριν τοῦ μὴ συνακολουθεῖν αὐτὴν τῇ κάτω γέννϊ. Galen. Comm. iii. 85, Epid. iii. (xvii. A. 786): ἥ τε παραφροσύνη μανιώδης ἐγένετο καὶ οἱ σπασμοὶ συνηκολούθησαν. Galen. Comm. ii. 3, Fract. (xviii. B. 424) : πεφύκασι ἐν ταῖς καταστάσεσι τῆς χειρὸς οἱ κάμνοντες ὀδυνώμενοι καὶ συνακολουθοῦντες τοῖς κατατείνουσιν. Galen. Anat. Administr. vi. 4 (ii. 554) : συνακολούθει δὲ τῷ περιτοναίῳ. Galen. Progn. Puls. iii. 7 (ix. 385) : γνωρίσματα τὰ συνακολουθοῦντα.

*παρακολουθεῖν: see § 57.

48. "And all the people that came together to that *sight*

(θεωρίαν), beholding the things which were done, smote their breasts, and returned."

* θεωρία is peculiar to St. Luke, and in medical language is used to denote not only a theory, but "a sight," *ex. gr.* an anatomical view of the body, &c.
Galen. De Semin. ii. 6 (iv. 642): σκεψώμεθα δ' ἑξῆς περὶ τῶν ἀδενωδῶν παραστατῶν οὓς οἱ μὲν ἄπειροι τῆς ἀνατομικῆς θεωρίας οὐδὲ γινώσκουσι τὴν ἀρχήν. Galen. Anat. Administr. ii. 1 (ii. 282): τὴν ἀνατομικὴν θεωρίαν. Do. (286): ἄλλη μὲν γὰρ ἀνδρὶ φυσικῷ χρεία τῆς ἀνατομικῆς ἐστι θεωρίας. Galen. Medicus, 2 (xiv. 678): τοῖς δὲ μεθοδικοῖς ἀρχὴ ἡ κατὰ τὰ φαινόμενα τοῦ ὁμοίου θεωρία, ἡ γνῶσις φαινομένων κοινοτήτων.—Do. 3 (682): ἡ τοῦ ὁμοίου θεωρία ἐπὶ τῶν φαινομένων. Galen. Comm. iii. 24, Aliment. (xv. 360): ἄνευ γὰρ τῆς τοιαύτης θεωρίας πῶς τῶν ἐγκεφάλου μορίων ἢ καρδίας—ἑτοίμως ἐξευρήσομεν ἑκάστου τὴν ὠφέλειαν. Galen. Comm. i. 3, Offic. (xviii. B. 652): προσήκει τὸν ἰατρὸν τῆς τῶν παθῶν διαγνώσεως ἀπὸ τῆς ὁμοίου τε καὶ ἀνομοίου θεωρίας—Galen. Nat. Facul. ii. 9 (ii. 132): παραλείπει καλλίστην τῆς τέχνης θεωρίαν.—Galen. Anat. Administr. ii. 2 (ii. 287): ἐνιαί εἰσι χρησιμώτεραι κατὰ διττὸν τρόπον ἢ ψιλῆς τῆς θεωρίας ἕνεκεν ἢ τοῦ διδάξαι τὴν τέχνην τῆς φύσεως. Galen. Usus. Part. iv. 17 (iii. 308): ἴσως ἄν ποτε καὶ τὸ κατ' ἐκείνην τὴν θεωρίαν ἐλλεῖπον ἐξειργασάμεθα.

§ LXXVII.

LUKE, XXIV.

*λῆρος. *ὁμιλεῖν. *παραβιάζειν. βιάζειν. *βίαιος. *βία. *ἀθροίζειν. *συναθροίζειν. *συναλίζειν. *ὀπτός. *κηρίον.

ὄρθρος (verse 1, § 67). *διαπορεῖν (v. 4, § 74). *ἀντιβάλλειν (v. 17, § 68). *ἑσπέρα (v. 29, § 67). *κατακλίνειν (v. 30, § 46). ἄφεσις (v. 47, § 59). *διϊστάναι (v. 51, § 75).

11. "And their words seemed to them *as idle tales*" (λῆρος): "idle talk," revised version.

*λῆρος is peculiar to St. Luke, and is applied in medical language to the wild talk of the sick during delirium: the way St. Luke uses it here much resembles that of Hippocrates.

Hipp. Epid. 966: Φιλίσκος ᾤκει παρὰ τὸ τεῖχος, κατεκλίθη τῇ πρώτῃ πυρετὸς ὀξύς—πέμπτῃ, νύκτα ἐπιπόνως, ὕπνοι σμικροί, λόγοι, λῆρος. Hipp. Epid. 1059: τῇ πρώτῃ πυρετὸς ὀξὺς, λῆρος. Hipp. Epid. 1072: πέμπτῃ ἐπιπόνως, πάντα παρωξύνθη, λῆρος, νύκτα δυσφόρως, οὐκ ἐκοιμήθη. Hipp. Epid. 1216: ἐς νύκτα ὀξύτερος ὁ πυρετὸς καὶ λῆρος βραχὺς ἐγένετο. Hipp. Epid. 974: ἕκτῃ ἐλήρει, ἐς νύκτα ἱδρὼς, ψύξις, λῆρος παρέμενεν. Hipp. Epid. 1226: ἀφωνία καὶ σπάνιόν τι φθέγγεται ἢ λῆρός τις, θανάσιμα καὶ σπασμώδεα. Hipp. Epid. 1159: Ἀνδροφάνῃ ἀφωνίη, λήρησις. Hipp. Epid. 1227: ὅταν ληρῶσι μετὰ τοὺς παροξυσμούς. Galen. Comm. i. 4, Epid. iii. (xvii. A. 490): ἐπεὶ δὲ καὶ τρόμου χειρῶν καὶ λήρου κατὰ τὴν πρώτην εὐθέως ἡμέραν ἐμνημόνευσε. Galen. Comm. iii. 69, Epid. iii.: ἥ τε φρίκη καὶ ὁ λῆρος αὐτοῖς ἐγίγνετο προσελθόντος τοῦ χρόνου καθ' ὃν ἤδη καὶ ἀπέθνησκον.

15. "And it came to pass, that, *while they communed together* (ἐν τῷ ὁμιλεῖν αὐτούς) and reasoned, Jesus himself drew near, and went with them."

*ὁμιλεῖν. Peculiar to St. Luke, and much used in medical language to signify " to associate with," of things.

Hipp. Medicus, 19: τὰ δὲ προσφερόμενα ἅπαντα μὲν χρὴ συνορᾷν ὅπως συνοίσῃ μάλιστα δὲ πλεῖστον εἰ ὁμιλεῖν μέλλει τῷ νοσοῦντι μέρει, ταῦτα δέ ἐστιν ἐπιδέσματα, &c. Hipp. Praedic. 83: ἢ τῷ ψύχει ἢ τῷ θάλπει ἀλογίστως ὁμιλοῖεν. Hipp. De Corde, 268: ἡ μὲν γὰρ ἐν τοῖσι δεξιοῖσι ἐπὶ στόμα κέεται ὁμιλέουσα τῇ ἑτέρῃ φλεβί. Hipp. Artic. 781: ὁμιλέει δὲ ὁ βραχίων τῷ κοίλῳ τῆς ὠμοπλάτης πλάγιος. Galen. Comm. i. 2, Epid. vi. (xvii. A. 806): ὅτι μὲν γὰρ θερμοὺς καὶ σφοδροὺς ἐπιφέρει πυρετοὺς οἱ τοῖς ἔργοις ὁμιλήσαντες ἴσασιν. Galen. Comm. ii. 27, Epid. vi. (xvii. A. 949): ὅταν ᾖ ψυχρὸς ὁ ἔξωθεν ἀὴρ ὁμιλῶν τοῖς προκατεψυγμένοις μορίοις.

Galen. Comm. ii. 2, Aliment. (xv. 232): πάντως μὲν οὖν καὶ ὅσα μέλλει τροφαὶ εἶναι, ὁμιλῆσαι χρὴ τοῖς ὀργάνοις τοῖς πεπτικοῖς. Galen. Comm. iii. 1, Aliment. (xv. 254): τοῦ γὰρ συνεχοῦς σώματος τὰ ἐπιπολῆς μέρη πρῶτα τῆς ὁμιλεούσης ἀπολαύει τροφῆς. Galen. Anat. Administr. iii. 4 (ii. 365) : τὸ δὲ τρίτον νεῦρον ὁμιλοῦν τῷ ἔξω τε καὶ ἄνω κονδύλῳ τοῦ βραχίονος. Galen. Anat. Administr. vi. 4 (ii. 551): καὶ μάλιστά τε τὰς φρένας καὶ τοὺς ὁμιλοῦντας αὐτῷ δύο μῦς τῶν κατ' ἐπιγάστριον.

29. "But *they constrained him* (παρεβιάσαντο), saying, Abide with us: for it is toward evening, and the day is far spent. And he went in to tarry with them."

*παραβιάζεσθαι is peculiar to St. Luke, as are also the words * βίαιος and * βία.

Luke, xvi. 16: "Since that time the kingdom of God is preached, and every man presseth (βιάζεται) into it."

βιάζεσθαι occurs also in Matt. xi. 12: it is a word very frequently used in medical language; its compounds are not so frequent.

Galen. Hipp. et Plat. Decret. iii. 1 (v. 287) : ἐπεξελθεῖν με τῷ λόγῳ τὰ γ' ἐλλείποντα παρεβίασεν. Hipp. Praedic. 112: τὴν ἡλικίην δὲ ταύτην μάλιστα ἰσχιάδες βιάζονται. Hipp. Fract. 778: βιάσασθαι χρὴ ἐκτανύσαντα τὸν ἀγκῶνα καὶ αὐτόματον ἐμπίπτει. Hipp. Artic. 811: τούς τε συνδέσμους βιασάμενον. Hipp. Morb. 850: περιάγειν καὶ περικάμψαι καὶ μὴ ἐς ἰθὺ βιάζεσθαι. Hipp. Haemor. 801 : ὑπὸ τοῦ αἵματος ἀθροιζομένου βιαζόμενοι. Hipp. Epid. 1211 : τῇ δὲ φωνῇ κατὰ τὸν χρόνον τοῦτον εἰ μὲν σφόδρα ἀπεβιάσετο, εἶπεν ὃ ἐβούλετο τελέως. Aretaeus, Sign. Acut. Morb. 28 : ἐκβιάσηται τὰ σπλάγχνα. Aret. Cur. Acut. Morb. 96 : ἐβιήσατό κοτε ἀνάγκη πυριῆσαι κεφαλήν. Galen. Comm. ii. 25, Acut. Morb. (xv. 560): ὅσοι δ' ἂν βιασάμενοι λάβωσι τὰ σιτία βαρύνονται.

*βίαιος. Acts, ii. 2: "And suddenly there came a sound from heaven as of a rushing mighty wind (πνοῆς βιαίας), and it filled all the house where they were sitting."

Peculiar to St. Luke, and a very frequent epithet of disease, &c.

Hipp. Praedic. 76 : μετὰ ἀναχρέμψιος βιαίης. Do. 80 : ἐκ ῥινῶν λάβρα βίαια πολλὰ ῥυέντα. Coac. Progn. 176 : καὶ κατάποσις βιαία πονηρόν. De Gen. 234 : ἄλλου τινὸς βιαίου παθήματος προσγινομένου. Nat. Puer. 246 : ἦν δὲ βίαιον πάθημα πάθῃ τὸ παιδίον. Do. 247 : αὐτῷ βίαιον πάθημα προσπέσῃ. Aretaeus, Sign. Diuturn. Morb. 44 : ἐξ ἀποστάσιος βιαίης. Do. 46 : βὴξ συνεχὴς βιαίη. Galen. Comm. ii. 71, Praedic. i. (xvi. 666) : καὶ ἡ κατάψυξις δὲ εἰ οὕτως εἴη βίαιος. Galen. Comm. iii. 24, Epid. iv. (xvii. A. 434) : ὡς διὰ βιαίαν σφίγξιν. Galen. Comm. vi. 13, Aph. (xviii. A. 23) : βιαίας δεῖται κενώσεως.

* βία. Acts, v. 26 : "Then went the captain with the officers, and brought them without violence (οὐ μετὰ βίας) : for they feared the people, lest they should have been stoned."

Peculiar to St. Luke, and used again, Acts, xxi. 35 : διὰ τὴν βίην τοῦ ὄχλου ; xxiv. 7 : μετὰ πολλῆς βίας ; xxvii. 41 : ὑπὸ τῆς βίας, and is frequent in the medical writers.

Hipp. Nat. Hom. 227 : φλέγμα γλισχρότατόν ἐστι καὶ βιῇ μάλιστα ἄγεται μετὰ χολὴν μέλαιναν, ὁκόσα δὲ βίῃ ἔρχεται θερμότερα γίνεται ἀναγκαζόμενα ὑπὸ τῆς βίης. Hipp. Nat. Puer. 247 : ὕδρωψ ἔρχεται ἀπὸ τῆς κεφαλῆς ἀποκριθεὶς ὑπὸ βίης. Hipp. Superfoet. 261 : ἡσυχῇ δὲ τοῦτο ποιέειν, μὴ πρὸς βίην ὅκως μὴ ἀποσπασθὲν παρὰ φύσιν. Hipp. Aer. 282 : ὑπὸ γὰρ βίης ῥήγματα ἴσχουσιν καὶ σπάσματα. Hipp. Aer. 284 : ταῦτα γὰρ πάντα ὑπὸ βίης γίνονται τοῦ θερμοῦ. Hipp. Morb. Acut. 397 : ἡ δ' ὑπὸ βίης τὸ ἐκ τῶν φλεβῶν δεχομένη ὑγρόν. Hipp. Loc. in. Hom. 419 : ἡ χολὴ γὰρ αὐτομάτη ὑπὸ βίης γινομένης τῷ σώματι βιᾶται. Galen. Comm. v. 53, Aph. (xvii. B. 847) : ἐφ' ὧν ἡ φύσις ἐκκρίνει τι μετὰ βίας. Galen. Comm. 23, Offic. (xviii B. 782) : ὅσα γὰρ ὑπὸ βίας ἀθρόως ὑποσπᾶται. Galen. Acut. Morb. 8 (xix. 200) : παρηγορίας μᾶλλον μὲν οὖν δεῖται ἢ βίας ἐν τοῖς παροξυσμοῖς. Galen. Praesag. 4 (xix. 516) : τοὺς πόνους ἐπιφέρουσι περὶ τὴν κεφαλὴν τῇ βίᾳ.

33 : "And they rose up the same hour, and returned to Jerusalem, and found the eleven *gathered together* (ἠθροισμένους), and them that were with them."

*ἀθροίζειν and *συναθροίζειν are both peculiar to St. Luke, and much used in medical language.

Hipp. Flat. 298 : τοῦτο δὴ τὸ ὑγρὸν ὅταν ἀθροισθῇ ῥεῖ δι' ἄλλων πόρων. Hipp. Morb. 457 : ὥστε ἀνάγκη τὸ πῦος ἐν τῷ θώρακί τε καὶ ἐπὶ τῶν ἑλκέων ἀθροίζεσθαί τε καὶ παχύνεσθαι. Hipp. Fist. 883: ὅταν ἀθροισθῇ ἐν τῷ γλουτῷ αἷμα. Hipp. Haemor. 891 : ἅμα δὲ ὑπὸ τοῦ αἵματος ἀθροιζομένου βιαζόμεναι. Hipp. Aph. 1255 : τὸ ὑγρὸν ὥστε ἀθροίζεσθαι πρὸς τὸν τόπον τοῦτον. Hipp. Affect. 516: τὰ δ' ἀλγήματα ἐσπίπτει ὑπὸ τοῦ φλέγματος, ὅταν ἐν τῇ κεφαλῇ κινηθὲν ἀθροισθῇ. Do. 525 : φύματα ὅταν δὲ ὑπὸ τρώματος ἢ πτώματος ἀθροισθῇ. Galen. Comm. ii. 4, Aliment (xvi. 239): πλῆθος ὠμῶν χυμῶν κατὰ τὰς φλέβας ἀθροίζεται. Galen. Comm. iii. 11, Aliment (xvi. 297): τὸ αἷμα πλέον ἀθροισθὲν ὑπὲρ τὴν δύναμιν. Galen. Comm. iii. 26, Aliment (xvi. 366): λανθάνει γὰρ ἐν χρόνῳ πλείονι μοχθηρὸς ἐν ταῖς φλεψὶ χυμὸς ἐξ αὐτῶν ἀθροιζόμενος.

*συναθροίζειν. Acts, xii. 12 : " And when he had considered the thing, he came to the house of Mary the mother of John, whose surname was Mark ; where many *were gathered together* (συνηθροισμένοι) praying."

Peculiar to St. Luke. Used again Acts, xix. 25.

Hipp. Morb. Acut. 398 : συναθροιζμένου τοῦ θερμοῦ εἰς τὸν θώρηκα. Galen. Nat. Facul. i. 13 (ii. 33): εἰ διὰ τἆλλα τοῦ σώματος πιθανὸν ἦν τοὺς ἀτμοὺς ἐνταῦθα εἰς κύστιν συναθροίζεσθαι—οἱ ἀτμοὶ κατὰ τὴν μεταξὺ χώραν αὐτῶν τε τούτων καὶ τοῦ περιτοναίου συναθροισθήσονται—ἢ πάντως ἂν ὑπὸ τῷ δέρματι συναθροισθεῖεν. Galen. de Sem. i. 13 (iv. 560): ἀλλὰ καὶ χρόνῳ πλείονι συναθροίζεσθαι μᾶλλον φθανούσας τῆς σαρκώσεως ἴσχεται. Galen. Caus. Puls. 7 (vii. 201) : διὰ φλεγματώδους χυμοῦ πλῆθος ἐν ταῖς κοιλίαις τοῦ ἐγκεφάλου συναθροισθέντος. Galen. Difficul. Respir. i. 22 (vii. 812): οἷς μηδὲν συνήθροιστο καπνῶδες περίττωμα. Galen. Medic.

Temper. v. 23 (xi. 776): προκλητικὰ δὲ τὰ τὸ συνηθροισμένον ἐν βάθει πρὸς τοὐμφανὲς ἄγοντα. Galen. Comp. Med. vii. 2 (xiii. 23): πρὸς τὰ ἐν θώρακι συνηθροισμένα. Galen. Comp. Med. viii. 4 (xiii. 168): τὰ εἰς τὸν στόμαχον συναθροισθέντα φλέγματα.

*συναλίζεσθαι. Acts, i. 4: "And being assembled together with them (συναλιζόμενος), commanded them that they should not depart from Jerusalem."

Peculiar to St. Luke, and used, as is also ἁλίζειν, in the same sense as συναθροίζειν and ἀθροίζειν.

Hipp. Nat. Oss. 278: τὸ δὲ πλεῖστον ἀπὸ τοῦ μυελοῦ τοῦτο συναλίζεται. Hipp. Flat. 298: ὁκόταν δὲ συναλισθῇ ἀθροισθὲν τὸ πλεῖστον τοῦ αἵματος. Hipp. Intern. Affect. 557: ὁκόταν φλέγμα καὶ χολὴ μιχθῇ κατὰ τὸ σῶμα, ῥέει ἐς τὴν κοιλίην, καὶ ὁκόταν ἁλισθῇ ἐν τῇ κοιλίῃ ἀείρεται. Hipp. Coac. Progn. 171: πνεῦμα ἁλιζόμενον. Hipp. Intern. Affect. 542: καὶ ἤν κου ἡ ὀδύνη, ἁλισθῇ, καῦσαι. Aretaeus, Sign. Acut. Morb. 17: ἐν γὰρ τῇ αὐτῇ χώρῃ ἄμφω ἅμα ἁλίζεται καὶ ἡ τροφὴ καὶ τὸ αἷμα. Aret. Sign. Acut. Morb. 21: διεκθέει δὲ ὕπερθεν μὲν ἐς ἔμετον τὰ ἐν τῷ στομάχῳ ἁλιζόμενα. Aret. Sign. Diuturn. Morb. 63: ἀλλ' ἡ κύστις ἐς πολλὸν ἁλίζει αἷμα χρόνον.

42. "And they gave him a piece *of a broiled* (ὀπτοῦ) fish, and *of an honeycomb*" (μελισσίου κηρίου).

*ὀπτός. Peculiar to St. Luke, and often used in medical language with respect to diet of the sick—often joined with ἰχθύς.

Hipp. Affect. 526: διδόναι ἄρτον καὶ ὄψα ὀπτὰ καὶ ξηρά—διδόναι τὰ κρέα ἀντὶ τῶν γαλατηνῶν ἰσχυρότερα καὶ τούτων ἔνια ὀπτὰ καὶ τῶν κρεῶν καὶ τῶν ἰχθύων. Hipp. Affect. 529: ἰχθύες κοῦφον ἔδεσμα καὶ ἑφθοὶ καὶ ὀπτοί. Hipp. Intern. Affect. 545: ἰχθύϊ δὲ γαλαίῳ καὶ νάρκῃ χρεέσθω ὀπτοῖσιν. Hipp. Intern. Affect. 546: χρεέσθω πυρίνῳ ὀπτῷ Hipp. Intern. Affect. 554: ἰχθύεσι δὲ χρεέσθω τοῖσι σαρκωδεστάτοισιν ὀπτοῖσιν. Hipp. Nat. Mul. 572: ἐσθιέτω πουλύποδας ἑφθοὺς καὶ ὀπτούς. Hipp. Morb. Mul. 596: χρεέσθω κρέασι δε ὁπτοῖσι μᾶλλον ἑφθοῖσι. Hipp. Morb. Mul. 641: ἀντὶ δὲ ἰχθύων κρέασιν ὁπτοῖσι, &c. Aretaeus, Cur. Acut. Morb. 110: ἄρτος ὁπτός. 113: ὠὰ ὀπτά. 114: γύψον ὁπτήν. 122: τέττιγες ἐφ' ὥρας μὲν ὀπτοί, ἔδεσμα.

*κηρίον. Honeycomb was often used in medical preparations either with the honey in it or without (ξηρόν); perhaps for this reason St. Luke adds μελίσσιον.

Hipp. Morb. 496: κηρίων ξηρῶν ὅσον δύο κοτύλας βρέχων ὕδατι καὶ ἀνατρίβων γενέσθω. Hipp. Morb. 480: καὶ πίνειν διδόναι κηρίον ἐν ὕδατι ἀποβρέχων ὡς ψυχρότατον. Hipp. Morb. 482: προσφέρειν αὐτῷ ψύγμα καὶ πίνειν διδόναι κηρίον ἐν ὕδατι ἀποβρέχων. Hipp. Morb. 484: ἐπιχέας ὕδατος ὅσον κοτύλην αἰγιναίαν, ἄλητον ἐπιπάσσων καὶ κηρίον, τοῦτο ῥοφανέτω μετὰ τὸ πόμα. ˙ Hipp. Nat. Mul. 584: καὶ κηρίον ἐν οἴνῳ ἐν ὀθονίῳ προστίθει. Hipp. Nat. Mul. 585: κηρίον καὶ βούτυρον καὶ ῥητίνην καὶ χηνὸς ἔλαιον ἐν ὕδατι ἀφεψῶν κλύζειν. Hipp. Morb. Mul. 637: κηρίον καταβρέξαι δὲ ἐν ὕδατι καὶ ἅμα τρίβειν ὅταν ὑπόγλυκυ ᾖ καὶ διηθήσας ἐμβάλλειν σελίνου φύλλα. Hipp. Morb. Mul. 660: ὅταν οὖν ὧδε ἔχῃ σικύου χρὴ τὸ ἔνδον τρῖψαι καὶ κηρίον—Dioscor. v. 17: καλοῦσι δέ τινες καὶ ἀπόμελι τὸ ἐκπλυνομένων τῶν κηρίων ὕδατι σκευαζόμενον ὑδρόμελι καὶ ἀποτιθέμενον. Galen. xi. 375: ἐκ κηρίων ὀξύμελι.

§ LXXVIII.

ACTS OF THE APOSTLES, I.

*τεκμήριον. *περιμένειν. *πρηνής. *ὑπερῷον.

ἀναλαμβάνειν (verse 2, § 65). ὑπολαμβάνειν (v. 9, § 65).
*συναλίζεσθαι (v. 4, § 77). ἀτενίζειν (v. 10, § 53).

3. "To whom he also showed himself alive after his passion by many *infallible proofs* (τεκμηρίοις), being seen of them forty days, and speaking of the things pertaining to the kingdom of God." ˙

*τεκμήριον is peculiar to St. Luke, and was technically employed in medical language. Galen expressly speaks of the medical distinction between τεκμήριον—demonstrative evidence—and σημεῖον, stating that rhetoricians as well as physicians had examined the question. Comm. iii. 39, Progn. (xviii. B. 306-307) : οὐ παρὰ τοῖς ἰατροῖς μόνον, ἀλλὰ καὶ παρὰ τοῖς ῥήτορσιν ἐζήτηται τίνι διαφέρει σημείου τεκμήριον— τὸ μὲν ἐκ τηρήσεως σημεῖον τὸ δὲ ἐξ ἐνδείξεως τεκμήριον. Hipp. Morb. Mul. 618 : ἔστι δὲ τόδε τεκμήριον μέγα, ἐν τοῖσι τιτθοῖσι γάλα οὐκ ἐγγίνεται. Hipp. Nat. Hom. 225 : καὶ τεκμήρια παρέξω καὶ ἀνάγκας ἀποφανῶ δι' ἃς ἕκαστον αὔξεταί τε καὶ φθίνει ἐν τῷ σώματι. Hipp. De Carn. 253 : τεκμήριον δέ ἐστι τουτέῳ οἱ κωφοὶ οἱ ἐκ γενεῆς οὐκ ἐπίστανται διαλέγεσθαι. Hipp. Aer. 286 : τεκμήριον δὲ ὅτι οὕτως ἔχει, τὸ γὰρ οὖρον λαμπρότατον. Hipp. Morb. Sac. 303 : ἕτερον δὲ μέγα τεκμήριον, ὅτι οὐδὲν θειότερόν ἐστι τῶν λοιπῶν νουσημάτων. Hipp. Morb. Sac. 304 : τεκμήριον δὲ ὁκόταν γὰρ καθημένῳ ἢ κατακειμένῳ φλέβια πιεσθῇ. Hipp. Morb. Acut. 392 : καλὰ δε ταῦτα τεκμήριά ἐστι τῆς περὶ οἴνου ὠφελίης καὶ βλάβης. Aretaeus, Sign. Morb. Diuturn, 36 : τεκμηρίων μὲν οὖν οὐκ ἄσημα ἢ γὰρ ἥσυχοι ἢ στυγνοί, &c. Galen. Comm. ii. 54, Progn. (xviii. B. 189): ἐξ ἄλλων τεκμηρίων ἡ διάγνωσις.

4. "And, being assembled together with them, commanded them that they should not depart from Jerusalem, but *wait for* (περιμένειν) the promise of the Father, which, saith he, ye have heard of me."

*περιμένειν is peculiar to St. Luke, and was employed in medical language for "to await the result of some mode of medical treatment or the action of some medicine," &c.

Aretaeus, Cur. Acut. Morb. 88 : τοῦ φαρμάκου τῆς ἱερῆς καλευμένης νήστι διδόναι ὁλκῆς δραχμὰς β'—καὶ περιμείναντα καθήρασθαι. Galen. Comm. iv. 96, Morb. Acut. (vi. 899) : ἀλλὰ περιμένειν προσήκει τὰ βέλτιστα τῆς ἀνέσεως. Galen. Comm. ii. 22, Epid. i. (xvii. A. 116) : εἰ πολλῷ χρόνῳ περιέμενον οἱ πυρετοὶ τοιοῦτοι. Galen. Comm. vi. 1, Aph.

(xviii. A. 2) : μὴ περιμενούσης ἀθροισθῆναι τὸ οὖρον. Galen. Comm. iii. 13, Fract. (xviii. B. 554) : μὴ περιμένειν τὸν εἰθισμένον τρόπον τῆς ἐπιδέσεως. Galen. Comm. iii. 54, Fract. (xviii. B. 620) : οὐ τῆς ἀκριβοῦς γνώσεως ἕνεκεν χρή σε περιμένειν τὴν ἀνατομήν. Galen. Morb. Acut. 8 (xix. 216) : διδόναι τὰς τροφὰς τὴν παντελῶς παρακμὴν μὴ περιμείναντες. Galen. Cur. per Ven. Sect. 11. (xi. 284) : μὴ περιμένειν εἰς ἔσχατον ἀφικέσθαι καταπτώσεως τὴν δύναμιν. Galen. Progn. ad Posthum. 2 (xiv. 611) : οὐ περιμείνας δὲ τὴν ἑξῆς περίοδον. Galen. Progn. ad Posthum. 10 (xiv. 654) : τὸ δὲ τῆς ἡμέρας ἐν ᾗ τελέως ἀπαλλαγοῖτο τοῦ νοσήματος οὐκ ἐπίστευε, δύσκολον εἶναι νομίζων ἄνευ τοῦ περιμεῖναι τὴν ἑξῆς ἡμέραν.

13. "And when they were come in, they went up into an *upper room* (ὑπερῷον), where abode both Peter and James."

*ὑπερῷον. Peculiar to St. Luke. The word used for the upper room wherein our Lord celebrated the last Passover is ἀνώγεον, both in St. Mark and St. Luke; perhaps it afterwards became known by this name, as on every other occasion where St. Luke mentions an upper room he employs ὑπερῷον, *e.g.* here and ix. 37, ix. 39, xx. 8. Now this word was very familiar to a physician, being the neuter of ὑπερῷος, the feminine of which, ὑπερῴη, was the name of the palate. Hippocrates moreover employs ὑπερῷος or ὑπερῷον and ὑπερῴη indiscriminately for the palate. Hipp. Epid. 1162 : ἐπὶ τοῦ ὑπερῴου ῥεγχώδης, γλῶσσα ξηρὴ, περιπλευμονίη, ἔμφρων ἔθανεν. Hipp. Epid. 1215 : ἑτερύς τις ἐπὶ τοῦ ὑπερῴου ῥεγχώδης. The medical writers too, whenever they have to mention the upper part of a house, show a partiality, as well as St. Luke, for this word. Galen Antid. i. 3 (xiv. 18) : ἔστιν ὑπερῷα οἰκήματα—καὶ τῶν οἴκων τῶν ὑπερῴων. Galen. Antid. i. 8 (xiv. 47) : ἔστω δὲ καὶ ὁ οἶκος ἐν ᾧ ξηραίνεσθαι μέλλουσι πάντως μὲν ὑπερῷος. Dioscor. Mat. Med. v. 85 : πρὸς τὸ ὑπερῷον ἐκτομὴ σύμμετρος. The fem. ὑπερῴη, "the palate," is of course very frequent in the medical writers.

18. "Now this man purchased a field with the reward of iniquity; and falling *headlong* (πρηνής), he burst asunder in the midst, and all his bowels gushed out."

*πρηνής, peculiar to St. Luke, was used as a technical term in medical language. Thus Galen says, Fract. Comm. i. 3 (xviii. B. 336): δυοῖν σχημάτων ἐμνημόνευσεν ὑπτίου τε καὶ πρηνοῦς—ὅλον μὲν οὖν τὸ σῶμα κεῖσθαι πρηνὲς λέγομεν ὅταν ἡ μὲν γαστὴρ κάτωθεν ἄνωθεν δὲ ᾖ τὸ νῶτον. Hipp. Artic. 836: πρηνέα κατακλίναντα τὸν ἄνθρωπον οὕτω κατατείνειν. Hipp. Moch. 850: συνωφελοίη δ' ἂν καὶ ἐπίστρεψις ἀγκῶνος ἐν τούτοισιν ἐν τῷ μὲν ἐς τὸ ὕπτιον, ἐν τῷ δὲ ἐς τὸ πρηνές. Hipp. Artic. 813: κἄπειτα πρήνεα κατακλῖναι. Hipp. Intern. Affect. 540: ἐπὶ δὲ τὰ πρηνέα ἦν κατακέηται οὐκ ἀλγέει. Aretaeus, Acut. Morb. 3: κεφαλὴ ποικίλως διάστροφος, ἄλλοτε μὲν γὰρ ἐς τὸ πρηνὲς τοξοῦται, εὖτε ἐς τὸ στέρνον ἡ γένυς ἐρείδει. Aret. Sign. Acut. Morb. 5: κεφαλὴ πρηνὴς ἐς θώρακα συννενευκυῖα. Galen. Comm. iii. 24, Epid. ii. (xvii. A. 434): μετασχηματιστέον τὸν ἀγκῶνα παντοίως, καὶ ἐπὶ τὸ πρηνὲς καὶ ὕπτιον. Galen. Comm. iii. 21, Offic. (xviii. B. 859): ὥσπερ τοῦ τε ὑπτίου καὶ πρηνοῦς ἀνωδυνώτατόν ἐστι. Galen. Anat. Muscul. (xviii. B. 988): ἡ δὲ ἐνέργεια καὶ τούτου τὴν κερκίδα περιάγειν εἰς τὸ πρηνές.

§ LXXIX.

Acts, II.

* συγχέειν. * σύγχυσις. * ἐπιχέειν. * ἐπδημεῖν. * γλεῦκος. * αὐστηρός. * μεστοῦσθαι. * προσπήγνυμι.

* ἦχος (verse 2, § 40). * βίαιος (v. 2, § 77). * πνοή (v. 2, § 89). πίμπλημι (v. 4. § 60). * συμπληροῦν (v. 1, § 64). * διαπορεῖν (v. 12, § 74). ὑπολαμβάνειν (v. 15, § 65). ἀναιρεῖν (v. 23, § 84)· πρόγνωσις (v. 23, § 94). ἀσφαλῶς (v. 36, § 82). ἄφεσις (v. 38, § 59).

6. "Now when this was noised abroad, the multitude came together, and *were confounded* (συνεχύθη), because that every man heard them speak in his own language."

*συγχέειν, peculiar to St. Luke, was used both in its literal and figurative sense in the medical writers.

Hipp. Ulcer. 875: τὸν δὲ οἶνον ξυγχέαι—ξυγχέαι ἐς τὸν χυλὸν τῆς ὄμφακος. Do. 876: ὀπὸν ἐρινεοῦ ξυγχέαι—ἔπειτα οἴνου ξυγχέας μέρος τρίτον. Galen. Difficul. Respir. ii. 7 (vii. 849): εἰ μὲν οὖν ὑπὸ παραφροσύνης μόνον ὁ τῆς ἀναπνοῆς κόσμος συγχέοιτο. Galen. Caus. Puls. ii. 13 (ix. 95): φθείρεται δὲ καὶ συγχεῖται διά τι τούτων παρόν. Galen. Caus. Puls. ii. 14 (ix. 102): οἱ τοιοῦτοι σφυγμοὶ διαλλάττουσι δὲ τῷ τοὺς μὲν ἐν περιόδοις τισὶ διασώζειν τὴν ἰσότητα, τοὺς δὲ πάντη συγχέειν—συγχεῖται δ' ἄμφω μὲν ἐν τοῖς ἀτάκτοις. Galen. Comm. iii. 1, Epid. vi. (xvii. B. 3): πολλὰ συγχεῖ καθ' ὅλον τὸ ζῶον. Galen. Comm. iii. 31, Humor. (xvi. 479): ἐνίοτε οὐκ εὐπετὲς τοὺς χυμοὺς ἐν τοῖς πτυέλοις συγκεχυμένους διακρίνειν.

*σύγχυσις. Acts, xix. 29: "And the whole city was filled with *confusion*" (συγχύσεως).

Peculiar to St. Luke. In medical language it was used for a "disturbance of the system," "an affection of the eyes," &c.

Hipp. Epid. 1174: ἡ κοιλίης νάρκωσις ἡ τῶν ἄλλων ξύγχυσις. Dioscor. Mat. Med. ii. 127: φυραθὲν δὲ σὺν οἴνῳ συγχύσεις καὶ πληγὰς ὀφθαλμῶν καθίστησι. Dioscor. Mat. Med. iv. 12: τὰ φύλλα ὠφελεῖ σύγχυσιν ὀφθαλμῶν. Dioscor. Medic. Parab. i. 37: πρὸς δὲ τὰς ἐκ πληγῆς συγχύσεις καὶ φλεγμονὰς ἰδίως ποιεῖ στοίβης καρπός. Galen. Comm. ii. 39, Epid. ii. (xvii. A. 381): τοῦ δ' ὑγροῦ σύγχυσιν ὑπομένοντος καὶ περὶ τὸ στόμα συναγομένου σιαλοχόοι ἦσαν. Galen. Medic. Def. 326 (xix. 433): ἑλκώσεων τῶν περὶ τοὺς ὀφθαλμοὺς διαφοραί εἰσιν πρόπτωσις, χήμωσις, σύγχυσις. Do. 339 (xix. 435): σύγχυσίς ἐστι ποτὲ μὲν ἐκ πληγῆς, ποτὲ δὲ ἐξ αὐτομάτου ῥῆξις τῶν ἐν βάθει χιτώνων. Galen. Medicus. 16 (xiv. 768): περὶ δὲ τὴν ἴριν, ἄργεμον, νεφέλιον, ἀχλὺς, σύγχυσις. Do. (776): σύγχυσις δέ ἐστιν ὅταν τὰ ἐν τῷ ὀφθαλμῷ ὑγρὰ μὴ κατὰ χώραν μένῃ, τὴν ἰδίαν τάξιν σώζοντα, ἀλλὰ τεταραγμένα ᾖ. Galen. Comm. iii. 1, Epid. vi. (xvii. B. 3): ὅπερ αὐτὸς ὠνόμασε τῶν ὅλων σύγχυσιν.

*ἐπιχέειν. Luke, x. 34: see § 21.

10. "And *strangers of Rome*" (οἱ ἐπιδημοῦντες Ῥωμαῖοι). "Sojourners from Rome," Revised Version.

*ἐπιδημεῖν, peculiar to St. Luke, and used again Acts, xvii. 21, was much employed in medical language in the sense "to be among a people," "to be epidemic." Hipp. Epid. 951: ἐπεδήμησαν δὲ καὶ δυσεντερίαι κατὰ θέρος. Hipp. Epid. 1020: τοῦ θέρους καῦσοι ἐπηδήμησαν πολλοί. Hipp. Epid. 1083: τὰ μὲν ἐπιδημήσαντα νοσήματα ταῦτα. Hipp. Epid. 1089: πολλὰ δὲ καὶ ἄλλα πυρετῶν ἐπεδήμησαν εἴδεα. Hipp. Epid. 1134: διαχωρήσεις τοῦ θέρεος ἐπεδήμησαν. Hipp. Epid. 1194: ὀφθαλμίαι ἐπεδήμησαν. Hipp. Epid. 1195: βὴξ χειμερινὴ ἐπιδημήσασα. Galen. Comm. i. 11, Humor. (xvi. 404): καὶ οὐχ ἕν εἶδος ἐπεδήμησε νοσημάτων. Galen. Comm. i. 32, Epid. (xvii. A. 32): τῶν ἐπιδημησάντων νοσημάτων ἡ γένεσις. Galen. Comm. ii. 5, Epid. i. (xvii. A. 71): τὰς τῶν ἐπιδημησάντων νοσημάτων ἰδέας. Galen. Comm. ii. 7, Epid. i. (xvii. A. 102): σύνοψις τῶν ἐπιδημησάντων τότε παθημάτων.

13. "Others mocking said, These men *are full of new wine*" (ὅτι γλεύκους μεμεστωμένοι εἰσί).

*αὐστηρός. Luke, xix. 21. 22: "For I feared thee, because thou art an *austere man* (ἄνθρωπος αὐστηρός): thou takest up that thou layedst not down, and reapest that thou didst not sow."

*γλεῦκος. *αὐστηρός. Both words are peculiar to St. Luke, and frequently used in the medical writers to describe the nature of the wine to be given to the sick. αὐστηρός is also applied to other things besides wine—as food, &c.

Hipp. Acut. Morb. 392: ἐν τῇ τοῦ γλυκέος οἴνου διηγήσει. Hipp. Acut. Morb. 407: συμμίξας τὸ γλεῦκος ἕψησον ἐν τῷ ἡλίῳ. Hipp. Intern. Affect.: πολλοὶ δὲ ἤδη καὶ ἀπὸ τροφῆς βοτρύων πολλῶν καὶ πολλοῦ γλύκους τὴν νοῦσον ἔλαβεν. Hipp. Morb. 472: ἐπιχεῖν δὲ οἴνου γλυκέος τρία ἡμικοτύλια. Hipp. Vic. Sal. 338: ἔπειτα δὲ συμμίξας οἴνους τρεῖς πίνειν διδόναι, αυστηρόν γλυκύν και οξύν. Hipp. Affect. 528: των οΐνων καΐ οι γλυκέες και οι αυστηροί. Hipp. Vict. Rat. 369 : κλύσαι τό στόμα και την φάρυγγα οϊνω αυστηρώ. Hipp. Vic. Rat. 372 : τοΐσι δε σίτοισι χρέεσθαι τοΐσι δριμέσι και ξηροΐσι και αυστηροΐσι. Hipp. Morb. Acut. 404 : οκόσα δε των πομάτων άκρητέστερά εστίν η αυστηρότερα. Hipp. Decor. 24 : χρή τον ίητρόν εχειν τινά ευτραπελίην παρακειμένην, τά γαρ αυστηρόν δυσπρόσιτον και τοΐσιν υγιαίνοισιν και τοΐσι νοσέουσι. Aretaeus, Cur. Acut. Morb. 96 : ην δε και έπιθέτοισι δέη χρέεσθαι, φοίνικες εν οϊνω αυστηρω δευθέντες. Aret. Cur. Acut. Morb. 108 : τέγγειν δε χυμώ, οϊνω αυστηρω και ροδίνω ή μυρσίνω λίπαϊ— φοίνικες οι πίονες εν οϊνω μέλανι αυστηρω δευθέντες ες μάζαν τρίβονται. Aret. Sign. Morb. Diuturn. 79 : χανδόν και πολλόν του γλύκεος πιεΐν τον άνθρωπον. Aret. Cur. Acut. Morb. 122 : τροφαί σιτώδεες, εύπεπτοι, εύχυμοι—γάλα, οίνος γλυκύς. Aret. Cur. Morb. Diuturn. 130 : οίνος λευκός λεπτός γλυκύς, στύψιος εχων ως μή ϊσχειν την γαστέρα. Aret. Cur. Morb. Diuturn. 144 : ες δύναμιν δε κην οίνος γλυκύς οκοΐος αίμα εη ες την αυτού γένναν. Dioscor. Mat. Med. v. 9 : ο μεν γαρ γλυκύς οίνος—κοιλίης τε και εντέρων ταρακτικός ώσπερ και τό γλεύκος, ο δε αυστηρός ουρητικώτερος, &c.

13. *μεστουσθαι. Peculiar to St. Luke. *μεστουσθαι and μεστός είναι are used in medical language. Hipp. Affect. 522 : η δε νούσος θανατώδης, άλλως τε και ην η γαστήρ μεστωθεΐσα ύδατος. Galen. Usus. Part. x. 5 (iii. 783): η ως μεστούμενος ένδοθεν ο ραγοειδής επί πλεΐστον εκτείνεται τε και διατείνεται. Hipp. Morb. Sac. 307 : αι γαρ φλέβες μεσταί είσιν αίματος. Hipp. Morb. Acut. 396 : η κοιλίη υπάγουσα δίψης εστί μεστή. Hipp. Morb. Acut. 398 : την κοιλίην είναι πολλής άσης μεστήν. Hipp. Intern. Affect. 537 : ο νωτιαίος αίματός τε μεστός γίνεται. Hipp. Aph. 1255 : αι κοτυληδόνες μύξης μεσταί είσιν. Hipp. Nat. Mul. 578 : τό στόμα αυτέων γίνεται οίον ορόβων μεστόν. Galen. Usus. Part. iv. 5 (iii. 272) : πολλής υγρότητος λεπτής και υδατώδους μεστόν

ἐστι τὸ αἷμα. Galen. Meth. Med. v. 10 (x. 348) : ἢ ἰχώρων ἢ πύου μεστόν. Galen. Comp. Med. ii. 1 (xiii. 468) : τὸ ἕλκος ῥυπαρὸν δὲ εὑρέθη καὶ μεστὸν ὑγρότητος. Galen. Comp. Med. i.: τὸ σύμπαν σῶμα εἰ φαίνοιτο κακοχυμίας μεστόν.

23. "Him, being delivered by the determinate counsel and foreknowledge of God, ye have taken, and by wicked hands *have crucified* (προσπήξαντες) and slain."

* προσπήγνυμι. Peculiar to St. Luke. Hipp. Morb. 455 : ἦν φλέγμα ἢ χολὴ πρὸς τῇ οὐλῇ προσπαγῇ. Hipp. Morb. 458 : καὶ ὅσον τε ἐν αὐτῇ τῇ σαρκὶ ἔνι χολῆς καὶ φλέγματος ἢ ἐν τοῖσιν ἐν αὐτῇ φλεβίοισι, τοῦτο πολλὸν ἢ πᾶν ἀποκρίνεται καὶ προσπήγνυται πρὸς τῷ πλευρῷ—ὁκόταν δὲ τὰ πρὸς τὸ πλευρὸν προσπαγέντα σαπῇ καὶ πτυσθῇ ὑγιέες γίνονται—ἢν δὲ τό τε ἀρχαῖον πολλὸν προσπαγῇ πρὸς τὸ πλευρόν. Hipp. Morb. 457 : καὶ τὰ περὶ τὸν νῶτον χωρία διαθερμαίνεται ὑπὸ τοῦ προσπεπηγότος ὑγροῦ πρὸς τῷ πλευρῷ. Hipp. Morb. 461 : ὁκόταν πολλὸν μὲν τὴν ἀρχὴν τῷ πλευρῷ προσπαγῇ, φλέγμα τε καὶ χολή. Hipp. Morb. 451 : ἀλλ' ἑλκωθῇ τὸ πλευρὸν ὑπὸ τοῦ προσπεπηγότος φλέγματος καὶ χολῆς— καὶ ἢν φλέγμα ἐκ τῆς κεφαλῆς ῥυὲν πρὸς τὸ πλευρὸν προσπαγῇ καὶ σαπῇ. Hipp. Morb. 513 : ὅτε καὶ ἐπὴν κατέλθῃ ψάμμος πρὸς τὴν κύστιν καὶ μὴ προσπαγῇ. Hipp. Praedic. 106 : πρεσβυτάτοισι δὲ οἷς ἂν προσπήγματα μύξης ἐνῇ. Galen. Meth. Med. v. 4. (x. 323) τῇ δὲ ἑτέρᾳ χειρὶ τὸ φάρμακον ἐπιθέντα τῇ τρώσει προστέλλειν ἀτρέμα, ἄχρι περ ἂν πρυσπαγῇ.

§ LXXX.

Acts, III.

συντρέχειν. *συνδρομή. *ὑποτρέχειν. *κατατρέχειν. *ὁλοκληρία. *ἀποκατάστασις.

ἀτενίζειν (verse 4, § 53). προσδοκᾶν (v. 5, § 74). *βάσις (v. 7, § 23). *στερεοῦν (v. 7, § 23). *σφυρά (v. 7, § 23). παραχρῆμα (v. 7, § 57). *ἐξάλλεσθαι (v. 8, § 23). πίμπλημι (v. 10, § 60). *ἀνάψυξις (v. 19, § 74). *προχειρίζεσθαι (v. 20, § 82).

11. "And as the lame man which was healed held Peter and John, all the people *ran together* (συνέδραμε) unto them in the porch that is called Solomon's, greatly wondering.

συντρέχειν (used also Mark, vi. 33, and 1 Peter, iv. 4), as well as the three following compounds of τρέχειν, were employed in medical language.

Hipp. Flat. 298 : τὸ αἷμα συντρέχει καὶ διέξεισι κατὰ παντὸς τοῦ σώματος ἐς τὰ θερμότατα. Hipp. Acut. Morb. 398 : συνδεδραμηκότος δὲ ἄλεος τοῦ θερμοῦ ἅπαντος ἄνω ἐς τὴν κεφαλήν. Hipp. Fract. 755 : καὶ μὴ ξυνδεδραμήκοιεν οἱ μύες. Hipp. Epid. 1184 : ἐν τοῖσι τρώμασι τὸ αἷμα ξυντρέχει. Galen. Comm. iii. ‚47, Fract. (xviii. B. 606) : φιλοῦσι οἱ μύες εἰς ἑαυτοὺς συντρέχειν παραλλαττόντων τῶν ὀστέων. Galen. Renum Affect. 3 (xix. 657) : ἐπὶ πάσῃ γὰρ κινήσει φυσικῇ συντρέχει τὸ αἷμα. Galen. De. Dieb. Decret. i. 7 (ix. 807) : μήτε τοῖς πολλοῖς τῶν κριτικῶν σημείων συντρεχουσῶν. Galen. Meth. Med. ad Glaucum. ii. 1 (xi. 75) : ῥαδίως ὑποτρέχει τὸ αἷμα καὶ αὖθις ἐπιρρεῖ. Galen. De Typis. 3 (vii. 485) : τρεῖς ἅμα παροξυσμοὺς εἰς μίαν ὥραν συνδραμεῖν. Galen. Comm. i. 1, Fract. (xviii. B. 329) : τοῦ μυὸς ὡς ἂν εἰς αὐτὸν ὅλον συντρέχοντος.

*συνδρομή. Acts, xxi. 30: "And all the city was

moved, and the people *ran together* (ἐγένετο συνδρομὴ τοῦ λαοῦ).

Peculiar to St. Luke, and a technical term in medical language, denoting a "concourse" or "concurrence of symptoms." Galen defines it (Med. Defin. 169): συνδρομή ἐστι σύνοδος τῶν συμπτωμάτων ἢ τῶν συμπτωμάτων ἄθροισμα ἢ τὸ τῶν συμπτωμάτων ἄθροισμα φαινομένων ἐναργῶς ἅπασιν. Aretaeus, Cur. Acut. Morb. 104 : ἀλλὰ καὶ τοῖσι παλαιοτέροισι ἰητροῖσι ἰδέη τὶς ξυνδρομῆς πλευρῖτις ἐπικλήσκετο. Galen. Comm. iv. 55, Morb. Acut. (xv. 831) : διακρίνειν ἀπὸ τῆς παθογνωμονικῆς συνδρομῆς τὰ ἐπιγινόμενα—ἡ μὲν γὰρ παθογνωμονικὴ συνδρομὴ τὸ τοῦ νοσήματος εἶδος ἐνδείκνυται. Galen. Comm. i. 18, Praedic. (xvi. 554) : εἰκὸς δ' ἔσθ' ὅτε γίνεσθαι τὴν τῶν εἰρημένων συμπτωμάτων συνδρομήν. Galen. Comm. i. 31., Praedic. (xvi. 575) : αλλ' ὅτι συνδρομὰς ἑτερογενῶν σημείων οὐ χρὴ ποιεῖσθαι. Do. (576): διότι μήτε ἐτεθέατο πολλάκις ἑπόμενον τὸ σύμπτωμα τοῦτο τῇ προκειμένῃ συνδρομῇ. Galen. Comm. ii. 41, Praedic. (xvi. 600) : πάλιν ἡ συνδρομὴ τῶν εἰρημένων συμπτωμάτων αὐτοπτική ἐστι. Galen. Comm. ii. 60, Praedic. (xvi. 642) : φαίνεται γὰρ ἐξ ἀνομοιογονῶν ἐνίοτε συνδρομὰς ποιούμενος. Galen. Comm. ii. 86, Praedic. (xvi. 674) : ἐν ἀθροίσματι πλειόνων σημείων δὲ συνδρομὰς ὀνομάζουσι. Galen. Comm. iii. 29, Praedic. (xvi. 789) : ἐξ ἀνομοιογενῶν συμπτωμάτων ἀθροίζει συνδρομήν.

*ὑποτρέχειν. Acts, xxvii. 16 : "And *running under* (ὑποδραμόντες) a certain island which is called Clauda, we had much work to come by the boat."

Peculiar to St. Luke. Hipp. Nat. Oss. 277 : ἤν τε ὑποδράμῃ τὸ αἷμα ἐς τοῦτο μέρος ἐπιτυχὸν εὐρυχωρίης. Hipp. Nat. Oss. 279 : αὐτὴ δὲ ὑποδεδράμηκε κάτωθεν τοῦ ποδὸς ὑπὸ τὸν ταρσόν. Hipp. Flat. 299 : εἰ δὲ τὴν διάστασιν ὑποδράμῃ πνεῦμα. Hipp. Loc. in Hom. 423 : καὶ οἷον σφαῖραι ἐν τῇ γαστρὶ ὑποτρέχουσιν ὀδύναι. Hipp. Morb. 508 : τὸ αἷμα αὐτίκα θερμανθὲν ὑπὸ τῆς βίης καὶ ὑποδραμὸν ἐς τὰς φλέβας. Hipp. Morb. 509 : ἐπὴν τις πληγῇ καρτερῶς, ὑποτρέχει ὑπὸ πληγὴν αἷμα. Hipp. Fract. 768: καὶ τὸ οἴδημα σκληρὸν γίνεται καὶ εἰ τὸν δάκτυλον ἐπαγάγοις ἐξαείρεται, ἀτὰρ καὶ αὖθις ὑποτρέχει ταχέως. Galen. Comm. iii. 15, Fract. (xviii. B. 557) : τὸ ἔρευθος ἐξαείρεται καὶ αὖθις ὑποτρέχει ταχέως κατὰ τὸ μέγεθος. Galen. Meth. Med. ad Glauc. ii. 1 (xi. 75) : ὑποτρέχει τὸ αἷμα καὶ αὖθις ἐπιρρεῖ. Galen. Medicus. 16 (xiv. 774) : ὑπὸ τὴν κτηδόνα τοῦ χιτῶνος ὑποδραμοῦσα ὑγρασία καὶ τὴν φλύκταιναν ἀποτελέσασα. Dioscor. Medic. Parab. 38: ὑποδρομὰς δὲ αἵματος θεραπεύει.

* κατατρέχειν. Acts, xxi. 32 : " Who immediately took soldiers and centurions, and *ran down* (κατέδραμεν) unto them."

Peculiar to St. Luke. Hipp. Praedic. 80 : οἷσιν ἐκ ῥίγεος πυρετοὶ κοπιώδεες, γυνακεῖα κατατρέχει. Hipp. Coac. Progn. 206 : τὰ ἐξαίφνης λευκὰ κατατρέχοντα ἐπὶ τρωσμῷ. Hipp. Acut. Morb. 401 : καὶ οὖρα παχέα καὶ δριμέα καταδράμῃ. Hipp. Acut. Morb. 404 : τὸ δὲ ἀπὸ πομάτων ὁκόσα μὲν ὑδαρέα βραδυπορώτερά ἐστι καὶ ἐγκυκλέεται καὶ ἐπιπολάζει περὶ ὑποχόνδρια καὶ ἐς οὔρησιν οὐ κατατρέχειν. Hipp. Morb. Acut. 404 : καὶ ἀπὸ δείπνου περιπατῆσαι ὀλίγον ἕως οὖρα καταδράμῃ. Galen. Comm. iii. 7, Epid. ii. (xvii. A. 399) : γυναικεῖα κατατρέχει. Galen. De Fasciis (xviii. A. 829) : ὅπως ἔνθα μὲν εἰκὸς ἀναδραμεῖν ἐστιν ὕλην τὴν ἐπίδεσιν, ἀντίληψις αὐτῆς γίγνοιτο ἐπὶ τῶν ταπεινοτέρων, ἔνθα δὲ καταδραμεῖν, ἐπὶ τῶν ὑψηλοτέρων.

16. "And his name through faith in his name hath made this man strong, whom ye see and know: yea the faith which is by him hath given him this *perfect soundness* (ὁλοκληρίαν) in the presence of you all.

* ὁλοκληρία. Peculiar to St. Luke. The noun ὁλοκληρία does not seem to be used in the medical writers; the adjective ὁλόκληρος, however, is frequently, both in its more general meaning of " complete," " entire," and also in the same sense as by St. Luke, of " complete soundness of body."

Galen. San. Tuend. v. 1 (vi. 311): ὑγιαίνοντα διὰ πάντων φυλάξαι ἄνοσον, ἀνώδυνον, ὁλόκληρον, εἴ γε μὴ παντάπασιν ἐξ ἀρχῆς νοσώδης εἴη τετυχηκώς, σῶμα. Galen. Meth. Med. iii. 3 (x. 186): μηδὲ ἐπὶ τῶν ὀργανικῶν ὁλόκληρον ἐξευρεῖν δύνασθαι τὴν θεραπείαν. Galen. Ars Med. ii. (i. 263): διαφέρει δὲ τοσοῦτον, ὅτι μόρια μὲν ὁλόκληρα κατὰ τοῦτο τὸ γένος (νόσου). Galen. Comp. Med. ix. 5 (xiii. 289): ῥοιαὶ ὁλόκληροι κʹ. Galen. Comp. Med. ix. 6 (xiii. 309): ὠὰ ὠμὰ ὁλόκληρα δύο. Galen. Remed. Parab. i. 2 (xiv. 329): ἀμύγδαλα ὁλόκληρα. Galen. Remed. Parab. i. 13 (xiv. 380): κοχλιῶν ὁλοκλήρων. Galen. Antid. i. 13 (xiv. 65): δύο μηνῶν ὁλοκλήρων. Dioscor. Meth. Med. i. 11: μαλάβαθρον ἄθραυστον δὲ καὶ ὁλόκληρον. Do. i. 25: κρόκος ἄριστος ὁ πρόσφατός τε καὶ ὁλόκληρος.

21. "Whom the heaven must receive until the times of *restitution* (ἀποκαταστάσεως) of all things, which God hath spoken by the mouth of all his holy prophets since the world began."

*ἀποκατάστασις, peculiar to St. Luke, was a technical medical term to denote "complete restoration of health"— "the restoring a dislocated joint to its proper place," &c.

Galen. Medic. Defin. 11 (xix. 352): θεραπευτικὸν δὲ τὸ περὶ τὴν ἴασιν ἢ ἀνάκλησιν τῆς διεφθαρμένης ὑγιείας καὶ ἀποκατάστασιν αὐτῆς πραγματευόμενον. Aretaeus, Sign. Acut. Morb. 11: κἢν ἐπὶ τῶν διαίμων, παλινδρομέῃ ἡ χολὴ, ἐπ᾽ αὐτῇ δὲ φλέγμα, ἀσφαλὴς ἡ ἀποκατάστασις. Aret. Cur. Morb. Diuturn. 135: ἡ ἡσυχίη ἐς ἀποκατάστασιν τοῦ ἐν τῇ αἰώρῃ ταράχου. Aret. Cur. Morb. Diuturn. 139: ἀλλ᾽ ὅσα σαρκῶν τε ἀνάπλασιν ποιέεται καὶ δυνάμιος ἰσχὺν καὶ τῆς φύσιος ἐς τὸ ἀρχαῖον ἀποκατάστασιν. Dioscorides, Mat. Med. iv. 183: ποιεῖ δὲ καὶ πρὸς ἀποκατάστασιν σπληνιῶσιν. Galen. Synop. de Puls. 11 (ix. 463): καὶ τὴν τοῦ περιέχοντος ἀέρος ἀποκατάστασιν ἐν ὥραις καὶ χώραις. Galen. Ven. Sect. 8 (xi. 239): κενωθέντος δὲ τοῦ σώματος καὶ τῆς πληθώρας ἀποκατάστασιν λαβούσης συντόμως ἐπὶ τὰ εἰθισμένα ἐπαναγαγεῖν. Galen. Comp. Med. iv. 8 (xii. 754): δεῖ δὲ ἐκ διαστημάτων τριῶν ἢ τεσσάρων ὡρῶν ἐγχυματίσαντες ἐᾶν μέχρι ἀποκαταστάσεως καὶ τότε λούεσθαι παραινεῖν. Galen. Medicus. 3 (xiv. 681): τῶν δὲ ἐν τῷ σώματι τὸ μὲν τῳ τόπῳ ἀλλότριον ὡς ὑπόχυμα καὶ ἐξάρθρημα καὶ κάταγμα ἅπερ ἐνδείκνυται τὴν μετάθεσιν ἢ ἀποκατάστασιν εἰς τὸν ἴδιον τόπον. Galen. Medicus. 20 (xiv. 796): κατὰ δὲ τὸ γόνυ συνεχὴς μὲν ἡ εἰς τὸ ἔξω ἐξάρθρησις καὶ ῥᾳδία ἡ ἀποκατάστασις διὰ συγκάμψεως.

§ LXXXI.

Acts, IV.

* διαπονεῖσθαι.   καταπονεῖν.   * διανέμειν.   * καθόλου.
* ἐνδεής.   * προσδεῖσθαι.

* ἑσπέρα (verse 3, § 67). πίμπλημι (v. 8, § 60). σωτηρία (v. 12, § 98). * συμβάλλειν (v. 19, § 68). * ἴασις (v. 22, § 17).

2. "*Being grieved* (διαπονούμενοι) that they taught the people, and preached through Jesus the resurrection from the dead."

* διαπονεῖσθαι is peculiar to St. Luke, and occurs again, Acts, xvi. 18. πόνος, πονεῖν, and some of their compounds, are much employed in medical language.

Hipp. Rat. Vic. 364: οὐδὲν γὰρ τοῦ σώματος διαπεπόνηται πρὸς οὐδένα πόνον. Hipp. Rat. Vic. 369: χρὴ δὲ τὸν τοιοῦτον ἐκθεραπευθῆναι ὧδε, διαπονήσαντα ἐν τοῖσι γυμνασίοισι. Dioscorides, Animal. Ven. Proem.: ἢ τὸ διὰ τοῦ φαλαγγίου δήγματος ἐνιέμενον καὶ ὅλον τὸ σῶμα διαπεπονούμενον. Galen. Comm. i. 3, Aph. (xvii. B. 363): κατὰ τὸν βίον διαπονούμενοι. Galen. Usus. Part. ii. 7 (iii. 114): πλείστας καὶ ἀναγκαιοτάτας καὶ σφοδροτάτας ἐνεργείας ἡ χεὶρ ἐν τούτῳ τῷ σχήματι διαπονουμένη. Galen. Parv. Pil. Exer. 3 (v. 903): ἕτερα νεῦρα καὶ μύες διαπονεῖται πλέον. Galen. San. Tuend. ii. 9 (vi. 139): εὔτονον μὲν γυμνάσιον, τὸ βιαίως άνευ τάχους διαπονοῦν. Galen. San. Tuend. ii. 11 (vi. 147): τὰ δὲ πλάγια μέρη τῆς ῥάχεως ἡ κίνησις ἤδε διαπονεῖ. Galen. San. Tuend. ii. 11 (vi. 146) : πρὸς τούτοις ἔτι τὸ τὰ μὲν ὀσφῦν μᾶλλον ἢ χεῖρας ἢ σκέλη διαπονεῖν. Galen San. Tuend. ii. 9 (vi. 152) : τίνες μὲν ἐνέργειαι, σκέλη μᾶλλον ἢ χεῖρας ἢ θώρακα, τίνες δὲ ὀσφῦν ἢ κεφαλὴν ἢ ῥάχιν ἢ γαστέρα τίνες δ' ὁτιοῦν ἄλλο μέρος ὑπὲρ τἆλλα διαπονοῦσιν.

καταπονεῖν. Acts, vii. 24 : "And seeing one of them suffer wrong, he defended him, and avenged *him that was oppressed* (τῷ καταπονουμένῳ), and smote the Egyptian." καταπονεῖν is used once elsewhere in N. T. (2 Pet. ii. 7.) Galen. San. Tuend. ii. 7 (vi. 130) : οἱ προσφάτῳ κρύει καταπονηθέντες ἄθυμοί τέ εἰσι καὶ ὀκνηροὶ κινεῖσθαι. Galen. Progn. ad Posth. 3 (xiv. 613): ἐπὶ δὲ τὰ κατὰ Ἐυδημον ἐπάνειμι. καταπονούμενος γὰρ ὑπὸ τῶν τριῶν τεταρταίων ἀπήλπιστο πρὸς τῶν ἰατρῶν. Galen. Morb. Acut. 4 (xix. 192): ὅταν δ' ἐπιπεσόντα τὰ νοσήματα στάσιν τινὰ καὶ ἀναρχίαν ἐργάσηται, ἐφ' ὅσον ἂν ἰσχύσῃ τὰ πάθη, ἐπὶ τοσοῦτον ἡ φύσις καταπονεῖται. Galen. Comm. i. 12, Morb. Acut. (xv. 436): τοὺς ἐναντιωτάτοις ἀγωγαῖς ἐπὶ τῶν πυρεττόντων χρωμένους ἰατρούς, τούς τε μακραῖς ἀσιτίαις καταπονοῦντας τοὺς κάμνοντας. Galen. Comm. iii. 1, Epid. ii. (xvii. A. 385) : ταῖς δὲ γυναιξὶ τουτὶ τὸ ἔτος μάλιστα κινδυνῶδες ἦν, ὅτι ἡ χολὴ τῷ τῆς καταστάσεως αὐχμῷ τεθηριωνένη τὴν ὑγρὰν φύσιν οἰκτρῶς ἔτρυε καὶ πολυειδῶς καταπεπονημένην ἀφίει. Galen. Comp. Med. vii. 7 (xiii. 986) : εἰς τὸ αὐτὸ ἀναμίξας πάσας τὰς δυνάμεις μάλασσε καὶ σύγκοπτε ἕως ἂν ἄλκιμον καὶ καταπεπονημένον γένηται.

17. "But that it *spread* (διανεμηθῇ) no further among the people, let us straitly threaten them, that they speak henceforth to no man in this name.

* διανέμειν. Peculiar to St. Luke. * διανέμειν, * διασπείρειν, and * ἀναδιδόναι, were the three great medical words to denote "the spreading," "distribution" of nourishment—the nerves—the blood, &c., through the body. It is remarkable that all three are used by St. Luke, and by him alone of the N.T. writers.

Galen. Comm. ii. 6, Nat. Hom. (xv. 143): αἱ φλέβες διανέμουσιν αὐτὸ τοῖς τοῦ ζώου μορίοις ἅπασιν. Galen. Comm. ii. 10, Aliment. (xv. 292): ὥσπερ ἐκ πηγῆς τινος ἰδίας παντὶ τῷ σώματι διανέμεται. Galen. Comm. iv. 6, Aliment. (xv. 390): καὶ τὸ ταύτης ἀρτηρίας ὑπόλοιπον ἐπὶ τὴν ἀριστερὰν ὅλην χεῖρα καὶ τὴν ὠμοπλάτην διανέμεται—ὅθεν καὶ ἡ τοῖς ἐντέροις διανεμομένη παραγίνεται. Do. (391): ὅσαι δὲ εἰς ἄλλας τοῦ σώματος χώρας καθέκαστον διανέμονται. Galen. Comm. ii. 10, Acut. Morb. (xv. 531): διεκπίπτει πρὸς τὸ διάφραγμα τοῖς πρώτοις μετ᾽ αὐτὸ διανεμόμενον σώμασιν. Galen. Comm. i. 1, Humor. (xvi. 12): διανέμοντες αὐτὸ τῷ σώματι παντὶ φλέβες. Do. (13): διανέμουσι δὲ καὶ παράγουσιν εἰς ὅλον τὸ ζῶον αἱ ἀρτηρίαι. Galen. Comm. iii. 127, Praedic. (xvi. 788): ἐκ σπληνὸς ἑτέραν φλέβα ἀρχομένην διανέμεσθαι τοῖς ἀριστεροῖς μέρεσιν. Galen. Nat. Facul. ii. 6 (ii. 105): οὐκ ἂν δύναιτο δεχόμενον τὴν τροφὴν οὕτως εἰς ὅλον ἑαυτὸ διανέμειν. Galen. Anat. Adminstr. iii. 10 (ii. 400): αἱ τῶν μεγάλων νεύρων διανεμήσεις.

18. "And they called them, and commanded them not to speak *at all* (καθόλου) nor teach in the name of Jesus."

*καθόλου, peculiar to St. Luke, is very common in the medical writers.

Dioscorides, Mat. Med. i. 13: καθόλου ἐστὶ πολύχρηστον. 27: καθόλου θερμανικὴ ὑπάρχουσα. 62: καθόλου πάντων ἐστὶ χρησιμώτατον—καθόλου ἐστὶν ἀραιωτικόν. 71: καθόλου μαλακτικὴν ἔχει τὴν δύναμιν. 146: καὶ καθόλου παραλαμβάνεσθαι δεῖ τὴν χρῆσιν αὐτῶν. Galen. Comp. Med. viii. 4 (xiii. 167): συστέλλοντες τὰ σιτία καὶ καθόλου ἐξ οὗ ὑπονοήσωμεν γίνεσθαι. Do. (175): καὶ καθόλου πάντα ὅσοις ἐπὶ τῶν καρδιακῶν χρώμεθα. Do. (175): καὶ καθόλου πᾶν τὸ τροφῶδες. Do. iii. 2 (564): ἐκ τοῦ τόν γε καθόλου τρόπον τῆς θεραπείας ἐπινοῆσαι. Do. v. 4 (802): καὶ καθόλου ἐστίν ἡ δύναμις θαυμαστή.

34. "Neither was there any among them that *lacked* (ἐνδεὴς ὑπῆρχεν): for as many as were possessors of lands or houses sold them, and brought the prices of the things that were sold."

*ἐνδεής, peculiar to St. Luke, was a word of very frequent occurrence in medical language.

Hipp. Affect. 528: ὑπαναλίσκει ταῦτα τὸ σῶμα καὶ οὔτε ἐνδεές ἐστιν οὔτε πλῆρες. Hipp. Artic. 807: σκέλεα μὲν καὶ χεῖρες τελειοῦνται, ταῦτα δὲ ἐνδεέστερα γίνονται. Hipp. Artic. 821: τὸ δὲ τῆς κνήμης ὀστέα αὔξεται μέν, οὐ πολὺ δὲ ἐνδεεστέρως—τὸν δὲ πῆχυν καὶ ἄκρην τὴν χεῖρα ὀλίγῳ ἐνδεεστέρην τοῦ ὑγιέος. Hipp. Fract. 766: ἐνδεέστερον χρὴ διαιτᾶν ἄχρι ἡμερέων δέκα. Hipp. Morb. Sacr.: ἐνδεέστερον τοῦτο τοῦ σώματος τὸ βλαβὲν ἀνάγκη εἶναι. Galen. Morb. Acut. ii. 44 (xv. 601): ἐνδεῆ τὴν χρείαν τῆς ἀναπνοῆς ἐργάζεται καὶ διὰ ταύτην τὴν ἔνδειαν. Galen. Comm. iii. 4, Epid ii. (xvii. A. 322): ὅταν ἡ χυλοθεῖσα τροφὴ ἐνδεέστερον ἀναδίδοται. Galen. Comm. i. 17, Aph. (xvii. B. 432): τὴν δύναμιν ἐργάζεται καὶ ἤτοι πληθωρικὸν ἢ ἐνδεὲς ἢ κακόχυμον τὸ σῶμα. Galen. Comm. iii. 7, Aph. (xvii. B. 574): ἡ δὲ ξηρότης ἐνδεεστέρους μὲν τῷ πλήθει τοὺς χυμοὺς ἐργάζεται.

*προσδεῖσθαι. Acts. xvii. 25: "Neither is worshipped with men's hands, as though *he needed anything* (προσδεόμενός τινος), seeing he giveth to all life, and breath, and all things."

Peculiar to St. Luke, and, like ἐνδεής, much used by the medical writers.

Hipp. Vet. Med. 15: καὶ πέψιος οὐδεμιῆς προσδεῖται. Hipp. Praedic. 87: διαιτημάτων τε ἰδίων προσδεόμεναι ἕκασται καὶ φαρμακευσίων. Hipp. Praedic. 105: θεραπείης δὲ προσδεῖται ἡ νοῦσος αὔτη. Hipp. Morb. Acut. 385: τουτέοισι καὶ δὶς δοτέον ἥν τι δοκέῃ προσδεῖν. Do. 393: ὧν οὐδέτερον εἰς τιμωρίην προσδέεται μελίκρητον. Hipp. Artic. 805: τούτων δὲ οὓς ἥκιστα κατεαγὲν προσδέεται. (809): ἐς πολλὰ γὰρ νοσήματα προσδέοι ἂν αὐτῆς. Hipp. Ulcer. 874: καὶ οὕτως ἰητρείην προσφέρειν ὁκοίης δ' ἂν δοκέῃ προσδεῖσθαι. Galen.

San. Tuend. i. 12 (vi. 68): ἐπανορθοῦσθαι μεθόδου τινὸς ἑτέρας προσδεῖται. Galen. Facul. Med. v. 22 (xi. 774) : καὶ διὰ τοῦτο βραχυτέρας ἐπικουρίας ἐκ φαρμάκων προσδεῖται.

§ LXXXII.

Acts, V.

ἀσφάλεια. ἀσφαλής. ἀσφαλῶς. *ἐπισφαλής. *διαχειρίζεσθαι. *προχειρίζεσθαι. *ἐπιχειρεῖν. *διαπρίειν. *διαλύειν. *ἀπολύειν.

*συστέλλειν (verse 6, § 24). *διάστημα (v. 7, § 75). *ἐκψύχειν (v. 10, § 24). παραχρῆμα (v. 10, § 57). προστίθεναι (v. 14, § 59). κολλᾶσθαι (v. 13, § 66). *ὀχλεῖσθαι (v. 16, § 7). πίμπλημι (v. 17, § 60). ὄρθρος (v. 21, § 67). *διαπορεῖν (v. 24, § 74). *βία (v. 26, § 77). ἄφεσις (v. 31, § 59). ἀναιρεῖν (v. 33, § 84). *προσκολλᾶσθαι (v. 36, § 66.)

23: "Saying, The prison truly found we shut *with all safety* (ἐν πάσῃ ἀσφαλείᾳ), and the keepers standing without before the doors."

Luke, i. 4: "That thou mightest know *the certainty* (τὴν ἀσφάλειαν) of those things, wherein thou hast been instructed."

St. Luke uses all the four words, ἀσφάλεια, ἀσφαλῶς, ἀσφαλής, *ἐπισφαλής. The last is peculiar to him. These words were very much used by the medical writers. St. Mark once uses ἀσφαλῶς (xiv. 44); St. Paul, ἀσφάλεια once (I. Thess. v. 3), and ἀσφαλής twice (Phil. iii. 1, Heb. vi. 19).

ἀσφάλεια. Hipp. Praecept. 27 : ἔνιοι γὰρ νοσέοντες ᾐσθημένοι τὸ περὶ ἑωυτοὺς πάθος μὴ ἐὸν ἐν ἀσφαλείῃ. Hipp. Progn. 40 : σημαίνει γὰρ ἀσφάλειάν τε καὶ νούσημα ὀλιγοχρόνιον ἔσεσθαι. Hipp. Morb. Acut. 384 : τοῖσι νοσέουσι πᾶσιν ἐς ὑγείην μέγα δύναται καὶ τοῖσιν ὑγιαίνουσιν ἐς ἀσφάλειαν. Hipp. Morb. Acut. 396: ἕως ἂν ἐν ἀσφαλείῃ γένοιτο ὁ νοσέων—δεῖται δὲ ἀσφαλείης καὶ μετριότητος μετὰ φλεβοτομίην. Hipp. Morb. Acut. 397: χυλὸν δὲ προσφέρειν ὁκόταν ἐκ κρίσιος ἐν ἀσφαλείῃ ἤδη ᾖ. Hipp. Aph. 1253: τὸ θερμὸν ἐκπυητικόν, οὐκ ἐπὶ παντὶ ἕλκει μέγιστον σημεῖον ἐς ἀσφάλειαν. Galen. Comm. i. 3, Humor. (xvi. 92): καὶ ἀσφάλειαν ὑγιεινὴν σημαίνουσι—τὸ τάχος κρίσεως καὶ ἀσφάλειαν καὶ ὑγίειαν δηλώσουσι. Galen. Comm. iv. 22, Aph. (xvii. B. 685): πε...ασμοὶ ταχύτητα κρίσεως, ἀσφάλειαν ὑγιεινὴν σημαίνουσι. Galen. Comm. iii. 2, Progn. (xviii. B. 238): ὅταν τὰ τῆς ἀσφαλείας σημεῖα παρῇ.

ἀσφαλής. Acts, xxi. 34: "And some cried one thing, some another, among the multitude: and when he could not know *the certainty* (τὸ ἀσφαλές) for the tumult, he commanded him to be carried into the castle."

Used also xxii. 30, and xxv. 26.

Hipp. Judic. 52: σημαίνει γὰρ ἀσφαλέα τὴν νοῦσον ἔσεσθαι. Hipp. Progn. 211: ὑδατῶδες δὲ καὶ λευκὸν ἐν χρονίοισι οὐκ ἀσφαλές. Hipp. Vic. Rat. 372: ἡ θεραπείη ἀσφαλεστέρη ὑπὸ τῆς διαίτης ὧδε. Hipp. Morb. Acut. 406: ἀσφαλεστέρη γὰρ γίνεται ἡ θεραπείη. Aretaeus, Sign. Morb. Acut. 11: ἀσφαλὴς ἡ ἀποκατάστασις. Aret. Sign. Morb. Diuturn. 49: ἀσφαλεστέρη δὲ καὶ ἀσινεστέρη ἡ τῇδε τοῦ πύου ὁδός. Aret. Cur. Acut. Morb. 96: οὐκ ἀσφαλὲς μὲν αἰσθήσεσι, νεύροισι δὲ ἀγαθόν. Aret. Cur. Morb. Acut. 112: οὐ κάρτα ἀσφαλὲς ἐπὶ φλεγμονῇσι. Galen. Comm. iv. 74, Acut. Morb. (xv. 862): οὐκ ἀσφαλὴς ἡ διὰ τῶν οὔρων σημείωσις. Galen. Comm. i. 10, Epid. vi. (xvii. A. 852): πρώτη καὶ ἀσφαλεστάτη διάγνωσις εἰς τὸν τρόπον τῶν πυρετῶν.

ἀσφαλῶς. Acts, xvi. 23: "And when they had laid many stripes upon them, they cast them into prison, charging the jailor to keep them *safely*" (ἀσφαλῶς).

Used again, Acts, ii. 36.

Hipp. Praedic, 108: τότε προλέγειν ἑβδομαίας παύσασθαι ἢ ἐγγὺς τουτέων καὶ ἄλλως ἀσφαλῶς νομίζειν ἔχειν. Hipp.

Praedic. 105 : ἐλάχιστά τε τῶν σημείων ἔχει τῶν πονηρῶν ἃ ἔγραψα εἶναι, ἀσφαλέστατα διάκειται οὗτος. Hipp. Praedic. 109: αἱ δὲ ἄλλαι νοῦσοι αἱ ἄμφι κεφαλὰς ἀνδράσι τε καὶ γυναιξὶν ἀσφαλῶς ἰσχυρότατοι καὶ πολυχρονιώτεροι. Hipp. Artic. 782 : ὅτι ἀσφαλεστέρως αὐτὸ σῶμα μετεωρισθέν. Hipp. Artic. 798: ἀσφαλέστερον δὲ χειρίζειν ἐστίν ὕπτιον κατακλίναντα τὸν ἄνθρωπον. Hipp. Decor. 25 : προσδοῦναί τι τῶν ἐς τὸ χρέος ᾖ ἀσφαλέως προσενεγκεῖν. Hipp. Progn. 43 : οὕτως ἂν ἀσφαλέστατα ὅ τε ἄνθρωπος περιγένοιτο καὶ ἡ ἀπόστασις ἀνώδυνος τάχιστα παύσεται. Hipp. Progn. 100 : οἷσι δ' ἂν καὶ νεῦρον δοκέῃ ἐκπεσεῖσθαι, ἀσφαλεστέρως τὰ περὶ χωλώσιος ᾖ προλέγειν. Hipp. Artic. 782 : ὅτι ἀσφαλεστέρως ἂν τὸ σῶμα τὸ μὲν τῇ. Hipp. Praedic. 98 : εἰ δέ τι τούτων ἐπιφαίνοιτο ἐν ἀρχῇσί τε γίνεσθαι ἀσφαλέστατον καὶ ὀλίγον χρόνον παραμένειν.

*ἐπισφαλής. Acts, xxvii. 9 : "Now when much time was spent, and when sailing was now *dangerous*" (ἐπισφαλοῦς).

Peculiar to St. Luke, and frequently applied to disease by the medical writers. Hipp. Vet. Med. 11 : ὁκόταν δὲ τύχωσι μεγάλῳ τε καὶ ἰσχυρῷ καὶ ἐπισφαλεῖ νοσήματι. Hipp. Aph. 1245 : ἐπισφαλὲς δὲ τὸ τοιοῦτον καὶ πρὸς τὰς κάτω καθάρσιας. Hipp. Aph. 1258 : αἱ παραφροσύναι αἱ μὲν μετὰ γέλωτος γινόμενοι ἀσφαλέστεραι αἱ δὲ μετὰ σπουδῆς ἐπισφαλέστεραι. Galen. Comm. ii. 10, Humor. (xvi. 244) : λεπτότης τῶν μερῶν πρὸς τὰς κάτω καθάρσεις ἐπισφαλής ἐστιν. Galen. Comm. ii. 47, Epid. vi. (xvii. A. 996) : τὰ γὰρ πλεῖστα τῶν ἐπισφαλῶν νοσημάτων. Galen. Comm. ii. 35, Aph. (xvii. B. 534) : καὶ γὰρ αἱ ἄνω καθάρσιες ἐπισφαλεῖς εἰσι τοῖς οὕτω διακειμένοις. Galen. Comm. iii. 1, Progn. (xviii. B. 235) : μετὰ συμπτωμάτων ἐνίοτε ποιεῖσθαι τὴν κρίσιν ἐπισφαλῶν Galen. Progn. De Decub. 3 (xix. 535): ἐπισφαλῆ πάθη. Do. 5 (541) : ἔσται ἡ νόσος ἐπισφαλὴς καὶ ἐπικίνδυνος. Do. 11 (561) : ἔσται ἡ νόσος ἐπισφαλὴς ἀπὸ πλήθους καὶ κραιπάλης.

30. "The God of our fathers raised up Jesus, whom ye *slew* (διεχειρίσασθε) and hanged on a tree."

*διαχειρίζεσθαι. Peculiar to St. Luke, and is used again Acts, xxvi. 21. In medical language it was employed, as was also χειρίζεσθαι, of surgical operations in particular.

Hipp. Progn. 45: ὃ δὴ σταφυλὴν καλέουσι καὶ γένηται τὸ μὲν ἄκρον γαργαρεῶνος μεῖζόν τε καὶ περιφερὲς, τὸ δὲ ἀνωτέρω λεπτότερον, ἐν τουτέῳ τῷ καιρῷ ἀσφελὲς διαχειρίζειν. Hipp. Morb. Acut. 384: ὁκόσα ἀνωδύνως διαχειρίζεσθαι, ὡς ἀνωδυνώτατα ποιέειν. Hipp. Morb. Mul. 638: δεῖ δὲ τὸν ὀρθῶς ταῦτα διαχειριούμενον διαγινώσκειν ἑκάστοτε τὰς φύσιας τῶν γυναικῶν. Hipp. Offic. 741: οὑτωσὶ δὲ τὸ μὲν χειριζόμενον ἐναντίον τῇ αὐγῇ, τὸν δὲ χειρίζοντα ἐναντίον τῷ χειριζομένῳ, πλὴν ὥστε μὴ ἐπισκοτάζειν, οὕτω γὰρ ἂν ὁ μὲν δρῶν ὁρῴη, τὸ δὲ χειριζόμενον οὐχ ὁρῶτο—ὁ δὲ χειριζόμενος τῷ χειρίζοντι τῷ ἄλλῳ τοῦ σώματος μέρει ὑπηρετείτω ἢ ἑστεὼς ἢ καθήμενος. Hipp. Fract. 757: ὁ δὲ ἰητρὸς ὀρθῶς μὲν ἰὼν χειριζέτω, τὸν ἕτερον πόδα ἐπὶ ὑψηλοτέρου τινὸς ἔχων, κατορθώσας δὲ τοῖσι θέναρσι τὸ ὀστέον ἔπειτα ἐπιδείτω τάς τε ἀρχὰς βαλλόμενος ἐπὶ τὸ κάτηγμα καὶ τἆλλα πάντα ὥσπερ πρότερον παρηνέθη χειριζέτω. Galen. De Fasciis. 1 (xvii. A. 768): ἀνωδύνως δεῖ διαχειρίζεσθαι. Galen. Comm. iii. 21, Progn. (xviii. B. 271): ἀσφελὲς διαχειρίζειν. Galen. Comm. i. 10, Offic. (xviii. B. 681): πτερύγιον ἢ ἐγκανθίδα χειριζόμενος. Do. (682): τῷ τε μὴ σφοδρῶς ἀνιᾶσθαι τὸν χειριζόμενον.

*προχειρίζεσθαι. Acts, xxii. 14: "And he said, The God of our fathers hath *chosen thee* (προεχειρίσατό σε), that thou shouldest know his will, and see that Just One, and shouldest hear the voice of his mouth."

Peculiar to St. Luke, who uses it again iii. 20, xxvi. 16, and employed by the medical writers, as also πρόχειρος, and many derivatives of χείρ, *e.g.* διαχειρισμός, a medical preparation. Hipp. 1022: χειρισμός. Hipp. 741: an operation, χείρισμα. Hipp. 808: surgical treatment, χείριξις. Hipp. 756: a surgical operation.

Galen. Comm. iii. 36, Acut. Morb. (xv. 696): καθάπερ καὶ εἰ μέλι μοχθηρὸν ἢ πτισάνην ἢ ὄξος ἢ οἶνον ἢ τι τοιοῦτον προχειρίσαιο. Galen. Anat. Administr. iii. 2 (ii. 348): ἕν

τι μέρος τοῦ κώλου προχειρισάμενος. Galen. Nat. Facul. iii.
2 (ii. 146) : προχειρίσασθαι μόρια ἄττα τοῦ σώματος. Galen.
Difficul. Respir. ii. 10 (vii. 879) : ὑπολοίπους ἔτι τρεῖς
ἀρρώστους προχειρισόμεθα. Galen. Caus. Puls. i. 12 (ix. 51):
λοιπὸν ἂν εἴη προχειρισάμενον ἕνα τινὰ σφυγμὸν ἐπ' αὐτοῦ
διδάξαι τὸ χρήσιμον. Galen. Diagn. Puls. ii. 2 (viii. 845) :
προχειρισάμενος γένος ἐν σφυγμῶν ὡς ἐν παραδείγματι. Galen.
Comm. iii. 101, Praedic. (xvi. 723): Ἱπποκράτους προχειρ-
ιζομένου ποτὲ κατὰ μέρος ἔνια παραδείγματος ἕνεκα πρὸς
σαφήνειαν τῶν μανθανόντων. Galen. Comm. i. 12, Aph.
(xvii. B. 399): προχειρισάμενος ὡς ἐν παραδείγματι πάθος
ἐν αὐτὸ δὴ τοῦτο πρὸς Ἱπποκράτους ὠνομασμένον. Galen.
Progn. Puls. iii. 4 (ix. 356) : ἡ διάγνωσις μόνη προχειρ-
ιζέσθω. Galen. Meth. Med. viii. 3 (x. 559) : τουτὶ μὲν τὸ
αἴτιον ὀλιγάκις ἐθεασάμην ἀνάψαν πυρετὸν, ὅθεν αὐτὸ μάλιστα
προυχειρισάμην.

*ἐπιχειρεῖν : see § 57.

33. "When they heard that, *they were cut to the heart*
(διεπρίοντο), and took counsel to slay them."

* διαπρίειν is peculiar to St. Luke, and occurs again vii.
54.

πρίειν and some of its compounds were employed in
medical language, in their literal sense. Hipp. Loc. in
Hom. 419: τοῦτον χρὴ πρίειν ὡς ἔξοδος ᾖ τῷ ἰχῶρι, μὴ
μοῦνον ἔξοδος εὐρέος διαπρισθέντος, καὶ φαρμάκοισι χρῆσ-
θαι. Hipp. Vuln. Cap. 912 : ἢν ἐξ ἀρχῆς λάβων τὸ ἴημα
πρίῃς οὐ χρὴ ἐκπρίειν τὸ ὀστέον πρὸς τὴν μήνιγγα αὐτίκα—
ἔστι δὲ κίνδυνος ἢν αὐτίκα ἀφαιρῇς πρὸς τὴν μήνιγγα ἐκπρίσας
τὸ ὀστέον, τρῶσαι ἐν τῷ ἔργῳ τῷ πρίονι τὴν μήνιγγα, ἀλλὰ
χρὴ πρίοντα, ἐπειδὰν ὀλίγου πάνυ δέῃ διαπεπρίσθαι παύσασθαι
πρίοντα—ἐν γὰρ διαπριωτῷ ὀστέῳ—Hipp. Vuln. Cap. 913 :
καὶ γὰρ πολὺ θᾶσσον διαπρίεται τὸ ὀστέον ἢν ὑπόπυόν τε ἐὸν
ἤδη καὶ διάπυον πρίης.

36. "For before these days rose up Theudas, boasting
himself to be somebody; to whom a number of men, about
four hundred, joined themselves: who was slain; and all, as

many as obeyed him, *were scattered* (διελύθησαν), and brought to nought."

* διαλύειν. Peculiar to St. Luke, and of very frequent occurrence in medical language. Hipp. Morb. Acut. 387: πειρηθῆναι διαλῦσαι τὴν ὀδύνην. Hipp. Morb. Acut. 392: καὶ ἡ ἐπὶ τὰ ἕτερα αὖ μεταβολὴ διαλύει σῶμα. Hipp. Morb. Mul. 649: κἢν μὲν διαλύηται καὶ ἀσθενὴς γίνεται ἡ γυνὴ διαλαμβάνειν ἐς ὅσον δεῖ χρόνον, ἢν δὲ μὴ διαλύηται. Hipp. Flat. 298: καὶ τά τε ἄρθρα διαλύονται πρὸ τῶν πυρετῶν. Hipp. Flat. 300: αὗται δὲ θερμανθεῖσαι διαλύονται καὶ διαλύουσι τὴν ξύστασιν τοῦ αἵματος. Dioscor. Mat. Med. i. 101: θρόμβους αἵματος διαλύει. Dioscor. Mat. Med. ii. 98: χοιράδας διαλύει. Galen. Comm. i. 35, Acut. Morb. (xv. 804): ἐπιχειρεῖ μὲν γὰρ ἡ ἔμφυτος θερμασία διαλύειν τε καὶ χεῖν τοὺς κατὰ τὸ σῶμα χυμούς. Galen. Comm. i. 12, Humor. (xvi. 112): ὡς τὸ πάχος διαλυθῇ τῶν χυμῶν.

*ἀπολύειν: see § 16.

§ LXXXIII.

Acts, VI.

* συγκινεῖν.

* καθημερινός (v. 1, § 67). ὑποβάλλειν (verse 11, § 68).
* συναρπάζειν (v. 12, § 91). ἔθος (v. 14, § 58). ἀτενίζειν (v. 15, § 53).

Acts, VII.

κακοῦν. * συνελαύνειν. * ἀπελαύνειν. * ἀνατρέφειν. * βρύχειν.
* ἐξωθεῖν. * σκληροτράχηλος.
* σιτίον (verse 12, § 97). * μετακαλεῖσθαι (v. 14, § 85).
* συγγένεια (v. 14, § 87). ἀναιρεῖν (v. 21, § 84). καταπονεῖν (v. 24, § 81). σωτηρία (v. 25, § 98). ἀναλαμβάνειν (v. 43, § 65). * διαδέχεσθαι (v. 45, § 73).
* ἀντιπίπτειν (v. 51, § 66). * διαπρίειν (v. 54, § 82). ἀτενίζειν (v. 55, § 53).

vi. 12: "And *they stirred up* (συνεκίνησαν) the people,

and the elders, and the scribes, and came upon him, and caught him, and brought him to the council."

*συγκινεῖν is peculiar to St. Luke, and it and many of the derivatives of κινεῖν were used in medical language. Galen. Comm. i. 4, Praedic. (xvi. 520): καὶ τὰ συγκινούμενα τῷ θώρακι μόρια συνεπίσκεψαι. Galen. Comm. ii. 4, Epid. iii. (xvii. A. 597): πλείονος δ' εἰσπνοῆς δεόμενον καὶ τὰ συνεχῆ τοῖς κάτω συγκινοῦμεν. Galen. Anat. Muscul. (xviii. B. 992): οὐδένα κέκτηται μῦν ἴδιον, ἀλλὰ τοῖς ἑκατέρωθεν μέρεσι συγκινεῖται. Galen. Med. Defin. 110 (xix. 376): σφυγμός ἐστι κίνησις φυσική—συγκινοῦσα ὁμοίως, τήν τε καρδίαν καὶ τὰς ἀρτηρίας. Galen. De Plenitud. 5 (vii. 536): συγκινεῖται δὲ ταύταις ἐν αὐτῷ τό τε ὑμνῶδες γένος. Galen. Difficul. Respir. i. 4 (vii. 761): ἡ μὲν δύναμις ἡ ψυχικὴ κινεῖ τὸν θώρακα τῷ δὲ ὁ πνεύμων συγκινεῖται. Galen. Difficul. Respir. i. 22 (vii. 815): τῶν ταῖς ἀναπνοαῖς συγκινουμένων ὀργάνων ἄλγημα. Galen. Loc. Affect. iv. 7 (viii. 253): ὧν οἱ μέγιστοι μύες τὰς ὠμοπλάτας ἑαυτοῖς συγκινοῦσιν ἐναργῶς. Galen. San. Tuend. ii. 11 (vi. 151): συγκινοῦσι μέν πως τὰ κάτω τῶν φρενῶν σπλάγχνα· Galen. Comp. Med. vii. 14 (xiii. 1041): καρδαμώμου μνᾶς ἡ, ἀμώμου τὸ ἴσον—συγκινήσας ἐπὶ ἡμέρας ἡ.

vii. 19: "The same dealt subtilly with our kindred, and *evil entreated* (ἐκάκωσε) our fathers, so that they cast out their young children, to the end they might not live."

κακοῦν is used also verse 6, xii. 1; xiv. 2; xviii. 10, and only once again in the N. T. (1 Pet. iii. 13): it was very much employed in medical language.

Hipp. Vet. Med. 10: εἰ γὰρ πλείω φάγοι, πολὺ ἂν ἔτι κακωθείη. Hipp. Humor. 48: τὰ ἐγγὺς καὶ τὰ κοινὰ τοῖσι παθήμασι πρῶτα καὶ μάλιστα κακοῦται. Hipp. Coac. Progn. 195: οἷσι τὰ κάτω κακοῦται. Hipp. Morb. Sacr. 306: διὰ τόδε ὑπὸ τῆς ἀνάγκης ταύτης αἱ φλέβες αἱ λοιπαὶ κακοῦνται. Hipp. Artic. 825: κακοῦται δὲ πᾶν τὸ σκέλος ἀναυξέστερον γίνεται—κακοῦται γὰρ τούτοισι καὶ τὸ κατὰ τὴν ἰγνύην ἄρθρον. Aretaeus, Sign. Morb. Diuturn.: ἤνπερ εἰς πέψιν ἡ γαστὴρ καὶ τῷ κώλῳ κακωθῇ. Dioscor. Mat. Med. iv. 162 : ἵνα μὴ παραρρυεὶς κακώσῃ τὴν φάρυγγα. Dioscor. Mat. Med. v. 49 : χρήσιμος κακουμένοις στόμαχον. Galen. Comm. ii. 25, Acut. Morb. (xv. 560) : ἀποστρέφονται τὰ σιτία κακωθείσης αὐτοῖς τῆς γαστρός. Do. 28 (xv. 563) : οὕτως καὶ τοὺς παρὰ τὸ ἔθος κακωθέντας ἐκ μονοσιτίας.

vii. 26 : "And the next day he showed himself unto them as they strove, and would have *set them at one again* (συνήλασεν αὐτούς), saying, Sirs, ye are brethren; why do ye wrong one to another ?"

*συνελαύνειν is peculiar to St. Luke, as well as the following word, *ἀπελαύνειν. Both words, as also διελαύνειν and ἐξελαύνειν, are employed by the medical writers, and none of them are used in the N. T. except by St. Luke.

Galen. Comm. 13, Vic. Rat. (xv. 196) : συνελαύνει δὲ εἰς τὸ βάθος καὶ τὰ σπλάγχνα τὴν θερμασίαν. Galen. Ars Medic. 36 (i. 288) : μή ποτε ἄρα τὴν ἐκ τῶν προκειμένων ὑγρότητα συνελάσωμεν εἰς τὸ πεπονθός. Do. : συνελαύνουσι τὸ κατὰ τὸν θώρακα αἷμα πρὸς τὸ σπλάγχνον. Galen. Instrumen. Odor. 5 (ii. 876) : μηδὲν ὀσμῆς μέρος εἰς τὸν ἐγκέφαλον συνελαύνεται. Galen. Meth. Med. 6 (x. 331) : συνελαύνειν εἴσω τὸ αἷμα καὶ πληροῦν τὰς ἐν τῷ βάθει φλέβας. Galen. Remed. Parab. i. 16 (xiv. 384) : συνελαύνεται τὸ ἐκ τῶν περιεχομένων ἀγγείων τε καὶ μυῶν αἷμα πρὸς ἐκείνην καὶ ἄγαν λυπεῖ. Galen. Loc. Affect. ii. 3 (viii. 315) : ἀναστέλλεσθαί τε καὶ συνελαύνεσθαι πρὸς τὰ πέρατα τῶν ἀρτηριῶν. Galen. do. (316) : παλινδρομήσει γὰρ αὐτίκα τὸ αἷμα συνελαυννόμενον ὑπὸ τοῦ πνεύματος. Do. (316) : οἱ δ' εἰς μίαν ἀρτηρίαν αὐτὸ συνελαύνουσι τὴν εἰς τὸν πνεύμονα φερομένην. Galen. Comm. 9, Aph. (xvii. B. 576) : οἱ χυμοὶ τὴν ὑπὸ τὸ δέρμα κίνησιν ἐκινοῦντο καὶ διεπνέοντο, κατὰ δὲ τὸ φθινόπωρον εἰς τὸ βάθος, ὑπὸ τῆς τοῦ περιέχοντος ψύξεως ὠθοῦνταί τε καὶ συνελαύνονται.

*ἀπελαύνειν. Acts, xviii. 16 : "And *he drove them* (ἀπήλασεν αὐτούς) from the judgment seat."

Aretaeus, Cur. Acut. Morb. 117 : τοῦ καθαρτηρίου τῆς

ἱερῆς ὑπ' ἀνάγκης διδόναι ἢ γὰρ ἀπηλάθη ξὺν φλέγματι καὶ χολῇ τὸ φάρμακον ἢ διῆλθεν. Aret. Cur. Acut. Morb. 88: τέγξιες τῆς κεφαλῆς, αἵπερ καὶ φρενιτικοῖσι, ἀμφοῖν γὰρ αἱ αἰσθήσεις πλέαι γίγνονται ἀτμῶν, ἃς ἀπελαύνειν χρὴ ψύξει καὶ στυψὶ ῥοδίνου καὶ κισσοῦ χυλῷ. Aret. Cur. Diuturn. Morb. 138: συναπηλάθη πάντα τῆς νούσου ἴχνια. Hipp. Mul. Morb. 636: εἰ βούλει ἐκ τοῦ σώματος τρίχας ἀπελάσαι. Dioscor. Mat. Med. iii. 95: νόσους ἀπελαύνει. Dioscor. Mat. Med. iii. 126: θυμιώμενος κώνωπας ἀπελαύνει. Galen. Medic. Temperament. v. 17 (xi. 759): ἑλκτικαὶ μὲν οὖν εἰσιν ὅσαι τὰ κατὰ βάθος ἐπισπῶνται σφοδρότερον, ἀποκρουστικαὶ δὲ ὅσαι πρὸς τὸ βάθος ἀπελαύνουσι τοὺς πλησιάζοντας ἐν αὐταῖς χυμούς.

vii. 20: "In which time Moses was born, and was exceeding fair, and *nourished up* (ἀνετράφη) in his father's house three months."

*ἀνατρέφειν. Peculiar to St. Luke, who uses it again verse 21, and xxii. 3, was the term in medical language for "to carefully nourish after illness so as to give strength."

Hipp. Artic. 817: ἔπειτα ἀναθρέψαι τὸ σῶμα καὶ ἀπαλῦναι. Hipp. Epid. 1229: γάλα πολλῷ τῷ ὕδατι μιγνὺς ἐδίδου καὶ ἀνέτρεφε. Hipp. Praedic. 88: ἀλλὰ πλείονι ποτῷ χρῆσθαι ἢ οὐ δύνασθαι ἀνατραφῆναι ἐστ' ἂν τά τοιαῦτα ποτέῃ τὸ οὖρον. Aretaeus, Cur. Acut. Morb. 115: ὅκως ἐκ τοῦ νεκρώδεος ἐνταθείη καὶ ἀνατραφείη τὸ ζώπυρον—οἵδε ἀνατροφῆς ὅκως ἀρτίτοκοι παῖδες δέονται. Galen. Comm. iii. 29, Epid. vi. (xvii. B. 83): ἅπας λεπτυσμὸς χαλᾷ τὸ δέρμα, περιτείνεται δ' ἔμπαλιν ἀνατρεφομένων, ἀνάθρεψις δὲ τἀναντία πέφυκε ποιεῖν. Galen. Comm. i. 3, Aph. (xvii. B. 364): ἵνα οὖν ἔχῃ χώραν αὖθις ἀνατρέφεσθαι τὸ σῶμα, λύειν χρὴ μὴ βραδέως τὴν εὐεξίαν. Galen. Comm. ii. 6, Aph. (xvii. B. 461): διὰ ταῦτ' οὖν ἐν χρόνῳ πλείονι χρὴ τὰ τοιαῦτα σώματα ἀνατρέφειν—ἐπὶ τούτων διὰ ταχέων ἀνατρέφειν ἐγχωρεῖ καὶ ἄκρως εὐθαρροῦντας τῇ τῶν στερεῶν εὐρωστίᾳ. Galen. Comm. ii. 22, Aph. (xvii. B. 502): ὥσπερ καὶ εἰ ὑπὸ κενώσεως νόσος συνίσταται ἀνατρέφειν ὅτι τάχιστα προσήκει.

vii. 54. "When they heard these things, they were cut to the heart, and they *gnashed* on him *with their teeth*" (ἔβρυχον τοὺς ὀδόντας).

*βρύχειν is peculiar to St. Luke, and is used in medical language to describe a symptom or a consequence of some diseases.

Hipp. Morb. Mul. 589 : καὶ ἡ γαστὴρ αὐτῆς σκληρὴ ἔσται καὶ μείζων ἢ τοπρόσθεν καὶ βρύξει τοὺς ὀδόντας καὶ ἀσιτήσει καὶ ἀγρυπνήσει. Hipp. Morb. Mul. 593 : καὶ τὰ λευκὰ τῶν ὀφθαλμῶν ἀναβάλλει καὶ ψυχρὴ γίνεται, εἰσί δὲ αἳ καὶ πελιδναὶ γίνονται, ἡ δὲ καὶ τοὺς ὀδόντας βρύχει καὶ σίαλα ἐπὶ στύμα ῥέει, καὶ ἐοίκασι τοῖσιν ὑπὸ τῆς ἡρακλείης νόσου συνεχομένοισιν. Hipp. Morb. Mul. 604 : οἱ μηροὶ πίμπρανται καὶ ἐκ τοῦ στόματος καὶ ἐκ τῶν ῥινέων ῥέει φλέγμα ἰσχυρῶς ὑδαρές, καὶ ἀλγέει κεφαλὴν καὶ πῦρ ἔχει, καὶ φρίκη καὶ οἰδέει καὶ οἱ ὀδόντες βρύχουσι. Hipp. Morb. Mul. 644 : καὶ ἡ γαστὴρ ἀνίσταται ἡ νειαίρη καὶ σκληρὴ γίνεται καὶ ἢν ψαύσῃς, ἀλγέει, καὶ βρύχει, καὶ πῦρ ἔχει καὶ ὀδύνη. Hipp. Morb. Mul. 658 : καὶ ἢν ψαύσῃς τῆς ὑστέρης, οὐκ ἐν κόσμῳ ἐστὶ, καὶ ἡ καρδίη πάλλεται καὶ βρύχει, καὶ ἱδρὼς πουλὺς, καὶ τἄλλα ὅσα ὑπὸ ἱερῆς νόσου ἐπίληπτοι πάσχουσι.

vii. 45. "Which also our fathers that came after brought in with Jesus into the possession of the Gentiles, whom God *drave out* (ἔξωσεν) before the face of our fathers, unto the days of David."

*ἐξωθεῖν. Peculiar to St. Luke, and used again Acts, xxvii. 39 : ἐξῶσαι τὸ πλοῖον.

Hipp. Artic. 811 : οὔτε γὰρ ἐς τὸ ἔξω ἐξωσθῆναι, σπονδύλους ῥηίδιόν ἐστιν. Hipp. Epid. 1168 : χυμοὺς, τοὺς μὲν ἐξῶσαι, τοὺς δὲ ξηρᾶναι. Hipp. Morb. 503 : παραγίνεται εἰς τὴν κοιλίην ἐξωθευμένη ὑπὸ τῆς νέης. Hipp. Morb. 405 : ἀπὸ τοῦ ὑγροῦ τοῦ πονέοντος ἐξωθέεταί τι ἐκ τοῦ σώματος ὑπὸ τοῦ νεοτάτης ἰκμάδος νικώμενον. Hipp. Morb. 506 : καὶ ἔχῃ ἔξοδον τὸ πύος ἐξωθεύμενον ὑπὸ τοῦ ὑγροῦ τοῦ ἐλθόντος ἐν τῇ ταραχῇ. Aretaeus, Sign. Acut. Morb. 5 : τῶν ἰσχίων ἐξωθευμένων ὡς δοκέειν ἐς ἰγνύην κατὰ γόνυ

τὸ ἄρθρον ἐξῶσθαι. Galen. Acut. Morb. iv. 17 (xv. 766):
ἢ ὀστοῦν ἐξωσθῇ κατὰ ἄρθρον. Galen. Renum Affect.
(xix. 671) καὶ παραχρῆμα ῥωσθέντων τῶν νεφρῶν ἐξώθησαν
τὸν ἐσφηνωμένον λίθον. Galen. Usus Part. v. 14 (iii. 396):
ὡς ἐπὶ τὰς νόθους πλευρὰς καὶ τὰς λαγόνας ἐξωθεῖσθαι
πάντα.

vii. 51. "Ye *stiffnecked* (σκληροτράχηλοι) and uncircumcised in heart and ears, ye do always resist the Holy Ghost: as your fathers did, so do ye."

*σκληροτράχηλος. This word, used by the LXX., is found in St. Luke alone of the N. T. writers. He, however, was accustomed to the use of it in his medical practice. Hipp. Coac. Progn. 161: τράχηλος σκληρὸς καὶ ἐπώδυνος καὶ γενύων σύνδεσις καὶ φλεβῶν σφαγιτίδων παλμὸς ἰσχυρὸς καὶ τενόντων ξύντασις, ὀλέθριον.

§ LXXXIV.

Acts, VIII.

*ἀναίρεσις. ἀναιρεῖν. *διασπείρειν. *λυμαίνεσθαι. κατέρχεσθαι. διέρχεσθαι. *διεξέρχεσθαι. *ἐπανέρχεσθαι. *ἀντιπαρέρχεσθαι. *προϋπάρχειν. ὑπάρχειν.

*παραλύεσθαι (verse 7, § 5). *μεσημβρία (v. 26, § 67).
*κολλᾶσθαι (v. 29, § 66).

1. "And Saul was consenting unto *his death* (τῇ ἀναιρέσει αὐτοῦ). And at that time there was a great persecution against the church which was at Jerusalem; and they were all *scattered abroad* (διεσπάρησαν) throughout the regions of Judæa and Samaria, except the apostles."

*ἀναίρεσις. Peculiar to St. Luke. This word and ἀναιρεῖν and ἀναιρετικός, were much used in medical language.

Galen. Morb. Acut. i. 2 (xv. 421): *τὴν θεραπείαν τὴν τῶν νοσημάτων ἀναίρεσιν ἤδη γεγενημένων οὐ γινομένων ἔτι.* Galen. Comm. ii. 22, Aph. (xvii. A. 503): *ἢ λέγοντες οὐκ εἶναι θεραπείαν τὴν ἀναίρεσιν τῶν ποιούντων τὰς νόσους αἰτίων.* Galen. Opt. Sect. 47 (i. 217): *τὴν μείωσιν καὶ τὴν ἀναίρεσιν τῶν νοσημάτων.* Do. 218: *καὶ ἡ διάθεσις τὴν ἀναίρεσιν μόνον ἐνδείκνυται τῶν νοσημάτων.* Galen. Inaequal. Intemper. 6 (vii. 746): *ἡ μὲν τῆς ὑγείας φυλακὴ διὰ τῶν ὁμοίων ἡ δὲ τῶν νοσημάτων ἀναίρεσις διὰ τῶν ἐναντίων.* Galen. Meth. Med. iii. 9 (x. 218): *ἡ δὲ τῆς ἰάσεως τάξις ἀπὸ τῆς ἀναιρέσεως τοῦ ῥύπου τὴν ἀρχὴν ἔχει.* Do. viii. 1 (x. 535): *ἅπαντος πυρετοῦ τὴν ἀναίρεσιν ἐνδεικνυμένη.* Do. 2 (534): *καὶ τὴν ἴασιν ἀναίρεσιν εἶναι τῆς δυσκρασίας.* Galen. Meth. Med. ix. 10 (x. 636): *ἡ τοῦ νοσήματος ἀναίρεσις.* Galen. De Atra Bile, 9 (v. 144): *εἰς ἀναιρεσιν τοῦ μελαγχολικοῦ χυμοῦ.*

ἀναιρεῖν. Acts, ii. 23: "Him, being delivered by the determinate counsel and foreknowledge of God, ye have taken, and by wicked hands have crucified and *slain*" (*ἀνείλατε*).

This word, which was much used in medical language, is found *twenty-one times* in St. Luke's writings, and only *three times* in the rest of the N. T., viz., Matt. ii. 16; 2 Thess. ii. 8; Heb. x. 9. In the first of the following examples it is used in conjunction with another medical word (*ἐπιχειρεῖν*), as St. Luke does in Acts, ix 29: *οἱ δὲ ἐπεχείρουν αὐτὸν ἀνελεῖν.*

Galen. Comm. ii. 51, Epid. i.: *ὁ μὲν γὰρ ἰατρὸς ἀνελεῖν ἐπεχειρεῖ τὸ νόσημα.* Hipp. Progn. 44: *αἱ δὲ κυνάγχαι δεινόταται μέν εἰσι καὶ τάχιστα ἀναιροῦσι.* Hipp. Coac. Progn. 137: *τοὺς καυσώδεας διακρίνουσιν αἱ τεσσαρεσκαίδεκα ἡμέραι κουφίζουσαι ἢ ἀναιροῦσαι.* Hipp. Coac. Progn. 148: *ὠτὸς πόνος σύντονος μετὰ πυρετοῦ ὀξέος—τοὺς δὲ πρεσβυτέρους βραδύτερον καὶ ἧσσον ἀναιρεῖ.* Hipp. Coac. Progn. 192: *καὶ γὰρ αἱ ἀπ᾽ αὐτέων πόνοι ἱκανοὶ ἀνελεῖν.* Dioscor. Mat. Med. iii. 45: *ἀναιρεῖν φασὶ βρωθέν.* 83: *φασὶ δὲ καὶ* ἀναιρεῖν αὐτὸ πλεῖον ποθέν. iv. 65: πλείων δὲ ποθεὶς βλάπτει, ποιῶν ληθαργικοὺς καὶ ἀναιρεῖ. 74: δ᾽ δὲ δραχμαὶ ποθεῖσαι καὶ ἀναιροῦσιν. Galen. Comm. v. 30, Aph. (xvii B. 820): τοῦ πυρετοῦ ἐναιροῦντος τὸ ἔμβρυον. Galen. Antid. i. 1 (xiv. 2): ἐπὶ τῶν ἀναιρούντων φαρμάκων.

1. "*were all scattered abroad*" (διεσπάρησαν).

* διασπείρειν, peculiar to St. Luke, and used also in verse 4, and xi. 19, was employed in medical language, like διανέμειν, to describe the distribution of the blood, humours, nerves, &c., through the body.

Aretaeus, Sign. Diuturn. Morb. 51: τὸ γὰρ ἐν τῇ ἀναδόσει αἷμα τὴν ἀεργίην τὴν τοῦ κώλου ἐπέχον διασπείρει παντὶ χεόμενον. Galen. Comm. iii. 3: Aliment. (xv. 267): ὁ γὰρ χυμὸς ὁ μέλλων ὁτιοῦν τῶν τοῦ ζώου μορίων θρέψειν πρῶτον μὲν εἰς ἅπαν αὐτὸ διασπείρεται. Galen. Comm. iii. 10, Aliment. (xv. 292): ὀχετοὺς δὲ ἐξ αὐτῆς εἰς ὅλον τὸ σῶμα διασπειρομένους. Galen. Comm. i. 12, Humor. (xvi. 124): δι᾽ ὅλου γὰρ σώματος διεσπαρμένου τοῦ πλεονάζοντος. Galen. Comm. ii. 41, Praedic. (xvi. 602): τά τε τοῦ σώματος μόρια εἰς ἃ διασπείρεται νεῦρα. Galen. Natural. Facul. iii. 14 (ii. 211): ὀχετοὶ πολλοὶ κατὰ πάντα τὰ μέρη διεσπαρμένοι παράγουσιν αὐτοῖς αἷμα. Galen. Anat. Administr. iii. 2 (ii. 353): τὰς ἀρχὰς τῶν εἰς τὸ δέρμα διασπειρομένων νεύρων. Galen. Anat. Administr. iii. 3 (ii. 356): τοῦ δὲ εἰς τὸν δελτοειδῆ μῦν διασπειρομένου. Galen. Anat. Ven. 2 (ii. 786): εἰς ὅλον τὸ σπλάγχνον διασπειρόμενος. Galen. Anat. Ven. 6 (801): ἀραχνοειδεῖς ἀποφύονται τοῖς ἐπιπολῆς χωρίοις διασπειρόμεναι.

3. "As for Saul, *he made havock* (ἐλυμαίνετο) of the church, entering into every house, and haling men and women committed them to prison."

* λυμαίνεσθαι, peculiar to St. Luke, was an usual word in medical language to describe the ravages of disease—the injury done by unskilful medical treatment.

Hipp. Vet. Med. 13: ταῦτα μὲν ἑώρων καὶ τῷ ἀνθρώπῳ ἐνεόντα καὶ λυμαινόμενα τὸν ἄνθρωπον. Hipp. Vet. Med. 17:

εἰ δὲ πάσῃ τῇ ἀνθρωπίνῃ φύσει ἦν κακὸν πάντας ἂν ἐλυμαίνετο. Hipp. Morb. Sacr. 307 : καὶ ἐν τούτῳ δῆλον ὅτι γνώσῃ ὅτι οὐχ ὁ θεὸς τὸ σῶμα λυμαίνεται ἀλλ' ἡ νόσος. Hipp. Artic. 790 : πολλοὺς οὖν οἶδα ἰητροὺς τἄλλα οὐ φλαύρως ἐόντας οἱ πολλὰ ἤδη ἐλυμήναντο. Hipp. Aphoron. 825 : δεῖ δὲ τὰ ἀνήκεστα ξυνιέναι ὡς μὴ μάλιστα λυμαίνηται. Dioscor. Animal. Ven. Proem. : τοῦ σκορπίου καὶ τῶν ἄλλων τῶν τοιούτων τῇ σαρκὶ λυμαινομένων. Dioscor. Medic. Parab. ii. 63 : καὶ οὔτε στόμαχον λυμαίνεται. Galen. Comm. 4, Nat. Hom. (xv. 121) : ἐπὶ μὲν οὖν τῶν ἀναθυμιάσεων λυμαινομένων τοῖς σώμασι. Galen. Comm. i. 1, Humor. (xvi. 48) : ἐπειδὴ οὖν ἡ τροφὴ καλὴ ἢ κακὴ πολλὰ ταῖς τῆς ψυχῆς ἐνεργείαις λυμαίνεται. Galen. Comm. ii. 3, Epid iii. (xvii. A. 591) : ῥεύματα φάρυγγι καὶ γαργαρεῶνι λυμαινόμενα.

5. "Then Philip *went down* (κατελθὼν) to the city of Samaria, and preached Christ unto them."

κατέρχεσθαι is used *fifteen times by St. Luke and only once in the rest of the N. T.* (James, iii. 15). It and some others of the compounds of ἔρχεσθαι were much employed in a medical sense.

Hipp. Intern. Affect. 541 : ἥ τε ὀδύνη ὀξυτέρη κατέρχεται κατωτέρω. Hipp. Intern. Affect. 553 : καὶ ἐς τοὺς πόδας οἴδημα κατέρχεται. Hipp. Morb. Mul. 604 : ὑπὸ τοῦ αἵματος ἐξαπίνης κατελθόντος. Do. 667 : ἦν δὲ πουλὺς κατέρχηται ὁ ῥόος. Hipp. Nat. Puer. 239 : αἷμα κατέρχεται ἐπὶ τὴν αὔξην τῷ παιδίῳ. Galen. Comm. 6. Nat. Hom. (xv. 138) : ἕτερον δ' ἄλλο ζεῦγος κατέρχεται διὰ τοῦ τραχήλου. Galen. Comm. iv. 3, Epid. vi. (xvii. B. 126) : καὶ διὰ τοῦτο κατελθόντος τοῦ τυφλοῦ ἐντέρου ῥᾳστωνῆσαι. Galen. Temperament. ii. 6 (i. 630) : ἐκ τῆς κεφαλῆς κατέρχεται φλέγμα. Galen. Oss. 1 (ii. 743) : ὅσον δ' ἑκατέρωσε κατέρχεται πρὸς τὴν ὑπερώαν. Galen. Usus Part. ix. 11 (iii. 726) : κατέρχεται γὰρ ταῦτα μέχρι καὶ τοῦ πλατέος ὀστοῦ.

40. "But Philip was found at Azotus; and *passing through* (διερχόμενος) he preached in all the cities, till he came to Caesarea."

διέρχεσθαι is used *thirty-two times* by St. *Luke and, but twelve times in the rest of the N. T.*; it was much employed in a medical sense.

Hipp. Coac. Progn. 127: πυρέσσοντι ἐν ἀρχῇ μέλαινα χολὴ ἄνω ἢ κάτω διελθοῦσα θανάσιμον. Hipp. Coac. Progn. 147: κωματώδεας, κοπιώδεας κεκωφωμένους, κοιλίης κατερρωγυίης ἐρυθρὰ διελθόντα περὶ κρίσιν ὠφελέει. Hipp. Coac. Progn. 167: οἱ περὶ ὀμφαλὸν πόνοι παλμώδεες ἔχουσι μέν τι καὶ γνώμης παράφορον, περὶ κρίσιν δ᾽ οὖν τούτοισι φλέγμα ἅλις συχνὸν σὺν πόνῳ διέρχεται. Hipp. Morb. Mul.: καὶ ὕστερος ἔξεισιν ὁ ὀμφαλὸς ἐκ τῶν μητρέων, ἢν γὰρ πρότερος ἐξίοι, δι᾽ αὐτοῦ οὐκ ἂν διέλθοι τῷ παιδίῳ ἡ τροφή. Hipp. Morb. Mul. 612: τὸ μὲν ἐς τὴν κύστιν διελθόν. Galen. Comm. iv. 6, Aliment. (xv. 390): αὕτη ἡ μεγίστη τῶν ἀρτηριῶν τὰ κατὰ τοῦ θώρακος διερχομένη. Galen. Comm. i. 21, Praedic. i. (xvi. 557): προσδυνῶνται δὲ τὴν ὀσφὺν διὰ τὸ δριμεῖαν εἶναι καὶ δακνώδη τὴν ἐν τοῖς ἐντέροις διερχομένην χολήν. Galen. Comm. iii. 48, Epid. iii. (xvii. A. 701): τά τε κατὰ τὴν γαστέρα διερχόμενα. Galen. Nat. Facul. i. 14 (ii. 47): τὰ δ᾽ εἰς αὐτὸν εἰσδυόμενα διὰ τῶν κενῶν πόρων διέρχεσθαι τάχιστα. Galen. Nat. Facul. iii. 13 (ii. 200): ἐν δὲ τούτῳ τῷ χρόνῳ διερχομένη τὸ ἔντερον ἅπαν ἡ τροφή.

* διεξέρχεσθαι. Acts, xxviii. 3: "And when Paul had gathered a bundle of sticks, and laid them on the fire, *there came* a viper *out* (διεξελθοῦσα) of the heat, and fastened on his hand."

Peculiar to St. Luke, and, like the two preceding words, very much used in medical language.

Hipp. Praedic. 112: καὶ κοπρώδης μύξα πολλὰ διεξέρχεται. Hipp. Flat. 300: κωλύεται τὸ αἷμα διεξιέναι, τῇ μὲν οὖν ἵστησι, τῇ δὲ νωθρῶς διεξέρχεται. Hipp. Morb. 510: ἐστὶ καὶ τὸ ἄλλο ὑγρόν, ἢν μὲν ἐς κοιλίην ἔλθῃ τὸν στρόφον ἐν τῇ κοιλίῃ ἐποίησε καὶ διεξῆλθεν ἔξω, οὐδὲν μέγα σίνος παρασχών. Hipp. Progn. 40: ἔστι δὲ τὰ τοιαῦτα ξυσματώδεα καὶ χολώδεα, ποτὲ μὲν ὁμοῦ διεξερχόμενα ἀλλήλοισι ποτὲ δὲ κατὰ μέρος. Galen. Comm. iii. 2, Aliment. (xv. 266): οὐ δύναται ὁ ἐκ τῶν σιτίων χυμὸς ῥᾳδίως διεξέρχεσθαι τὰς ἐν ἥπατι φλέβας. Galen. Comm. iii. 6, Aliment. (xv. 277): ἀλλὰ τῆς ἀναδόσεως ῥύμῃ φερόμενος διεξήρχετ' ἂν ἑτοίμως δι' ὅλου τοῦ σπλάγχνου. Galen. Comm. iv. 4, Aliment. (xv. 383): ὁ δὲ τοῦ πνεύμονος χιτών, παχὺς καὶ πυκνὸς καὶ διὰ τοῦτο οὐδὲν πλὴν τὸ λεπτότατον ἐᾷ διεξέρχεσθαι. Galen. Comm. iv. 5, Aliment. (xv. 390): διεξερχύμενον δὲ τὰ τῶν στ' σπονδύλων τρήματα. Galen. Morb. Acut. i. 17 (xv. 458): διεξέρχεται γὰρ τὸν θώρακα. Galen. Comm. iv. 24, Morb. Acut. (xv. 782): οὐκ ἐπιτρέπει τὸ διεξέρχεσθαι τὸ πνεῦμα.

* ἐπανέρχεσθαι. Luke, x. 35, and xix. 15, a much used and technical medical term: *see* § 21.

* ἀντιπαρέρχεσθαι. Luke, x. 31: *see* § 21.

9. "But there was a certain man, called Simon, which *beforetime* in the same city *used* sorcery (προϋπῆρχεν), and bewitched the people of Samaria, giving out that himself was some great one."

* προϋπάρχειν, peculiar to St. Luke, and used also Luke, xxiii. 12, was employed in the medical writers to describe a pre-existing disease, &c.

Hipp. Epid. 1120: προϋπῆρχε δὲ ὀδύνη τις ἀνωτέρω. Hipp. Aph. 1247: καὶ περὶ τὸν θώρακα ἄλγημα ἦν τι προϋπάρχει, μᾶλλον πονέουσι. Hipp. Morb. Mul. 589: ἦν οἱ κατελθόντα ἐξαγάγῃ τὰ προϋπάρχοντα, ἐν δὲ τοῖσι τριταίοισιν ἄριστα μὲν πείσεται. Hipp. Aliment. 380: τροφὴ ὁμοιοῖ δὲ ἐς δύναμιν, ὁκόταν κρατέει μὲν ἡ ἐπιοῦσα, ἐπικρατέει δὲ ἡ προϋπάρχουσα. Galen. Comm. i. 2, Aliment. (xv. 233): καὶ δύναμις ἡ προϋπάρχουσα ἐπικρατέει καὶ τὸ τέλος τρέφει. Galen. Humor. iii. 13 (xvi. 412): καὶ παροξύνει τὰς προϋπαρχούσας ὀδύνας κατὰ τὸν θώρακα. Galen. Comm. ii. 5, Epid. iii. (xvii. A. 623): χωρὶς τῆς ἐν τῷ σώματι προϋπαρχούσης νοσώδους κατασκευῆς. Galen. Comm. ii. 10, Aph. (xvii. B. 466): συνδιαφθείρεται γὰρ ἡ ἐπεισιοῦσα τροφὴ τῇ προϋπαρχούσῃ κατὰ τὸ σῶμα κακοχυμίᾳ. Galen. Comm. iii. 17, Aph. (xvii. B. 610): καὶ παροξυνθῆναι τὰς προϋπαρχούσας ὀδύνας κατὰ τὸν θώρακα. Galen. Meth. Med. xiii. 14

(x. 909): τῷ προϋπάρχοντι κατὰ τὸ σπλάγχνον αἵματι μίγνυται.

ὑπάρχειν. This word is used *sixty-two times in the N. T.*, St. Luke using it *forty-two times*; all the other writers but *twenty*. It was very frequently employed in medical language, particularly by Galen, who has it in almost every page in some of his treatises: see vols. x. xi. *passim*.

§ LXXXV.

Acts, IX.

πειρᾶσθαι.

* ἐμπνέειν (verse 1, § 89). πίμπλημι (v. 17, § 60). * ἀποπίπτειν v. 18, § 25). * λεπίς (v. 18, § 25). παραχρῆμα (v. 18, § 57). * συγχέειν (v. 22, § 79). παρατηρεῖν (v. 24, § 72). ἀναιρεῖν (v. 23, § 84). χαλᾶν (v. 25, § 61). κολλᾶσθαι (v. 26, § 66). * ἐπιχειρεῖν (v. 29, § 57). διέρχεσθαι v. 32, § 84). κατέρχεσθαι (v. 32, § 84). * παραλύεσθαι (v. 33, § 5). * ὑπερῷον (v. 37, § 78). * ἀνακαθίζειν (v. 40, § 10).

Acts, X.

* ὁδηπορεῖν. * διοδεύειν. * ἀρχή. * ὀθόνη. * εἰσκαλεῖν. * μετακαλεῖν.

ἀτενίζειν (verse 4, § 53). * ἔκστασις (v. 10, § 28). ἀναλαμβάνειν (v. 16, § 65). * διαπορεῖν (v. 17, § 74). προσδοκᾶν (v. 24, § 74). κολλᾶσθαι (v. 28, § 66.) ἀναιρεῖν (v. 39, § 84). ἄφεσις (v. 43, § 59).

ix. 26: "And when Saul was come to Jerusalem, *he assayed* (ἐπειρᾶτο) to join himself to the disciples."

πειρᾶσθαι, used also xxvi. 21, and once elsewhere (Heb. iv. 15), was a word very frequently employed in the medical writers for "to attempt some method of cure or surgical operation." There was also a class of medicines called πειρητήριον.

Hipp. Morb. Mul. 625: πειρητήριον· μώλυζαν σκορόδου ἀποζέσας προσθεῖναι ὥραν· ἕτερον πειρητήριον. νέτωπον ὀλίγον, &c.

Hipp. Artic. 829: οἷσι δ' ἂν μὴ ἐμβληθῇ τὰ ὀστέα μηδὲ πειρηθῇ ἐμβάλλεσθαι, οὗτοι πολυπλείονες περιγίνονται. Hipp. Vul. Cap. 902: πρῶτον διαγίνωσκειν πειρῆσθαι εἴ τι πέπονθε τοῦτο τὸ ὀστέον. Hipp. Vul. Cap. 920: οὐδὲ κινδυνεύειν τὰ ὀστέα πειρώμενον ἀφαιρέειν πρὶν ἢ αὐτόματα ἐπανίῃ. Hipp. Vul. Cap. 913: καὶ πειρᾶσθαι ἀνακινέων τὸ ὀστέον ἀναβάλλειν. Hipp. Epid. 1194: τούτους οὐδὲ ἀναστάσει πιεζομένους οὐδὲν ἄξιον λόγου ὠφέλει, οὔτε γαστρὸς ταραχὴ, οὔτε φλεβοτομίη ὅσα ἐπειράθην. Galen. Comm. i. 7, Humor. (xvi. 80): ὅτι ἡ πεῖρα ἐπισφαλής ἐστιν οὐδεὶς ἀγνοεῖ τοῦτο δὲ πάσχει διὰ τὸ ὑποκείμενον περὶ ὃ ἡ τέχνη ἐστίν, οὐ γὰρ δέρματα καὶ ξύλα καὶ πλίνθοι, ὥσπερ τῶν ἄλλων τεχνῶν ὕλη τῆς ἰατρικῆς ἐστιν ἐν οἷς ἔξεστι πειρᾶσθαι ἄνευ κινδύνου, ἀλλ' ἐν ἀνθρωπείῳ σώματι, ἐφ' οὗ πειρᾶσθαι τῶν ἀπειράστων οὐκ ἀσφαλές. Galen. Comm. i. 7, Humor. (xvi. 85): δεῖ γοῦν τῶν πάντων ὧν ἐν τῇ ἰατρικῇ χρεία μεγάλη πειρᾶσθαι ὡς ἔχει πρὸς τὴν τοῦ κάμνοντος φύσιν. Galen. Comm. i. 14, Humor. (xvi. 153): τῆς σφοδρᾶς αἱμορραγίας βοήθημα τὴν φλεβοτομίαν εἶναι, ἡμεῖς γὰρ πολλάκις τούτου ἐπειράθημεν. Galen. Aph. Comm. ii. 29 (xvii. B. 523): ἐν οἷς ἐλπίζει σωθήσεσθαι τὸν κάμνοντα πειρᾶσθαι χρὴ τὰ μείζω βοηθήματα.

x. 9: "On the morrow, *as they went on their journey*" (ὁδοιπορούντων).

* ὁδοιπορεῖν, peculiar to St. Luke, was much used in medical language to express, besides its ordinary meaning, the taking of exercise by patients—the passage of humours through the body—the course of the nerves—the passage of a calculus, &c.

Hipp. Loc. in Hom.: αὐτὴ δὲ ἡ ὑγρότης ἀπὸ τῆς κοιλίης ἀποφρασσομένη ἐς τὴν κεφαλὴν ὡδοιπόρησεν ἀθρόη. Hipp. Loc. in Hom. 417: ὁπόταν γὰρ ῥόος ἀποφραχθῇ καὶ μὴ ἔχῃ ὅπη ὁδοιπορέῃ ὁδοιπορέουσα ἐς τὰ ἄρθρα ῥεῖ ἐς τὸ ὑπεῖκον καὶ ἰσχιάδα ποιέει. Hipp. Epid. 1138: ἐκ τεινεσμοῦ ὁδοιπορήσει ὀδύνη ποδῶν. Hipp. Intern. Affect. 539: μεθ' ἡμέραν τῷ αὐτῷ οἴνῳ χρείσθω ἐπὶ σιτίῳ καὶ ὁδοιπορείτω τῆς ἡμέρης ἑκατὸν πεντήκοντα σταδίους. Hipp. Moch. 854: ἢν μὲν οὖν ηὐξημένοισι τὸ ὀστέον μὴ ἐμπέσῃ ἐπὶ βουβῶσι καμπύλοι ὁδοιπορέουσι. Aretaeus, Sign. Morb. Diuturn. 40: αἰτίη δὲ τῶν ἀρχέων τῶν νεύρων ἡ ἐπαλλαγὴ οὐ γὰρ κατ' ἴξιν τὰ δεξιὰ ἐπὶ δεξιὰ ὁδοιπορέει. Aret. Sign. Morb. Diuturn. 61: αἴσθησις τοῦ λίθου ὁδοιπορέοντος. Galen. Usus Part. xiii. 3 (iv. 85); τὰ τρήματα καὶ τὰ δι' αὐτῶν ἐκφυόμενα νεῦρα—ὡς ἂν διὰ μακροῦ τε μέλλουσιν ὁδοιπορήσειν εἰς τὰ πρόσω τοῦ ζώου. Galen. Usus Part. xiv. 4 (iv. 229): καὶ καθ' ὅλης αὐτῆς ὁδοιπορῆσαι μέχρι τῆς μεγάλης ἀρτηρίας. Galen. Comp. Med. iii. 2 (xiii. 608): οὐ μόνον δὲ μεγάλα νεῦρα διὰ τοῦ βάθους ὁδοιποροῦντα.

*διοδεύειν. Acts, xvii. 1: "Now when *they had passed through* (διοδεύσαντες) Amphipolis and Apollonia, they came to Thessalonica, where was a synagogue of the Jews."

Peculiar to St. Luke, and used again, Luke, viii. 1. This word, like ὁδηπορεῖν, was employed in medical language. The substantive δίοδος is very frequently, and διόδευσις sometimes, used in a medical sense.

Galen. Sem. i. 7 (iv. 538): ὀνομάζεται δὲ χορίον ὑμὴν οὗτος ὁ ἔξωθεν ὃν διοδεύουσιν αἱ ἀρτηρίαι τε καὶ αἱ φλέβες, ὕλας ἐκ τῆς μήτρας εἰς τὸ κυούμενον ἄγουσαι. Galen. Loc. Affect. i. 2 (viii. 20): ἔστιν δ' ὅτε καὶ τὸ δρῶν αὐτὸ διοδεῦον οὐκ ἐστηριγμένον ἐν τῷ μυρίῳ τὸ πάθος ἐργάζεται. Galen. Loc. Affect. i. 6: ἄλλως δὲ τὰ τῶν ὑποχεομένων πάσχουσι φαντάσματα, μήτε θερμαινομένων τῶν ὀφθαλμῶν μήτε διατεινομένων ἀλλὰ μόνον ἀτμοῦ διοδεύοντος αὐτούς. Hipp. Flat. 298: πάντων γὰρ τῶν τοιούτων αἰτίη τοῦ πνεύματος ἡ διόδευσις. Hipp. Progn. 78: μεθ' αἱμορραγίαν μελάνων δίοδος κακόν. Hipp. De Genitur. 232: αὕτη δὲ ἡ δίοδος ὑπὸ τῆς νομῆς οὐλῆς γενομένης στερεὴ γέγονεν. Hipp. Nat. Oss. 280: ἐν γὰρ στενοχωρίῃ τῆς διόδου ἐνίδρυται. Hipp. Rat. Vic. 355: τροφὴν δὲ τῷ σώματι πλείστην δίδωσιν ἅτε δὴ ἡσυχῇ δέχονται τροφὴν αἱ δίοδοι. Hipp. Loc. in Hom. 412:

ἄγει δὴ τὸ ξηρὸν τοῦ σώματος τὸ ἐκ τῆς κεφαλῆς ὑγρὸν καὶ ἅμα καὶ δίοδοί εἰσιν τῷ ἄγοντι μᾶλλον ἢ τῷ ἀγομένῳ. Aretaeus, Cur. Acut. Morb. 106 : αἱ τῶν φλεβῶν κενώσιες εὐρυτέρην τὴν τοῦ πνεύμονος ποιέουσι χώρην ἐς δίοδον τῆς ἀναπνοῆς.

x. 11: "And saw heaven opened, and a certain vessel descending unto him, as it had been *a great sheet* (ὀθόνην μεγάλην) knit at *the four corners* (τέσσαρσιν ἀρχαῖς), and let down to the earth.

*ἀρχαί. *ὀθόνη. ἀρχαί, in the sense it bears here, is peculiar to St. Luke, as also is ὀθόνη; and the phrase ἀρχαὶ ὀθόνης bears clearly on the face of it the mark of a medical hand, for this strange use of ἀρχαί, "the beginnings," for "the ends," was the technical expression in medical language for the ends of bandages, instead of πέρατα employed in ordinary language. Galen remarks on this use, Comm. Offic. ii. 8 (xviii. B. 748) : καί τισιν ἔδοξεν ἀρχὰς ἐπιδέσμων ἀκούειν ἀντὶ τοῦ πέρατα, καίτοι γενικώτερον ὄνομα τὸ πέρας ἐστὶ τῆς ἀρχῆς.

The bandage itself was termed ἐπίδεσμος, ὀθόνη and ὀθόνιον; ὀθόνιον being the term in Hippocrates; in the other medical writers it is as often ὀθόνη as ὀθόνιον. We have thus in this passage a technical medical phrase ἀρχαὶ ὀθόνης—the ends of a bandage—used for the ends of a sheet, an expression which hardly anyone except a medical man would think of employing. Still further, it would not be out of the way for a physician to speak of a sheet or bandage having more than two ends, ἀρχαί, as it had frequently eight, six, or four ends, according to the purpose for which it was required, the bandage being sometimes at its extremities split into a certain number of strips, the middle being left entire: *e.g.* Galen. De Fasciis, 8 (xviii. A. 783) : διαιροῦμεν τὸ ῥάκος εἰς σκέλη τέσσαρα τὸ μέσον συνεχὲς ἐῶντες. Do. 9 (783) : διελόντες τὸ ῥάκος εἰς σκέλη ὀκτὼ τοῦ μέσου ἀσχίστου καταλειπομένου. Do. 7 (782) : σύμμετρον ῥάκος λαβόντες ἐπισχίζομεν εἰς σκέλη ἕξ.

For this use of ἀρχή in connection with ὀθόνη, ὀθόνιον,

&c., compare Hipp. Fract. 753 : ἔπειτα ἐπιδεῖν τῷ ὀθονίῳ τὴν ἀρχὴν βαλλόμενος κατὰ τὸ κάτηγμα—τῶν δὲ δευτέρων ὀθονίων τὴν μὲν ἀρχὴν βάλλεσθαι ἐπὶ τὸ κάτηγμα. Hipp. Fract. 763 : τὰ πρῶτα ὀθόνια—βαλλέσθω δὲ τὴν ἀρχὴν κατὰ τὸ κάτηγμα. Hipp. Fract. 767 : μέγιστον γάρ ἐστιν τὸ γινώσκειν καθ' ὁποῖον τρόπον χρὴ τὴν ἀρχὴν βάλλεσθαι τοῦ ὀθονίου—ἢν ὀρθῶς τις βάλληται τὴν ἀρχὴν καὶ πιέζῃ. Hipp. Fract. 773 : τὴν ἐπίδεσιν ποιέεσθαι ἐκ μέσου τοῦ ὀθονίου ἀρχόμενον ὡς ἐπὶ τὸ πολὺ ὡς ἐπὶ δύο ἀρχέων ὑποδεσμὶς ὑποδεῖται. Hipp. Fract. 779 : ἐπιδεῖν δὲ χρὴ τήν τε ἀρχὴν τοῦ πρώτου ὀθονίου βαλλόμενον κατὰ τὸ βλαφθέν. Hipp. Artic. 802 : ἔπειτα ὡς ἀπὸ δύο ἀρχέων ἐπιδέεται οὕτως ὀθονίῳ ἐς ἅπαξ περιβαλέειν. Hipp. Artic. 828 : ὅταν δὲ ἤδη ἐπιδεδεμένος ἔῃ, ἑνός τινος τῶν ὀθονίων χρή, οἷσιν ἐπιδέεται τὴν ἀρχὴν προσάψαι πρὸς τὰ κάτω τοῦ ποδὸς ἐπιδέσματα. Galen. Comm. ii. 34, Artic. (xviii. A. 463) : τὴν μὲν ἀρχὴν βάλλεσθαι τῆς ὀθονῆς ὄπισθεν τοῦ χείλους. Galen. de Fasc. 7 (xviii. A. 783) : οὕτω τε τὰς λειπομένας τέσσαρας ἀρχὰς ἄγοντες ἐφάπτομεν. Galen. Comm. i. 23, Fract. (xviii. B. 370) : οὕτως μοι νόει κατὰ τὸ κάταγμα βάλλεσθαί τε καὶ μὴ βάλλεσθαι τὴν ἀρχὴν τῶν ὀθονίων—ἀρχὴν βάλλεσθαι μὴ ἐπὶ τὸ ἕλκος ἀλλὰ ἐπὶ τὸ ἅμμα.

ὀθόνη was used as well as ὀθόνιον. Aretaeus, Cur. Acut. Morb. 114 : ἐς ὀθόνην ἀραιὴν ἐνδήσαντα καταπάσσειν. Aret. Cur. Acut. Morb. 116 : ἐγχρίσαντα δὲ ἐς ὀθόνην ἐπὶ τὴν κοιλίην τιθέναι. Dioscor. Mat. Med. ii. 68 : ἐμπλασθεῖσα εἰς ὀθόνην. Dioscor. Mat. Med. iii. 84 : ἐγχρισθεὶς εἰς ὀθόνην. Galen. Comp. Med. iv. 2 (xiii. 598) : ἔξωθεν αὐτοῦ πάλιν ἐπιβάλλω πολυπτύχους ὀθόνας ἐλαίῳ διαβρόχους αἷς αὖθις ἔξωθεν ἐπίδεσμον ἐξ ὀθόνης ἐπιβάλλω.

* εἰσκαλεῖν. x. 23 : " Then *called he them in* (εἰσκαλεσάμενος), and lodged them."

* μετακαλεῖν. x. 32 : " Send therefore to Joppa, and *call hither* (μετακάλεσαι) Simon, whose surname is Peter."

These two compounds of καλεῖν, peculiar to St. Luke, were used in medical language for "to call in " or "send for" a physician. Hipp. Progn. 36 : οἱ δὲ καὶ ἐσκαλεσάμενοι τὸν ἰητρὸν παραχρῆμα ἐτελεύτησαν, οἱ μὲν ἡμέρην μίην ζήσαντες, οἱ δὲ ὀλίγῳ πλείονα χρόνον, πρὶν ἢ τὸν ἰητρὸν τῇ τέχνῃ πρὸς ἕκαστον νόσημα ἀνταγωνίσασθαι. Aretaeus, Sign. Acut. Morb. 7: τὸν ἰητρὸν οἱ δὲ ἐσκαλεσάμενοι, οὐδὲν ὤναντο. Galen. Progn. ad. Posthumum, 2, (xiv. 607): εἶτα περὶ τὴν ἑσπέραν μετακαλεσάμενός με καὶ πάλιν τὸν σφυγμὸν αὐτοῦ κελεύσας ἅψασθαι, τὴν αὐτὴν ἀπόφασιν ἤκουσεν ἣν πρὸ τοῦ λουτροῦ, καὶ μᾶλλον ἔτι θαρραλεώτερον ἢ τότε. Galen. Meth. Med. i. 1 (x. 4): μετακαλοῦνται τῶν ἰατρῶν οὐ τοὺς ἀρίστους, ἀλλὰ τοὺς συνηθεστάτους.

§ LXXXVI.

Acts, XI.

ἡσυχάζειν.

* ἀρχή (verse 5, § 85). * ὀθόνη (v. 5, § 85). * ἔκστασις (v. 5, § 28). ἀτενίζειν (v. 6, § 53). * ἀνασπᾶν (v. 10, § 75). * διασπείρειν (v. 19, § 84). προστιθέναι (v. 24, § 59). κατέρχεσθαι (v. 27, § 84). * εὐπορεῖσθαι (v. 29, § 74).

Acts, XII.

διατρίβειν. * τακτός.

κακοῦν (verse 1, § 83). ἀναιρεῖν (v. 2, § 84). προστιθέναι (v. 3, § 59). ἐκπίπτειν (v. 7, § 66). * προσδοκία (v. 11, § 74). * συναθροίζειν (v. 12, § 77). * διϊσχυρίζεσθαι (v. 15, § 54). * κατασείειν (v. 17, § 59). * τάραχος (v. 18, § 57). κατέρχεσθαι (v. 19, § 84). παραχρῆμα (v. 23, § 57). * ἐκψύχειν (v. 23, § 24).

xi. 18: "When they heard these things, *they held their peace* (ἡσύχασαν), and glorified God, saying, Then hath God also to the Gentiles granted repentance unto life."

ἡσυχάζειν is used also ch. xxi. 14; Luke, xiv. 4; xxiii. 56;

and only once elsewhere in N. T., 1, Thess. iv. 11: it was the medical word for patients keeping calm and quiet.

Hipp. Morb. 488: φυλάττεσθαι δριμέων όδμας καὶ τὰ τοιαῦτα καὶ ἡσυχάζειν διαίτῃ μαλθακῇ χρώμενον. Hipp. Morb. 495: μετὰ δὲ τὰς κρίσιας ἀνακομίζειν σιτίοισι κούφοισι, καὶ ἡσυχάζειν. Hipp. Intern. Affect. 737: ἢν δὲ μὴ ξυμφέρωσιν, ἡσυχαζέτω ὡς μάλιστα τῷ σώματι. Hipp. Nat. Mul. 567: ὑπὸ δὲ τῆς ὀδύνης οὐ δύναται ἡσυχάζειν, ἀλλὰ ῥίπτει ἑωυτήν. Hipp. Nat. Mul. 579: ταύτην χρὴ ὡς ὅτι μάλιστα ἡσυχάζειν καὶ μὴ κινεῖσθαι. Dioscor. Venen. 15: ἡσυχάζειν δὲ αὐτοὺς ἀναγκάζειν δεῖ, ὅπως τὸν οἶνον πεπωκότες ἐκπέψωσιν. Dioscor. Medic. Parab. ii. 21: συμπεριβάλλων ἄφες ἡσυχάσαι καὶ ἵνα μὴ ῥιγώσῃ προσαναλειφέσθω λίπει, καὶ ἱδρώσει πολύ. Galen. Comm. ii. 51, Acut. Morb. (xv. 615): ἕλκος ἔχων ἐν κνήμῃ, δέον ἡσυχάζειν τε καὶ κατακεῖσθαι. Do. (616): ὡς ἐν ταῖς πρώταις ἡμέραις ἡσυχάσας περὶ ἕκτην ἤρξατο περιπατεῖν. Galen. Meth. Med. x. 3 (x. 673): κατέκλινε τότε καὶ ἡσύχαζε ὥρας σχεδόν τι τῆς ἡμέρας ἐνδεκάτης.

xii. 19: "And when Herod had sought for him, and found him not, he examined the keepers, and commanded that they should be put to death. And he went down from Judæa to Cæsarea, and there *abode*" (διέτριβεν).

διατρίβειν, used again xiv. 3, 18, 28; xv. 35; xvi. 12; xx. 6; xxv. 6; xxv. 14; and but twice elsewhere, John, iii. 22; xi. 54; was much employed in medical language in a variety of meanings :—to rub—to delay an operation—to spend time at meals, in the bath, &c. Hipp. Rat. Vic. 374: καὶ ἔμετον ποιησάσθω ἀπὸ σιτίων ξηρῶν καὶ στρυφνῶν καὶ μὴ διατριβέτω ἐν τῷ σίτῳ ἀλλὰ τὴν ταχίστην ἐμείτω. Hipp. Rat. Vic. 875: περιπάτοισι δὲ μὴ χρῆσθαι ἀπὸ δείπνου διατρίβειν δὲ χρόνον. Hipp. Morb. Mul. 635: χαλκῖτις διατετριμμένη. Hipp. Aphoron. 683: ἡ δὲ θεραπεία τουτέων ἐστὶν ἐν μέρει ἑκάστῳ, καὶ ὅτι ἂν μὴ ποιῇς τούτων αἰεὶ ἐπὶ τῆς πυρίης διατριβέτω, αὕτη γάρ ἐστιν ἡ μαλθάσσουσα καὶ ἄγουσα τοὺς ἰχῶρας. Hipp. Vul. Cap. 911: ἀλλὰ χρὴ εἰ ἐννοίης τὸν πυρετὸν ἐπιλαμβάνοντα καὶ τῶν ἄλλων τε σημεῖον τούτῳ προσ-γενόμενον μὴ διατρίβειν ἀλλὰ πρίσαντα τὸ ὀστέον πρὸς τὴν μήνιγγα. Dioscor. Mat. Med. ii. 98: διατριβεῖσά τε ὑποξυς καὶ ζυμίζουσα τὴν ὀσμήν. Galen. Melanchol. 1 (xix. 701): φῦσαι γὰρ αὐτοῖς ἐπιγίγνονται πολλαὶ καὶ περὶ τὰ ὑποχόνδρια ἐπιπολὺ διατρίβουσαι. Galen. Meth. Med. vii. 6 (x. 473): τὸ δὲ συντέμνει τὴν ἐν τῷ βαλανείῳ διατριβήν—ἐπὶ πλεῖστον γὰρ χρὴ τὸν ἄνθρωπον ἐνδιατρίβειν τῷ ὕδατι. Galen. Ven. Sec. 9 (xi. 242): ἕως μεσημβρίας ἄσιτος διατρῖψαι. Galen. Remed. Parab. ii. 6: τὸ πρόσωπον ἐλαίῳ διάτριβε.

xii. 21: "And upon *a set day* (τακτῇ δὲ ἡμέρᾳ) Herod, arrayed in royal apparel, sat upon his throne, and made an oration unto them."

* τακτός. Peculiar to St. Luke. τακτός, εὔτακτος, and τεταγμένος, are used in medical language, as opposed to ἄτακτος, which is a word of very frequent occurrence.

Galen. Aph. Comm. v. 10 (xvii. B. 795): γνωρίζεται δὲ ἐς τὸν πνεύμονα τρέπεσθαι τὴν κυνάγχην ἐκ τοῦ σφυγμοῦ. σκληρὸς γὰρ καὶ ἄτακτος καὶ ἀνώμαλος τῆς ὕλης μετάστασιν σημαίνει. μαλθακὸς δὲ καὶ ὁμαλὸς καὶ τακτὸς—ἀπόλυσιν σημαίνει. Galen. Med. Defin. 204 (xix. 402): πλανῆται πυρετοὶ καλοῦνται οἱ μὴ ὡρισμένως μηδὲ εὐτάκτως ἀλλ' ἀκαταστάτως γινόμενοι. Aretaeus, Sign. Acut. Morb. 26: σφυγμοὶ ἄτακτοι. Hipp. Epid. 982: οἱ πυρετοὶ παροξυνόμενοι ἄλλοτε ἀλλοίως ἀτάκτως. Galen. De Puls. 8 (viii. 461): σφυγμὸς ἄτακτος. Do. (462): μέσος οὐδείς ἐστιν τεταγμένου καὶ ἀτάκτου σφυγμοῦ. Do. 10 (469): ἀτάκτους τοὺς σφυγμοὺς ἐργάζεται. Do. 12 (476): σφυγμὸς ἄτακτος γινόμενος. Do. (487): σφυγμὸς ὑποδιαλείπων ἀτάκτως. Galen. Caus. Puls. ii. 14 (ix. 101): περὶ δὲ τῶν ἀτάκτων τε καὶ τεταγμένων σφυγμῶν ἤδη ῥητέον.

§ LXXXVII.

Acts, XIII.

* σύντροφος. * συγγένεια. * ὑπηρετεῖν. * ὑπηρέτης. * παροτρύνειν. * ἐπεγείρειν. * προτρέπεσθαι.

κατέρχεσθαι (verse 4, § 84). * ἐκπέμπειν (v. 4, § 89). πίμπλημι (v. 9, § 60). ἀτενίζειν (v. 9, § 53). διαστρέφειν (v. 10, § 76). * ἐπιπίπτειν (v. 11, § 30). παραχρῆμα (v. 11, § 57). ἀποχωρεῖν (v. 13, § 15). * κατασείειν (v. 16, § 59). * ἐκπληροῦν (v. 32, § 64). προστιθέναι (v. 36, § 59). ἄφεσις (v. 38, § 59).

1. " Now there were in the church that was at Antioch certain prophets and teachers; as Barnabas, and Simeon that was called Niger, and Lucius of Cyrene, and Manaen, which had been *brought up with* (σύντροφος) Herod the tetrarch, and Saul."

* σύντροφος. Peculiar to St. Luke. Both σύντροφος and συντρέφειν are used in medical language of a disease which has as it were been reared with a person.

Hipp. Aer. 283: τοῦτο μὲν τὸ νόσημα αὐτέοισιν ξύντροφόν ἐστιν καὶ θέρεος καὶ χειμῶνος. Hipp. Morb. Sacr. 307: οὐκ ἔτι ἡ νοῦσος αὕτη ἐπιλαμβάνει, ἣν μὴ ἐκ παιδίου σύντροφος ἔῃ. Hipp. Epid. 1184: νοῦσοι ξύντροφοι ἐν γήραϊ καὶ διὰ πεπασμὸν λείπουσι καὶ διὰ λύσιν καὶ δι' ἀραίωσιν. Hipp. Morb. Sacr. 307: ᾧ δὲ νοῦσος ἀπὸ παιδίου συνηύξηται καὶ συνέτροφεν. Hipp. De Arte. 8: βιάζεται δὲ τοῦτο μὲν πῦρ τὸ σύντροφον φλέγμα διαχεῖν, σιτίων δριμύτητι καὶ πομάτων. Galen. Comm. iii. 1, Humor. (xvi. 352): ὅσα δὲ αὐτοῖς χρόνια νοσήματα γένηται, τὰ πολλὰ συναποθνήσκει, ὅπερ ταὐτόν ἐστιν, εἴπερ σύντροφα ἐκάλει. Galen. Comm. v. 6, Epid. vi. (xvii. B. 253): οὐ περὶ πασῶν ὁ λόγος νῦν τῶν συντρόφων νόσων. Galen. Comm. ii. 54, Artic. (xviii. A. 489): τὰ γὰρ χονδρώδη καὶ ταῦτα τὰ γαγγλία καὶ σύντροφα τινά εἰσι περὶ νεῦρα τὴν γένεσιν εξ υγρού εσχηκότα. Galen. Comm. i. 11, Humor. (xvi. 100) : γὰρ ἡ γένεσις τούτων νοσημάτων τοῖς ἐπιχωρίοις σύντροφος. Galen. Comm. iii. 1, Humor. (xvi. 353) : οὐ τοίνον ταὐτόν ἐστιν τὸ συγγενικὸν καὶ τὸ σύντροφον νόσημα.

* συγγένεια. Luke, i. 61 : "And they said unto her, There is none of thy *kindred* (ἐκ τῆς συγγενείας) that is called by this name.

Peculiar to St..Luke, and used again, Acts, vii. 14. συγγένεια, συγγενής, συγγενικός, were all used in medical language. As applied to disease, there was a distinction between them and σύντροφος (see last example under σύντροφος): both words must have been often used in the language of a physician. Hipp. Humor. 51 : κατὰ τοῦ χυμοῦ τὴν συγγενείην. Hipp. Morb. Mul. 645 : διὰ συγγενείην ᾖσιν εθάδες ἀπὸ νεότητος αἱ νοῦσοι. Hipp. Epid. 1176 : διὰ τὴν ῥοπὴν οὐκ ἔτι αἷμα ἔρχεται ἀλλὰ κατὰ τοῦ χυμοῦ τὴν συγγένειαν τοιαῦτ' ἀποπτύουσιν. Hipp. Vet. Med. 18 : περὶ δὲ δυνάμεων χυμῶν, αὐτέων τε ἕκαστος ὅτι δύναται ποιέειν, τὸν ἄνθρωπον ἐσκέφθαι, καὶ τὰς ξυγγενείας ὡς ἔχουσι πρὸς ἀλλήλους. Galen. Comm. iii. 31, Humor. (xvi. 479) : εἰ δὲ χολώδης, ὠχρὸν καὶ ἐπὶ τῶν λοιπῶν κατὰ τὴν τοῦ χυμοῦ συγγένειαν. Galen. Comm. iii. 4, Epid. vi. (xvii. B. 113) : φάσκοντες ἐπ' ἄλλο κοινωνίας εἶδος αὐτὸν μετεληλυθέναι τὸ κατὰ τὴν τῶν χυμῶν συγγένειαν—διὰ τοῦ χυμοῦ τὴν συγγένειαν πτύα πτύουσιν. Galen. Comm. iii. 100, Artic. (xviii. A. 635) : εἴρηταί μοι καὶ πρόσθεν ὡς τὰς κοινωνίας καὶ οἷον συγγενείας τῶν μορίων ἀδελφίξιας εἴωθεν ὀνομάζειν. Galen. Comm. iii. 35, Fract. (xviii. B. 587) : ὅπερ εἰώθαμεν λέγειν, ὡμοίωται, καὶ κοινωνεῖ, καὶ συγγένειαν ἔχει, τοῦτο καλεῖν εἴωθεν ὁ Ἱπποκράτης ἠδέλφισται τὴν πολλὴν τῶν πραγμάτων οἰκειότητα καὶ συγγένειαν ἐνδεικνύμενος τῷ ὀνόματι.

36. "For David, after *he had served* (ὑπηρετήσας) his own generation by the will of God, fell on sleep, and was laid unto his fathers, and saw corruption."

* ὑπηρετεῖν, peculiar to St. Luke, and used again, Acts, xx. 34; xxiv. 23; was much employed in medical language.

Hipp. Coac. Progn.: καὶ κοιλίης τῆς ἄνω καλῶς ὑπηρετούσης. Hipp. Flat. 300: ἕλκεται καὶ τετάρακται τὰ μέρη τοῦ σώματος, ὑπηρετοῦντος τῷ θορύβῳ καὶ ταράχῳ τοῦ αἵματος. Hipp. Offic. 742: τὸ μὲν οὖν αὕτη ἡ ἐπίδεσις ἰῆται, τὸ δὲ τοῖς ἰωμένοισιν ὑπηρετέει. Hipp. Insomn. 375: ἡ γὰρ ψυχὴ ἐγρήγορεν. ὅταν μὲν οὖν σώματι ὑπηρετοῦσα ᾖ. Galen. Comm. iv. 5, Aliment. (xv. 386): τοὺς δὲ ταῖς τῶν περιττωμάτων ἐκκρίσεσιν ὑπηρετοῦντας μῦς. Galen. Comm. v. 2, Epid. vi. (xvii. B. 236): ἡ γλῶσσα πρὸς τὴν διάρθρωσιν αὐτῆς ἑτοίμως ὑπηρετεῖ. Galen. Comm. i. 7, Artic. (xviii. A. 318): οἱ περικείμενοι τῇ διαρθρώσει μύες ὑπηρετοῦσί τε καὶ συμπράττουσιν αὐτῇ. Galen. Comm. iii. 110, Artic. (xviii. A. 655): τέτταρα δ' ἐστὶν ἄρθρα τὰ πρὸς βαδίζειν ὑπηρετοῦντα. Galen. Comm. i. 30, Fract. (xviii. B. 377): δευτέρου τῶν ἐπιδέσμων εἰς δύο χρείας ὑπηρετοῦντος. Galen. Usus Part. xv. 6 (iv. 244): τοῦ ἀγγείου τούτου τῆς φλεβὸς ὑπηρετοῦντος τῷ σπλάγχνῳ.

ὑπηρέτης: see § 57.

50. "But the Jews *stirred up* (παρώτρυναν) the devout and honourable women, and the chief men of the city, and *raised* (ἐπήγειραν) a persecution against Paul and Barnabas, and expelled them out of their coasts."

It is remarkable that St. Luke—and he alone of the N. T. writers—uses the three words *παροτρύνειν, *ἐπεγείρειν, and *προτρέπειν, which were the chief medical terms for " to stimulate."

*παροτρύνειν. Peculiar to St. Luke. Both this word and ὀτρύνειν are used by the medical writers, but not very frequently, their principal words being the other two, ἐπεγείρειν and προτρέπειν.

Hipp. Morb. Mul. 654: ἅπασα δὲ πρόφασις ἱκανὴ τὰς ὑστέρας παροτρῦναι ἢν ἔχωσί τι φλαῦρον. Aretaeus, Cur. Acut. Morb. 115: ἐν χολέρῃ ἡ τῶν φερομένων ἐπίσχεσις κακόν· ἄπεπτα γάρ· χρὴ ὧν ἡμᾶς ῥηϊδίως αὐτόματα δέχεσθαι, ἢν δὲ μὴ, ὀτρύνειν διδόντας ὕδατος εὐκρήτου ῥυμφαίνειν.

*ἐπεγείρειν, peculiar to St. Luke, and used again, xiv. 2. This word was very much employed in medical language.

Galen. Comm. ii. 21, Humor. (xv. 279): ὁ παροξυσμὸς ἐπεγείρει καὶ κινεῖ. Galen. Comm. iii. 96, Praedic. (xvi. 712): διὰ τὴν φύσιν ἐκλελυμένην ἐπεγείρειν. Do. 144 (xvi. 804): ἐπεγείρει τὴν φύσιν εἰς ἀπόκρισιν τοῦ περιττοῦ. Do. 152: ἐπεγείρει τὴν φύσιν ἀποκρῖναι τὸ λυποῦν. Galen. Mot. Muscul. ii. 5 (iv. 442): ἀρτηρίας μὲν οὖν κίνησιν καὶ καρδίας οὔτε παύειν οὔτ' ἐπεγείρειν. Galen. San. Tuend. ii. 6 (vi. 123): τὰς ἐνεργείας ἐπεγείρειν. Galen. San. Tuend. iv. 6 (vi. 277): ἢ ἄλλως ἐπεγείρει τὴν ἔσω κίνησιν αὐτῶν. Galen. San. Tuend. v. 3 (vi. 321): ἡ τρίψις ἐπεγείρουσα τὸν ζωτικὸν τόνον αὐτῶν. Hipp. Humor. 47: ἢ οἷον αἱ ἀπὸ καυμάτων ἐπεγειρόμεναι φλύκτεις. Hipp. Epid. 1168: λειῆναι, τραχῦναι, σκληρῦναι, μαλθάξαι, τὰ μὲν, τὰ δὲ μή, ἐπεγεῖραι ναρκῶσαι καὶ τἄλλα ὅσα τοιαῦτα.

* προτρέπεσθαι. Acts, xviii. 27: "And when he was disposed to pass into Achaia, the brethren wrote, *exhorting* (προτρεψάμενοι) the disciples to receive him."

Peculiar to St. Luke, and much used in medical language.

Hipp. Morb. Acut. 392: ὅμως ἡ κατὰ κύστιν κάθαρσις ὑπ' αὐτοῦ γινομένη ῥύεται, ἣν προτρέπηται ὁκοῖον δεῖ. Hipp. Morb. Acut. 394: ἐς οὔρησιν προτρεπτικόν. Galen. Medicus, 14 (xiv. 760): προτρεπτικὰ δὲ ὅσα κινεῖ καὶ προτρέπει τὰ φάρμακα, ὡς μὲν ἀγαρικὸν, ἴρις, &c. Galen. Ven. Sec. (xix. 525): καὶ ὕδωρ χλιαρὸν διδόντες, ἐμεῖν προτρέπομεν. Galen. Usus Part. v. 14 (iii. 391): τὰ μὲν γὰρ ἀκαίρως ἐκρεῖν κωλύει, τὰ δ' ἐν καιρῷ προτρέπει—ἐν καιρῷ δὲ προτρέπουσιν οἱ κατὰ τὸ ἐπιγάστριον ἅπαντες μύες. Galen. Usus Part. v. 15 (iii. 398): ὃ προτρέψει μὲν ἐπὶ τὴν κάτω φόραν. Galen. San. Tuend. ii. 2 (vi. 91): ἀλλ' ὑπὲρ τοῦ προτρέψαι τε εἰς τὰς ἐνεργείας καὶ συστρέψαι τὸν τόνον. Galen. San. Tuend. iv. 4 (vi. 247): καὶ ἱδρῶτας καὶ οὖρα προτρέπει. Galen. Facul. Aliment. i. 1 (vi. 466): οὐ προτρέπει τὴν γαστέρα. Galen. Comp. Med. ix. 4 (xiii. 275): εἰς ἀνάδοσίν τε καὶ οὔρησιν προτρέψαι τὸ σύμπαν φάρμακον.

§ LXXXVIII.

Acts, XIV.

* ἐκπηδᾶν.   * ἐξάλλεσθαι.

* ἐπεγείρειν (verse 2, § 87). κακοῦν (v. 2, § 83). διατρίβειν (v. 3, § 86). * ἀδύνατος (v. 8, § 31). ἀτενίζειν (v. 9, § 53). * ὀρθός (v. 10, § 31). διαρρήγνυμι (v. 14, § 61). ἐμπιμπλάναι (v. 17, § 60).

Acts, XV.

* ζήτημα.   * ἐκδιηγεῖσθαι.   * διήγησις.   * ὀχλεῖν.   * ἐνοχλεῖν. * παρενοχλεῖν.   * ὄχλον ποιεῖν.   * ἄτερ ὄχλου.   * ἀνασκευάζειν.   * ἀποσκευάζειν.   παροξυσμός.   παροξύνεσθαι.

κατέρχεσθαι (verse 1, § 84). ἔθος (v. 1, § 58). * ἐπιστροφή (v. 3, § 76). * διατηρεῖν (v. 29, § 72). διατρίβειν (v. 35, § 86).

xiv. 14 : "Which when the apostles, Barnabas and Paul, heard of, they rent their clothes, and *ran in among* (ἐξεπήδησαν, *sprang forth among*, R. V.) the people."

* ἐκπηδᾶν, peculiar to St. Luke, is, like ἐξάλλεσθαι, applied by the medical writers to the sudden starting of a bone from the socket, the bounding of the pulse, &c.

Hipp. Artic. 811 : ὅ τε ἐκπηδήσας σπόνδυλος πιέζοι ἂν τὸν νωτιαῖον. Galen. Hipp. et Plat. Decret. ix. 4 (v. 748) : ἐκπηδήσας σπόνδυλος. Galen. Usus Part. xii. 12 (iv. 51) : εἰ μὲν πολλοὶ σπόνδυλοι διακινηθεῖεν ἐξῆς ἀλλήλων ὑπάρχει δεινόν, εἰ δέ τις εἰς ἐκπηδήσειε τῆς τῶν ἄλλων ἁρμονίας ὀλέθριον. Do.: ὅ τ' ἐκπηδήσας πιέζοι ἂν αὐτὸν εἰ μὴ καὶ ἀπορρήξειεν. Galen. Caus. Puls. iv. 17 (ix. 191) : οὕτω δὲ καὶ ἡ κίνησις ἀνώμαλος, ἄνω καὶ κάτω μεθισταμένης τῆς ἀρτηρίας ὥσπερ χορδῆς, οὐδὲ γὰρ διαστολῆς ἢ συστολῆς ἔμφασίς ἐστιν, ἀλλὰ κλόνῳ μᾶλλον ἔοικεν οἷον ἐκπηδώσης ἄνω καὶ αὖθις εἴσω σπωμένης—ἐξαπατᾷ γὰρ ἡ πληγὴ, διὰ μὲν τὴν τάσιν εὔρωστος φαινομένη διὰ δὲ τὸν κλόνον ἐκπηδητική. Galen. Puls. ad Tiron. 12 (viii. 486): ἐκπηδώσης ἄνω πάλιν δὲ εἴσω σπωμένης— ἐκπηδητική. Galen. Anat. Administr. vii. 14 (ii. 636): τοῖς δακτύλοις διαλαμβάνοντες ἢ καὶ πυράγρᾳ τὴν καρδίαν, διὰ τὸ ῥᾳδίως αὐτὴν ἐκπηδᾶν τῶν δακτύλων. Galen. San. Tuend. iii. 7 (vi. 202): ἐκπηδάτωσαν δ' εὐθέως εἰς τὴν ψυχρὰν ὑπὲρ τοῦ μένειν αὐτοῖς τὸν ἐν τῷ δέρματι τόνον ἅμα θερμότητι.

* ἐξάλλεσθαι: see § 23.

xv. 2: "When therefore Paul and Barnabas had no small dissension and disputation with them, they determined that Paul and Barabas, and certain other of them, should go up to Jerusalem unto the apostles and elders about *this question*" (τοῦ ζητήματος).

* ζήτημα, peculiar to St. Luke, used also xviii. 15; xxiii. 29; xxv. 19; xxvi. 3, is frequent in the medical writers for "the thing sought"—" a disputed point in medical theory or practice."

Hipp. Morb. Acut. 384: μάλα μὲν οὖν οὐδὲ προβάλλεσθαι τὰ τοιαῦτα ζητήματα εἰθισμένοι εἰσὶν οἱ ἰητροί. Galen. De Crisibus, i. 4 (ix. 561): ἐν τούτῳ γὰρ ἐσμεν τῷ ζητήματι. Galen. Affect. Loc. i. 1 (viii. 17): παραπλήσιον δὲ τούτου ζήτημά ἐστι καὶ τὸ περὶ πασχόντων μέν ἔτι μορίων. Galen. Loc. Affect. vi. 3 (viii. 390): ζήτημα οὐκέτ' οὐδὲν ὑπολείπεται, πολλοὶ δὲ τῶν πασχόντων, ὀδύνης μετρίας αἰσθάνονται.— Galen. Loc. Affect. vi. 5 (viii. 416): ἐφεξῆς γοῦν ἡμᾶς διαδέξεται ζήτημα, ὑπὸ τίνος αἰτίας ψύχεται τὸ σῶμα. Galen. Anat. Administr. v. 8 (ii. 520): εἴ τις ἐθελήσειεν ἐπιδειχθῆναι τῶν φρενῶν μόνων τὴν φύσιν, ἢ εἰ καὶ ζήτημά τι περὶ τῆς κατασκευῆς αὐτῶν γένοιτο. Galen. Comm. 7, Vic. Rat. (xv. 187): ἐπὶ δὲ τῆς τῶν γερόντων ἡλικίας οὐ σμικρόν ἐστι ζήτημα σχεδὸν ἅπασιν ἠμελημένον—Galen. Comm. ii. 52, Praedic. (xvi. 626): προκειμένου δὲ τοῦ περιχόλα μέγιστον γίνεται ζήτημα, πῶς γὰρ ἂν χολώδεά τε καὶ ἅμα ἐκλεύκα διαχωρεῖσθαι—Galen. Comm. ii. 53, Praedic. (xvi. 630): καὶ ζήτημα οὐδέν ἐστι πῶς ἐξίστανται μετὰ σιγῆς οἱ μηδ' ὅλως φωνεῖν δυνάμενοι—Galen. Comm. iii. 34, Epid. iii. (xvii. A. 689): ἀναφύεται δὲ μικρὸν ζήτημα περὶ πάντων τῶν παθογνωμονικῶν σημείων.

xv. 3: "And being brought on their way by the church, they passed through Phenice and Samaria, *declaring* (ἐκδιηγούμενοι) the conversion of the Gentiles: and they caused great joy unto all the brethren."

* ἐκδιηγεῖσθαι, peculiar to St. Luke, was employed in medical language for "to tell the details of a sickness."

Hipp. Progn. 36: τὸν ἰητρὸν δοκέει μοι ἄριστον εἶναι πρόνοιαν ἐπιτηδεύειν προγινώσκων γὰρ καὶ προλέγων παρὰ τοῖς νοσέουσι τά τε παρεόντα καὶ τὰ προγεγονότα καὶ τὰ μέλλοντα ἔσεσθαι, ὁκόσα τε παραλείπουσιν οἱ ἀσθενέοντες ἐκδιηγεύμενος. Aretaeus, Sign. Acut. Morb. 3: καὶ ἐξαναστάντες ἐκδιηγεῦνται ὡς ὑπό τευ ἐξ ἐπιβουλῆς παταχθέντες. Galen. San. Tuend. i. 12 (vi. 59): πάλιν οὖν ὁ λόγος ἐπὶ τὸν ἄριστα κατεσκευασμένον παῖδα ἐπανελθὼν τὴν ἀπὸ τῆς πρώτης ἑβδομάδος ἡλικίαν αὐτοῦ μέχρι τῆς δευτέρας ἐκδιηγεῖσθαι κατά τε τὴν κρᾶσιν ὁποία τίς ἐστιν καὶ ὧν τινων χρῄζει διαιτημάτων. Galen. Diff. Febr. i. 14 (vii. 332): ὧν τὰς διαγνώσεις ἐν τῷ δευτέρῳ περὶ κρίσεων εἰρηκότες οὐδὲν ἔτι δεόμεθα νῦν ἐκδιηγεῖσθαι. Galen. Difficul. Respir. ii. 6 (vii. 847): τὴν γὰρ λοιμώδη κατάστασιν ἐκδιηγούμενος ὁ Ἱπποκράτης. Galen. Caus. Puls. ii. 13 (ix. 97): χρὴ δὲ ἅπαν ἀκριβῶς τὸ φανὲν ἐκδιηγεῖσθαι κἂν ἀπορῇ τῆς αἰτίας. Galen. Caus. Puls. iv. 8 (ix. 170): αὕτη μὲν ἐκ τῆς εἰσαγωγῆς ἡ ῥῆσις, αὐτὰ τὰ φαινόμενα συμπίπτειν τοῖς πλευριτικοῖς ἐκδιδάσκουσα, οὐ μὴν τὰς αἰτίας ἔτι ἐκδιηγουμένη. Galen. Meth. Med. iv. 4 (x. 257): ἄμεινον μὲν ἦν δήπου μὴ χρόνια καλεῖν ἀλλὰ κακοήθη ταῦτα καὶ τὴν φύσιν αὐτῶν ἐκδιηγήσασθαι καὶ τὰς αἰτίας τῆς γενέσεως εἰπεῖν καὶ τὴν θεραπείαν ἑκάστου. Galen. Ven. Sect. 4 (xi. 213): οὐδεὶς γοῦν εἰπὼν ἰατρὸς, ἄνθρωπος οὗτος τραφήτω, χαρίζεται μήτε τὸν καιρὸν ἔτι προσθείς, ἐν ᾧ κελεύει τραφῆναι τὸν κάμνοντα, μήτε τὸ σιτίον ὁρίσας αὐτὸ μήτε τὴν ποσότητα μήτε τὴν σκευασίαν, ἢ τὴν τῆς χρήσεως τάξιν, ἀλλ' ἕκαστον τούτων ἀκριβῶς ἐκδιηγεῖται τοῖς παροῦσιν ὅπως δεῖ πραχθῆναι.

* διήγησις : see § 57.

διηγεῖσθαι and ἐξηγεῖσθαι, which are used by St. Luke more than twice as often as in the remainder of the N. T., are also largely used by the medical writers.

* ὀχλεῖν : see § 7.

* ἐνοχλεῖν : see § 7.

xv. 19 : " Wherefore my sentence is, that we *trouble not* (μὴ παρενοχλεῖν) them, which from among the Gentiles are turned to God."

* παρενοχλεῖν, peculiar to St. Luke, was used in medical language, but not with the great frequency of ὀχλεῖν and ἐνοχλεῖν.

Hipp. Epid. 1276 : ὥστε οὐδὲ πολλαὶ παρενοχλήσουσι νοῦσοι. Hipp. Epid. 1089 : πολλοῖσι δὲ καὶ ἐπὶ τοῖσιν ἄλλοισι νουσήμασι οἰδήματα παρώχλει. Galen. Comp. Med. i. 8 (xii. 485) : ἐπὶ τῶν ἀχώρων πάθει, περιτεινομένης δὲ τῆς ἐπιφανείας καὶ διὰ τοῦτο παρενοχλούσης, χρηστέον ταῖς ὑπογεγραμμέναις σκευασίαις. Galen. Comp. Med. iii. 1 (xii. 643) : εἰ μὲν οὖν ἐπὶ πυρετοῖς ἦχοι γίνονται, μὴ παρενοχλεῖν, παύονται γὰρ παραυτίκα ὡς ἐπὶ τὸ πολύ. Galen. Comp. Med. vii. 10 (xiii. 998) : τοῖς ποδαγρικοῖς ἅρμοζον τὸ φάρμακον, καὶ τὸ μὴ πώροις, πυκναῖς τε ἐπιβολαῖς παρενοχλεῖσθαι ῥᾳδίως.

* ὀχλοποιεῖν. Acts, xvii. 5 : " But the Jews which believed not, moved with envy, took unto them certain lewd fellows of the baser sort, and *gathered a company* (ὀχλοποιήσαντες, or *making a riot*), and set all the city on an uproar."

This word, peculiar to St. Luke, is also used medically. Hipp. Morb. Mul. 597 : ὅσῃσι δὲ ἐμμένει καὶ ἐνσήπεται καὶ ὄχλον ποιέει, ἀνδραφάξιος ἀγρίης καρπὸν ἢ χυλὸν ξὺν μέλιτι ἢ ξὺν κυμίνῳ ἐλλικτὸν διδόναι. See under ὄχλος the similar phrase ὄχλον παρέχειν, &c.

* ἄτερ ὄχλου. Luke, xxii. 6 : " And he promised, and sought opportunity to betray him unto them *in the absence of the multitude*" (ἄτερ ὄχλου, or, as in the marginal translation, *without tumult*).

Though these two words are not found in combination in the medical writers extant, yet the phrase appears to have been a medical one, from the peculiar use of both ἄτερ and ὄχλος in medical language, and from the equivalent word ἀόχλως, as well as the opposite σὺν ὄχλῳ, being met with.

* ἄτερ, peculiar to St. Luke, and used again, xxii. 35: "When I sent you *without purse*" (ἄτερ βαλαντίου). This old poetic word was retained in medical language.

Hipp. Progn. 42 : πῦον ἄτερ πόνου ἀνακαθήρηται. Hipp. Progn. 43 : ἄτερ φανερῆς προφάσιος ἄλλης. Hipp. Progn. 44 : ἄτερ τῶν τοιούτων σημείων ἡ ὀδύνη ὑπερβάλλοι εἴκοσιν ἡμέρας. Hipp. Praedic. 87 : ἄτερ πυρετῶν γινόμεναι. Hipp. Praedic. 94: ἡ κνήμη ἐχωλώθη ἄτερ προφάσιος ἄλλης. Hipp. Nat. Hom. 230 : ἄτερ πυρετοῦ ἐόντες—ἄτερ ὀδύνης ἐούσης. Hipp. Aer. 291 : κέρως ἄτερ. Hipp. Vic. Rat. 368 : ἄτερ τῆς ὑγείης. Hipp. Insomn. 378 : ἄτερ φόβου. Hipp. Morb. Mul. 590 : ἄτερ φύματος. Hipp. Morb. Mul. 607 : πόνου ἄτερ. Do. 612: καὶ ἄτερ πυρετοῦ. Hipp. Aph. 1254 : ἄτερ προφάσιος φανερῆς. Hipp. 1257 : ἄτερ φλεγμονῆς. Aretaeus, Sign. Diuturn. Morb. 63 : κῆν ἂν δυσουρίης ἄτερ. Do. 69 : σκυβάλου ἄτερ. Dioscor. Animal. Ven. 17 : καὶ οὐκ ἄτερ ἡδονῆς. Galen. Comp. Med. vi. 14 (xiii. 932) : ἄλλη ἐξιπωτικὴ ὑγρῶν καὶ ἀποστημάτων, μάλιστα ἐν γόνασι καὶ ἄρθροις, ἄτερ τομῆς ἕλκουσα.

ὄχλος was used in medical language for some disturbance of the system. Hipp. de Corde 268: ὄχλον καὶ βῆχα παρέχει. Hipp. Gland. 272 : αὐτοῖς ὄχλος πολύς. Hipp. Morb. Acut. 389 : ὅκως ἂν μᾶζά τε ὄχλον καὶ ὄγκον καὶ φῦσαν καὶ στρόφον τῇ κοιλίῃ παρέχει. Hipp. Morb. Mul. 595 : καὶ πρὸς πᾶν ὅτι ἂν φάγωσιν ἢ πίωσιν ὄχλος. Hipp. Morb. Mul. 645 : ἢν γὰρ ἀθρόως ἱστῶνται αἱ ὑστέραι ἐς τὰ κάτω καὶ ὄχλος γίνεται—ἀμβλυώσσουσι γὰρ ἢ ἀμφὶ τὴν φάρυγγα ὄχλοι καὶ τἄλλα. Hipp. Epid. 1121 : γλῶσσαι ξυνκεκαυμέναι τρίτῃ καὶ ὄχλοι περὶ ἕκτην καὶ ἑβδόμην. Hipp. Epid. 1190 : οἱ ὄχλοι, αἱ δίοδοι, ὅτι τοῖσι παρακρούουσι λήγουσιν ὀδύναι πλευρέων—

ἔστι δ' οἷσι πυρετοὶ, ἔστι δὲ οἷσιν οὐ, ἀλλὰ σὺν ἱδρῶσιν, ἔστι δ' οἷσι σὺν ὄχλῳ.

ἄοχλος, ὄχλησις, ὀχλώδης, ὀχληρός, ἀνοχλησία, and διοχλεῖν, were also medical words.

xv. 24: "Forasmuch as we have heard, that certain which went out from us have troubled you with words *subverting* (ἀνασκευάζοντες) your souls, saying, Ye must be circumcised, and keep the law."

* ἀνασκευάζειν, peculiar to St. Luke, was much employed in medical language to denote the removal of a disease.

Dioscor. Mat. Med. ii. 144: δύναμιν δὲ ἔχει τὰ φύλλα αἰγιλώπια ἀνασκευάζειν. Dioscor. Mat. Med. iii. 9: τὰ φαγεδαινικὰ ἕλκη ἀνασκευάζουσα θεραπεύει. Do. 132: ἀνασκευάζει δὲ καὶ σύρριγγας. Dioscor. v. 25: περὶ τὸ στόμα σηπηδόνας ἀνασκευάζον. Galen. Comm. i. 16, Aph. (xvii. B. 426): φυλάττεσθαι γὰρ αὐτῶν δεῖ διὰ τῶν ὑγρῶν τὴν φύσιν, οὐκ ἀνασκευάζεσθαι καθάπερ τὰ νοσήματα. Galen. Comm. vi. 38, Aph. (xviii. A. 61): ἔνιοι δὲ οὐδὲ τούτοις καρκίνοις ἀνασκευάζεσθαι ἐῶσιν. Galen. Comm. i. 7, Artic. (xviii. A. 320): οὐδὲν μὲν τῶν κατὰ φύσιν ἐπανορθώσεως δεῖται, φυλάττειν μὲν γὰρ ἡμῖν, οὐκ ἀνασκευάζειν αὐτὰ πρόκειται. Galen. Comp. Med. vii. 5 (xiii. 104): ἀνασκευάζει χρονίους πυρετούς. Galen. Comp. Med. ix. 4 (xiii. 280): κολικὴ ᾗ συνεχῶς ἐχρήσατο, τελέως ἀπαλλάττουσα καὶ ἀνασκευάζουσα. Galen. Medicus, 19 (xiv. 787): ἐὰν μέγας λίαν ὁ τύλος ᾖ, περιαιροῦντες ἀνασκευάζομεν.

* ἀποσκευάζειν. Acts, xxi. 15: "And after those days we *took up our carriages* (ἀποσκευασάμενοι), and went up to Jerusalem."

Peculiar to St. Luke, and used medically. Dioscor. Animal. Ven. Proem.: καὶ πρὸ μὲν τῆς κατασκήψεως τῶν παθῶν ποικίλως διαγνωστέον, μέχρι τοῦ παντελῶς αὐτὴν—τὴν δύναμιν φθοροποιὸν ἀποσκευασθῆναι τῶν σωμάτων.

σκευασία was the term for a medical preparation, and σκευάζειν that for to compound it.

xv. 39: "And the *contention was so sharp* (παροξυσμός)

between them, that they departed asunder one from the other: and so Barnabas took Mark, and sailed unto Cyprus."
παροξυσμός is used once elsewhere (Heb. x. 24), and was common in medical language.
Hipp. Morb. Acut. 398: διαφυλλάττων τοὺς παροξυσμοὺς τῶν πυρετῶν. Hipp. Epid. 954: οἱ παροξυσμοὶ ἐν ἀρτίῃσι. Hipp. Epid. 963: εἰσὶ δὲ τρόποι καὶ καταστάσιες καὶ παροξυσμοὶ τουτέων ἑκάστου τῶν πυρετῶν. Hipp. Aph. 1250: ὁκόσοισι παροξυσμοὶ γίνονται. Aretaeus, Sign. Morb. Diuturn. 34: ἡ ἐπιληψίη, θηριῶδες μὲν παροξυσμοῖσι καὶ κάτοξυ καὶ ὀλέθριον, ἔκτεινε γάρ κοτε παροξυσμὸς εἷς. Dioscor. Medic. Parab. ii. 39: χαμαισύκη πινομένη παύει τοὺς παροξυσμούς. Do. 46: κωλικοῖς ἐν αὐτοῖς τοῖς παροξυσμοῖς δίδου διαφανές— Galen. Comm. i. 24, Morb. Acut. (xv. 476): ταῖς περισσαῖς ἡμέραις περιόδους τῶν παροξυσμῶν φυλαξώμεθα. Galen. Comm. i. 12, Humor. (xvi. 134): εἰ δὲ συνεχεῖς εἶεν οἱ πυρετοί, δῆλον δέ τινα παροξυσμὸν φέρουσι. Galen. Comm. ii. 1, Praedic. i. (xvi. 491): περὶ τῆς ἀρχῆς πυρεκτικῶν παροξυσμῶν.

παροξύνεσθαι. Acts, xvii. 16: "Now while Paul waited for them at Athens, his spirit *was stirred* (παρωξύνετο) in him, when he saw the city wholly given to idolatry."
This word is used once elsewhere (1 Cor. xiii. 5), and, like the last, was common in medical language.
Hipp. Morb. Acut. 404: καὶ εἴ τι ἄλλο ἄλγημα εἴη μεμαθηκὸς πρόσθεν παροξύνειεν ἄν. Hipp. Praedic. 74: πυρετὸς παροξύνεται ὀξύς. Hipp. Fist. 889: καὶ τοῦ φαρμάκου πταρμικοῦ πρὸς τὴν ῥῖνα προστιθέναι καὶ παροξύνειν τὸν ἄνθρωπον. Hipp. Epid. 963: ἐπαναδιδοῖ δὲ καὶ παροξύνεται καθ' ἡμέραν ἑκάστην. Hipp. Epid. 966: πυρετὸς ὀξύς, ἵδρωσεν ἐν νύκτι ἐπιπόνως δευτέρῃ, πάντα παρωξύνθη. Hipp. Epid. 979: ἕξ καὶ δεκάτῃ παρωξύνθη νύκτα καὶ δυσφόρως, οὐχ ὕπνωσε. Hipp. Epid. 982: οἱ πυρετοὶ παροξυνόμενοι ἄλλοτε ἀλλοίως ἀτάκτως. Galen. Comm. 20, Vic. Rat. (xv. 204): τὰ δὲ εἰς ἔμετον παροξύνῃ. Galen. Comm. i. 43, Morb. Acut. (xv. 500): ἕνεκα τοῦ μὴ παροξῦναι τὴν δίψαν τοῦ κάμνοντος. Galen. Ars Medica. 34 (i. 397): ὀδύνη τε πᾶσα παροξύνει τὰ ῥεύματα.

§ LXXXIX.

Acts, XVI.

* ἐπακροᾶσθαι.

* στερεοῦν (verse 5, § 23). διατρίβειν (v. 12, § 86). ἀναιρεῖν (v. 27, § 84). * διαπονεῖσθαι (v. 18, § 81). * ἐκταράσσειν (v. 20, § 57). ἔθος (v. 21, § 58). ἀσφαλῶς (v. 23, § 82). * περιρρήγνυμι (v. 22, § 61). μεσονύκτιον (v. 25, § 67). παραχρῆμα (v. 26, § 57). ἐργασία (v. 16, § 91). σωτηρία (v. 17, § 98). παραβιάζεσθαι (v. 15, § 77).

Acts, XVII.

* ἐκπέμπειν. ἀναπέμπειν. * πνοή. * ἐμπνέειν. ὑπερορᾶν. ὁρίζειν.

εἴωθα (verse 2, § 58). * ὀχλοποιεῖν (v. 5, § 88). ὑποδέχεσθαι (v. 7, § 73). παροξύνεσθαι (v. 16, § 88). * συμβάλλειν (v. 18, § 68). * ἐπιδημεῖν (v. 21, § 79). * προσδεῖσθαι. (v. 25, § 81). κολλᾶσθαι (v. 34, § 66).

xvi. 25: "And at midnight Paul and Silas prayed, and sang praises unto God: and the prisoners *heard them*" (ἐπηκροῶντο).

* ἐπακροᾶσθαι, peculiar to St. Luke, and applied in this passage to the attentive listening of the prisoners, was the term employed in medical language for the application of the ear to the human body, in order to detect the nature of internal disease by the sound—auscultation.

Hipp. Morb. 476: ἕτερος μὲν τὰς χεῖρας ἐχέτω, σὺ δὲ τὸν ὦμον σείων ἀκροάζεσθαι ἐς ὁκότερον ἂν τῶν πλευρέων τὸ πάθος ψοφέῃ. Hipp. Intern. Affect. 544: λούσας πολλῷ, καὶ θερμῷ, τῶν ὤμων λαβόμενος σεῖσον εἶτ' ἀκροᾶσθαι, ἐν ὁκοτέρῳ ἂν τῶν πλευρέων μᾶλλον κλύζηται.

xvii. 10: "And the brethren immediately *sent away* (ἐξέπεμψαν) Paul and Silas by night unto Berea."

*ἐκπέμπειν is peculiar to St. Luke. Both it and ἀναπέμπειν were much used in medical language.

Hipp. Coac. Progn. 213 : τὸ δὲ ἐκπεμπόμενον λίπος ἴσχον οὖρον ὑπόστασιν σημαίνει πυρετόν. Galen. Comm. ii. 15, Humor. (xvi. 262) : ἐπειδὴ ὁ κάμνων ἐπὶ τῇ τοῦ αἵματος πτύσει τὸ χολῶδες πτύελον ἐκπέμπει. Galen. Comm. i. 18, Praedic. (xvi. 554) : ἡ ξανθὴ χολὴ εἴτ' ἐν τῇ κεφαλῇ εἴτ' ἐν ὅλῳ τῷ σώματι κἀκεῖθεν πρὸς ἐγκέφαλον ἐκπέμπεται. Galen. Nat. Facul. iii. 13 (ii. 197) : εἰ δι' οὗ μικρῷ πρόσθεν εἴσω παρεκομίζετο τὸ πνεῦμα διὰ τούτου νῦν ἐκπέμπεται. Galen. Sang. in Arter. 2 (iv. 707): οὐ γὰρ δὴ ἴσχεσθαί γε τὸ τοιοῦτο μᾶλλον ἐν τοῖς σώμασι ἀλλ' ἐκπέμπεσθαι πρέπει. Galen. Usus Puls. 3 (v. 163) : καθ' ὃν ἕλκουσι καιρὸν οὐ καθ' ὃν ἐκπέμπουσι τὸ πνεῦμα. Galen. Caus. Sympt. ii. 4 (vii. 175) : διὰ δὲ τῶν ἠθμοειδῶν ὀστῶν αὐτὸς ἐκπέμπει τὸ ἀτμῶδες πνεῦμα. Galen. Caus. Puls. ii. 2 (ix. 64) : οὔθ' ἕλκειν οὔτ' ἐκπέμπειν τὸ πνεῦμα. Galen. Progn. ex Puls. : τὰ στόματα τῶν πλησίων τῆς καρδίας ἀρτηριῶν, δι' ὧν ἕλκει τε καὶ αὖθις ἐκπέμπει τὰς ὕλας. Galen. Meth. Med. xiii. 22 (x. 939) : ἐν δέ τι τῶν ὑπερκειμένων ἢ δύο τῷ κάμνοντι μορίῳ τὴν ἑαυτοῦ περιουσίαν ἐκπέμπει.

ἀναπέμπειν. Acts, xxv. 21: "But when Paul had appealed to be reserved unto the hearing of Augustus, I commanded him to be kept till I *might send* (ἀναπέμψω) him to Cæsar."

ἀναπέμπειν is used again, Luke, xxiii. 7; xxiii. 11; xxiii. 15, and once elsewhere, Philemon, 11.

Hipp. Gland. 271 : καὶ ἅμα ἀναπέμπει τὸ σῶμα ἀτμοὺς ἐς τὴν κεφαλὴν παντοίους ἄνω. Hipp. Morb. Acut. 398 : ἐκ τοῦ θώρηκος ἐς τὴν κεφαλὴν ἀναπέμπων τὴν φλόγα. Galen. Comm. iii. 30, Morb. Acut. (xv. 687) : πρὸς τὴν ἄνω χώραν ἀναπέμπει τὰ διεξερχόμενα. Galen. Comm. iv. 23, Epid. vi. (xvii. B. 199) : ἡ γαστὴρ κενωθεῖσα μηκέτ' ἀναπέμπῃ τοὺς ἀτμούς. Galen. Adver. Jul. 4 (xviii. A. 262): χολὴ λαμβάνουσα μὲν οὖν τὴν ἀναπνοὴν ἔξω παντοῖα ἀναπέμπει φυσήματα ζέουσα. Galen. Comm. iii. 102, Artic. (xviii. A. 640) :

τεινόμενος δ' οὗτος τένων ἀναπέμπει τὴν τάσιν ἐπὶ τὸν μῦν αὐτὸν, ὅθεν ἀπέφυ. Galen. Progn. iii. 30 (xviii. B. 285): μέλαιναν ἀναθυμίασιν πρὸς τὴν κεφαλὴν ἀναπέμπει. Galen. Usus Part. iv. 17 (iii. 326): τὸν ἐν τῇ γαστρὶ πεπεμμένον χυμὸν ἀναπέμπουσι. Galen. San. Tuend. vi. 10 (vi. 428): ἀναπέμπειν τε πρὸς τὴν κεφαλὴν ἀτμούς ἐστιν ὅτε μοχθηρούς. Galen. De Succis. Aliment. 11 (vi. 807): διὰ τὴν κοιλίαν ἀναπέμπουσιν ἀτμοὺς χυμῶν μοχθηρῶν.

xvii. 25 : "Neither is worshipped with men's hands, as though he needed anything, seeing he giveth to all life, and *breath* (πνοήν), and all things."

*πνοή, peculiar to St. Luke, and used also Acts, ii. 2, was employed in medical language to denote in particular the first breath of the child in the womb. *e.g.*, Hipp. Nat. Puer. 237 : ταύτῃ καὶ ἡ πνοή, καὶ τὸ πρῶτον σμικρὴ ἡ πνοὴ γίνεται καὶ τὸ αἷμα ὀλίγον χωρέει ἀπὸ τῆς μητρός, ὁκόταν δὲ ἡ πνοὴ ἐπὶ πλεῖον γίνηται, μᾶλλον ἕλκει τὸ αἷμα. Hipp. Nat. Puer. 236 : κᾀκείνῳ τὴν πνοὴν καὶ εἴσω καὶ ἔξω ποιέεσθαι τὸ πρῶτον—ὅτι ἡ γονὴ ἐν ὑμένι ἐστὶ καὶ πνοὴν ἔχει. Hipp. Nat. Puer. 238 : καὶ δὴ καὶ τοῖσιν ἄνω τὴν πνοὴν ποιέεται τῷ τε στόματι καὶ τῇ ῥινί, καὶ ἥ τε κοιλία φυσᾶται καὶ τὰ ἔντερα καταφυσώμενα κατὰ τὸ ἄνωθεν ἐπιλαμβάνει τὴν διὰ τοῦ ὀμφαλοῦ πνοὴν καὶ ἀμαλδύνει—τούτων δε διαρθροῦται ὑπὸ τῆς πνοῆς ἕκαστα. Hipp. Nat. Puer. 245 : ὁ ὀμφαλός ἐστι, κᾀκείνη πρῶτον τὴν πνοὴν ἕλκει ἐς ἑωυτὴν καὶ μεθίησιν ἔξω. Hipp. Morb. 470 : ἣν σταφυλὶς ἐν τῇ φάρυγγι γένηται—ἐπιλαμβάνει τὴν πνοήν. Hipp. Morb. 482 : καὶ τὴν πνοιὴν ἐπέχει. Hipp. Morb. 506 : καὶ οὐ δυνάμενον τὸ σῶμα ὑπὸ ἀσθενείης τὴν πνοὴν ἕλκειν. Hipp. Epid. 1153 : ἐχάλα τὴν πνοήν.

*ἐμπνέειν. Acts, ix. i: "And Saul, yet *breathing out* (ἐμπνέων) threatenings and slaughter against the disciples of the Lord, went unto the high priest."

Peculiar to St. Luke, and, like ἀναπνέειν, εἰσπνέειν, ἐκπνέειν, used in medical language, but not so frequently.

Hipp. Flat. 296 : τοῦτο δὲ μοῦνον ἀεὶ διατελέουσιν ἅπαντα

τὰ θνητὰ ζῶα πρήσσοντα, τοτὲ μὲν ἐμπνέοντα, τοτὲ δὲ ἐκπνέοντα. Aretaeus, Cur. Acut. Morb. 87 : ἀτὰρ ἠδὲ ἑωυτέοισι ἐμπνέουσι ἐς ἡδονήν. Galen. Comm. i. 18, Humor. (xvi. 175): ἐν τῇ τοῦ αἵματος πτύσει λυσιτελὲς μήτε βοᾶν μήτε σφοδρῶς εἰσπνεῖν μήτε ἐμπνεῖν.

xvii. 30 : "And the times of this ignorance God winked at (ὑπεριδὼν); but now commandeth all men every where to repent."

* ὑπερορᾶν, peculiar to St. Luke, was the term in medical language for overlooking, not paying attention to, disease, or to some symptoms in comparison with others.

Hipp. Fract. 758 : ξυμφέρει κατακεῖσθαι τοῦτον τὸν χρόνον, ἀλλὰ γὰρ οὐ τολμέουσιν ὑπερορῶντες τὸ νόσημα. Hipp. Epid. 1169 : μηδὲν εἰκῇ, μηδὲν ὑπερορᾶν. Aretaeus, Cur. Acut. Morb. 103 : χρὴ δὲ μηδὲ τὴν κάτω ἰητρείην ὑπερορῇν. Aret. Cur. Acut. Morb. 106 : ἀτὰρ μηδὲ τῶν διὰ στόματος ὠφελούντων φαρμάκων ὑπερορῇν μηδέν. Aret. Cur. Morb. Diuturn. 127 : μὴ ὦν μηδὲ τὰ σμικρὰ ὑπερορῇν ἄλγεα. Aret. Cur. Morb. Diuturn. 135 : νῦν δὲ χρὴ οὐδὲν ὑπερορῇν μηδὲ πρήσσειν τι εἰκῇ. Galen. Comm. ii. 28, Epid. vi. (xvii. A. 953) : οὕτω κἀπὶ τῶν θεραπευτικῶν οὐχ ὑπερορᾶν τινος χρὴ τῶν δοκούντων εἶναι μικρῶν. Galen. Comm. ii. 29, Epid vi. (xvii. A. 954) : θεραπευτικὴν συμβουλὴν καλεῖν ἔξεστί σοι, τότε μηδὲν ὑπερορᾶν καὶ τὸ μηδὲν εἰκῇ—τῶν γοῦν ἐθῶν, ὡς μικροῦ παραδείγματος ὑπερορῶσιν ἔνιοι τῶν ἰατρῶν—τινὲς δ' οὐχ ὑπερορῶσι Galen. Comm. i. 5, Humor. (xvi. 77) : σὺ γοῦν μὴ ὑπερόρα τινός, οὐδὲ εἰκῇ καὶ ἀβασανίστως πίστευε τοῖς εἰρημένοις τῶν θεραπευτικῶν δυνάμεσιν.

xvii. 26 : "And hath made of one blood all nations of men for to dwell on all the face of the earth, and hath *determined* (ὁρίσας) the times before appointed, and the bounds of their habitation."

ὁρίζειν, used six times by St Luke (Luke, xxii. 22 ; Acts, ii. 23 : x. 42; xi. 29; xvii. 26, 31), and but twice in the rest of the N. T. (Rom. i. 4; Heb. iv. 7), was employed in medical language in describing the different membranes, &c., which separate different parts of the body—also of fixed times and periods, as here, &c.

Galen. De Dieb. Decretor. ii. 2 (ix. 844) : ἡ τελείωσις δὲ καὶ ἡ παρακμὴ ἐν χρονίοις ὡρισμένοις γίνεται. Do. (845) : ὡς τεταγμένον τι χρῆμά ἐστιν ἡ φύσις—ἀναλογίαις τισὶν ὡρισμέναις καὶ περιόδοις τεταγμέναις αἱ κινήσεις αὐτῆς γίνονται. Hipp. Nat. Puer. 246 : ἢν δὲ βίαιον πάθημα πάθῃ τὸ παιδίον καὶ πρόσθεν τοῦ ὡρισμένου χρόνου ῥαγέντων τῶν ὑμένων ἐξέρχεται. Galen. Anat. Administr. v. 7 (ii. 514) : ὑπό τε τῶν κλειδῶν ἑκατέρων ὁριζόμενος. Do. vii. 7 (ii. 607) : ὡς ὁρίζουσιν ἑκατέρωθεν αἱ γενόμεναι. Galen. De Oss. 1 (ii. 743) : ἡ ῥαφὴ ἡ πρὸς τὴν ἄνω γένυν αὐτὴν ὁρίζουσα. Do. (744) : ὁρίζεται μὲν ὑπὸ τῆς λαμβδοειδοῦς ῥαφῆς. Do. 3 (749) : ὁρίζουσι δὲ αὐτὰ ῥαφαὶ τέσσαρες. Galen. Anat. Administr. iv. 2 (ii. 428) : ὥστε ἀκριβῶς ὡρίσθαι τὰς δύο πλευρὰς τοῦ μυός. Galen. Meth. Med. vii. 11 (x. 512) : ἐν ὡρισμέναις περιόδοις ἀποστομούμενον ἀγγεῖον.

§ XC.

ACTS, XVIII.

προσφάτως. *ὁμότεχνος. ἐκτινάσσειν. *ἀποτινάσσειν.
*ἐπινεύειν. *εὐτόνως.

κατέρχεσθαι (verse 5, § 84). κακοῦν (v. 10, § 83). *ζήτημα (v. 15, § 88). *ἀπελαύνειν (v. 16, § 83). ἀκριβῶς (v. 25, § 93). *προτρέπεσθαι (v. 27, § 87). συμβάλλειν (v. 27, § 68).

2. " And found a certain Jew named Aquila, born in Pontus, *lately* (προσφάτως) come from Italy."

πρόσφατος, met with also Heb. x. 20, was the medical word for anything new—fresh.

Hipp. Coac. Progn. 164 : τὰ δὲ πρόσφατα τῶν ἐν τοῖσιν ὑποχονδρίοισιν ἐπαρμάτων. Do. 186 : καὶ αἷμα πρόσφατον ἀεὶ πτύειν. Hipp. Rat. Vic. 356 : τὰ πρόσφατα ἄλφιτα.

Do. 361 : τὰ πρόσφατα πάντα ἴσχυν πλείονα παρέχεται τῶν ἄλλων. Dioscor. Mat. Med. i. 14 : ἐκλέγου δὲ τὸ πρόσφατον. Do. 15 : ἄριστος δέ ἐστι ὁ πρόσφατος. 16 : ἐκλέγου δὲ τὴν πρόσφατον. 18 : ἔστι δὲ ὀπὸς καλὸς ὁ πρόσφατος—δόκιμόν ἐστι τὸ πρόσφατον. 186 : προσφάτως διϋλισμένη. Galen. Meth. Med. ii. 10 (xi. 127) : ἐὰν δὲ εἰς βάθος διήκῃ τὸ τραῦμα τὸ πρόσφατον. Galen. Comp. Med. vii. 2 (xiii. 55) : ἁρμόζει βήττουσι χρονίως καὶ προσφάτως. Galen. Comp. Med. vii. 3 (xiii. 71): προσφάτῳ τῷ φαρμάκῳ. Do. x. 2 (xiii. 346) : ᾠῶν προσφάτων τὸ λευκόν.

3. "And because *he was of the same craft* (διὰ τὸ ὁμότεχνον εἶναι), he abode with them, and wrought : for by their occupation they were tentmakers."

* ὁμότεχνος is peculiar to St. Luke, to whom it must have been a familiar word, as the medical profession was called ἡ ἰατρικὴ τέχνη, and physicians ὁμότεχνοι.

Hipp. Praecept. 27 : ἐφ' οἷς ἄν ἰητρὸς ἀγαθὸς ἀκμάζοι ὁμότεχνος καλεύμενος. Hipp. Epis. 1285 : οἵ τε πολλοὶ τὸ τῆς ἀτεχνίης ἐφ' ἑωυτέοις ἔχοντες ἀΐδριες ἐόντες, καθαίρουσι τὸ κρέσσον ἐν ἀναισθήτοις γάρ εἰσιν αἱ ψῆφοι, οὔτε δ' οἱ πάσχοντες συνόμιλοι εἶναι θέλουσιν οὔτε οἱ ὁμοτεχνεῦντες μαρτυρεῖν.

Dioscorides, dedicating his work to Areus, speaks of his friendly disposition to fellow physicians, Dioscor. Mat. Med. Proem. : φύσει μὲν πρὸς πάντας τοὺς ἀπὸ παιδείας ἀναγομένους οἰκειούμενος, μάλιστα δὲ πρὸς τοὺς ὁμοτέχνους, ἰδιαίτερον δὲ πρὸς ἡμᾶς.

Galen. Meth. Med. i. 2 : μὴ τοὺς ὁμοτέχνους τῷ πατρί σου κριτὰς καθίσῃς ἰατρῶν, τολμηρότατε Θεσσαλέ.

Physicians disagreeing in opinion were ἀντίτεχνοι. Galen. Progn. ad. Posthum. 7 (xiv. 637) : ὁποῖον οἱ ἀντίτεχνοί σου φάσκουσιν ἀδύνατον εἶναι.

6. "And when they opposed themselves, and blasphemed, *he shook* (ἐκτιναξάμενος) his raiment, and said unto them, Your blood be upon your own heads; I am clean : from henceforth I will go unto the Gentiles."

ἐκτινάσσειν, used also xiii. 51, and once each by St. Matthew and St. Mark (Matt. x. 14; Mark, vi. 11), was much employed in medical language.

Hipp. Epid. 1170 : ἡ κοιλίη αὐτῷ ἐξετίναξεν· Dioscor. Mat. Med. i. 137: λεπροὺς ὄνυχας ἐκτινάσσει. Do. 161: θηρία ἐκτινάσσει. Do. 178: πλατεῖαν ἕλμινθα ἐκτινάσσει. Do. 180 (ii. 98) : ἔμβρυα ἐκτινάσσειν παραδέδοται. 132: ἕλμινθας ἐκτινάσσει. Do. 184 (iii. 34): τεθνηκότα ἔμβρυα ἐκτινάσσει. 83: ἥλους περιχαραχθέντας ἐκτινάσσει. 183: ἕλμινθα πλατεῖαν ἐκτινάσσει. Galen. Remed. Parab. iii. (xiv. 571): ἐκτινάσσει γὰρ καὶ τὰ ἐν τῷ πνεύμονι ἐσθιόμενος.

*ἀποτινάσσειν. Acts, xxviii. 5 : "And he *shook off* (ἀποτινάξας) the beast into the fire, and felt no harm."

Peculiar to St. Luke, and employed, but not very frequently, in the medical writers. Galen uses it in connexion with a process in the preparation of barley for making a ptisan for the sick.

Galen. De Ptisana, 4 (vi. 821) : ἔπειτα τρίβειν ταῖς χερσὶν ἐπὶ τοσοῦτον, ἄχρις ἂν ὁ λεπτὸς ὑμὴν ἀποτιναχθῇ. καὶ διὰ τοῦτ' αὖθις τρίβεται ἰσχυρῶς μετὰ τῶν χειρῶν ἕως ἂν ἅπαν τὸ ἀχυρῶδες ἀποτινάξηται.

20. "When they desired him to tarry longer time with them, *he consented not*" (οὐκ ἐπένευσεν).

*ἐπινεύειν, peculiar to St. Luke, was in medical language technically applied to the muscles exerted in bending the head forward, as ἀνανεύειν was of those in bending it back. The medical writers use many compounds of νεύειν; so too does St. Luke, ἐννεύειν, διανεύειν and κατανεύειν, as well as ἐπινεύειν, being peculiar to him.

Galen. Usus Part. xii. 1 (iv. 1): ἔστι δὲ κοινὰ μόρια τραχήλου καὶ κεφαλῆς, δι' ὧν ἐπινεύομέν τε καὶ ἀνανεύομεν καὶ περιάγομεν αὐτὴν ἐς τὰ πλάγια. Galen. Usus Part. xii. 8 (iv. 31): αὐτίκα γέ τοι τῶν ἐπινευόντων τε καὶ ἀνανευόντων τὴν κεφαλὴν μυῶν. Do. 9 (37): οὕτως ἡ πρώτη μοῖρα τῶν μυῶν τούτων ἐπινεύειν αὐτὴν πέφυκεν. Do. 10 (43): ἐπινεύειν δὲ καὶ ἀνανεύειν κατὰ τὸν νῶτον. Do. 12 (53): ἅμα δ' ἐπινεύειν τε καὶ ἀνανεύειν ἀλλοτ' ἄλλο μέρος τῆς ῥάχεως δυνατὸν ἦν. Do. xiii. 3 (iv. 86): ἐν δὲ τοῖς κατὰ τὸν τράχηλον οἵ τ' ἐπινεύοντές εἰσι μύες τὴν κεφαλήν. Do. (92): ἐπινεύειν καὶ ἀνανεύειν καὶ περιφέρειν τὸν τράχηλον. Do. i. 4 (iv. 13): ἐχρῆν δύο γενέσθαι τῆς κεφαλῆς τὰς κινήσεις ἑτέραν μὲν ἐπινευόντων καὶ ἀνανευόντων—αἱ μὲν μύες ἀνανεύουσιν, αἱ δὲ ἐπινεύουσιν. Do. 7 (26): ἧς ἔργον ἦν ἀνανεύειν τε καὶ ἐπινεύειν.

28. "For he *mightily* (εὐτόνως) convinced the Jews, and that publickly, showing by the scriptures that Jesus was Christ."

*εὐτόνως, peculiar to St. Luke, used also in Luke, xxiii. 10, is one of the words most frequently employed in the medical writers, opposed to ἄτονος.

Hipp. Medicus. 21: εὐτονωτέρη γάρ ἐστιν ἡ σάρξ τοῦ πονήσαντος. Hipp. Morb. 457: ὅσοι μὲν νεώτεροί εἰσιν ἅτε τοῦ σώματος εὐτόνου. Aret. Cur. Acut. Morb. 124: γυναικὸς εὐτόνου. Aret. Morb. Diuturn. Cur. 129: ἢ τισὶ δακτύλοισι κινέειν εὐτόνως. Dioscor. Mat. Med. i. 13: οὐκ εὔτονον τῇ ὀσμῇ. Dioscor. Mat. Med. i. 136: ἔστι δὲ εὐτονώτερος ὁ διὰ τοῦ οἴνου ἐκθλιβόμενος. Dioscor. Mat. Med. ii. 76: ὃς σχιζόμενος πρὸς κάθαρσιν εὐτονώτερος γίνεται. Galen. Aph. Comm. iii. 5 (xvii. B. 570): σώματα εὔτονα. Galen. Comp. Med. iv. 10 (xii. 732): εὐτόνως ἀνακαθαίρει. Galen. Theriac. ad Peson. 15 (xiv. 276): τὴν δὲ φύσιν ἐνεργεῖν εὐτόνως.

§ XCI.

Acts, XIX.

* χρώς.   ἐργασία.   * συναρπάζειν.

*ἀνωτερικός (verse 1, § 70). κατέρχεσθαι (v. 1, § 84). *ἀπαλλάττειν (v. 12, § 32). *ἐπιχειρεῖν (v. 13, § 57). * τάραχος (v. 23, § 57). *συναθροίζειν (v. 25, § 77). *εὐπορία (v. 25, § 74). πίμπλημι (v. 29, § 60). * σύγχυσις (v. 29. § 79). *συγχέειν (v. 32, § 79). *κατασείειν (v. 33, § 59). *καταστέλλειν (v. 35, § 92). * προβάλλειν (v. 33, § 68). *συστροφή (v. 40, § 76).

12. "So that *from his body* (ἀπὸ τοῦ χρωτός) were brought unto the sick handkerchiefs or aprons, and the diseases departed from them, and the evil spirits went out of them."

* χρώς. Peculiar to St. Luke. The use of χρώς, to mean the body, not the skin, continued in medical language from Hippocrates to Galen, who states that it was derived from the Ionians. Galen. Fract. Comm. ii. 9 (xviii. B. 435): χρῶτα καλοῦσιν οἱ Ἴωνες ὃ ἦν τοῦ σώματος ἡμῶν σαρκῶδες ἐν ᾧ μάλιστα γένει τὸ δέρμα καὶ οἱ μύες εἰσὶν ἐφεξῆς δὲ οἱ ὑμένες καὶ σπλάγχνα. St. Luke, therefore, in using χρώς here is speaking quite professionally.

Hipp. Intern. Affect. 544: καὶ ὁ χρὼς ἐπῳδαλέος καὶ οἱ πόδες οἰδέουσι. Hipp. Nat. Mul. 567 : καὶ ὁ χρὼς φλυκταινῶν καταπίμπλαται. Hipp. Fract. 767: καὶ γὰρ εἰ ὑγιὴς χρὼς ἔνθεν καὶ ἔνθεν ἐπιδεθείη. Hipp. Artic. 812: καὶ ἅμα τὰ ὀστέα τὰ κατηγότα ἐνθράσσει οὕτω μᾶλλον τὸν χρῶτα. Hipp. Morb. Sac. 304: ὁκόσοισι μὲν παιδίοισι ἐοῦσιν ἐξανθέει ἕλκεα ἐς τὴν κεφαλὴν καὶ ἐς τὰ οὔατα καὶ ἐς τὸν ἄλλον χρῶτα. Hipp. Humor. 47: ὀδμαὶ χρωτός. Aretaeus, Cur. Acut. Morb. 110: ἢν δὲ ἐπιπυρεταίνωσι, τὰ πολλὰ καὶ τῇσι φλεγμασίῃσι τῶν χρωτῶν γίγνονται πυρετοί. Dioscor. Mat. Med. ii. 135 : μίγνυται δὲ σμήγμασι προσώπου καὶ τοῦ ἄλλου χρωτός. Galen. Def. Med. 436 (xix. 449): γάγγραινά ἐστι μεταβολὴ τοῦ χρωτὸς τοῦ κατὰ φύσιν ἑκάστου ἐπὶ τὸ ἀλλότριον καὶ νέκρωσις μεθ' ἑλκώσεως καὶ δίχα ἑλκώσεως.

25. "Whom he called together with the workmen of like occupation, and said, Sirs, ye know that by *this craft* (τῆς ἐργασίας) we have our wealth."

ἐργασία is used also in Luke, xii. 58; Acts, xvi. 16; xvi. 19; xix. 24, and but once elsewhere, Eph. iv. 19. In medical language it was used for the making of some mixture—the mixture itself—the work of digestion and that of the lungs, &c.

Hipp. Vic. Rat. 356 : τὰ πρόσφατα ἄλφιτα καὶ ἄλητα ξηρότερα τῶν παλαιῶν ὅτι ἔγγυον τοῦ πυρὸς καὶ τῆς ἐργασίας εἰσί. Hipp. Vic. Rat. 357: θέρμοι φύσει μὲν ἰσχυρὸν καὶ θερμὸν διὰ δὲ τὴν ἐργασίην κουφότερον καὶ ψυκτικώτερόν ἐστι καὶ διαχωρέει—τουτέων δὲ ἁπάντων οἱ χυμοὶ τῆς σαρκὸς διαχωρητικοὶ, δεῖ οὖν ἐργασίῃ φυλάσσειν ὁκόσα μὲν βούλει ξηραίνειν, τοὺς χυμοὺς ἀφαιροῦντα τῇ σαρκὶ χρῆσθαι. Hipp. 877: καὶ ἄλλη ἐργασίη κατὰ τὰ αὐτά. Aretaeus, Sign. Morb. Diuturn. 51: καὶ ἐφ' ἥπατι μὲν ὅδε ἦν φλεγμάνῃ ἡμῖν ἢ σκίρρον ἴσχῃ τὸ ἧπαρ, ἄτρεπτον δὲ τὸ ἐς ἐργασίαν—ἢν οὖν ὠμότερον τὸ ἧπαρ τὴν ἄλλην τροφὴν λάβῃ, τὴν μὲν ἰδίην ἐργασίην πονέει—ἀπεψίη δὲ ἡ ἐν κώλῳ χολῆς ἐστὶ ἐργασίη. Aret. Sign. Morb. Diuturn. 54: ἐργασίη γὰρ τροφῆς ἡ ἐς πέψιν ἄπορος. Galen. Usus Part. vii. 8 (iii. 541): τὸ δ' ἐκ τῶν τραχειῶν ἀρτηριῶν πνεῦμα τὸ ἔξωθεν ἐλχθὲν ἐν μὲν τῇ σαρκὶ τοῦ πνεύμονος τὴν πρώτην ἐργασίαν λαμβάνει. Galen. Nat. Facul. i. 10 (ii. 21): ὀστοῦν δ' ἵνα γένηται, πολλοῦ μὲν δεῖται χρόνου, πολλῆς δ' ἐργασίης καὶ μεταβολῆς τῷ αἵματι.

29. " And the whole city was filled with confusion : and *having caught* (συναρπάσαντες) Gaius and Aristarchus, men of Macedonia, Paul's companions in travel, they rushed with one accord into the theatre.

* συναρπάζειν is peculiar to St. Luke, and used also in Luke, viii. 29; Acts, vi. 12; xxvii. 15. This word and ἀναρπάζειν and ἐξαρπάζειν are used indifferently in medical language, to denote the sudden exertion of some of the natural powers. Hipp. Aer. 292: οὐ γὰρ δύνανται ἔτι ξυναρπάζειν αἱ μῆτραι τὴν γόνην. Galen. San. Tuend. iv. 11 (vi. 301): δέδεικται γὰρ πᾶσι τοῖς ὑπὸ φύσεως διοικουμένοις ὑπάρχουσα δύναμις ἔμφυτος ἡ ἑλκτικὴ τῶν ὁμοίων χυμῶν ὑφ' ὧν τρέφεσθαι μέλλει, δέδεικται δὲ καὶ ὡς ἐπειδὰν ἀπορῇ μὲν οἰκείας τε ἅμα καὶ χρηστῆς τροφῆς, ἐπείγεται τῶν οὐ χρηστῶν τι συναρπάσαι. Galen. Hipp. et Plat. Decret. iv. 5 (v. 399): συναρπάζονται ταχέως ὑπὸ τῶν παθῶν—ὑπὸ τοῦ ἀσυνήθους ταχὺ συναρπάζεται. Galen. Usus Part. iii. 10 (iii. 233): ἡ μὲν γὰρ πρόχειρος φαντασία τάχ' ἄν τινα συναρπάσειεν. Galen. Nat. Facul. iii. 8 (ii. 202): ἐν τούτῳ τῶν κατὰ τὸ ἧπαρ ἐξαρπάζει φλεβῶν. Galen. Nat. Facul. iii. 8 (ii. 202): ἐν δὲ τούτῳ τῷ χρόνῳ διερχομένη τὸ ἔντερον ἅπαν ἡ τροφή, διὰ τῶν εἰς αὐτὰ καθηκόντων ἀγγείων ἀναρπάζεται. Galen. San. Tuend. iv. 10 (vi. 299): ἐμπίπλαται τούτοις ἡ ἕξις ἀπέπτων χυμῶν, οὓς ἀναρπάζει. Do. 11. (301): ἀναρπάζεσθαι πλεῖστον ὠμὸν χυμὸν εἰς τὸν ὄγκον τοῦ ζώου διὰ πολλὰς αἰτίας. Do. 11. (303): συναρπάζουσιν αἱ καθήκουσαι φλέβες τὴν τροφήν.

§ XCII.

ACTS, XX.

* συνέπισθαι. * παρατείνειν. * αὐγή. ὑποστέλλειν. * καταστέλλειν. * συστέλλειν.

διατρίβειν (verse 6, § 86). μεσονύκτιον (v. 7, § 67). * ὑπερῷον (v. 8, § 78). * καταφερέσθαι (v. 9, § 33). * συμπεριλαμβάνειν (v. 10, § 65). * ὁμιλεῖν (v. 11, § 77). ἀναλαμβάνειν (v. 13, § 65). * συμβάλλειν (v. 14, § 68). * μετακαλεῖσθαι (v. 17, § 85). ἀποσπᾶν (v. 30, § 75). διαστρέφειν (v. 30, § 76). * ὑπηρετεῖν (v. 34, § 87). * ὀδυνᾶσθαι (v. 38, § 22). ὕπνος βαθύς (v. 9, § 33).

4. "And there *accompanied him*" (συνείπετο δὲ αὐτῷ).

* συνέπεσθαι, peculiar to St. Luke, was a common medical expression to denote disease accompanying a person.

Hipp. Epid. 1334: δεινὴ καρδιαλγίη ζυμπαρείπετο ὅλην τὴν ἡμέρην. Aretaeus, Sign. Morb. Diuturn. 48: τὸ δὲ διάφραγμα τὸν ὑπὸ τῆσι πλευρῇσι ὑμένα βρίθει· ξυνέπεται γὰρ αὐτέῳ. Galen. Acut. Morb. ii. 44 (xv. 600): τῇ δ' ἀπεψίᾳ συνέπεται καὶ τὰ καταλελεγμένα πτύσματα. Galen. Aph. Comm. 27 (xviii. B. 40): κενωθέντι δ' ἀθρόως τῷ πύῳ συνέπεται καὶ συνεκκρίνεται πνεῦμα. Galen. Comm. i. 26, Progn. (xviii. B. 82): τούτου συνεπομένου τοῖς ἀγαθοῖς ἱδρῶσι. Galen. Usus Part. xiv. 14 (iv. 207): χρὴ τοὺς δεσμοὺς συνέπεσθαι παντὶ πλανωμένῳ τῷ σπλάγχνῳ. Galen. De Crisib. iii. 3 (ix. 706): ἀεὶ γὰρ ὁκόταν ᾖ ὁ πυρετὸς εἶτ' ἐπὶ μορίῳ φλεγμαίνοντι συνεπόμενος. Galen. Facul. Purg. Med. 3 (xi. 334): συνέπεται δὲ αὐτῷ τὸ ἐπιπολάζον ὑδατῶδες. Galen. Loc. Affect. ii. 10 (viii. 122) : τῇ δὲ περιπνευμονίᾳ τὸ φλεγματικώτερον πτύσμα συνέπεται. Galen. Progn. 38 (xviii. B. 338): καὶ τὰ τῇ παρούσῃ τε καὶ προγεγονυίᾳ καταστάσει συνεπόμενα.

7. "And upon the first day of the week, when the disciples came together to break bread, Paul preached unto them, ready to depart on the morrow; and *continued* (παρέτεινε) his speech until midnight."

* παρατείνειν, peculiar to St. Luke, was a word of frequent use in the medical writers.

Hipp. Nat. Oss. 277: ἄλλος τόνος ἑκατέρωθεν ἐκ τῶν κατὰ κληΐδα σφονδύλων περὶ ῥάχιν παρέτεινεν. Hipp. Nat. Oss. 279: αἱ φλέβες ἐντεῦθεν παρατείνουσι κατὰ τὰ ὑποκάτω νεῦρα τοῦ μηροῦ. Hipp. Loc. in Hom. 410: τὰ δὲ νεῦρα πιέζουσιν τὰ ἄρθρα, παρατεταμένα τέ ἐστι παρ' ὅλον τὸ σῶμα. Hipp. Artic. 817: οἱ γὰρ ὀχετοί οἱ κατὰ τὸ λαπαρὸν τῆς πλευρῆς ἑκάστης παρατεταμένοι. Hipp. Epid. 1085: ἄλλος τόνος παρὰ ῥάχιν παρέτεινεν ἐκ πλαγίου σπονδύλων. Aretaeus, Sign. Morb. Acut. 15: τῆς τῇ ῥάχι παρατεταμένης παχείης ἀρτηρίης. Aret. Sign. Morb. Acut. 17: γὰρ ἡ ἀρτηρίη τῷ στομάχῳ παρατεταμένη καὶ ξυνημμένη. Galen. Comm. iii. 31,

Artic. (xviii. A. 528): τοὺς παρατεταμένους τόνους τῶν σφονδύλων—παρατέτανται δὲ νεῦρα σαφῶς μὲν ἑκάστῳ σφονδύλῳ καθ' ὅλον τὸν θώρακα. Galen. De Crisibus, ii. 9 (ix. 676): θραυόμενος δ' οὗτος ὥρας που νυκτὸς τρίτης, ἱδρῶτί τε χολῆς ἐμέτῳ παρέτεινεν εἰς τὴν τῆς ἀρτίου δευτέραν ὥραν.

11. "When he therefore was come up again, and had broken bread, and eaten, and talked a long while, even *till break of day* (ἄχρις αὐγῆς), so he departed."

* αὐγή, peculiar to St. Luke, was the word used for *light* in medical language.

Hipp. Medicus, 19 : πάντως μὲν οὖν τοιαύτην τὴν αὐγὴν μάλιστα φευκτέον—τοῦτο δὲ ὅπως μηδαμῶς ἐναντίως ἕξει τῷ προσώπῳ τὰς αὐγάς. Hipp. Progn. 37 : ἢν γὰρ τὴν αὐγὴν φεύγωσιν. Hipp. Coac. Progn. 153 : φλαῦρον δὲ καὶ τὸ τὴν αὐγὴν φεύγειν. Hipp. Morb. 464 : καὶ ἐκ τῶν ὀφθαλμῶν ἐσορῶντι κλέπτεταί οἱ ἡ αὐγή. Hipp. Fract. 752: καθίκνυσθαι δὲ χρὴ τὸν ἄνθρωπον οὕτως ὅκως ᾖ τὸ ἐξέχον τοῦ ὀστέου πρὸς τὴν λαμπροτάτην τῶν παριουσέων αὐγέων. Aretaeus, Sign. Morb. Diuturn. 33 : καὶ γάρ πως φεύγουσι τὴν αὐγήν. Aret. Cur. Acut. Morb. 82 : ἢν γὰρ πρὸς τὴν αὐγὴν ἀγριαίνωσι. Aret. Cur. Acut. Morb. 88 : ληθαργικοῖσι κατάκλισις ἐν φωτὶ καὶ πρὸς αὐγήν. Galen. Offic. Comm. i. 9 (xviii. B. 679) : ἑκατέρου τῶν τῆς αὐγῆς εἰδῶν τοῦ τε κοινοῦ καὶ τοῦ τεχνικοῦ δύο φησὶν εἶναι χρήσεις ἢ πρὸς αὐγὴν ἢ ὑπ' αὐγήν—πρὸς αὐγὴν ὅταν πρὸς ταύτην ἐστραμμένον ᾖ τὸ χειριζόμενον ἢ κατανοούμενον—ὑπ' αὐγὴν δὲ τὸ βραχὺ παρακεκλιμένον ὥσπερ ἐπὶ τῶν ὑποχυμάτων καὶ ὅλως τῶν κατ' ὀφθαλμοὺς διαθέσιων. Galen. Caus. Sympt. i. 2 (vii. 91) : ἵνα ἀλύπως ὑπομενῃ τὴν ἔξωθεν αὐγήν.

20. "And how I *kept back* (ὑπεστειλάμην) nothing that was profitable unto you, but have shewed you, and have taught you publickly, and from house to house."

* ὑποστέλλειν is used also in verse 27, and once elsewhere (Gal. ii. 12), but in a different sense—" he withdrew himself."

St. Luke's use of this word here much resembles its medical one. In medical language it was the technical word, with or without σιτία, for "to withhold food from patients."

Hipp. Aph. 1243 : ἐν δὲ τοῖσι παροξυσμοῖσι ὑποστέλλεσθαι χρὴ, τὸ προστιθέναι γὰρ βλάβη—καὶ ὁκόσα κατὰ περιόδους παροξύνεται, ἐν τοῖσι παροξυσμοῖσι ὑποστέλλεσθαι χρή. Aret. Cur. Acut. Morb. 84 : ὑποστέλλεσθαι δὲ ἐν τῇσι κρίσεσι καὶ μικρόν τι πρὸ τῶν κρισίων, ἢν δὲ ἐς μῆκος ἡ νοῦσος ἴῃ μὴ ἀφαιρέειν τῶν προσθεσίων ἀλλὰ σιτώδεα διδόναι — ὀπώρας οἰνώδεος ὑποστέλλεσθαι. Aret. Cur. Acut. Morb. 94 : τροφῇσί τε ὧν τελέως λεπτοῖσι εὐπέπτοισι χρέεσθαι καὶ τοὺς παροξυσμοὺς ὑποστέλλεσθαι ἐς πᾶσαν ἰητρίην χρή. Galen. Ven. Sect. adv. Erasistr. 3 (xi. 201) : ἀλλὰ καὶ πρὸς τὴν θεραπείαν περίοδον τῶν καθάρσεων προσλαμβάνοντες, ὑποστέλλομεν τὰ σιτία. Do. (202) : τὸ γὰρ ὑποστέλλειν τὰ σιτία δυοῖν τούτοιν τὸ ἕτερον, ἤτοι ἀφαιρεῖν τελέως ἢ μειοῦν. Do. : ὑποστέλλομεν τὰ σιτία. Galen. Morb. Acut. 6 (xix. 204) : ἐν δὲ τοῖς παροξυσμοῖς ὑποστέλλεσθαι χρή.

It was also used in the sense of "to shun—avoid." Hipp. Aph. 1249 : τοὺς ἰσχνοὺς, τοὺς εὐημέας ἄνω φαρμακεύειν, ὑποστελλομένους χειμῶνα—τοὺς δὲ δυσημέας καὶ μέσως εὐσάρκους κάτω, ὑποστελλομένους θέρος—τοὺς δὲ φθινώδεας ὑποστελλομένους τὰς ἄνω.

The metaphor, taken from keeping back food from patients, "I have kept back no spiritual food from you, for I have not shunned to declare to you all the counsel of God" (verse 27), is of the same nature as that which St. Paul employs in 1 Cor. iii. 2 : "I have fed you with milk, and not with meat."

* καταστέλλειν. Acts, xix. 35 : "And when the town-clerk *had appeased* (καταστείλας) the people, he said."

Peculiar to St. Luke, and used also in verse 36. In medical language it is used for "to check the spreading of disease—eruptive affections—ulcers"; also "to calm," as opposed to παροξύνειν.

Dioscor. Mat. Med. ii. 1 : καταστέλλει τὰ ὑπερσαρκοῦντα. Dioscor. Mat. Med. ii. 96 : καὶ τὰς ἐπὶ τῶν ἐλεφαντιώντων

ὑπεροχὰς καταχριομένη καταστέλλει. Dioscor. Mat. Med.
iii. 32 : καὶ ἐπουλοῖ ἕλκη καὶ καταστέλλει. Dioscor. Mat. Med.
iv. 70 : καταστέλλει τὴν θέρμην· Dioscor. Mat. Med. v. 87 :
δύναται δὲ στύφειν, ξηραίνειν, λεπτύνειν, καταστέλλειν. Dioscor.
Mat. Med. v. 88 : καὶ καταστέλλει τὰς ὑπεροχάς. Dioscor.
Mat. Med. 107 : καταστέλλει ἕλκη. Galen. Comp. Med.
iv. 13 (xiii. 738) : καταστέλλει καὶ τὰ ἐν ὀφθαλμοῖς σταφυλώ-
ματα. Galen. Temper. Medic. vi. 1 (xi. 808) : ἐπεὶ δὲ οὐ
μόνον οὐ παροξύνει ἀλλὰ καὶ καταστέλλειν πέφυκεν. Galen.
Remed. Parab. i. 3 (xiv. 334) : καταστέλλει τὰς ἀρχομένας
φλεγμονάς.

* συστέλλειν : see § 24.

§ XCIII.

Acts, XXI.

* συνθρύπτειν. * ἄσημος.

ἀποσπᾶν (verse 1, § 75). ἡσυχάζειν (v. 14, § 86). * ἀπο-
σκευάζειν (v. 15, § 88). * ἔθος (v. 21, § 58). * ἐκπλήρωσις
(v. 26, § 64). * συγχέειν (v. 27, § 79). * συνδρομή
(v. 30, § 80). ἀσφαλής (v. 34, § 82). * βία (v. 35, § 77).
* κατατρέχειν (v. 32, § 80). * κατασείειν (v. 40, § 59).

Acts, XXII.

* ἀκρίβεια. * ἀκριβής. ἀκριβῶς. * τιμωρεῖν. * συνεῖναι.
* συμπαρεῖναι. σύν. * μαστίζειν.

* ἀνατρέφειν (verse 3, § 83). * μεσημβρία (v. 6, § 67).
* προχειρίζεσθαι (v. 14, § 82). * ἔκστασις (v. 17, § 28).
ἀναιρεῖν (v. 20, § 84). * ἀναίρεσις (v. 20, § 84). ἀσφαλές
(v. 30, § 82).

xxi. 13 : " Then Paul answered, What mean ye to weep
and *to break* (συνθρύπτοντες) mine heart? for I am ready
not to be bound only, but also to die at Jerusalem for the
name of the Lord Jesus."

*συνθρύπτειν is peculiar to St. Luke ; and this seems to be the only passage in the Greek authors in which this particular compound occurs; θρύπτειν is the technical word in medical language for the crushing of a calculus, and συνθρύπτειν may have been used as a stronger form.

Aretaeus, Sign. Acut. Morb. 62: λίθος μέγας μὲν ἀναλθὴς δέ, οὔτε γὰρ θρύπτεται ἢ πόσι ἢ φαρμάκῳ ἢ ἀμφιθρύπτεται. Aret. Cur. Acut. Morb. 121 : ἀλλὰ ἀμφὶ μὲν τῆς γενέσιος τῶν λίθων ὅκως ἢ μὴ ξυνήσωνται ἢ θρύπτωνται γιγνόμενοι. Aret. Cur. Acut. Morb. 122 : θρύπτειν δὲ τοὺς λίθους τοῖσι πινομένοισι φαρμάκοισι. Dioscor. Mat. Med. i. 5 : λίθους θρύπτει. 80 : θρύπτει δὲ καὶ λίθους πινόμενον. 106 : ὁ δὲ φλοιὸς τῆς ῥίζης λίθους θρύπτει. v. 108 : θρύπτει πώρους. Galen. Renum Affect. 4 (xix. 672): ἴσχουσι θρύψαι τὸν λίθον. Galen. Renum Affect. 5 (678) : ἡ τῶν θρυπτόντων τοὺς λίθους ὕλη. Galen. Theriac. ad Pison. 9 (xiv. 241): τοὺς ἐν κύστει θρύπτει λίθους.

xxi. 39 : " But Paul said, I am a man which am a Jew of Tarsus, a city in Cilicia, a citizen of *no mean* (οὐκ ἀσήμου) city."

*ἄσημος, peculiar to St. Luke, was the term employed in medical language to describe a disease without well-marked symptoms—as opposed to εὔσημος.

Hipp. Coac. Progn. 196: τὰ κατὰ πλευρὸν ἀλγήματα ἐν πυρετοῖσιν ἰσχνῶς ἑστηκότα, ἄσημα, φλεβοτομίη βλάπτει. Hipp. Epid. 1195 : τὰ πνεύματα τοῖσι φθινώδεσι τὰ ἄσημα κακόν. Epid. 1196: αἱ μὲν βῆχες ἀσήμως ἐξέλιπον. Aretaeus, Sign. Morb. Acut. 28: ἡ ἀναπνοὴ ἄσημος. Aret. Sign. Morb. Diuturn. 36 : τεκμηρίων μὲν οὖν οὐκ ἄσημα. Aret. Cur. Acut. Morb. 83 : ἀσήμους κουφισμούς. Aret. Sign. Diuturn. Morb. 72 : ἔστι δὲ πεπνευμένοισι οὐκ ἄσημον τῇ ἀφῇ. Galen. Comm. i. 10, Epid. iii. (xvii. A. 551): τῆς ἀσήμως γενομένης ῥαστώνης. Galen. Comm. ii. 23, Aph. (xvii. B. 509): ὅσα τισὶν ἡμέραις σφοδρωθέντα μετὰ ταῦτα ἀσήμως ἐρρυστώνησαν. Galen. De Dieb. Decretor. i. 2 (ix. 776): ἐν τῇ δωδεκάτῃ τῶν ἡμερῶν ἐπιφανεῖσά ποτε κρίσις ἢ κινδυνώδης ἢ ἀσαφὴς ἢ ἄσημος.

It is remarkable that in the Epistles of Hippocrates, this word is also applied to a city. Epistles, 1273 : μία πόλεων ούκ άσημος, μάλλον δε ή 'Ελλάς όλη δείται σου.

xxii. 3. "I am verily a man which am a Jew, born in Tarsus, a city in Cilicia, yet brought up in this city at the feet of Gamaliel, and taught *according to the perfect manner* (κατὰ ἀκρίβειαν) of the law of the fathers, and was zealous toward God, as ye all are this day."

* ἀκρίβεια. Peculiar to St. Luke. ἀκρίβεια, ἀκριβὴς, and ἀκριβῶς, were very much used in medical language.

Hipp. Rat. Vict. 341 : ἀδύνατον ὑποθέσθαι ἐς ἀκριβείην σῖτα καὶ πόνους. Hipp. Aph. 1243 : ἐς δὲ τὰ ἔσχατα νουσήματα αἱ ἔσχαται θεραπεῖαι ἐς ἀκριβίην κράτισται. Dioscor. Mat. Med. Proem.: τὴν ἀκρίβειαν προσπαραλαμβάνειν—μετὰ πλείστης ἀκριβείας τὰ μὲν λοιπὰ δι' αὐτοψίαν γνόντες. Galen. Puls. ad Tiron. 1 (viii. 454) : οὐ μικρὸν δὲ τοῦτο εἰς ἀκρίβειαν διαγνώσεως. Galen. Comm. 19, Nat. Hom. (xv. 61): τὴν ἀκρίβειαν τῆς δι' ὅλων αὐτῶν κράσεως ἐνδείκνυται. Galen. Comm. v. 13, Epid. v. (xvii. B. 268): πρὸς τὸ πείθεσθαι τῇ κατὰ τὴν δίαιταν ἀκριβείᾳ. Galen. Comm. i. 9, Aph. (xvii. B. 378): εἰς ἀκριβείαν τοῦ τὸ ποσὸν λαβεῖν τῆς ὑποκαταβάσεως. Galen. Ars Medica. 24 (i. 370): ἐν δὲ τοῖς ἐδέσμασι πέψεως ἀκρίβεια. Hipp. Vet. Med. 12: τοιαύτης ἀκριβίης ἐούσης περὶ τὴν τέχνην—πολλὰ δὲ εἴδεα κατ' ἰητρικὴν ἐς τοσαύτην ἀκριβίην ἥκει.

* ἀκριβής. Acts, xxvi. 5 : "Which knew me from the beginning, if they would testify, that *after the most straitest sect* (κατὰ τὴν ἀκριβεστάτην αἵρεσιν) of our religion I lived a Pharisee."

Peculiar to St. Luke. Hipp. Affect. 519 : δεῖ φυλακῆς τε πλείστης καὶ θεραπείης ἀκριβεστάτης. Hipp. Fract. 768 : τὴν μέντοι δίαιταν ἀκριβεστέρην καὶ πλείω χρόνον χρὴ ποιέεσθαι—ἐπὶ τοῖσιν ἰσχυροτάτοισιν τρώμασιν ἀκριβεστέρην καὶ πουλυχρονιωτέρην εἶναι χρὴ τὴν δίαιταν. Hipp. Moch. 860 : ἡ ἴησις πραεῖα, θερμῇ διαίτῃ ἀκριβεῖ. Hipp. Aph. 1243 : ἀκριβέες δίαιται. Galen. Comm. i. 12, Humor. (xvi. 105):

κένωσις απάντων των χυμών ακριβεστάτη. Galen. Comm. iii. 18, Humor. (xvi. 524): ἕνεκα γὰρ ἀκριβεστάτης διαγνώσεως. Galen. Comm. iii. 120, Humor. (xvi. 772): οὐκ οὔσης ἀκριβοῦς παραπληγίας. Galen. Remed. Parab. i. 5 (xiv. 339): ἅπαντα μὲν τὰ μόρια τοῦ σώματος ἀκριβεστάτων χρῄζει διορισμῶν ἐν ταῖς θεραπείαις—ὀφθαλμοὶ δ' ἀκριβεστάτης ἐπισκέψεως δέονται.

ἀκριβῶς, Acts, xxiii. 20 : "And he said, The Jews have agreed to desire thee that thou wouldest bring down Paul tomorrow into the council, as though they would enquire somewhat of him *more perfectly* " (ἀκριβέστερον).

St. Luke employs this word six times (Luke, i. 3; Acts, xviii. 25, 26; xxiii. 15, 20; xxiv. 22): it occurs but three times in the rest of the N. T. (Matt. ii. 8; Eph. v. 15; 1 Thess. v. 2).

Hipp. Morb. Acut. 387: κατὰ τὰ τεκμήρια τὰ προγεγραμένα ἀκριβῶς θεωρῶν. Dioscor. Animal. Ven. 23 : ἀκριβῶς βοηθεῖ συκῆς ὀπὸς εἰς τὰ τραύματα ἐνσταχθείς. Dioscor. Medic. Parab. 159: ἡ ἐγχυματιζομένη ποιεῖ ἀκριβῶς. Galen. Comm. 4, Aliment. (xv. 239): πρὶν ἂν ἀκριβῶς ἐν τῇ γαστρὶ πεφθῆναι τὴν τροφήν. Galen. Meth. Med. viii. 5 (x. 578) : ἐὰν ἀκριβῶς ἀπύρετος ᾖ. Galen. Aliment. iii. 21 (xv. 344): δεῖ τὸν ἰητρὸν ἀκριβῶς καὶ ἐπιμελῶς νοῦν προσέχειν. Do. (345): κρατησάσης μὲν οὖν ἀκριβῶς τῆς φύσεως τὸ κάλλιστον γίνεται πῦον. Galen. Comm. iii. 24, Aliment. (xv. 360): περὶ χρείας μορίων ἀκριβῶς ἐπεσκέφθαι. Galen. Comm. i. 7, Humor. (xvi. 84): οὕτως ἀκριβῶς ἡ δύναμις αὐτοῦ εὑρίσκεται καὶ ἡ σύστασις.

There is a great similarity between a part of the preface of St. Luke's Gospel and the dedication of one of his works to a friend by Galen, who states that he had written the work after having "accurately investigated all things" connected with the subject, employing the word ἀκριβῶς. Galen. Theriac. ad Pison. 1 (xiv. 210): καὶ τοῦτόν σοι τὸν περὶ τῆς θηριακῆς λόγον, ἀκριβῶς ἐξετάσας ἅπαντα, ἄριστε Πίσων σπουδαίως ἐποίησα.

xxii. 5: "As also the high priest doth bear me witness, and all the estate of the elders: from whom also I received letters unto the brethren, and went to Damascus, to bring them which were there bound unto Jerusalem, *for to be punished*" (ἵνα τιμωρηθῶσιν).

*τιμωρεῖν, peculiar to St. Luke, and used again, Acts, xxvi. 11, in medical language denoted, to treat medically—to relieve—to succour.

Hipp. Morb. 496: ἦν μὲν οὖν αὐτόματον ἄρξηται πτύεσθαι ἐν τούτῳ τῷ χρόνῳ, ἢν μὴ φαρμάκοισι τιμωρέειν. Hipp. Morb. Mul. 604: τιμωρέειν δὲ ὡς μὴ ἐκ τούτου διάρροια ἐπιγενομένη σώματι φλαύρως ἔχοντι πονήσῃ μιν. Hipp. Artic. 789: ἔκτοσθεν δὲ τῆς μασχαλῆς δισσὰ μόνα ἐστὶ χωρία ἵνα ἄν τις ἐσχάρας θείη τιμωρεούσας τῷ παθήματι. Hipp. Gland. 272: τιμωρέων ὁ ἐγκέφαλος ἀποστερέει τὴν ὑγρασίην καὶ ἐπὶ τὰς ἐσχατιὰς ἔξω ἀποστέλλει τὸ πλέον ἀπὸ τῶν ῥόων. Hipp. Acut. Morb. 386: τὸ πτύελον ἐνισχόμενον κωλύει μὲν τὸ πνεῦμα εἴσω φέρεσθαι, ἀναγκάζει δὲ ταχέως φέρεσθαι καὶ οὕτως ἐς τὸ κακὸν ἀλλήλοισι τιμωρέουσι. Hipp. Morb. Acut. 386: ἔστι δὲ ὅπη καὶ διαφερόντως τιμωρητέον. Aretaeus, Sign. Morb. Diuturn. 49: ἢν δὲ οὖρα λεπτὰ καὶ ἀνυπόστατα καὶ ὀλίγα τῷ ὕδρωπι τιμωρέει. Aret. Sign. Acut. Morb. 23: οὐ γὰρ συντιμωρέει τῷ πνεύμονι. Aret. Sign. Morb. Diuturn. 56: εὖτε ἄλλοισι ἄμφω ἐς τὸ κακὸν συντιμωρέει. Aret. Sign. Morb. Diuturn. 60: συντιμωρέει γὰρ ἀλλήλοισιν δίψος καὶ ποτόν.

xxii. 11: "And when I could not see for the glory of that light, being led by the hand of *them that were with me* (τῶν συνόντων μοι), I came into Damascus."

*συνεῖναι, peculiar to St. Luke, and used also Luke, ix. 18, was much employed in medical language to express the presence of symptoms attending disease.

Aret. Sign. Acut. Morb. 5: ξύνεστι μὲν αὐτέοισι πόνος καὶ ἔντασις τενόντων καὶ ῥάχεος καὶ μυῶν. Do. 10: ξύνεστι δὲ πόνος ὀξὺς κληϊδέων. Do. 13: ξύνεστιν αὐτέοισι βάρος τοῦ θώρηκος—ξύνεστι καὶ πόνος. Do. 22: ξύνεστι δὲ αὐτέοισιν πόνος ἑλισσόμενος, στομάχου πλάδος. Do. 25: ξύνεστι δὲ ὕ τε καῦσος καὶ τὸ δίψος. Do. 28: τοὔνεκεν ἀπνοίη ξυνεῖναι δοκέει καὶ ἀτονίη—διὰ τόδε καρηβαρίαι τε καὶ ἀναισθησία ξύνεστι. Do. 38: ἢ πάντως γε βάρος τῆς κεφαλῆς ξύνεστι. Do. 41: ἀπάτη δέ τοι ξύνεστι τοῖσι κυνικοῖσι σπασμοῖσι. Do. 42: ξύνεστι δὲ τοῦ θώρηκος βάρος. Do. 49: καὶ ἀπορίη ξύνεστι παντελής, &c., &c. Galen. Meth. Med. xii. 3 (x. 826): εὐθὺς δὲ τούτοις σύνεστι καὶ ἡ τοῦ παντὸς σώματος ἄχροια σαφῶς. Do. Meth. Med. xiii. 1. (x. 875): ὀδύνη δ' αὐτῷ σύνεστιν. Do. Meth. Med. xiv. 9 (x. 975): ὀδύνη τε πάντως αὐτοῖς σύνεστι, &c.

*συμπαρεῖναι, Acts, xxv. 24: "And Festus said, King Agrippa, and all men *which are here present with us*" (συμπαρόντες ἡμῖν).

Peculiar to St. Luke, and used in medical language in the same way as συνεῖναι, but not so frequently.

Hipp. Vet. Med. 15: τὰ μὲν οὖν λυμαινόμενα ταῦτά ἐστι, συμπάρεστι δὲ καὶ τὸ θερμόν. Galen. Meth. Med. iv. 6 (x. 294): ἐκείνου μεμνημένος ἐν ἅπασι τούτοις, ὡς οὐκ ἔστιν ἕλκους ἢ ἕλκος οὐδεμία τῶν τοιούτων ἰάσεων, ἀλλ' ἤτοι κακοχυμίας συμπαρούσης ἢ πλήθους ἢ φλεγμονῆς ἢ ἕρπητος ἢ τινος ἑτέρου τοιούτου. Galen. Animal. in Utero. 4 (xix. 170): δῆλον ἐκ τοῦ συμπαρεῖναι καὶ τῷ σπέρματι καὶ τὴν ψυχὴν ἅμα τῇ φύσει.

σύν. The frequent use of this word by St. Luke is adduced by Dr. Davidson (Introduction to the N. T.) and others as one of the peculiarities of St. Luke's style—it being used in the Gospel and Acts *seventy-seven* times, and but *fifty-three* times in the rest of the N. T., *twelve* only of which are in the other Evangelists. Now, in his professional practice, St. Luke would have been in the constant habit of employing this word, as it was almost always used in the formula of a prescription, &c., and thus became an almost indispensable word to a physician.

Hipp. Morb. Mul. 667: ἐγχριέτω τὴν σμηκτρίδα γῆν ξὺν οἴνῳ—τρίβειν τε καὶ ὠμηλύσει σὺν κεδρίσι—ξὺν οἴνῳ δὲ ἡ πόσις γενέσθω—τρίβειν ἐν οἴνῳ μέλανι ξὺν πάλῃ ἀλφίτου πιεῖν—ροιῆς γλυκείης χυλὸν ξὺν οἴνῳ πίνειν ἢ λαπάθου καρπὸν ξὺν τῷ κικίδος ἔξω περιεξυσμένῳ—ἄγνου φύλλα ξὺν οἴνῳ μέλανι—ἡμιόνου ὀνίδα κατακαίειν καὶ ξὺν οἴνῳ διδόναι—καὶ σὺν οἴνῳ διδόναι εὐώδει. Do. 668: ἢ τὰς ῥίζας ἀφεψεῖν, καὶ τῷ ὕδατι ξὺν πιτύροισι πυρίνοισι—ἢ ἐλάφου κέρας σὺν ἐλαίῃσιν—καὶ ἄλφιτα πεφωσμένα ξὺν ἐλαίῳ—ἢ κυπάρισσον σὺν οἴνῳ—καὶ σμύρναν ξὺν βάτων φύλλοις. Do. 689: βολβίον ξὺν μέλιτι τριφθέν—οἶνον ἄκρητον ξὺν ῥητίνῃ—κνίκον σὺν οἴνῳ τρίβων, &c.

Aretaeus, Cur. Acut. Morb. 94: προσενιέναι ξὺν ἐλαίῳ καστόριον—διαχρέειν μέλιτι ξὺν πηγανίνῳ ἐλαίῳ ἢ ξὺν νίτρῳ—τάδε ξὺν μελικρήτῳ πιπίσκειν—ἴριδος τῆς ῥίζης μέρος ἁ ξὺν νίτρου διπλασίῳ. Do. 97: ἐγχρίειν—ξὺν κροκίνῳ λίπαϊ—ξὺν μελικρήτῳ πιπίσκειν—ἐγχρίειν ξὺν ἐλαίῳ τοῦ καστορίου—χρίειν ξὺν λίπαϊ—ἱερῆς τοῦ καθαρτηρίου ξὺν μελικρήτῳ. Do. 98: ἔριά τε πιναρὰ ξύν ὑσσώπῳ—αἱ τέγξιες ξὺν πηγάνῳ—ἐμπλάσματα ξὺν τουτέοισι—ἀγαθὸν δὲ κηρωτῶν σὺν νίτρῳ, &c.

Dioscor. Medic. Parab. i. 1: τὸ ψύλλιον σὺν ὄξει βραχέν. Do. (2): ἄγνου σπέρμα σὺν ὄξει—κάρυα ποντικὰ σὺν ῥοδίνῳ—ὀρίγανον σὺν ὄξει—σικύου ἀγρίου ῥίζαν σὺν οἴνῳ—πεπέρεως κόκκους σὺν ὄξει. Do. (3): σὺν μέλιτι στρουθίον—μελάνθιον σὺν ἰρίνῳ—ἐλατήριον σὺν ὕδατι. Do. 5: θάλασσα θερμὴ σὺν ὄξεῖ ἑψομένη, &c.

Galen. Remed. Parab. iii. 1 (xiv. 499): ἀκακίαν σὺν οἴνῳ χρίε—δαῦκος Κρητικὸς σὺν οἴνῳ πινόμενος—ἐλενίου βοτάνης ὁ χυλὸς σὺν ὕδατι—ῥίζα στροβιλίου σὺν ὕδατι—κινάμωμον σὺν μέλιτι χλιαρῷ—μαράθρων σπέρμα σὺν οἴνῳ—νάρθηξ χλωρὸς σὺν οἴνῳ ἑψηθείς—ὀρίγανον σὺν μέλιτι ἑψηθέν—μυρίκης ἄνθος καὶ φύλλα σὺν οἴνῳ—πευκίου ὁ φλοιὸς σὺν ὕδατι—φλόμου ῥίζα σὺν οἴνῳ πινομένη—στρουθίου βοτάνης ἡ ῥίζα σὺν μέλιτι—λαγωοῦ κόπρος σὺν οἴνῳ θερμῷ ποθεῖσα—καρδαμόσπορον λεῖον σὺν ὕδατι—ῥαφάνου σπέρμα σὺν ὕδατι πινόμενον—συκαμίνου ῥίζης ὁ φλοιὸς σὺν ὕδατι—βδέλιον σὺν οἴνῳ—καρπὸς βαλσάμου σὺν ὕδατι πινόμενος ἢ σὺν μέλιτι ἐκλειχόμενος, &c.

xxii. 25: "And as they bound him with thongs, Paul

said unto the centurion that stood by, Is it lawful for you *to scourge* (μαστίζειν) a man that is a Roman, and uncondemned?"

*μαστίζειν, peculiar to St. Luke, was used, as was also μάστιξις, in medical language; scourging with nettles being employed as a remedy in cases of lethargy.

Aretaeus, Cur. Acut. Morb. 90 : θεραπεία ληθαργικῶν. τὰ πρῶτα μὲν ὦν καὶ κνίδῃ μαστίζειν τὰ σκέλεα. προσίζουσα γὰρ ἡ ἄχνη οὐκ ἐς παλλὸν μὲν διαρκέει, ἄλυπον δὲ ὀδαξισμὸν καὶ πόνον ἐνδιδοῖ, μετρίως δὲ ἐρεθίζει τε καὶ παροιδίσκει καὶ θερμασίην προκαλέεται. Galen. De Renum Affect. 5 (xix. 674): διεξελθὸν νεφροὺς, λίθους ὑφίσταται διὰ τὴν τοῦ νεφροῦ χρονίαν μάστιξιν.

It was used also metaphorically. Hipp. Epis. 1271: μάστιξον τὸ πάθος.

§ XCIV.

Acts, XXIII.

* διαμάχεσθαι. * διαγινώσκειν. * διάγνωσις. προγινώσκειν. πρόγνωσις. * ἐνέδρα. * ἐνεδρεύειν. * ἀναδιδόναι.

ἀτενίζειν (verse 1, § 53). διασπᾶν (v. 10, § 75). ἀκριβῶς (v. 15, § 93). ἀναιρεῖν (v. 15, § 84). * ζήτημα (v. 29, § 88). ἀναλαμβάνειν (v. 31, § 65). ὑποστρέφειν (v. 32, § 76).

9. "And there arose a great cry: and the scribes that were of the Pharisees' part arose, and *strove* (διεμάχοντο), saying, We find no evil in this man."

* διαμάχεσθαι. Peculiar to St. Luke. This particular compound of μάχεσθαι was used in medical language, as were also the nouns διαμάχη and διαμάχησις.

Galen. Comm. iii. 2, Epid. i. (xvii. A. 262): ἐπὶ τῆς

ὀγδόης ἡμέρας, ἐξανθήματα μεθ' ἱδρῶτος ἔσχεν ἐρυθρὰ, στρογγύλα, σμικρὰ, τῆς φύσεως αὐτοῦ διαμαχομένης ἐπὶ τῷ νοσήματι. Galen. Comm. ii. 51, Epid. i. (xvii. A. 150): διαμαχομένων τοῦ τε ἰατροῦ καὶ τοῦ νοσήματος. Galen. Morb. Tempor. 5 (vii. 421): διαμαχομένου μὲν τοῦ θερμοῦ τῇ ψύχει ἀποτεινομένου δὲ πρὸς τὰ ἐκτὸς τοῦ αἵματος. Galen. Caus. Puls. iv. 6 (ix. 162): ὥσπερ ἐπὶ τῶν ἄλλων ἁπάντων τῶν λυπούντων, οὕτω καὶ τῶν ἀλγημάτων ἡ δύναμις ἐπεγείρειν πέφυκεν ἑαυτὴν καὶ διαμάχεσθαι καὶ διωθεῖσθαι πᾶν τὸ διοχλοῦν. Galen. Caus. Puls. iv. 9 (ix. 174): μικρὸν ὕστερον δὲ ἤτοι καμνούσης ἐν τῇ διαμάχῃ τῆς δυνάμεως. Galen. De Crisibus, iii. 9 (ix. 748): οὐ γὰρ ἐπεγείρεται πρὸς διαμάχησιν τοῦ νοσήματος ἡ τοιαύτη δύναμις. Galen. De Dieb. Decretor. iii. 8 (ix. 921): ὁ παροξυσμὸς οὐκ ἐπιτρέπων ἡσυχάζειν οὐδὲ μένειν, ἀλλ' ἐπεγείρων τε καὶ κινῶν καὶ ὡς εἰς διαμάχην προκαλούμενος. Galen. Comm. iii. 7, Aliment. (xv. 280): ὅταν γὰρ εἰς ταὐτὸν ἀλλήλοις ἥκοντα δύο σώματα διαμάχηται. Galen. Progn. ex Puls. ii. 8 (ix. 308): ἀλλ' ὡς ὀλίγον ἔμπροσθεν εἴρηται, διαμαχομένων ἀλλήλαις γίγνεται τῶν δύο δυνάμεων τῆς τε διαστελλομένης καὶ τῆς συστελλούσης τὴν καρδίαν. Galen. Progn. ex Puls. ii. 8 (ix. 309): τὴν ἀνώμαλον τῆς καρδίας δυσκρασίαν, ὅταν ἐπὶ τοσοῦτον ἀλλήλοις διαμάχηται τὰ θερμὰ μόρια τοῖς ψυχροῖς.

15. "Now therefore ye with the council signify to the chief captain that he bring him down unto you to-morrow, as though he would *enquire something more perfectly* (διαγινώσκειν ἀκριβέστερον) concerning him."

*διαγινώσκειν, is peculiar to St. Luke, and used also Acts, xxiv. 22.

*διάγνωσις. Acts, xxv. 21: "But when Paul had appealed to be reserved *unto the hearing* (εἰς τὴν διάγνωσιν) of Augustus, I commanded him to be kept till I might send him to Cæsar."

St. Luke alone uses the words *διάγνωσις and *διαγινώσκειν, both of which were technical medical terms, implying the former, the art of distinguishing disease; the latter, to make this diagnosis. It will be seen that ἀκριβής is very much used in conjunction with these words, as also with πρόγνωσις, in medical language, as it is in v. 15.

* διάγνωσις. Galen. Comm. i. 4, Praedic. (xvi. 524): ἕνεκα γὰρ ἀκριβεστάτης διαγνώσεως. Galen. Comm. i. 1, Offic. (xviii. B. 636): ἀκριβεστέρας διαγνώσεως χάριν. Galen. Humor. (xix. 495): ἔστι δὲ καὶ αὕτη οὐδὲν ἧττον τῶν μεγίστων διαγνώσεων ἀκριβεστάτη. Galen. Usus Part. viii. 6 (iii. 640): εἰς ἀκριβεστέραν δέ τινα διάγνωσιν. Galen. Praesag. ex Puls. i. 1 (ix. 212): ἀκριβεστάτη διάγνωσις ἀπασῶν τῶν κατὰ τὸ σῶμα γινομένων ἀλλοιώσεων. Galen. Meth. Med. xiv. 18 (x. 1016): πρὸς δὲ τὴν ἀκριβεστέραν τῆς κακοχυμίας διάγνωσιν. Galen. Loc. Affect. i. 1 (viii. 5): ἀκριβὴς διάγνωσις ἐκ τούτων γίνεται. Galen. Comm. iii. 27, Aliment. (xv. 374): τῷ βουλομένῳ δὲ ἀκριβῶς ὑπὲρ ἁπάντων τῶν εἰρημένων τῆς τε διαγνώσεως καὶ τῆς γενέσεως μανθάνειν. Hipp. Nat. Hom. 228: τὴν δὲ διάγνωσιν χρὴ ἑκατέρων ὧδε ποιέεσθαι. Hipp. Rat. Vic. 369: ἔστι προδιάγνωσις μὲν πρὸ τοῦ κάμνειν, διάγνωσις δὲ τῶν σωμάτων τί πέπονθε.

* διαγινώσκειν. Hipp. Acut. Morb. 391: οὐδὲ γὰρ τῶν τοιούτων ὁρέω ἐμπείρους τοὺς ἰητροὺς ὡς χρὴ διαγινώσκειν τὰς ἀσθενείας ἐν τῇσι νούσοισι. Hipp. Vuln. Cap. 902: διαγινώσκειν πειρῆσθαι εἴ τι πέπονθε τοῦτο τὸ ὀστέον. Hipp. Vuln. Cap. 907: διαγινώσκῃς εἴτε τι ἔχει τὸ ὀστέον κακὸν ἐν ἑωυτῷ ἢ καὶ οὐκ ἔχει. Hipp. Vuln. Cap. 908: ἢν μὴ διαγινώσκῃς εἰ ἔρρωγε ἢ πέφλασται ἢ καὶ ἀμφότερα ταῦτα. Hipp. Epid. 956: τὰ δὲ περὶ τὰς κρίσιας ἐξ ὧν καὶ διαγινώσκομεν ἢ ὅμοια ἢ ἀνόμοια. Hipp. Artic. 825: διαγινώσκειν ὅπῃ ἕκαστον καὶ οἵως καὶ ὁπότε τελευτήσει. Aretaeus, Sign. Morb. Diuturn. 62: τοῖσδε χρὴ καὶ ἀποστάσιας διαγιγνώσκειν ἢν προσγένωνται πυρετὸς ἐς ἑσπέραν καὶ ῥίγεα. Galen. Comm. i. 2, Morb. Acut. (xv. 421): πρῶτον γὰρ διαγνῶναι χρὴ τί ποτέ ἐστι τὸ πάθος. Galen. ii. 21, Humor. Comm. (xvi. 281): ὅπως δὲ διαγινώσκειν καὶ ὅπως δεῖ ἰᾶσθαι ἄμφω τὰ πάθη εἴρηται. Galen. Comm. iii. 11, Humor. (xvi. 390): ὡς καὶ ταχέως τὰ νοσήματα διαγινώσκειν καὶ καλῶς θεραπεύειν δυνήσῃ.

πρόγνωσις. Acts, ii. 23: "Him being delivered by the

determinate counsel and *foreknowledge* (προγνώσει) of God, ye have taken, and by wicked hands have crucified and slain."

προγινώσκειν. Acts, xxvi. 5: "*Which knew me from the beginning*" (προγινώσκοντές με ἄνωθεν).

πρόγνωσις is used also in 1 Peter, i. 2, and προγινώσκειν twice each by St. Paul and St. Peter: Rom. viii. 29, xi. 2; 1 Pet. i. 20; 2 Pet. iii. 17.

Both words were much employed in medical language. By medical prognosis was understood the power of foreseeing and foretelling what will take place in the course of a disease. The greatest attention was paid to this part of medicine by the ancient physicians. Hippocrates has written two works on the subject—Κωακαὶ προγνώσεις and προγνωστικόν. Galen has a Commentary on the latter, and has also written works, περὶ προγνώσεως—προγνωστικὰ περὶ κατακλίσεως—πρόγνωσις πεπειραμένη καὶ παναληθής—περὶ τοῦ προγινώσκειν and περὶ προγνώσεως σφυγμῶν, as well as περὶ διαγνώσεως σφυγμῶν—and, from the importance attached to this branch of medical science, the words themselves must have been in constant use with medical men.

πρόγνωσις. Galen. Comm. iii. 5, Aph. (xvii. B. 570): ἵνα καὶ τὰς προγνώσεις ἀκριβέστερον ποιῆται. Galen. Medicus, 7 (xiv. 690): διαιρεῖται δὲ καὶ τὸ σημειωτικὸν εἰς τρία, εἴς τε ἐπίγνωσιν τῶν παρεληλυθότων καὶ εἰς τὴν ἐπίσκεψιν τῶν συνεδρευόντων καὶ εἰς πρόγνωσιν τῶν μελλόντων. Galen.Comm.iii. 1, Epid. (xvii. A. 205): δεῖ ποιεῖσθαι τὰς διαγνώσεις καὶ προγνώσεις—τὴν ἀρχὴν τῆς τε διαγνώσεως ἀπὸ τῶν παθῶν καὶ τῆς ἐσομένης προγνώσεως ἀπὸ τῶν κοινῶν ποιούμεθα. Hipp. Vic. Rat. 366: ἀλλὰ γὰρ αἱ προγνώσιες ἐξευρημέναι ἔμοιγε τῶν ἐπικρατεόντων ἐν τῷ σώματι. Hipp. Artic. 807: ἀλλὰ περὶ μὲν τούτων ἐν τοῖσι ωρονίοισι κατὰ πνεύμονα νοσήμασιν εἰρήσεται, ἐκεῖ γὰρ εἴσιν αὐτῶν χαριέσταται προγνώσιες περὶ τῶν μελλόντων ἔσεσθαι. Aretaeus, Sign. Acut. Morb. 3: οἷς δὲ ξύνηθες τὸ πάθος, ἢν ἐπίῃ ἡ νοῦσος—ἐπιληψίη—προγνῶσι τοῦ μέλλοντος ὑπ' ἐμπειρίης. Galen.Comm. iii. 15, Aliment. (xv.

313): τῆς προγνώσεως οὐ σμικρᾶς μοίρας οὔσης τῆς ἰατρικῆς καὶ ὠφελιμωτάτης. Galen. Comm. iv. 51, Morb. Acut. (xv. 826): αἱ δὲ προγνώσεις εἰσίν οὐ τῶν σπανίως γιγνομένων, ἀλλὰ τῶν διὰ παντὸς ἢ ὡς τὸ πολύ. Galen. Comm. iv. 55, Morb. Acut. (xv. 834): ὡς ἐπ' ἐνίοις τοῖς κατὰ τύχην γενομένοις, ἡ τῶν ἀποβησομένων ἀσφαλής τις γίγνεται πρόγνωσις. Galen. Comm. iii. 5, Epid. i. (xvii. A. 230): διαγνώσεις τε τῶν παθῶν καὶ προγνώσεις τῶν ἐσομένων καὶ θεραπείας.

προγινώσκειν. Galen. Comm. ii. 20, Humor. (xvi. 276): τῷ μὲν οὖν θέλοντι προγινώσκειν ἀκριβῶς. Galen. Comm. ii. 30, Humor. (xvi. 320) : καὶ ποτὲ μὲν ἀγαθὰ, ποτὲ δὲ φαῦλα σημεῖα ἔσται, ἅπερ ἀδύνατον ἀκριβῶς προγνῶναι. Hipp. Progn. 46 : χρὴ δὲ τὸν μέλλοντα ὀρθῶς προγινώσκειν τοὺς περιεσομένους καὶ τοὺς ἀποθανουμένους. Hipp. Aer. 281 : οὕτως ἄν τις ἐρευνώμενος καὶ προγινώσκων τοὺς καιρούς—κατ' ὀρθὸν φέροιτο οὐκ ἐλάχιστα ἐν τῇ τέχνῃ. Hipp. Morb. Sacr. 307 : ὁκόσοι δὲ ἤδη ἐθάδες εἰσὶ τῇ νούσῳ, προγινώσκουσιν ὁκόταν μέλλωσι λήψεσθαι. Aretaeus, Cur. Morb. Acut. 117 : θέμις δέ κοτε τὸν ἰητρὸν προγιγνώσκοντα σάφα τὰ παρεόντα ὡς οὐ φύξιμα καρηβαρίῃ νωθρῇ εὐνᾶσθαι. Aret. Sign. Acut. Morb. 20 : προγινώσκουσι μὲν οὖν πρώτιστα μὲν ἑωυτέοισι τοῦ βίου τὴν μεταλλαγήν. Galen. Comm. iv. 55, Morb. Acut. (xv. 832) : τὰς δυνάμεις ἀξιοῖ τῶν σημείων ἐκλογιζόμενον προγινώσκειν ἐξ αὐτῶν τὸ ἀποβησόμενον. Galen. Comm. ii. 1, Humor.(xvi.210): ἀναγκαῖον δὲ καὶ προγνῶναι εἴτε ὀλέθριον εἴτε περιεστηκὸς εἴη τὸ νόσημα. Galen. Comm. ii. 12, Humor. (xvi. 251): ὅπως δ' ἄν τις μάλιστα δύναιτο προγινώσκειν τὴν μέλλουσαν ἀκμὴν ἐν ᾗ κρίσις γίνεται.

16. "And when Paul's sister's son heard of their *lying in wait* (τὴν ἐνέδραν), he went and entered into the castle and told Paul."

* ἐνέδρα, peculiar to St. Luke, is used again in ch. xxv. 3. It was the technical term for the rest or fulcrum of the lever in surgical operations, and the position and pressure of splints.

Hipp. Fract. 773 : ἦν δ' ἄρα τοῦ ὀστέου τὸ ἄνω παρηλλαγ-μένον μὴ ἐπιτήδειον ἔχῃ ἐνέδρην τῷ μοχλῷ, ἀλλὰ παροξὺ ὃ παραφέρει, παραγλύψαντα χρὴ τοῦ ὀστέου ἐνέδρην τῷ μοχλῷ ἀσφαλέα ποιῆσαι. Hipp. Fract.768 : ἦν δὲ ἐν τῇ ἰητρείῃ ἕλκος γένηται ἢ τοῖσιν ὀθονίοισιν μᾶλλον πιεχθέντος ἢ ὑπὸ νάρθηκος ἐνέδρης.

21. "But do not thou yield unto them : for there *lie in wait for him* (ἐνεδρεύουσι γὰρ αὐτὸν) of them more than forty men, which have bound themselves with an oath."

* ἐνεδρεύειν, peculiar to St. Luke, is used again, Luke, xi. 54. ἐνεδρεύειν, ἐφεδρεύειν, συνεδρεύειν, and προσεδρεύειν were all used in medical language.

Galen. Comm. i. 8, Epid. iii. (xvii. A. 547) : ἐξαίφνης ἐπιθῆται λάθρα νόσημα μὴ προσδοκῶσι τοῖς ἐνεδρευομένοις ὑπ' αὐτοῦ.

It was applied to a class of sick persons called ἐνεδρευτικοί. Galen. Progn. ex Puls. i. 1 (ix. 217): τινὲς μὲν γὰρ ἐνεδρευ-τικοί τ' εἰσὶ—ἐπὶ δὲ τῶν ἐνεδρευόντων ὑποπτεύειν προσήκει πάντα καὶ περισκέπτεσθαι καὶ διορίζεσθαι—καθάπερ ἐγώ ποτ' ἠναγκάσθην ἐπί τινος ἀνδρὸς πλουσίου ποιῆσαι φιλοφαρμάκου. Hipp. Flat. 297 : τοῦτο γὰρ τὸ νόσημα πᾶσι ἐφεδρεύει τοῖσιν ἄλλοισιν νουσήμασι. Galen. Comm. iii. 4, Morb. Acut. (xv. 740) : παρακολουθοῦντα τοῖς καύσοις ἃ δὴ καὶ συνεδρεύοντα καλοῦμεν. Galen. Comm. iv. 64, Morb. Acut. (xv. 851) : συνεδρεύοντα τοῖς πάθεσιν τὰ τοιαῦτα συμπτώματα. Galen. Comm. ii. 34, Epid. vi. (xvii. A. 963) : ἐφεδρεύει γὰρ ταῖς τοιαύταις φλεγμοναῖς ἡ καλουμένη γάγγραινα. Galen. Dieb. Decretor. i. 7 (ix. 802) : ἄλλο τῶν ταῖς κρίσεσι προσεδρευόντων σύμπτωμα.

33. "Who, when they came to Cæsarea, and *delivered the epistle* (ἀναδόντες τὴν ἐπιστολήν) to the governor, presented Paul also before him."

* ἀναδιδόναι, peculiar to St. Luke, was very much used in medical language, as was also ἀνάδοσις, in various significa-tions, as of the discharge of pus from an abscess—of the dis-tribution of the blood and of nourishment throughout the body.

THE MEDICAL LANGUAGE OF ST. LUKE.

It is remarkable that Hippocrates uses this compound as St. Luke does of the delivery of a letter, instead of διδόναι or ἀποδιδόναι. In Epis. 1275 he says, οἱ τὴν τῆς πόλιος ἐπιστολὴν ἀναδόντες μοι πρέσβεις. Hipp. Praedic. 98 : νομαὶ πονηραὶ δὲ καὶ ἐπικίνδυνοι ὅσαι μέλανα ἰχῶρα ἀναδιδοῦσι. Hipp. Morb. 453: ὅταν γὰρ προαπεξηραμένος ὁ πλεύμων εἰρύῃ ἐς ἑωυτὸν—οὐκ ἔτι δέχεται οὐδὲν οὔτε ἄνω ἀναδιδοῖ οὐδέν. Hipp. Morb. 454 : ἀλλ' αὐτὸ ἀφ' ἑωυτοῦ τὸ φῦμα ἀναδιδοῖ τὸ πύον. Hipp. Morb. 456 : μήτε ἡ φλέψ στεγνωθῇ ἡ τετρωμένη ἀλλ' ἄλλοτε καὶ ἄλλοτε ἀναδιδοῖ αἷμα. Hipp. Morb. 459 : οὔτε τὸ σίαλον ἀναδιδοῖ. Aretaeus, Sign. Morb. Diuturn. 66 : ἀλλ' οὐδὲ τὴν ἀρχὴν ἐς τὸν ὄγκον ἀναδιδοῖ. Galen. Comm. ii. 4, Aliment. (xv. 239): ἀναδίδοται γὰρ ἐκ τῆς κοιλίας ἡ τροφὴ πρὶν πεφθῆναι. Galen. Comm. iii. 2, Acut. Morb. (xv. 834) : ἡ μετάληψις ἁπάντων τῶν ἀναδιδομένων εἰς ὅλον τὸ σῶμα γίγνεται—διὰ πολλῶν τῶν φλεβῶν ἀναδοθείς. Galen. Natural. Facul. ii. 6 (ii. 111) : ἀναδίδοσθαι τὸ διὰ τῶν φλεβῶν αἷμα νομίζουσιν.

§ XCV.

Acts, XXIV.

* κατόρθωμα. * ἀνορθοῦν. * ὀρθός. * συντόμως. * ἀσκεῖν. ἄνεσις.

* βία (verse 7, § 77). ἀκριβέστερον (v. 22, § 93). * ἀναβάλλεσθαι (v. 22, § 68). * διαγινώσκειν (v. 22, § 94). * διάδοχος (v. 27, § 73). * ὑπηρετεῖν (v. 23, § 87). * ὁμιλεῖν (v. 26, § 77). * μετακαλεῖσθαι v. 25, § 85).

2. "And when he was called forth, Tertullus began to accuse him, saying, Seeing that by thee we enjoy great quietness, and that very *worthy deeds* (κατορθωμάτων) are done unto this nation by thy providence."

*κατόρθωμα is peculiar to St. Luke. κατόρθωμα, κατόρθωσις, and κατορθοῦν are all employed by the medical writers.

Hipp. Epis. 1289 : ἰητρικῆς τέχνης κατορθώματα μὲν οἱ πολλοὶ τῶν ἀνθρώπων οὐ παντάπασιν ἐπαινοῦσιν, θεοῖς δὲ πολλάκις προσαρτῶσιν. Hipp. Fract. 755 : τὰ ὀστέα τὰ κατηγότα ἐπὶ μᾶλλον κινεύμενα καὶ εὐπαράγωγα ἐς κατόρθωσιν. καὶ ἢν ᾖ ταῦτα τοιαῦτα κατορθωσάμενον χρὴ ἐπιδῆσαι ὡς ἐς νάρθηκας. Galen. Usus Part. xi. 10 (iii. 885) : καὶ μάλιστα θαυμάζειν τὴν φύσιν ἐστὶν ἐν τοῖς οὕτω παρὰ μικρὸν, εἰ μὲν κατορθοῖ, σπάνιον δὲ τὸ σφάλμα, καίτοι γε ὅσον ἐπί τε τοῖς σπείρουσιν ἡμᾶς καὶ ταῖς κυούσαις, οὐ τὸ σφάλμα σπάνιον εὑρεῖν ἀλλὰ τὸ κατόρθωμα γίγνεσθαι. Galen. Usus Part. xi. 13 (iii. 899) : δέδεικται δὲ καὶ ὅτι τὸ ἀληθινὸν κάλλος εἰς τὸ τῆς χρείας ἀναφέρεται κατόρθωμα. Galen. Meth. Med. xiv. 14 (x. 992) : καὶ γὰρ ἕκτος δάκτυλος εὐθὺς ἐξ ἀρχῆς συνεγενήθη τισὶ καὶ λείπων πέμπτος ἐγένετο καί τινα τοιαῦτα ἕτερα, τὰ μὲν ἀριθμῷ, τὰ δὲ μεγέθει τοῦ προσήκοντος ἐσφαλμένα, καὶ εἴπερ συνεχῶς μὲν ταῦτα, σπάνια δὲ ἐγίνετο τὰ κατορθώματα. Galen. Comp. Med. iii. 1 (xii. 625) : εἴρηται δέ μοι πρόσθεν ὡς αἱ τοιαῦται δυνάμεις οὔτε κατορθώματα μεγάλα ποιοῦσιν οὔτε σφάλματα. Galen. Hipp. et Plat. Decret. iii. 4 (v. 390) : καθάπερ ἔν τε τοῖς ἁμαρτήμασι καὶ κατορθώμασι. Hipp. Fract. 757: κατορθώσας δὲ τοῖσιν θέναρσι τὸ ὀστέον, ῥηϊδίως δὲ κατορθώσεται. Hipp. Artic. 792 : συμπορσύνοι ἂν τὴν κατόρθωσιν εἰ ὁ μὲν ἄνθρωπος ὕπτιος κέοιτο.

*ἀνορθοῦν. Luke, xiii. 13 : see § 16.

*ὀρθός. Acts, xiv. 10 : see § 31.

4. "Notwithstanding, that I be not further tedious unto thee, I pray thee that thou wouldst hear us of thy clemency *a few words*" (συντόμως—or "*for a short time*").

*συντόμως, peculiar to St. Luke, was the term almost always employed in medical language to express the nearness of death or cure.

Hipp. Aph. 1247 : τοῖσι δὲ πρεσβυτέροισι κατάρροι συντόμως ἀπολλύντες. Hipp. Coac. Progn. 152 : πελιαινόμενον δὲ ἐπὶ τουτέοισιν βλέφαρον ἢ χεῖλος ἢ ῥὶς, συντόμως θανάσιμον. Hipp. Coac. Progn. 128: δύσπνοοι γενόμενοι θνήσκουσι συντόμως. Hipp. Coac. Progn. 186: οἶσι γὰρ γίνεται πάντα ταῦτα συντόμως θνήσκουσι. Hipp. Coac. Progn. 213: θανάσιμον δὲ καὶ ἐν τοῖσι πλευριτικοῖσι συντόμως. Hipp. Coac. Progn. 216: ἐν χολώδεσιν οὔρου ἀπόληψις κτείνει συντόμως. Dioscor. Mat. Med. i. 178: ἰᾶται συντόμως. Dioscor. Animal. Ven. 33: ὑπὸ κηράστου δηχθεῖσι συντόμως ἐπαμύνει. Galen. Antid. ii. 15 (xiv. 195): ἀποθνήσκουσι συντομώτατα. Galen. Comm. i. 3, Aph. (xvii. B. 365): τοῦτο μέγιστόν ἐστιν αὐτοῖς κακὸν διὸ καὶ λύεσθαι δεῖται συντόμως, &c.

16. "And herein *do I exercise myself* (αὐτὸς ἀσκῶ), to have always a conscience void of offence toward God, and toward men."

* ἀσκεῖν, peculiar to St. Luke, was in medical language, besides other uses, the term employed for "to practice the medical art"—and ἄσκησις, for "medical practice."

Hipp. Morb. Acut. 384: καὶ τοῖσιν ἀσκέουσιν ἐς ἐυεξίην. Hipp. Epid. 948: ἀσκεῖν περὶ τὰ νουσήματα δύο, ὠφελέειν ἢ μὴ βλάπτειν. Galen. Comm. i. 7, Humor. (xiv. 85): ἀλλ' οὐδέν ἀσκήσουσι τὴν διάγνωσιν. Galen. Comm. ii. 2, Humor. (xvi. 223): ἐπὶ τὴν τῆς ἰατρικῆς ἄσκησιν. Galen. Comm. iii. 32, Epid. iii. (xvii. A. 684): κατὰ τοῦτ' ἀσκητέον σοι τὰς γινομένας ἐν τῷ σώματι διαθέσεις. Galen. Comm. ii. 39, Epid. (xvii. A. 977): ἀλλ' ἐπὶ τὰ τῆς τέχνης ἔργα κατά τε πρόγνωσιν καὶ θεραπείαν, ἃ κἀμοὶ διὰ παντὸς ἠσκήθη. Galen. Comm. ii. 48, Fract. (xvii. B. 484): ἀσκεῖν ἡμᾶς τὴν εὐπορίαν τῶν ἰαμάτων. Galen. Comm. i. 4, Offic. (xviii. B. 662): ἃ κατὰ τὸ ἰητρεῖον ἢ μανθάνειν ἢ πράττειν ἐξ ἀρχῆς οἱ κατὰ τὴν τέχνην ἀσκούμενοι δύνανται. Galen. Progn. Decubitu. i. (xix. 530): ὁπόσοι τὴν ἰατρικὴν ἀσκέοντες. Galen. Med. Phil. (i. 60): ὃς ἂν Ἱπποκράτους ἀξίως ἀσκήσῃ τὴν τέχνην.

23. "And he commanded a centurion to keep Paul, and let him *have liberty* (ἔχειν τε ἄνεσιν)."

ἄνεσις is used four times by St. Paul also; in medical language it signified remission of disease or pain.

Hipp. De Dieb. Judic. 56 : ἐς τὴν ἐπιοῦσαν ἡμέρην ἄνεσις τῆς νούσου—ἐς τὴν τρίτην ἄνεσις τῆς νούσου. Hipp. Coac. Progn. 152: πνεῦμα μανώτερον ἄνεσιν ἐς τὴν ἐπιοῦσαν σημαίνει. Hipp. Coac. Progn. 156 : σημεῖον ἀνέσεως πυρετοῦ. Aretaeus, Sign. Acut. Morb. 4: ἄνεσις δὴ πρόσθεν πνίξιος. Aret. Sign. Morb. Diuturn. 47 : ὕπνοι αὐτάρκεες, ὑποχονδρίων ἄνεσις. ἡκέ ποτε πόνος ἐς μετάφρονον ἐπ' ἀνέσει. Do. 38 : ἢν δὲ ἐπ' ἀνέσιν ἤκοιεν τοῦ κακοῦ. Galen. Def. Med. 127 (xix. 381): ὕπνος ἐστὶν ἄνεσις ψυχῆς. Galen. Morb. Temp. 5 (vii. 425) : τὸ τῆς ὅλης παρακμῆς μέρος ἔξεστι καλεῖν ἄνεσιν. Do. (426): ἀπὸ τῆς πρώτης εἰσβολῆς ἄχρι τῆς ἐσχάτης ἀνέσεως. Do. (427): τὸ μετὰ τὸν παροξυσμὸν ἅπαν ἄνεσις.

§ XCVI.

Acts, XXV.

*φαντασία. ἄλογος. *κατὰ λόγον.

ἀναιρεῖν (verse 3, § 84). *ἐνέδρα (v. 3, § 94). διατρίβειν (v. 6, § 86). *καταφέρειν (v. 7, § 33). ἔθος (v. 16, § 58). *ἀναβολή (v. 17, § 68). *ζήτημα (v. 19, § 88). διάγνωσις (v. 21, § 94). ἀπορεῖν (v. 20, § 74). ἀναπέμπειν (v. 21, § 89). ἀσφαλής (v. 26, § 82).

Acts, XXVI.

*ἐπικουρία. *μανία. *περιτρέπειν. *προτρέπειν.

ἔθος (verse 3, § 58). *ζήτημα (v. 3, § 88). *ἀκριβής (v. 5, § 93). προγινώσκειν (v. 5, § 94). ἀναιρεῖν (v. 10, § 84). *κατακλείειν (v. 10, § 42). *καταφέρειν (v. 10, § 33). *τιμωρεῖν (v. 11, § 93). *καταπίπτειν (v. 14, § 34). *προχειρίζεσθαι (v. 16, § 82). *διαχειρίζεσθαι (v. 21, § 82). ἄφεσις (v. 18, § 59). πειρᾶσθαι (v. 21, § 85).

Acts, xxv. 23: "And on the morrow, when Agrippa

was come, and Bernice, *with great pomp* (μετὰ πολλῆς φαντασίας), and was entered into the place of hearing," &c.

*φαντασία, peculiar to St. Luke, is employed in medical language to denote the appearance presented by or manifestation of disease, &c.

Hipp. Aliment. 381 : ῥιπτασμὸς, ὄψιες, φαντασίαι, ἴκτερος, λυγμός, &c. Aretaeus, Sign. Acut. Morb. 15 : εἰς ὑπερώην δὲ τρεπομένη ἀναγωγῆς φαντασίαν παρέχει. Aretaeus, Sign. Acut. Morb. 22 : εὖτε φαντασίη ἐγγίγνεται πλευρίτιδος. Aret. Sign. Morb. Diuturn. 53 : φαντασίη γλυκάζοντος γίγνεται. Aret. Sign. Morb. Diuturn. 65 : φαντασίη τῆς ῥάχιος ἐς τὼ σκέλεε κινευμένης. Aret. Sign. Morb. Diuturn. 67 : ἡ φαντασίη τῆς ἐκκρίσιος. Dioscor. Ven. 20 : παρακολουθεῖ δὲ τοῖς πεπωκόσι μανία ποικίλαις ἐπιβάλλουσα φαντασίαις. Galen. Med. Def. 147 (xix. 390) : μέγα κατὰ φαντασίαν νόσημα. Galen. Natural. Facul. i. 7 (ii. 18) : φαντασίαν ψευδῆ μᾶλλον οὐκ αὔξησιν ἀληθῆ τὰ τοιαῦτα σώματα κτήσεται Galen. Comm. iii. 25, Epid. iii. (xvii. A. 672): φοβερωτέραν εἶχε φαντασίαν ἐν τοῖς περὶ κεφαλὴν μορίοις—ἡ μὲν φαντασία τοῦ πάθους γίνεται μεγάλη.

xxv. 27 : "For it seemeth to me *unreasonable* (ἄλογον) to send a prisoner, and not withal to signify the crimes laid against him."

ἄλογος is used in two other passages in the N.T. in the sense of "unreasoning," "irrational"—ἄλογα ζῶα—2 Peter, ii. 12, and Jude, 10. Both it and the opposite phrase, κατὰ λόγον, are applied to disease by the medical writers.

Hipp. Coac. Progn. 118 : ἐκ καταψύξιος φόβος καὶ ἀθυμίη ἄλογος ἐς σπασμὸν ἀποτελευτᾷ. Hipp. Coac. Praedic. 129 : ἐν τοῖσι μακροῖσι κοιλίης ἄλογοι ἐπάρσιες σπασμώδεες. Hipp. Coac. Progn. 185 : ἄλγημα ἀλόγως ἀφανισθὲν ἐξίσταται. Aretaeus, Sign. Morb. Diuturn. 33 : ἱδρὼς ἄσχετος τενόντων ἐξαπίνης πόνος ἄλογος. Aret. Sign. Morb. Diuturn. 36 : ἢ γὰρ ἥσυχοι ἢ στυγνοὶ, κατηφέες, νωθροὶ ἔασι ἀλόγως.

Aret. Sign. Morb. Diuturn. 38 : ούκ έπ' αίτίη τινί δύσθυμοι μεν αλόγως. Galen. Comm. 9, Epid. ii. (xvii. A. 409) : κακοηθέστερα λέγει αφανίζεσθαι είτα δε και εξαίφνης και παραλόγως και αλόγως και άνευ προφάσεως και μη κατά λόγον. Galen. Comm. ii. 23, Epid. ii. (xvii. A. 433): ούκ αλόγως τουτί το υποχόνδριον εξώγκωται. Galen. Theriac. ad Pis. 17 (xiv. 287) : δια την άλογον του φαρμάκου χρήσιν νύκτωρ απώλετο το παιδίον. Galen. Loc. Affect. i. 5 (viii. 47) : άλογον δε ρίγος άμα πυρετώ σημείον εστί φλεγμονής.

* κατά λόγον. Acts, xviii. 14: "And when Paul was now about to open his mouth, Gallio said unto the Jews, If it were a matter of wrong or wicked lewdness, O ye Jews, *reason would* (κατά λόγον) that I should bear with you."

Peculiar to St. Luke, and a very frequent phrase in the medical writers.

Hipp. Judicat. 55: τών άλλων σημείων μη κατά λόγον ιόντων. Hipp. Praedic. 96 : εγχειρέειν χρη τώ τρώματι ως αποβησομένω κατά λόγον της ιητρείης. Hipp. Morb. Acut. 387: επεί και κατά λόγον εστί μεσηγύ της καθάρσιος μη διδόναι ροφήν. Hipp. Epid. i. 979 : έτεκε θυγατέρα και τάλλα πάντα κατά λόγον ήλθε. Hipp. Aphor. 1245: τοίσι μη κατά λόγον κουφίζουσιν ου δει πιστεύειν ουδέ φοβείσθαι λίην τα μοχθηρά γινόμενα παραλόγως. Do. 1245: σώμα συντήκεσθαι μάλλον του κατά λόγον μοχθηρόν. Galen. Comm. ii. 27, Epid. vi. (xvii. A. 946) : το τοίνυν ου πάνυ τε διψώδεες ίσον δύναται τώ ου κατά λόγον διψώδεες. Galen. Comm. ii. 28, Aph. (xvii. B. 520) : αεί δε κινούντές τι μόριον ή και φθεγγόμενοί τι, κατά λόγον εν ολίγαις ημέραις ισχνοί γίνονται. Galen. Comm. iii. 16, Offic. (xviii. B. 840) : κατά λόγον χαλάν μεν και ισχναίνειν το πλείστον. Galen. Muscul. ii. 8, (iv. 462): κατά λόγον οι μύες επί τοις οστοίς πεφυκότες άπαντες εν τώ συστέλλεσθαι.

xxvi. 22 : "Having therefore obtained *help* (επικουρίας) of God, I continue unto this day, witnessing both to small and great, saying none other things than those which the prophets and Moses did say should come."

*ἐπικουρία, peculiar to St. Luke, was frequently used in medical language.

Hipp. De Art. 5: λέγοντες ὡς ταῦτα μὲν καὶ αὐτὰ ὑφ' αὑτῶν ἂν ἐξυγιάζοιτο ἐπιχειρέουσιν ἰᾶσθαι, ἃ δ' ἐπικουρίας δεῖται οὐχ ἅπτονται. Hipp. de Arte, 8: ὅτι μὲν οὖν καὶ λόγους ἐν ἑωυτῇ εὐπόρους εἰς τὰς ἐπικουρίας ἔχει ἡ ἰατρική. Dioscor. Animal. Ven. Proem.: ἀνόνητος ἡ εἰσαῦθις ἐπικουρία, τῆς φθοροποιοῦ δυνάμεως καταδραξομένης τῶν σωμάτων. Do. 30: οὐδοτιοῦν παρὰ τῆς τῶν ἰατρῶν ἐπικουρίας ὄφελος γίνεται. Galen. Usus Part. xvi. 10 (iv. 316): εἰ μὲν δὴ μηδὲν ἄλλο μήτ' ἀγγεῖον ἐν θώρακι, ὃ τῆς αὐτῆς ἐπικουρίας ἐδεῖτο. Galen. San. Tuend. iv. 7 (vi. 284): ἄμεινον οὖν ἐστι τοῖς ἐπικουρίας τινὸς ἔξωθεν εἰς πέψιν δεομένοις ἐν τούτῳ τῷ καιρῷ δίδοσθαι φάρμακον. Galen. San. Tuend. vi: 1 (vi. 381): ἐξ ἡμῶν ἐπικουρίας δεῖσθαι πρὸ τοῦ μεγάλην γενέσθαι μεταβολὴν ὡς νοσεῖν ἤδη σαφῶς· ἐπικουρία δ' ἐστὶν ἐξ ἐδεσμάτων καὶ πομάτων. Galen. Meth. Med. iv. 4 (x. 272): τοῦ παντὸς σώματος ἐπικουρίας δεομένου. Galen. Remed. Parab. 1. Proem. (xiv. 312): οὐκ ἔτι δὲ καὶ ἔχει τὴν ἐκ τῶν ἰαμάτων ἐπικουρίαν εὔπορον. Galen. Loc. Affect. i. 7 (viii. 67): χρήζουσί γε καὶ τῆς τῶν ἀρτηριῶν καὶ φλεβῶν ἐπικουρίας φυλάττειν τὴν οὐσίαν αὐτῶν.

xxvi. 24: "And as he thus spake for himself, Festus said with a loud voice, Paul, thou art beside thyself; much learning *doth make thee mad*" (εἰς μανίαν περιτρέπει).

*μανία, peculiar to St. Luke, was a technical medical term. Hippocrates has written a treatise on mania: ὁ περὶ μανίης λόγος, Epis. 1286; and Aretaeus, Sign. Acut. Morb. 36: περὶ μανίης.

Hipp. Vic. Rat. 352: ὁκόταν δὲ τοιοῦτον πάθῃ ἡ τοιαύτη ψυχή, ἐς μανίην καθίσταται. Aretaeus, Cur. Acut. Morb. 36: μανίης τρόποι εἴδεσι μὲν μυρίοι, γένει δὲ μοῦνος εἷς ἔκστασις γάρ ἐστι τὸ σύμπαν χρόνιος ἄνευθεν πυρετοῦ. Dioscor. Ven. 9: τὸ δὲ κύριον μανίαν ἐπιφέρει. Galen. Medicus, 13 (xiv. 740): αἰτία δὲ τῆς μὲν μανίας ξανθὴ χολή.

* περιτρέπειν. Peculiar to St. Luke. This compound of τρέπειν, though often used in medical language, is not employed exactly in the same sense as in this passage; the substantive περιτροπή, however, is so used, and the simple τρέπειν very frequently and in connexion also with μανίη.

Aretaeus, Cur. Acut. Morb. 115 : μετεξετέροισι δὲ πυρετοὶ ἀμαυροὶ ἐγκαταλείπονται καί πη καὶ φλεγμασίαι σμικραὶ καὶ γλῶσσα ξηρὴ οἶσι ἐς μαρασμὸν ἡ περιτροπή. Aret. Sign. Morb. Diuturn. 38 : οἶσι ἐς σκυθρωπὸν ἡ μανίη τρέπεται. Aret. Sign. Morb. Diuturn. 34 : ἔτρεψε δέ κοτε καὶ γνώμην ἐς μανίην. Aret. Sign. Morb. Diuturn. 35 : τοῖσι γὰρ μαινομένοισι ἄλλοτε μὲν ἐς ὀργὴν ἄλλοτε δ' ἐς θυμηδίην ἡ γνώμη τρέπεται. Aret. Sign. Morb. Diuturn. 38 : οἶσιν ἐς μελαγχολίην ἡ τροπή. Aret. Cur. Acut. Morb. 87 : ἦν δὲ καὶ ἐς συγκοπὴν τράπωνται—ἀτὰρ ἠδὲ ἡ παραφορὴ ἐς μώρωσιν τρέπηται. Hipp. Aph. 1252 : ὁκόσοι κυνάγχην διαφεύγουσιν ἐς τὸν πλεύμονα αὐτέοισι τρέπεται. Hipp. Progn. 44 : καὶ οὐ λήσεται ὅπῃ τρέψεται τὸ νούσημα. Galen. Comm. ii. 15, Humor. (xvi. 262) : ὁ γὰρ αἱματώδης χυμὸς εἰς χολὴν τρέπεται. Galen. Comm. iii. 27, Progn. (xviii. B. 278) : ὅταν ὁ πυρετὸς ᾖ συνεχὴς εἰς τὰς ἀποστάσεις τρέπεται χρονίζων, &c.

* προτρέπειν: see § 87.

§ XCVII.

Acts, XXVII.

*ἐπιμέλεια. *ἐπιμελῶς. *ἐπιμελεῖσθαι. *ἐμβιβάζειν. *παραινεῖν. *ἀνεύθετος. εὔθετος. βοήθεια. *ὑποζώννυμι. *χειμάζεσθαι. *σάλος. *ἀσιτία. *ἄσιτος. *σιτίον. *διατελεῖν. ἀποτελεῖν. *ἐκτελεῖν. *σκάφη. *εὔθυμος. *εὐθύμως. εὐθυμεῖν. *ἐρείδειν. *ἀπορρίπτειν. ῥίπτειν. *διαφεύγειν. *κολυμβᾶν. *κουφίζειν.

κατέρχεσθαι (verse 5, § 84). *ἐπισφαλής (v. 9, § 82). *συναρπάζειν (v. 15, § 91). *ὑποτρέχειν (v. 16, § 80). χαλᾶν (v. 17, § 61). ἐκπίπτειν (v. 17, § 66). *ἐκβολή (v. 18, § 68). *διϊστάναι (v. 28, § 75). προσδοκᾶν (v. 33, § 74). *ἐξωθεῖν (v. 39, § 83). *βία (v. 41, § 77). περιπίπτειν (v. 41, § 66).

3. "And the next day we touched at Sidon. And Julius courteously entreated Paul, and gave him liberty to go unto his friends *to refresh himself*" (ἐπιμελείας τυχεῖν, "*receive attention*": R. V., marginal rendering).

*ἐπιμέλεια, peculiar to St. Luke, like *ἐπιμελεῖσθαι, was very much employed in medical language to express the care and attention bestowed on the sick and invalids, and perhaps such is its meaning here.

Hipp. Morb. Mul. 597: θεραπείας μὲν ἀπόχρη ὑστερέων, τοῦ δ' ἄλλου σώματος ἐπιμελίην ἔχειν, ὡς καὶ εὐεξίη τοιαύτη οἱ ᾖ. Hipp. Morb. Mul. 612: ἢν δὲ μὴ καὶ ὁ ῥόος ἐπιφαίνεται καὶ ῥεύσεται κατ' ὀλίγον οἷον ἰχὼρ ἐπιμελείης πλείονος δέεται. Hipp. Morb. Acut. 399: ὁκόσοισι δὲ πυρετοὶ ἀσώδεές εἰσι καὶ ὑποχόνδρια συντείνουσι καὶ τὰ ἄκρεα ψύχονται πάντα πλείστης ἐπιμελείας καὶ φυλακῆς δέονται. Hipp. Medicus, 21: αὗται μὲν οὖν ξυμφοραὶ τοιαῦται σαρκός εἰσιν καὶ τὰ μὲν τούτων ἐν ἑτέροις σημεῖα δεδηλῶται καὶ ᾗ χρηστέον ἐστὶν ἐπιμελείᾳ—ἐπεὶ πλεῖον προῆκται τῆς κατ' ἰητρικὴν ἐπιμελείας. Hipp. Artic. 823: πλείστης δὲ ἐπιμελείης δέονται οἷσιν ἂν νηπιωτάτοισιν ἐοῦσιν αὕτη ἡ ξυμφορὴ γένηται. Dioscor. Animal. Ven. 3: τὴν μὲν οὖν τῶν λυσσοδήκτων ἐπιμέλειαν πρώτην ἐξεθέμεθα Galen. Comm. iii. 14, Fract. (xviii. B. 555): ἐπιμέλειάν τε ποιησάμενος τῶν κατὰ τὸ ἕλκος. Galen. Progn. De Decubitu. 4 (xix. 538): διὸ δεῖ σε τῆς κεφαλῆς ἐπιμέλειαν ποιεῖν. Do. (540): χρὴ οὖν τῆς κοιλίας ποιεῖσθαι ἐπιμέλειαν πρὸς τὸ στεγνῶσαι. Galen. Renum Affect. 4 (xix. 669): τινὲς γὰρ καὶ πρὸ τῆς φλεβοτομίας καὶ τῆς λοιπῆς ἐπιμελείας παραλαμβάνουσι τὰ βαλανεῖα διὰ τὴν τῆς ὀδύνης σφοδρότητα, ἕτεροι δὲ ἐὰν οὐδέν ἐστι τὸ καταπεῖγον μετὰ τὴν φλεβοτομίαν καὶ τὴν λοιπὴν ἐπιμέλειαν.

*ἐπιμελεῖσθαι, see § 21.

*ἐπιμελῶς. Luke, xv. 8: "Either what woman having ten pieces of silver, if she lose one piece, doth not light a candle, and sweep the house, and seek *diligently* (ἐπιμελῶς) till she find it?"

Peculiar to St. Luke, and very much used in medical language. Dioscor. Mat. Med. i. 24: μίξον ἐπιμελῶς τὴν ῥητίνην—ἐπιμελῶς ἀποτίθεσο εἰς ἀγγεῖον. Do. 38: κόψας ἐπιμελῶς—ἀλήθουσιν ἐπιμελῶς. Do. 53: δεῖ δὲ ἐπιμελῶς τὸ ἔλαιον τοῦ χυλοῦ χωρίζειν. Do. 62: τὴν ἀκαθαρσίαν ἐπιμελῶς ἀφαιρῶν. Do. 84: ἐσμηχμένον ἐπιμελῶς. Galen. Aliment. Comm. iii. 21 (xv. 344): καὶ δεῖ τὸν ἰητρὸν ἀκριβῶς καὶ ἐπιμελῶς νοῦν προσέχειν. Galen. De Dieb. Decretor. ii. 11 (ix. 883): εἴ τις ἐπιχειρήσειεν ἰατρεύειν ἐπιμελῶς. Galen Offic. Comm. i. 1 (xviii. B. 642): ὡς ἂν ηὐξημένης τῆς φλεγμονῆς ἐσκόπουν ἐπιμελῶς τὸν δοκοῦντα κατὰ φύσιν ἔχειν ὦμον. Galen. Comp. Med. vii. 2 (xiii. 52): ἀνακύψας ἐπιμελῶς. Do. (54): μίξαντες ἐπιμελῶς. Do. (57): λεάνας ἐπιμελῶς. Do. (98): σήσας ἐπιμελῶς.

6. "And there the centurion found a ship of Alexandria sailing into Italy; and he *put us therein*" (ἐνεβίβασεν ἡμᾶς εἰς αὐτό).

*ἐμβιβάζειν, peculiar to St. Luke, was in medical language employed for "to set a dislocated limb," "to place patients in a bath."

Hipp. Artic. 783: τὰ μὲν οὖν νεαρὰ ἐμπίπτει θᾶσσον ἢ ὡς ἄν τις οἴοιτο πρὶν ἢ κατατετάσθαι δοκέειν, ἀτὰρ καὶ τὰ παλαιὰ μούνη αὕτη τῶν ἐμβολέων οἵη τε ἐμβιβάσαι. Hipp. Artic. 827: καὶ οἷσι ἂν μὲν πολὺ πλεῖον ὀλισθῇ τὸ ἄρθρον ἢ ἐκπέσῃ, χαλεπώτερα ἐμβάλλειν τὸ ἐπίπαν ἔστι καὶ ἢν μὴ ἐμβιβασθῇ. Galen. Comm. iii. 19, Artic. (xviii. A. 514): ὅταν εἷς τις σπονδύλων καθ' ὁντιναοῦν τρόπον ἐκπίπτῃ, εἰς τὴν τῆς διαρθρώσεως χαλεπώτατόν ἐστιν ἐμβιβάσαι. Galen. Comm. iii. 24, Artic. (xvii. A. 250): εἰς τὴν κατὰ φύσιν χώραν ἐμβιβάσῃ τὸν παρηρθρηκότα σφόνδυλον. Galen. Medic. Facul. ii. 7 (xi. 481): εἰς δεξαμενὴν ἐμβιβάζοντες ἐλαίου θερμοῦ. Do. xi. 1 (xii. 368): εἶτα πυέλους αὐτῷ πληροῦντες ἐνεβίβαζον ὅλους τοὺς ἀρθριτικούς. Galen. Comp. Med. ii. 2 (xii. 588): ἐμβιβάζειν εἰς ἔμβασιν θερμοῦ. Galen. Comp. Med. ix. 2 (xiii. 227): καὶ ὅταν ἀναχαλασθῇ ἐμβιβάζομεν, ἐν δὲ τῇ ἐμβάσει πλείονα χρόνον κατεχέσθω. Dioscor. Mat. Med. ii. 205: ἔπειτα ἐν βαλανείῳ ἐμβιβαζέσθω. Dioscor. Ven. 17: καὶ ἐμβιβάζειν εἰς θερμόν.

9. "Now when much time was spent, and when sailing was now dangerous, because the fast was now already past, Paul *admonished* (παρῄνει) them."

* παραινεῖν, peculiar to St. Luke, and used again v. 22, was the word employed for a physician giving his advice.

Hipp. Acut. Morb. 383: ἦν μὲν οὖν ταῦτα ἀγαθὰ ἦν καὶ ἁρμόζοντα τοῖσι νουσήμασιν ἐφ' οἷσιν παρῄνεον διδόναι. Hipp. Fract. 757: ἔπειτα ἐπιδεέτω τάς τε ἀρχὰς βαλλόμενος ἐπὶ τὸ κάτηγμα καὶ τἆλλα πάντα ὥσπερ πρότερον παρῃνέθη χειριζέτω. Hipp. Fract. 765: μηχανοποιέεσθαι χρὴ οἷά περ ἐν τῷ βραχίονι τῷ διαστρεφομένῳ παρῄνηται. Hipp. Nat. Hom. 229: τοῦτον χρὴ τὸν χρόνον τὰς παραινέσιας ποιέεσθαι τοῖσιν ἀνθρώποισι τοιάσδε. τὰ μὲν διαιτήματα μὴ μεταβάλλειν, ὅτι γε οὐκ αἴτιά ἐστι τῆς νόσου. Galen. Comm. ii. 85, Praedic. (xvi. 674): τοῦτο δ' ἐπὶ τέλει τοῦ προγνωστικοῦ παραινέσας ὁ Ἱπποκράτης. Galen. De Temper. ii. 6 (i. 640): Ἱπποκράτης ὀρθότυτα παρῃνημένον, τοῦ δεῖν ἐπισκέπτεσθαι τὰς μεταβολάς. Galen. San. Tuend. iv. 5 (vi. 264): τοῦτο μὲν οὖν ὑφ' Ἱπποκράτους διὰ βραχυτάτου παρῄνηται ῥήματος, εἰπόντος, πέπονα φαρμακεύειν, μὴ ὠμά. Galen. De Dieb. Decretor. i. 11 (ix. 825): ταῦτ᾽ οὖν αὐτὰ καὶ Ἱπποκράτης εὐθὺς κατ᾽ ἀρχὰς τῶν ἀφορισμῶν παραινεῖται. Galen. Meth. Med. iv. 4 (x. 273): ἀλλὰ κᾀπὶ τῶν ἄλλων ἁπάντων νοσημάτων τοῦτο ποιητέον ἐστὶν, ὡς οἱ παλαιοὶ παραινοῦσιν. Galen. Comp. Med. iv. 8 (xii. 752): μετὰ τὰς ἐγχρίσεις λούεσθαι παραινοῦντες.

12: "And because the haven was *not commodious* (ἀνευθέτου) to winter in."

* ἀνεύθετος. This passage appears to be the only one in any Greek writer in which this word occurs. εὔθετος and ἄθετος are of frequent occurrence in medical language, and ἀνεύθετος was probably the form employed by St. Luke to express the opposite of εὔθετος instead of the usual word ἄθετος (see εὔθετος, § 51, and compare συνθρύπτειν, § 93). Dioscor. Mat. Med. i. 151: ῥόα—ἐπὶ μὲν τῶν πυρεσσόντων ἐστὶν ἄθετος. Do. 159: μηλέας τὰ φύλλα—ἄθετα τῷ νευρώδει παντί. Do. 183: σῦκα—ἄθετα δὲ ῥευματισμοῖς στομάχου καὶ κοιλίης· βρόγχῳ δὲ καὶ ἀρτηρίᾳ καὶ κύστει καὶ νεφροῖς εὔθετα. Do. ii. 123: ἄθετον μὲν πρὸς ἰατρικὴν χρῆσιν, πρὸς δὲ τὰ λοιπὰ εὔθετον. Do. 129: φακός—ἄθετος πρὸς τὰ νευρώδη καὶ πνεύμονα καὶ κεφαλήν. Do. v. 9: κύστει ἄθετος· πρὸς δὲ τὰ θανάσιμα τῶν ἄλλων εὐθετώτερος — ἄθετοι δὲ τοῖς αἱμοπτοϊκοῖς.

εὔθετος: see § 51.

17. "Which when they had taken up, they used *helps* (βοηθείαις), *undergirding* (ὑποζωννύντες) the ship."

* ὑποζώννυμι is peculiar to St. Luke. Both this word and βοήθεια would seem to have been employed by St. Luke here owing to their use in medical language. He is the only writer who employs this particular compound of ζώννυμι for undergirding a ship, as the passage in Polybius, where the word occurs in connection with ships, does not refer to this process, but generally to getting ships ready for sea. Polyb. xxvii. 3. 3.: καὶ μ᾽ ναῦς συμβουλεύσας τοῖς Ῥοδίοις ὑποζωννύειν. Appian uses διαζώννυμι for frapping a ship, as

St. Luke does ὑποζώννυμι, Appian, B.C. v. 91: ἐκ τῶν δυνατῶν διαζωννυμένους τὰ σκάφη· and other writers ζώννυμι, Apollonius Rhodius, i. 368: νῆα—ἔζωσαν πάμπρωτον ἐϋστρεφεῖ ἔνδοθεν ὅπλῳ. ὑποζώματα was the term for the ropes used in undergirding, but ὑπόζωμα too had a medical origin, as its primary meaning was the diaphragm. Aristotle, Hist. Animal. iii. 1–3, 12, 13, 14, and Galen. Loc. Affect. v. 4 (viii. 328): διαφράγμα καλοῦσιν. Ἀριστοτέλης δὲ ὠνόμαζεν ὑπόζωμα τὸ μόριον τοῦτο τοῦ ζώου. Compare Plato, Legg. xii. 3: καθάπερ νεὼς ἢ ζώου τινὸς οὓς τόνους τε καὶ ὑποζώματα καὶ νεύρων ἐπιτόνους—προσαγορεύομεν.

The word ὑποζώννυμι was a very common one with medical men, as it was applied to a membrane which lined, undergirded, or strengthened some part of the body. The membrane investing the thorax, viz. the pleura, was in particular named ὁ ὑπεζωκώς, "the undergirder," or ὁ τὰς πλευρὰς ὑπεζωκώς. Aret. Sign. Acut. Morb. 10: ὑπὸ τῇσι πλευρῇσι καὶ τῇ ῥάχει καὶ τῷ ἔνδον θώρηκι ἄχρι κλειδῶν ὑμὴν λεπτὸς κραταιὸς ὑπέστρωται, τοῖσι ὀστέοισι προσπεφυκώς, ὑπεζωκὼς τοὔνομα. Galen. Usus Part. vii. 21 (iii. 597): ἄνωθεν δὲ ἡ βάσις τοῦ τὰς πλευρὰς ὑπεζωκότος, ὑποτέτακται γὰρ οὗτος ἅπαντι τῷ κύτει τοῦ θώρακος ἔνδον, ἐν οἷς μὲν χωρίοις ὑπαλείφει τὰ τῶν πλευρῶν ὀστᾶ. It was therefore only natural for St. Luke to apply to the undergirding of the ship a word which was used in medical language in an analogous way to express the undergirding of parts of the human body, especially as a ship's sides were called πλευραί.—Theognis, 513.

Νηός τοι πλευρῇσιν ὑπὸ ζυγὰ θήσομεν ἡμεῖς.

Aretaeus, Sign. Morb. Diuturn. 43: ἐν πλεύμονι ἢ ὑπεζωκότι ἐν πλευρῷ—θώϋμα δὲ ὅκως ἐξ ὑμένος λεπτοῦ τε καὶ ἰσχνοῦ, τοῦ ὑπεζωκότος, τοσόνδε ῥέει πύον. Do. 73: δοκέει δέ κοτε τῆς διπλόης τῆς ὑστέρης, ὁ ἔνδον ὑπεζωκὼς χιτών, εὖτε ἀποσπᾶται τοῦ ξυναφέος. Galen. Usus Part. ix. 14 (iii. 743): εἴρηται περὶ γλώττης καὶ τοῦ τὸ στόμα πᾶν ὑπεζωκότος ὑμένος. Galen. Usus Part. xi. 17 (iii. 920): ὥσπερ ὁ χιτὼν τὸν λάρυγγά τε καὶ τὴν τραχεῖαν ἀρτηρίαν ὅλην ὑπεζωκως ένδοθεν. Galen. Loc. Affect. ii. 5 (viii. 122): εγγύς μεν της καρδίας ο τε υπεζωκώς και ο πνεύμων. Galen. Progn. ex Puls. iv. 5 (ix. 401): ο υπεζωκώς τας πλευράς χιτών. Galen. Medicus, 11 (xiv. 711): τοῦ τε υπεζωκότος τας πλευράς υμένος.

βοήθεια is used but once again in the N. T. (Heb. iv. 16). Both it and βοήθημα were great medical words, applied not only to the aid given by the physician and by medicine, but also to the mechanical contrivances in the human body for the support and bracing of its parts, likewise to artificial supports, such as bandages. Aristotle uses the word of these supports of the animal frame, *e.g.* De Part. Animal. ii. 8: τα μεν οὖν έχει των ζώων εντός την τοιαύτην βοήθειαν, ένια δε των αναίμων εκτός; and it is remarkable that he too, as well as St. Luke, applies it to some description of gear used on board ship during storms at sea. Aristotle, Rhetorica. ii. 5: διχώς γαρ απαθείς γίγνονται οι άνθρωποι ή τω μη πεπειράσθαι, ή τω βοηθείας έχειν· ώσπερ εν τοις κατά θάλατταν κινδύνοις, ούτε άπειροι χειμώνος θαρρούσι τα μέλλοντα· και οι βοηθείας έχοντες δια την εμπειρίαν.

The medical writers apply it to ligaments, muscles, the peritoneum, pancreas, &c.

Galen. Usus Part. xii. 7 (iv. 24): διττήν, ως μηδέν πάσχειν, η φύσις ετεχνήσατο βοήθειαν, εγγλύψασα μεν του πρώτου σπονδύλου το ταύτη μέρος—και σύνδεσμον· ισχυρόν εγκάρσιον έξωθεν αυτώ περιθείσα. Galen. Anat. Administr. iv. 3 (ii. 430): των πλαγίων ινών άμα ταις εγκαρσίαις, διά το μήκος του τραχήλου, το παν έργον ικανώς εργαζομένων άνευ της παρά των ορθίων βοηθείας. Galen. Comm. iv. 40, Artic. (xviii. A. 733): ουδενός έξωθεν άλλου τοιούτου σφίγγοντος την διάρθρωσιν, ούτε των μυών· ουδέ γαρ ουδέ παρά τούτων ολίγη τις εστι βοήθεια προς το μη ραδίως εκπίπτειν τα άρθρα. Galen. Usus Part. i. 17 (iii. 49): επεί δ' ην αναγκαίον άγεσθαι δια μακρού τους τένοντας και κίνδυνος ην εν γυμνώ σαρκών χωρίω γυμνούς όντας αυτούς θλίβεσθαί τε και τέμνεσθαι και θερμαίνεσθαί τε και ψύχεσθαι ραδίως βοήθείαν αυτοίς εμηχανήσατο την των υμένων ουσίαν—ή φύσις. Galen. Usus Part. iv. 9 (iii. 291): τετάρτη δε χρεία του περιτοναίου τούτου σκεπάσματος, ακριβώς περιτεταμένου και σφίγγοντος άπαντα—ου σμικρά δ' ουδέ ή του περιτοναίου βοήθεια. Galen. Usus Part. v. 2 (iii. 344): μεγάλης ούν βοηθείας εδείτο το χωρίον τούτο εις ασφάλειαν—ήν ή φύσις επισταμένη αδενώδές τι σώμα δημιουργήσασα το καλούμενον πάγκρεας υπεστόρεσέ τε και περιέβαλεν εν κύκλω πάσι. Galen. Usus Part. v. 16 (iii. 404): ή δε κύστις εις μεν τούτο βοηθείας ου πάνυ τι μεγάλης δείται κλείεσθαί γε δυναμένη και χωρίς μυός. Galen. Usus Part. ix. 7 (iii. 712): ώσπερ αι της καρδίας διά την σκληρότητα του σώματος αυτής άθλιπτοι μένουσιν ουδεμιάς εις τούτο βοηθείας έξωθεν δεόμεναι. Galen. Comm. iii. 1, Artic. (xviii. B. 817), of artificial appliances: ώστε και νυν τα μεν απεληλυθότα προσακτέον εστί και δι' άλλων μεν βοηθημάτων και δι' επιδέσμων.

St. Luke had thus the two words ὑποζώννυμι and βοήθεια in his professional language used in a way similar to that in this passage.

18. "And we being exceedingly *tossed with a tempest* (χειμαζομένων), the next day they lightened the ship."

* χειμάζεσθαι, peculiar to St. Luke, was used in medical language for to be tossed by fever—to be chilled in it—to be exposed to cold.

Hipp. Progn. 46: οι μέντοι πλείονες αυτών άρχονται μεν πονέεσθαι τριταίοι χειμάζονται δε μάλιστα πεμπταίοι. απαλλάσσονται δε εναταίοι ή ενδεκαταίοι. Galen. De Crisibus, iii. 11 (ix. 755): χειμάζονται δε πεμπταίοι μάλιστα. Galen. Tremor. 7 (vii. 636): ὃ και τοις τεταρταϊκαίς περιόδοις εστίν ωφελιμώτατον, και μάλισθ' όταν υπό ρίγους σφοδρού χειμάζωνται. Hipp. Rat. Vic. 367: αγαθόν γαρ τω σώματι χειμάζεσθαι εν τη ώρη ουδέ γαρ τα δένδρα μη χειμασθέντα εν τη ώρη δύνανται καρπόν φέρειν.

* σάλος, Luke, xxi. 25: "The sea and the *waves* (σάλου) roaring."

This word, also peculiar to St. Luke, was applied to the

tossing and uneasiness of the sick. Galen. De Dieb. Decretor. i. 9 (ix. 812): μήτε τὴν πρώτην ἡμέραν μήτε τὴν δευτέραν ὑποληπτέον εἶναι κρισίμους, ὁ γὰρ οἷον σάλος ὁ προηγούμενος τῆς λύσεως οὐδαμῶς ἐπιφανὴς ἐν ταύταις γίνεται. Galen. De Dieb. Decretor. iii. 8 (ix. 917): ἀρχὴν δὲ τῶν μετὰ σάλου τινὸς ἀλλοιουσῶν ὀξέως τὰς νόσους ἡμερῶν τὴν τρίτην ἀπὸ τῆς ἀρχῆς θετέον. Do. ii. 5 (ix. 863): οὐ γὰρ τὴν λύσιν ἁπλῶς εἶναι κρίσιν ἀλλ᾽ ἤτοι τὴν ἀθρόαν ἢ τὸν πρὸ ταύτης σάλον. Do. ii. 5 (ix. 866): ὅτι μὲν γὰρ ἐκλύεται κατὰ βραχὺ τὰ δι᾽ ἀγῶνός τε καὶ σάλου παύεσθαι τὰ νοσήματα χρονίζοντα καλῶς εἴρηται· Galen. De Crisibus, i. 20 (ix. 637): κάλλιον γὰρ οὐ μόνον ὅτι κατὰ τόνδε τὸν καιρὸν ἡ νόσος ἀθρόαν ἕξει τὴν λύσιν ἀλλὰ καὶ πότερον μετὰ μεγάλου τινὸς ἀγῶνος ἢ χωρὶς σάλου τε καὶ κινδύνου παντὸς ἐπίστασθαι.

21. "But after long *abstinence* (ἀσιτίας) Paul stood forth in the midst of them, and said."

* ἀσιτία, peculiar to St. Luke, was much in use in medical language. Hipp. Morb. 454: τήκεται ὁ ἀσθενῶν ὑπὸ ὀδυνέων ἰσχυρῶν καὶ ἀσιτίης καὶ βηχός. Aretaeus, Sign. Acut. Morb. 2: ναυτία τὰ πολλὰ μὲν ἐπὶ σιτίοις οὐχ ἥκιστα δὲ καὶ ἐπ᾽ ἀσιτίησι. Aret. Sign. Morb. Diuturn. 67: βάρος μὲν ἐπ᾽ ἀσιτίῃ, ἔνθαδε τὸ πάθος. Aret. Cur. Acut. Morb. 95: μηδ᾽ ἐπ᾽ ἀσιτίης ἔῃ. Aret. Cur. Acut. Morb. 101: ἐπ᾽ ἀσιτίης μίην ἡμέραν φυλάξαντα. Galen. Comm. i. 12, Morb. Acut. (xv. 436): τούς τε μακραῖς ἀσιτίαις καταπονοῦντας. Galen. Comm. i. 43, Morb. Acut. (xv. 508): τοῖς οὖν ὀλίγον διαπνεομένοις ἐγχωρεῖ ἄκραν ἀσιτίαν συμβουλεύειν. Galen. Morb. Acut. ii. 18 (xv. 548): ἐν ταῖς πρώταις ἡμέραις ἐν ἀσιτίᾳ παντελεῖ φυλάξαντες τοὺς κάμνοντας. Galen. Comm. ii. 43, Morb. Acut. (xv. 593): τοὺς ἰατροὺς μεταβάλλειν τὴν δίαιταν ἐκ τῆς ἀσιτίας εἰς τὰ ῥοφήματα. Galen. Comm. ii. 44, Morb. Acut. 4 (xv. 595): πρόδηλόν ἐστι καταξηράνθαι διὰ τῆς ἀσιτίας ἀμέτρως τοὺς κάμνοντας.

* ἄσιτος, xxvii. 33: "And while the day was coming on, Paul besought them all to take meat, saying, This day is the

fourteenth day that ye have tarried and continued *fasting* (ἄσιτοι), having taken nothing."

*ἄσιτος, peculiar to St. Luke, was much used in medical language. It is met in connexion with διατελεῖν, as in this passage: *see infra*, under διατελεῖν. Hipp. Intern. Affect. 532: καὶ ᾗ πυριηθῇ ἡμέρῃ ἄσιτος ἔστω πλὴν ἀλεύρου ἐφθοῦ. Hipp. Superfoet. 262: ἄσιτος δὲ ταῦτα ποιείτω. Hipp. Epid. 1096: καὶ κῶμα παρείπετο, ἄσιτος, ἄθυμος, ἄγρυπνος. Hipp. Epid. 1142: ἀνὴρ νούσῳ εἴχετο, ὁκότε ἄσιτος εἴη ἔμυσεν αὐτοῦ ἐν τῇ γαστρὶ ἰσχυρῶς καὶ ὠδυνᾶτο. Hipp. Vet. Med. 12: φημὶ δὲ καὶ τοὺς ἄλλους ἀνθρώπους ἅπαντας οἵτινες ἂν ἄσιτοι δύο ἢ τρεῖς ἡμέρας γένωνται ταῦτα πείσεσθαι. Aret. Cur. Acut. Morb. 104: ἀσίτῳ δὲ τὰ φαρμακώδεα. Dioscor. Ven. Animal. 19: δεῖ δὲ μὴ ἄσιτον εἶναι τὸν ἐκμυζῶντα. Galen. Different. Febr. i. 11 (vii. 320): εἰ δὲ κἂν τῇ τρίτῃ τῶν ἡμερῶν ἄσιτος ὑπερβάλλειν ἐθελήσειε. Galen. Meth. Med. x. 3 (x. 677): τὸν παροξυσμὸν ἐπιτρέψαμεν ὑπερβάλλειν ἀσίτῳ. Galen. Ven. Sect. 9 (xi. 242): ἕως μεσημβρίας ἄσιτος διατρῖψαι.

*σιτίον, Acts, vii. 12: "But when Jacob heard that there was corn (σιτία) in Egypt, he sent out our fathers first."

Peculiar to St. Luke. σῖτος is the word in the LXX., Gen. xlii. 1. σιτίον is the word used invariably by the medical writers for "food."

Hipp. Acut. Morb. 392: ἀγρυπνίη ἰσχυρὴ πόματα καὶ σιτία ὠμὰ καὶ ἀπεπτότερα ποιέει. Hipp. Affect. 526: πάσχει δὲ ταῦτα τὸ φλέγμα καὶ ἡ χολὴ καὶ ἀπὸ σιτίων καὶ ἀπὸ ποτῶν. Hipp. Affect. 527: ὁκόταν ἢ σιτίων ἢ ποτῶν προστιθέναι ἄρξῃ ἢ ἀφαιρέειν. Hipp. Affect. 528: ἔστι δὲ τῶν σιτίων καὶ τῶν ποτῶν ἃ τὴν δύναμιν ἔχει ταύτην τάδε. Hipp. Intern. Affect. 533: καὶ σιτίοισι καὶ ποτοῖσι τοῖς αὐτοῖς χρεέσθω. Aretaeus, Sign. Morb. Diuturn. 65: ἀχθηδὼν ἐς πάντα καὶ φυγὴ, καὶ μῖσος σιτίων. Do. 71: τὰ σιτία ἐκ τῶνδε ἐς τὰ κάτω διεκθέει ὑγρά. Galen. Comm. 2, Nat. Hom. (xv. 117): διαιτήματα καλοῦσιν ἐνίοτε μὲν αὐτὰ μόνα τὰ σιτία καὶ τὰ ποτά. Galen. Comm. 6, Nat. Hom. (xv. 132): περὶ μὲν οὖν τῆς τῶν σιτίων πέψεως τῆς ἐν γαστρί. Galen. Comm. iii. 19, Humor.

(xvi. 429): τὴν δίαιταν καὶ τὰ σιτία καὶ τὰ ποτὰ δεῖ προσφέρειν.

33. "*Ye have continued fasting*" (ἄσιτοι διατελεῖτε).

*διατελεῖν is peculiar to St. Luke, and, like ἀποτελεῖν, very much used in medical language, *in which it is met with in connexion with* ἄσιτος, *as in this passage of St. Luke*.

Galen. Ven. Sect. 9 (xi. 242): εἴ ποτε ἄσιτος διετέλεσεν. Galen. Med. Facul. i. 31 (xi. 435): καὶ ἄδιψοι διατελοῦσιν. Galen. Ven. Sect. 5 (xi. 166): πάντες ἀπαθεῖς νοσημάτων διατελοῦσι. Galen. Comm. vii. 40, Aph. (xviii. A. 143): ἢν φόβος ἢ δυσθυμία πολὺν χρόνον ἔχουσα διατελέῃ. Galen. Comm. iv. 19, Aph. (xvii. B. 679): ἐπὶ δὲ τοῖς ἐναντίοις ἄδιψοι μέχρι πλείστου διατελοῦσι. Galen. Comp. Med. vii. 2 (xiii. 19): φαρμάκοις χρώμενοι διατελῶσιν. Hipp. Judicat. 52: ἀπονώτεροι γὰρ διατελέουσιν καὶ ἀκίνδυνοι. Hipp. Intern. Affect. 533: καὶ γὰρ οἱ πολλοὶ πλευμορρωγέες ἐόντες διατελέουσιν ἕως ἂν ἀποθάνωσι—οὗτος μέχρι μὲν τεσσαρεσκαίδεκα ἡμερέων τοιαῦτα πάσχων διατελέει. Hipp. Epid. 940: οὐδ' ἐς ὀλίγον πεπασμὸς ἦν ἀλλὰ διετέλεον ὠμὰ πτύοντες. Hipp. Aph. 1257: ἢν φόβος ἢ δυσθυμίη πουλὺν χρόνον διατελέῃ, μελαγχολικὸν τὸ τοιοῦτον.

ἀποτελεῖν. Luke, xiii. 32: see § 17.

*ἐκτελεῖν. Luke, xiv. 29: "Lest haply, after he hath laid the foundation, and is not able *to finish it* (ἐκτελέσαι), all that behold it begin to mock him."

*ἐκτελεῖν is peculiar to St. Luke, and used by medical writers, but not with the frequency of ἀποτελεῖν and διατελεῖν.

Galen. Mot. Muscul. v. 4 (iv. 439): ἀλλὰ καὶ τούτους μύας ἐπὶ τῶν κοιμωμένων ὁρῶμεν τὸ σφέτερον ἔργον ἀμέμπτως ἐκτελοῦντας. Galen. Usus Part. xi. 19 (iii. 935): καὶ διὰ τοῦτο σαφὴς αὐτῶν ἡ σύνθεσις ἐγένετο, πρὸς τῷ καὶ πολλαχῇ τὰς ἄλλας χρείας ἐκτελεῖν—ἢ διερχομένων τινῶν ὀργάνων δι' αὐτῶν, ἢ συνδουμένων ἢ διαπνεόντων τῶν περιττωμάτων ἢ δυσπαθείας ἕνεκα. Galen. Theriac. ad Pison. 16 (xiv. 282): ἀναλίσκουσα τὰ περιττώματα τῶν ὑγρῶν καὶ ἀναθερμαίνουσα τὰ κατεψυγμένα τῶν μερῶν καὶ τὴν ἔμφυτον δύναμιν τονοῦσα πρὸς τὸ τὰς φυσικὰς ἐνεργείας ἐκτελεῖσθαι καλῶς. Galen. Med. Defin. 77 (xix. 367): νεῦρα τὰ ἀπ' ἐγκεφάλου καὶ μηνίγγων ἐκπεφυκότα, κοινά, ξηρότερα καὶ ἧττον θερμότερα φλεβῶν καὶ ἀρτηριῶν αἰσθητικώτερα τὰς προαιρετικὰς κινήσεις ἐκτελοῦντα. Galen. Med. Dif. 252 (xix. 418) : ἠχόν τινα ἐκτελεῖν.

32. "Then the soldiers cut off the ropes of *the boat* (τῆς σκάφης), and let her fall off."

*σκάφη, peculiar to St. Luke, was the medical name of the moveable bath; σκαφίς, that of a measure for medicine; and σκαφοειδές, that of a bone. Hipp. Morb. Acut. 403: θερμῷ προσβρέχων ἐν σκάφῃ. Hipp. Morb. Acut. 405: ἐν σκάφῃ κατακλίνειν. Hipp. Morb. 491 : τὰ δὲ κάτω θερμαίνειν ἐν σκάφει ὕδατος θερμοῦ. Galen. Comm. iv. 91, Morb. Acut. (xv. 887): καὶ τὸ δι' ὕδατος καὶ δι' ἐλαίου θερμαίνειν τε καὶ παρηγορεῖν ἐν τῇ σκάφῃ πυριῶντα—ἄδηλον πότερον ἐν τῇ σκάφῃ πυριώμενον αὐτὸν ἢ καὶ χωρὶς ἐκείνης κοιμᾶσθαι κελεύει. Galen. San. Tuend. i. 10 (vi. 51): λούουσι μὲν ἐν σκάφαις αἱ τροφοὶ κἀνταῦθα τοὺς παῖδας, ἕως ἂν εἰς τὸ δεύτερον ἢ καὶ εἰς τὸ τρίτον ἔτος ἀπὸ γενετῆς ἵκωνται. Hipp. Morb. 484: ὅσον σκαφίδα σμικρὴν ξυμπάντων πίνειν. Hipp. Morb. Mul. 632 : βόλβιτον πλάσαι ὅσον σκαφίδα. Galen. Medicus, 12 (xiv. 725): τοῖς δὲ τῆς κνήμης ὀστοῖς καὶ τῷ σκαφοειδεῖ— τὸ δὲ σκαφοειδὲς καθὰ μὲν συμβάλλει τῷ ἀστραγάλῳ κεκοίλωται, ὡς σκαφοειδὲς δοκεῖν εἶναι—συνήρθρωται δὲ πρὸς τὸ σκαφοειδὲς καὶ τὴν πτέρναν.

* εὔθυμος, 36 : "Then were they all *of good cheer* (εὔθυμοι), and they also took some meat."

εὐθυμεῖν, 22: "And now I exhort you *to be of good cheer*" (παραινῶ ὑμᾶς εὐθυμεῖν). 25. "Wherefore, sirs, *be of good cheer*" (εὐθυμεῖτε).

* εὐθύμως, xxiv. 10: "Forasmuch as I know that thou hast been of many years a judge unto this nation, I do *the more cheerfully* (εὐθυμότερον) answer for myself."

These three words are peculiar to St. Luke, with the exception that εὐθυμεῖν is once used elsewhere in the N. T. (James, v. 13). They are used in medical language in reference to the sick keeping up spirit, as opposed to ἀθυμία and δυσθυμία. εὐθυμεῖν παραινῶ, v. 25, has all the look of a doctor's expression, παραινεῖν being the term for a physician giving his advice : see παραινεῖν, *supra*, page 271.

Hipp. Praedic. 86 : καὶ ὀγκηρότερον αὐτοῦ τὸ σῶμα φανεῖται καὶ λιπαρώτερον καὶ εὐχρούστερον ἔσται, ἔσται δὲ καὶ εὐθυμότερός ἐν τῇ ταλαιπωρίῃ. Hipp. Epid. 1160 : ἐνέπιπτον ἀθυμίαι καὶ ἀπαλλαγῆς βίου ἐπιθυμίη ὅτε δὲ πάλιν εὐθυμίη. Hipp. Epid. 1184 : ἡ δ' εὐθυμίη ἀφίει καρδίην. Hipp. Epid. 1233 : ἐνέπιπτον ἀθυμίαι, ὅτε δὲ πάλιν εὐθυμίη. Aretaeus, Cur. Acut. Morb. 83 : πάντα γὰρ εὐθυμέεσθαι χρὴ, μάλιστα τοῖσι ἐς ὀργὴν ἡ παραφορή. Aret. Cur. Morb. Diuturn. 129 : κὴν ἐπὶ πᾶσι μὲν ἡ κεφαλαίη ἐπιμίμνῃ ὁ δὲ νοσέων εὔθυμος ᾖ ὁ τόνος τοῦ σώματος ἀγαθός. Aret. Cur. Morb. Diuturn. 108 : ψυχῆς ἀταραξίη, εὐθυμίη. Aret. Cur. Morb. Diuturn. 134 : εὐθυμίη δὲ καὶ εὐελπιστίη τίθησι τοὺς νοσέοντας τλήμονας. Aret. Sign. Morb. Diuturn. 38 : δύσθυμοι μὲν ἀλόγως οἷσι ἐς σκυθρωπὸν ἡ μανίη τρέπεται, οἷσι δὲ ἐς θυμηδίην εὔθυμοι—κὴν ἀπομένωσι εὔθυμοι, ἀκηδέες. Aret. Sign. Morb. Diuturn. 64 : στόμαχος ἡδονῆς καὶ ἀηδίης ἡγεμών, καρδίας καίριον γειτόνευμα ἐς τόνον καὶ θυμὸν ἢ ἀθυμίην. Galen. Comm. ii. 47, Epid. vi. (xvii. A. 997) : ὅσοι γὰρ ἐν σφαλεροῖς νοσήμασι, πλέον ἢ προσῆκεν τοὺς κάμνοντας εὐθύμους ποιοῦσι, πολλαπλασίαν αὐτοῖς ἀθροίζουσι δυσθυμίαν ἐν ταῖς ἑξῆς ἡμέραις. Galen. San. Tuend. iii. 4 (vi. 186) : ἔστω δὲ καὶ τὴν ψυχὴν εὔθυμός τε καὶ φαιδρὸς ὁ μέλλων χρήσασθαι τῷ ψυχρῷ.

41. "And falling into a place where two seas met, they ran the ship aground ; and the forepart *stuck fast* (ἐρείσασα), and remained unmoveable."

*ἐρείδειν, peculiar to St. Luke, was of frequent use in medical language to express disease settling in some part of the body—the fixing firmly of some surgical appliance—the resting heavily on some part of the body.

Hipp. Intern. Affect. 533 : καὶ οἴδημα κατέρχεται ἐς τὸ πρόσωπον καὶ ἐς τὰ στήθεα καὶ ἐς τοὺς πόδας, πολλάκις δὲ καὶ ἐς τὴν κεφαλὴν ἐρείδει. Hipp. Morb. Mul. 671: ἐὰν ἐγκέωνται ἐς τοὺς βουβῶνας καὶ ἐρείδωσιν. Hipp. Fract. 755: τοτ' ἔπειτα χρὴ τοὺς νάρθηκας ἐρείσασθαι μάλιστα μὲν κατὰ τὸ κάτηγμα—χρὴ δὲ διὰ τρίτης ἐρείδειν τοῖσι νάρθηξιν πάνυ ἡσυχῇ. Hipp. Artic. 811: ἢ εἴ τις ἀφ' ὑψηλοῦ τοῦ χωρίου πεσὼν ἐρείσειε τοῖσιν ἰσχίοισιν ἢ τοῖσιν ὤμοισιν. Aretaeus, Sign. Acut. Morb. 22: μετεξετέροισι δὲ ἐς τὸ ἱερὸν ὀστέον ἐρείδει καὶ ἐς μηρούς. Aret. Cur. Morb. Diuturn. 128: τὴν δὲ ἑτέρην σικύην τὴν μεσηγὺ τῶν ὠμοπλατέων ἐρείδειν. Galen. Comm. i. 12, Humor. (xvi. 115): πρὸς τούτοις καὶ ὀδύναι καθ' ὁτιοῦν ἐρείδουσαι μόριον. Galen. Comm. i. 2, Epid. vi. (xvii. A. 801): ἐρειδούσας ἔχειν τὰς ὀδύνας εἰς τὸ βρέγμα. Galen. Comm. i. 10, Fract. (xviii. B. 351): συμβαίνει τοῦ δὲ βραχίονος τὸ γιγγλυμοειδὲς ἐν τῇ τοῦ πήχεως ἐρηρεῖσθαι βαθμίδι.

38. "And when they had eaten enough, *they lightened* (ἐκούφιζον) the ship, and cast out the wheat into the sea."

* κουφίζειν, peculiar to St. Luke, was much used in medical language for "to lighten" or "assuage disease," "to be relieved from illness." Hipp. Coac. Predic. 209: ἱδρὼς ἄριστος μὲν ὁ λύων τὸν πυρετὸν ἐν ἡμέρῃ κρισίμῳ, χρήσιμο ςδὲ καὶ ὁ κουφίζων. Hipp. Epid. 979: προσθεμένη δὲ ταῦτα μὲν ἐκουφίσθη. Hipp. Epid. 987: περὶ μὲν ὑποχόνδρια μικρὰ ἐκουφίσθη. Hipp. Epid. 1102): καὶ τὰ περὶ τὴν ἄσην ἐκούφισεν. Hipp. Epid. 1239: καὶ ὁ πυρετὸς ἐπραΰνετο καὶ τὰ ὅλα ἐκουφίσθη. Dioscor. Mat. Med. i. 107: κουφίζει δὲ καὶ τὰ οἰδήματα καὶ φλεγμονάς. Dioscor. Mat. Med. ii. 69: καὶ ἐπιτεθεῖσα σκορπιοπλήκτους κουφίζει. Galen. Comm. i. 14, Humor. (xvi. 154): μᾶλλον δὲ καὶ βλάπτειν. ἐνίοτε τῷ καταλῦσαι τὴν δύναμιν ἄνευ τοῦ τὸ πάθος κουφίσαι. Galen. Comm. iii. 3, Epid. ii.: ἐκκρίσεις αἱ τὰς νόσους σχεδὸν κουφίζειν μέλλουσιν. Galen. Comp. Med. iii. 1 (xii. 652): τοῦτο ἄγει ῥύπον ἱκανὸν καὶ παραχρῆμα κουφίζει.

42. "And the soldiers' counsel was to kill the prisoners, lest any of them should swim out, and *escape*" (διαφύγῃ).

* διαφεύγειν, peculiar to St. Luke, was in medical language used for "to escape from," or "survive an attack of illness," "to have a narrow escape." Hipp. Praedic. 98: ὡς ἂν τούς τε πυρετοὺς διαφεύγωσιν οἱ ἄνθρωποι καὶ τὰς αἱμορραγίας. Hipp. Coac. Progn. 147: ταύτας δὲ διαφεύγοντες σώζονται. Hipp. Coac. Progn. 175: οἱ δὲ διαφεύγοντες ἔμπυοι γίνονται. Hipp. Morb. Acut. 391: καὶ ὡς ἐπιτοπολὺ ἀποθνήσκουσιν, οἱ δὲ διαφεύγοντες ἢ μετὰ ἀποστήματος ἢ αἵματος ῥύσιος ἐκ τῆς ῥινὸς ἢ πύον παχύ πτύσαντες διαφεύγουσιν. Hipp. Morb. 480: ἢν δὲ καὶ ταύτας διαφύγῃ ὑγιάζεται. Hipp. Morb. 490: ταύτας δὲ διαφυγὼν ὑγιὴς γίνεται. Hipp. Morb. 493: δέκα δὲ ἡμέρας διαφυγὼν. τὴν μὲν πλευρῖτιν ὑγιὴς γίνεται—οὗτος τὴν ἑβδόμην διαφυγὼν ὑγιαίνει. Hipp. Epid. 1194: καὶ οἱ μὲν διέφυγον οἱ δὲ ἀπώλλυντο. Aretaeus, Sign. Acut. Morb. 11: δέος τότε μᾶλλον μὴ πνεύμων ἀθρόον τὸ πύος ἑλκύσας ἀποπνίξῃ τὸν ἄνθρωπον, τὰ πρῶτα καὶ τὰ μείζω διαφυγόντα κακά. Galen. Epid. i. Comm. iii. 4 (xvii. A. 272): πότερον δὲ διαφεύξεται τὴν νόσον ἢ τεθνήξεται. Galen. Comm. vii. 50, Aph. (xviii. A. 155): ἢν δε ταύτας διαφεύγωσιν ὑγιέες γίνονται.

43: "But the centurion, willing to save Paul, kept them from their purpose; and commanded that they which could *swim* (κολυμβᾶν) should *cast themselves* (ἀποῤῥίψαντας) first into the sea, and get to land."

*ἀποῤῥίπτειν, peculiar to St. Luke, was much used by the medical writers in various significations. Hipp. Epid. 1212: καὶ τὸ ἱμάτιον ἔστιν ὅτε ἀποῤῥίπτει. Hipp. Epid. 1233: ἀπὸ τοῦ στήθεος τὸ ἱμάτιον ἀπέῤῥιπτε. Galen. Comm. i. 12, Humor. (xvi. 146): ὅταν τὰ τῶν ἐντέρων ἕλκη κατὰ τὰς δυσεντερίας σεσηπότα τυγχάνῃ ὡς ἀποῤῥίψασθαι πᾶν ὅτι ἂν σεσηπὸς ᾖ. Galen. Comm. i. 1, Praedic. (xvi. 500): φαίνεται ἐγκεχειρηκέναι μὲν ἡ φύσις, ἀποῤῥίψασθαι τὸ κατὰ τὴν κεφαλὴν ἠθροισμένον πλῆθος. Galen. Progn. De Decub.: ὥστε καὶ τὰ περιβόλαια ἀποῤῥίπτειν. Galen. Aliment. Facul. ii. 20 (vi. 593): ἀνατρέπειν τὴν γαστέρα ὀρεγομένην ὅτι τάχιστα τὸ λυποῦν ἀποῤῥίψαι. Galen. De Plenitud. 2 (vii. 519): οὐ γὰρ ἀναμένει τὸν τῆς πληρώσεως χρόνον, αλλά ευθύς απορρίψαι ποθεῖ τὸ λυποῦν. Galen. Comp. Med. viii. 3 (xiii. 146): ἀλλὰ καὶ τὴν γαστέρα δι' ἀτονίαν οὐ δυναμένην φέρειν τὸ βάρος τῶν σιτίων, ἀπορρίπτειν αὐτὰ ποτὲ μὲν εἰς τὸ κάτω μέρος. Galen. Comp. Med. viii. 8 (xiii. 162): ποιεῖ στομαχικοῖς καὶ ἀπορρίπτουσι τὴν τροφήν. Galen. Comp. Med. iii. 2 (xiii. 586): ἀπέρριψα τὰ μὲν ἐπικείμενα, καταντλήσας δ' αὐτὸν ἐλαίῳ.

ῥίπτειν: see § 2. Galen uses ῥίπτειν in the same way as St. Luke does ἀπορρίπτειν—of persons plunging into a bath of cold water: see last quotation under κολυμβᾶν.

*κολυμβᾶν, peculiar to St. Luke, in classical Greek signified "to dive," not "to swim." It would seem, however, to have been used in the latter sense in medical language. Galen at least so uses it when he has occasion to speak of invalids taking exercise in a swimming bath, e.g. Galen. Meth. Med. xiv. 15 (x. 996): τουτὶ γὰρ τὸ ὕδωρ καὶ τοῖς ὑδεριῶσι καὶ τοῖς ἄλλοις οἰδαλέοις ἐπιτήδειόν ἐστιν, ἰσχυρῶς ξηραῖνον· ὡσαύτως δὲ δὴ καὶ τοῖς πολυσάρκοις καὶ μάλιστα ὅταν αὐτοὺς ἀναγκάζῃ τις ἐν αὐτῷ κολυμβᾶν ὀξύτατα, καὶ λουσαμένους.—Galen. Diagn. ex Insomn. (vi. 834): τινὲς δὲ ἱδροῦν κριτικῶς μέλλοντες λούεσθαι καὶ κολυμβᾶν ἔδοξαν ἐν θερμῶν ὑδάτων δεξαμεναῖς.

The swimming bath was called κολυμβήθρα: Galen. Meth. Med. xi. 20 (x. 806), &c. In the following quotation ῥίπτειν is employed similarly to ἀπορρίπτειν in St. Luke. Galen. Meth. Med. xi. 9 (x. 759): εἰ δὲ καὶ εὔσαρκος εἴη καὶ ἡ κατάστασις θερμὴ καὶ ξηρά, κἂν εἰς κολυμβήθραν αὐτὸν ἐμβάλῃς ψυχράν, οὐ βλαβήσεται. κατὰ τὸν τοιοῦτον γοῦν καιρὸν οἱ ῥίψαντες σφᾶς αὐτοὺς εἰς ὕδωρ ψυχρὸν ἵδρωσάν τε πάντως αὐτίκα καὶ, &c.

§ XCVIII.

Acts, XXVIII.

διασώζειν. σώζειν. σωτηρία. *φρύγανον. *θέρμη. καθάπτειν. ἄτοπος. *ἐπιγίνεσθαι. *ἀκωλύτως.

*συστρέφειν (verse 3, § 76). διεξέρχεσθαι (v. 3, § 84). *θηρίον (v. 4, § 34). *καταπίπτειν (v. 6, § 34). *μεταβάλλεσθαι (v. 6, § 68). *πίμπρασθαι (v. 6, § 34). προσδοκᾶν (v. 6. § 74). *δυσεντερία (v. 8, § 35). *πυρετοί (v. 8, § 35). συνέχεσθαι (v. 8, § 3). ἔθος (v. 17, § 58). *ἑσπέρα (v. 23. § 67).

1. "And *when they were escaped* (διασωθέντες), then they knew that the island was called Melita."

διασώζειν. It has been previously stated (§ 8) that St. Luke does not employ, as the other Evangelists do, διασώζειν and σώζειν by themselves as equivalent to "to heal," and that the use of these words in medical language was "to escape the dangers of disease," "to get through the attack" even at times with impaired health or injury to some member of the body. We have here and in verse 4 and xxvii. 44, this use as nearly as possible, taking into account the difference of the subjects—shipwreck and disease.

διασώζειν is employed six times by St. Luke (Luke, vii. 3; Acts, xxiii. 24; xxvii. 43, 44; xxviii. 1, 4): twice elsewhere (Matt. xiv. 36; 1 Pet. iii. 20). Hipp. Coac. Progn. 182: θνήσκει δὲ δευτεραῖος ἢ τριταῖος, ἢν δὲ καὶ χωρὶς τῆς καρδίας συμβῇ καὶ ἧσσον πλείονα χρόνον ζῶσιν, ἔνιοι δὲ καὶ διασώζονται. Hipp. Epid. 951: ὅσοι μὲν οὖν ἦρος καὶ θέρεος ἀρξαμένου αὐτίκα νοσέειν ἤρξαντο, οἱ πλεῖστοι διεσώζοντο, ὀλίγοι δέ τινες ἔθνησκον, ἤδη δὲ τοῦ φθινοπώρου καὶ τῶν ὑσμάτων γενομένων θανατώδεες ἦσαν καὶ πλείους ἀπώλλυντο. Hipp. Epid. 955: γυναῖκες δὲ πλεῖσται ἐκ τουτέου τοῦ εἴδεος ἀπέθνησκον, ἐν δὲ τῇ καταστάσει ταύτῃ ἐπὶ σημείων μάλιστα τεσσάρων διεσώζοντο. Galen. Progn. de Decub. (9 xix. 577) : διασωθήσονται μένοντες ἐπὶ τῶν αὐτῶν παθῶν. Galen. Comp. Med. iii. 2 (xiii. 564): θεραπευομένους ὑπ' αὐτῶν ἑώρων ὡσαύτως, ἴσως δὲ ἄμεινον ᾖ εἰπεῖν οὐ θεραπευομένους, ἀλλ' ἀπολλυμένους, ὀλιγοστοὶ γὰρ ἐξ αὐτῶν καὶ οὗτοι χωλούμενοι διεσώζοντο. Galen. Comm. ii. 96, Praedic. (xvi. 696): Θουκιδίδης ἔγραψεν ἐπὶ τῶν ἐκ τοῦ λοιμοῦ διασωθέντων ὡδέ—καὶ ἀγνόησαν σφᾶς τε αὐτοὺς καὶ τοὺς ἐπιτηδείους. Galen. Comm. iii. 98, Praedic. (xvi. 716): καὶ πᾶν ὁτιοῦν πάθος ἰσχυρὸν ὀλέθριόν ἐστιν ὅπου γὰρ οὐδὲ οἱ τὴν δύναμιν ἰσχυροὶ διασώζονται πάντες ἐξ αὐτῶν. Galen. Comm. iii. 13, Epid. i. (xvii. A. 299): ἕνεκα τοῦ γινώσκειν ἐν τῷ σπανίῳ διασωζομένας τινὰς ἐγκύμονας ἐκ τοιούτων νοσημάτων ἄνει διαφθορᾶς τῶν ἐμβρύων. Galen. Comm. ii. 73, Progn. (xviii. B. 227) : ὁπότε καὶ δεινῶς ὀλέθριόν ἐστι τὸ νόσημα καὶ σπανίως ἐξ αὐτοῦ διασώζονται. Galen. Progn. De Decubitu. 8 (xix. 554) : οὐδὲν ἧσσον πολυχρόνιος ἡ νόσος καὶ σπληνικὰ πάθη καὶ νεφριτικὰ, καὶ οὕτως δὲ χρονίσαντες καὶ μοχθήσαντες ἐν τῷ πάθει διασώζονται.

σώζειν. Hipp. Coac. Progn. 157 : ἢν δὲ σώζονται, ἕλκεα ἐκπυήσει καὶ ὀστέα ἀφίσταται. Hipp. Coac. Progn. 178 : κινδυνεύουσι δὲ μάλιστα ἑβδομαῖοι καὶ δωδεκαταῖοι τὰς δὲ δὶς ἑπτὰ φυγόντες σώζονται. Hipp. Coac. Progn. 183 : τούτων οἱ μὲν ἀποθνήσκουσι οἱ δὲ πολλῷ χρόνῳ σώζονται. Hipp. Cap. Vul. 911 : ὅστις δὲ μέλλει ἐκ τραυμάτων ἐν κεφαλῇ ἀποθνήσκειν καὶ μὴ δυνατὸν αὐτὸν ὑγιᾶ γένεσθαι μηδὲ σωθῆναι. Aretaeus, Cur. Acut. Morb. 96 : ἢν δὲ ἐπὶ τρώματι σπασμὸς γένηται, ὀλέθριον μὲν καὶ δυσέλπιστον. ἀρήγειν δὲ χρὴ, μετεξέτεροί τε γὰρ καὶ ἐκ τοιῶνδε ἐσώθησαν. Galen. Comp. Med. vii. 12 (xiii. 1026): τουτῷ ἴσμεν ἀνθρώπους διεστραμμένους ὅλον τὸ σῶμα ὑπὸ ποδάγρας καὶ χειράγρας χρησαμένους ἐπὶ τοσοῦτον σωθέντας ὥστε ἀλωβήτους περιπατῆσαι. Galen. Progn. De Decub. 4 (xix. 537): κινδυνεύσας μέχρι τῆς ὀγδόης ἡμέρας σωθήσεται. Do. 7 (549): πολλὰ κακοπαθήσας σωθήσεται. Do. 15 (572) : ἢ μακρονοσήσας σωθήσεται. Galen. Loc. Affect.

v. 5 (viii. 337): οὗτος μὲν οὖν ἐν πολλῷ χρόνῳ μόγις ἐσώθη. Do. vi. 2 (388): ἐξ οὗ πάθους σπανιώτατά τις ἐσώθη.

σωτηρία. Acts, xvi. 17: "These men are the servants of the most high God, which shew unto us *the way of salvation*" (ὁδὸν σωτηρίας).

Dr. Davison (Introduction to N. T.) gives as one of the characteristics of St. Luke—"σωτήρ, σωτηρία, σωτήριον, Luke, i. 47, 69, 71, 77; ii. 11, 30; iii. 6; xix. 9: Acts, iv. 12; v. 31; vii. 25; xiii. 23, 26, 47; xvi. 17; xxvii. 34; xxviii. 28. σωτήρ and σωτηρία each occur once in John's Gospel; but, with this exception, the terms are not elsewhere found in the Gospels."

σωτηρία is a common word in medical language, and the phrase ὁδὸς σωτηρίας is met with in Galen. Meth. Med. x. 10 (x. 719): οἷς μὲν γὰρ ἑτέρα μὲν οὐχ ὑπάρχει τῆς σωτηρίας ὁδός. Compare Galen. Meth. Med. vii. 6 (x. 478): εἰς ἀνθρώπου σωτηρίαν. Galen. Meth. Med. x. 5 (x. 691): μία σωτηρία πλευριτικοῖς. Galen. Meth. Med. xi. 9 (x. 760): βραχείας ἐπ' αὐτοῦ σωτηρίας ἐλπίδας ἔχειν—ἐφ' οὗ ἀνέλπιστος ἡ σωτηρία. Galen. Meth. Med. xi. 12 (x. 772): αὕτη γὰρ εἰς σωτηρίαν ἀνθρώπων διαφέρει καὶ τὸ σφάλμα αὐτῆς εἰς ὄλεθρον τελευτᾷ. Galen. De Crisibus, i. 14 (ix. 611): τὰ δ' ὀλέθρου καὶ σωτηρίας ἐνδεικτικὰ σημεῖα. Galen. De Dieb. Decret. i. 7 (ix. 806): σωτηρίαν ἢ θάνατον ἐνδείξασθαι. Galen. Comm. iii. 5, Epid. i. (xvii. A. 278): ἐφ' ᾧ τις ἢ σωτηρίαν ἢ θάνατον ἐλπίσει—ἐπιφάνη τι σωτηρίας σημεῖον.

3. "And when Paul had gathered a bundle of *sticks* (φρυγάνων), and laid them on the fire, *there came* (διεξελθοῦσα) a viper *out of the heat* (ἐκ τῆς θέρμης), and *fastened on* (καθῆψε) his hand."

* φρύγανον. Peculiar to St. Luke. A bundle of sticks (φρύγανον) was used in some medical operations. Hipp. Morb. Mul. 617: ὅταν δὲ εὐτρεπίσῃς φρυγάνων φάκελον μαλθακῶν, ἤ τι τῷδε ἐοικὸς εὐτρεπίζειν ὅσον τὴν κλίνην οὐ περιόψεται ἐπὶ τὴν γῆν ῥιπτουμένην ὥστε ψαῦσαι τοῖσι πρὸς κεφαλὴν ποσὶ τῆς γῆς—ὅταν δὲ ταῦτα ἐνεργῆται καὶ μετάρσιος ᾖ ἡ κλίνη, ἐκ τῶν ὄπισθεν ὑποθεῖναι τὰ φρύγανα, κατορθοῦσθαι δὲ ὡς μάλιστα, ὅκως δὲ οἱ πόδες μὴ ψαύωσι τῆς γῆς, ῥιπτουμένης τῆς κλίνης, καὶ τῶν φρυγάνων ἔσωθεν ἔσονται.

φρύγανα were also used in the manufacture of a mineral medicine called διφρυγὲς. Dioscor. Mat. Med. v. 119: ἀνενεχθὲν ξηραίνεται ἐν ἡλίῳ καὶ μετὰ ταῦτα φρυγάνοις κύκλῳ περιτεθειμένοις καίεται, ὅθεν καὶ διφρυγὲς ἐκλήθη διὰ τὸ ὑπὸ ἡλίου καὶ φρυγάνων καίεσθαι καὶ ξηροποιεῖσθαι καὶ οἱονεὶ φρύγεσθαι.

It also denoted a botanical class. Theophrastus, Hist. Plant. i. 3, 1 : πάντ' ἢ τὰ πλεῖστα περιέχεται τάδε, δένδρον, θάμνος, φρύγανον, πόα. φρυγανώδης is used by Dioscorides frequently, e.g. Mat. Med. iv. 48 : κόκκος βαφικὴ θάμνος ἐστὶ μικρὸς φρυγανώδης—and by Theophrastus, e.g. Hist. Plant. ii. 13 : τοιοῦτον ἕτερον ἢ δένδρον ἢ φρυγανῶδες—as is also φρυγανικός, e.g. Hist. Plant. i. 53 : περὶ δὲ τὰ φρυγανικὰ καὶ θαμνώδη, &c.

It has been remarked previously that St. Luke at times, having used medical words in his description of some of the miracles, continues the use of such words in describing some of the attendant circumstances. There is a remarkable instance of this habit in the present passage, in which, besides using *πίμπρασθαι and *καταπίπτειν, he employs *διεξέρχεσθαι, *θέρμη, *καθάπτειν, *θηρίον = ἔχιδνα, προσδοκᾶν and ἄτοπον.

3. "*There came* (διεξελθοῦσα) a viper *out of the heat*" (ἐκ τῆς θέρμης).

*διεξέρχεσθαι: see § 84.

*θέρμη, peculiar to St. Luke, was the usual medical word, instead of θερμότης, for "heat" : *e.g.* "the heat of a fever"—"of the body," &c. Hipp. Usus Liquid. 426 : βέλτιον δὲ θέρμη πρὸς τὰ πλεῖστα. Hipp. Vet. Med. 15 : ἀλλ' οἱ πυρεταίνοντες τοῖσι καύσοισί τε καὶ ἄλλοισι ἰσχυροῖσι νουσήμασιν οὐ ταχέως ἐκ τῆς θέρμης ἀπαλλάσσονται. Hipp. Nat. Puer. 237 : αἱ μῆτραι θέρμην τῷ ἄλλῳ σώματι παρέχουσιν. Hipp. Nat. Puer. 238 : καὶ τὰ ὀστέα σκληρύνεται ὑπὸ τῆς θέρμης πηγνύμενα. Hipp.

De Carn. 254 : καὶ θέρμη καὶ βρυγμὸς καὶ σπασμὸς ἔχει. Hipp. Morb. 503 : ἡ μὲν ἰκμὰς δὴ μένει ἐν τῷ σώματι ἅτε παχεῖα ἐοῦσα, ἡ δὲ ἑτέρη πεφθεῖσα ὑπὸ τῆς θέρμης διακέχυται. Aret. Sign. Morb. Diuturn. 75 : θερμῶν φαρμάκων ἐς ἀνάκλησιν θέρμης χρέος—θερμασίη γὰρ τά τε ξυμπεπτωκότα μέρεα εἰς ὄγκον ἤγειρε καὶ τὴν ἔσω θέρμην εἰς ἀνάκλησιν ἤγαγε—ὡς δὲ ἔπος εἰπεῖν θέρμης ἐπὶ τῇ ἀρχῇ ψύξιος δὲ ἐπὶ τῷ τέλει χρέος. Do. 74 : ἀλλ' ἐπεὶ καὶ τὰ πυκνὰ ζῇ ἐμφύτῳ θέρμῃ καὶ αἴσθοιτο τῇδε τῇ θέρμῃ. Galen. Comm. i. 19, Humor. (xvi. 184) : ἀφρῶδες δὲ ποτὲ μὲν δηλώσει τὸ πνεῦμα φυσῶδες, ποτὲ δὲ θέρμην πολλήν. Galen. Urin. 8 (xix. 625) : τὸ δὲ μέλαν ποτὲ μὲν ἐνδείκνυται ψύξιν ποτὲ δὲ θέρμην.

3. "*Fastened on* (καθῆψε) his hand."

*καθάπτειν, peculiar to St. Luke, was employed by all the medical writers. Dioscorides uses it of poisonous matter introduced into the body. Animal. Ven. Proem. : δι' ὕλης φθοροποιοῦ καθαπτομένης τῶν σωμάτων μόνων ἀπὸ μέρεος συμπίπτειν. Galen, of fever fixing on parts of the body. De Typis, 4 (vii. 467) : ἔστι δὲ κινδυνώδης ὁ ἡμιτριταῖος οὐ μόνον τοῦ στομάχου καὶ τοῦ νευρώδους καθαπτόμενος καὶ καθόλου τῶν μέσων—of medicines, deadly if they touch some parts of the body. Medicus, 13 (xiv. 754) : εἰ δὲ καὶ ἀνωτέρω ἡ τοιαύτη ἕλκωσις τῶν ἐντέρων εἴη, οὐδὲ οὕτως χρηστέον τοῖς τροχίσκοις οὐ γὰρ φθάνουσιν ἐπὶ τὰ πεπονθότα ἐξικνεῖσθαι, τῶν γὰρ ὑγιεινῶν καθαπτόμενοι ὄλεθρον ἐργάζονται, ἀνωτερικοῖς δὲ φαρμάκοις χρῆσθαι—of the attachment of tendons. Usus Part. ii. 3 (iii. 94) : ἀλλ' ἰσχυροτέρους τένοντας ἀπὸ τῶν κατὰ τὸν πῆχυν μυῶν ἀγαγοῦσα καθῆψεν εἰς αὐτὸν ἡ φύσις. Usus Part. i. 20 (iii. 73) : τοῦ καθάπτοντος εἰς τὴν πρώτην αὐτοῦ φάλαγγα τένοντος. Usus Part. ii. 12 (iii. 135) : εἰς τὴν κεφαλὴν αὐτῆς καθάπτων ὁ μέγας τένων. Do. (iii. 137) : χάριν τοῦ κἀνταῦθα καθάψαι θατέρῳ μέρει τοῦ τένοντος. Do. (iii. 138) : οἱ δὲ λοιποὶ δύο τῶν τὸν καρπὸν κινούντων τενόντων πλατυνόμενοι καθάπτουσιν, &c. Mot. Muscul. i. 9 (iv. 411) : καθάψεις αὐτῆς τὸ λοιπὸν πέρας εἰς τὴν κεφαλὴν θατέρῳ τῶν ὀστῶν, &c. Remed. Parab.

ii. 11 (xiv. 438): δέλφακος αἵματι χρίσας τὰς χεῖρας καθάψου τοῦ τραχήλου. Hipp. Morb. Mul. 568: ἢν δὲ καὶ καθάψηται τῷ δακτύλῳ τρηχὺ τὸ στόμα εὕροις τῆς μήτρας.

6. "But *after they had looked* (προσδοκώντων) a great while, and saw no *harm* (ἄτοπον) come to him, they changed their minds, and said that he was a god."

ἄτοπος is used three times by St. Luke (here; Luke, xxiii. 41; Acts, xxv. 5), and but once in the rest of the N. T. (2 Thess. iii. 2).

St. Luke here makes use of two most appropriate words, and the very ones a medical man would employ—προσδοκᾶν and ἄτοπος. On the medical use of προσδοκᾶν, see § 74. ἄτοπος was employed in medical language to denote anything unusual in the symptoms of a disease, but besides this it was also employed to denote something out of the way—deadly—fatal—as in this passage. An exact parallel is met with in Galen, except that he is speaking of the bite of a rabid dog, and of poison: Galen. Antid. ii. 15 (xiv. 195), from Damocrites:—

Πρὸς τοὺς φόβους οὖν τῶν τοιούτων δηγμάτων
Ἱερὰν ἔχε πάντως ἀντίδοτον παρακειμένην
Οἱ γὰρ πιόντες, ὡς ἐρῶ, ταύτην ἐγὼ
Εἰς οὐδὲν ἄτοπον ἐμπεσοῦνται ῥᾳδίως.

Galen. Antid. ii. 5 (xiv. 134), from Damocrites:—

Οἱ δ' εὐλαβῶς ἔχοντες ὡς εἰληφότες,
Ἂν ἐπιλάβωσιν, ἐξεμοῦσι, τὴν τροφὴν,
Σὺν τῷ μετ' αὐτῆς καταποθέντι φαρμάκῳ.
Ὁ δὲ μηδὲν ἄτοπον, μηδὲ δηλητήριον
Συγκαταπεπωκὼς τοῖς δοθεῖσι σιτίοις,
Οὐ ναυτιάσει, καὶ καθέξει τὴν τροφήν.

Hipp. Aph. 1251: ὁκόσοι ἐν τοῖσιν πυρετοῖσιν ἢ ἐν τῇσιν ἄλλῃσιν ἀρρωστίῃσι κατὰ προαίρεσιν δακρύουσιν οὐδὲν ἄτοπον, ὁκόσοι δὲ μὴ κατὰ προαίρεσιν ἀτοπώτερον. Galen. Comm. ii. 50, Progn. (xviii. B. 185): ἐν δὲ τῷ μακρῷ χρόνῳ πολλὰ μὲν καὶ τῶν ἄλλων ἀτόπων εἴωθε συμπίπτειν, ὅσα τε διὰ τὸν κάμνοντα καὶ τοὺς ὑπηρετοῦντας αὐτῷ. Galen. Comm. ii. 52, Progn. (xviii. B. 188): ὅσα τῶν ἀλγημάτων ἐκ τῶν κατὰ θώρακα καὶ πνεύμονα χωρίων οὐ παύονται πρὸς τὰ βοηθήματα καὶ τοῦτ᾽ ἔχει μόνον ἄτοπον, οὐδενὸς ὀλεθρίου συνόντος ἑτέρου γνωρίσματος. Galen. Comm. ii. 27, Offic. (xviii. B. 794): οὐδὲν γὰρ ἐκ τῆς τοιαύτης θλίψεως ἄτοπον ἔσται· καθάπερ οὐδὲ ἐπὶ κλειδὸς κατεαγυίας. Galen. Progn. ex Puls. ii. 5 (ix. 292): ἐπειδὰν μὲν ἅμα νοσώδει μαλακότητι συνίστηται, κινδυνῶδες ἐπειδὰν δὲ μετά τινος ὑγιεινῆς τοῦ χιτῶνος συστάσεως, οὐδὲν ἄτοπον ἔχει. Galen. Comp. Med. vi. 8 (xii. 982): καὶ ἄλλως δὲ ἀτοπώτατόν ἐστιν φλεγμονὴν ἐν στόματι θεραπεύοντα διδόναι φάρμακον ποτόν. Galen. Meth. Med. ad Glauc. 3 (xi. 84): τούτων ἀπάγειν τοῦ αἵματος οὐδὲν ἄτοπον.

13. "And from thence we fetched a compass, and came to Rhegium: and after one day the south wind *blew* (ἐπιγενομένου), and we came the next day to Puteoli."

* ἐπιγίνεσθαι, peculiar to St. Luke, and used also Acts, xxvii. 27, was a favourite medical word constantly employed to denote the coming on of an attack of illness.

Hipp. Coac. Progn. 189: τοῖσιν ἧπαρ ἐξαπίνης περιωδυνοῦσιν πυρετὸς ἐπιγενόμενος λύει. Hipp. Coac. Progn. 190: τοῖσιν ὑδρωπιωειδέσιν ἐπιληπτικὰ ἐπιγενόμενα ὀλέθριον. Hipp. Coac. Progn. 193: ἐπὶ στραγγουρίῃ εἰλεὸς ἐπιγενόμενος— πυρετοῦ ἐπιγενομένου—ἀποπληκτικοῖσιν αἱμορροΐδες ἐπιγενόμεναι. Dioscor. Animal. Ven. 16: ὀφθαλμῶν τε ἀμαύρωσις ἐπιγίνεται. Dioscor. Med. Parab. i. 200: τὰς δὲ ἐπιγινομένας νομὰς θεραπεύει. Galen. Comm. i. 1, Humor. (xvi. 22): καὶ τὰ κατὰ τὰς κρισίμους ἡμέρας ἐπιγινόμενα. Galen. Comm. iii. 20, Humor. (xvi. 437): παιδίοισιν κῆλαι ἐπιγίγνονται— δυσεντηρίας καὶ ὀφθαλμίας ξηρὰς ἐπιγίγνεσθαι. Galen. Comm. iii. 26, Humor. (xvi. 454): καὶ τοῖς νεφριτικοῖς ἐπιγενόμεναι αἱμορροΐδες—μάλιστα δὲ τὸν ὕδερον ἢ τὴν φθίσιν ἐπιγένεσθαι.

31. "Preaching the kingdom of God, and teaching those things which concern the Lord Jesus Christ, with all confidence, *no man forbidding him*" (ἀκωλύτως).

*ἀκωλύτως, peculiar to St. Luke, was in medical language employed to denote freedom—unhindered action—in a variety of things, such as respiration, perspiration, the pulse, the muscles, the members of the body.

Galen. Meth. Med. viii. 7 (x. 584): ὥσθ' ἧττον οὗτοι βλαβήσονται—ἐὰν μόναν ἀκωλύτως διαπνέωνται. Galen. Meth. Med. xiv. 15 (x. 993): ὅταν εἰς πολυσαρκίαν ἐκτραπῇ τὸ σῶμα τοσαύτην ὥστε μηδὲ βαδίζειν ἀλύπως δύνασθαι— μηδ' ἀναπνεῖν ἀκωλύτως. Galen. Progn. ex. Puls. iv. 12 (ix. 492): σφυγμός—ὥσπερ ἂν ὑψηλότερός τε ἅμα καὶ σφοδρότερος ἀποτελεσθῇ, τήν τε ῥώμην ἐνδείκνυται τῆς δυνάμεως ἀκώλυτόν τε τὴν κίνησιν. Galen. de Crisibus, ii. 3 (ix. 654): ὁ τοιοῦτος πυρετός—ὁμαλὸν μὲν γὰρ καὶ ἀκώλυτον ἔχει τὸ τάχος, ἐγείρεται δε,—Galen. Caus. Puls. ii. 8 (ix. 82): ὡς εἰ καὶ ῥέοντός τινος ἀκωλύτως δι' αὐτῶν ἤτοι πνεύματος ἢ ὑγροῦ τοὺς σφυγμοὺς ἐπιτελεῖσθαι συνέβαινε. Galen. Different. Febr. i. 4 (vii. 286): ἀκωλύτως δὲ διαπνέηται καὶ ἀναψύχηται κατὰ τὸ δέρμα σύμπαν τὸ ζῶον. Galen. de Tremor. 6 (vii. 624): ἐν μὲν γὰρ τῷ κατὰ φύσιν ἔχειν τὸ συγγενὲς ἡμῶν θερμὸν ὁμαλέσι τε καὶ ἀκωλύτοις ταῖς διεξόδοις ἐκέχρητο. Galen. Usus Respir. 5 (v. 503): τὸ ζῶον εἰσπνέον τε καὶ ἐκπνέον καὶ κινούμενον ἀκωλύτως ἰδόντες. Galen. Usus Part. ii. 15 (iii. 143): εἰς ὅσον μὲν οὖν ἀκωλύτως περὶ τὰ κυρτὰ τοῦ βραχίονος αἱ κορῶναι τοῦ πήχεος περιφέρονται. Galen. Usus Part. ii. 15 (iii. 149): οὐδ' αὐτὸ τοῦτο τῆς φύσεως ὡς ἔτυχεν ἐργαζομένης ἀλλ' εἰς ὅσον χρὴ φρουρεῖσθαί τε βεβαίως ἡ διάρθρωσις κινεῖσθαί τε ἀκωλύτως.

NOTE.

PROBABILITY OF ST. PAUL'S EMPLOYMENT OF ST. LUKE'S PROFESSIONAL SERVICES.

THERE are three occasions, recorded in the Acts of the Apostles, on which St. Paul and St. Luke met and travelled in each other's company, viz., (1) at Troas, and thence to Philippi, Acts, xvi. 10, &c.; (2) at Philippi, and thence to Jerusalem, Acts, xx. 1–6; (3) at Caesarea, and thence to Rome, Acts, xxvii. and xxviii.

It has been conjectured and maintained, on not improbable grounds, that on the first of these occasions St. Paul derived benefit from St. Luke's medical skill and attendance. The same will, it is believed, on examination, hold good, with equal probability, with regard to the second occasion; and, with not less probability, with respect to the third.

First recorded meeting of St. Luke and St. Paul.

St. Paul, accompanied by Silas, set out from Antioch on his second missionary journey, and proceeded through Syria and Cilicia, confirming the Churches (Acts, xv. 41). From thence he went to Derbe and Lystra: at this latter place he met with Timothy, whom he took along with him, and went through Phrygia and Galatia. Leaving Galatia, and being forbidden by the Spirit to preach at this time in the western coasts and Bithynia, he came to Troas. At this place St. Luke appears for the first time in the history (Acts, xvi. 8). This is evident from the change in the narrative from the third to the first person plural (xvi. 8: κατέβησαν εἰς Τρωάδα, "*they* came to Troas"; and verse 10: ἐζητήσαμεν ἐξελθεῖν εἰς τὴν Μακεδονίαν, "*we* endeavoured to go into Macedonia"). From Troas St. Luke crossed over to Macedonia with St. Paul, and remained with him at Philippi during his stay there. This is shown by the use of the first person plural in ch. xvi.

What the cause was of St. Luke's visiting Troas at this particular time has been the subject of conjecture. It is not likely that this was the time or place of his conversion, for we find him joining St. Paul and his fellow-travellers here without the slightest hint being given that this was the occasion of his embracing Christianity. It has been suggested that his medical calling caused him to visit these parts, as we know that ancient physicians travelled much in practising their profession; or that he had been sent to Troas as a Christian minister by St. Paul himself; or that he had been summoned thither in his medical capacity by St. Paul to meet him on account of his delicate state of health.

This last suggestion has been made by Wieseler, and seems highly probable when the facts connected with St. Paul immediately prior to this meeting are considered. For, immediately before this meeting at Troas, St. Paul had been in Galatia—Acts, xvi. 6–8 : " Now when they had gone throughout Phrygia and the region of Galatia, ... they came to Troas." This was St. Paul's first visit to Galatia, and he must have remained there some time, for during it he founded the Galatian Churches. Now, from the Epistle to the Galatians we find that during this visit, shortly before meeting St. Luke, St. Paul had a severe attack of illness of some kind, for he reminds the members of the Galatian Church that it was owing to bodily weakness he preached the Gospel to them on his first visit; that he was detained in their country by sickness, and that it was on account of this alone that he preached to them on that occasion, which otherwise he would not then have done. Such is the only meaning the strict grammatical construction of the words in Gal. iv. 13, will admit of: οἴδατε δὲ ὅτι δι' ἀσθένειαν τῆς σαρκὸς εὐηγγελισάμην ὑμῖν τὸ πρότερον, " Ye know that it was on account of bodily weakness that I preached the Gospel to you on my first visit." Some would prefer to translate δι' ἀσθένειαν, with less grammatical accuracy, "during a period of sickness," or "amid infirmity." In either way, however, the passage shows that St. Paul is referring to some illness which at that particular time detained him in Galatia. Whatever may have been the nature of his illness, it was, not improbably, severe, judging from the feelings of gratitude he expresses for the sympathy he met with at the hands of the Galatian brethren—verses 14, 15: καὶ τὸν πειρασμὸν ὑμῶν τὸν ἐν τῇ σαρκί μου οὐκ ἐξουθενήσατε οὐδὲ ἐξεπτύσατε, ἀλλ' ὡς ἄγγελον Θεοῦ ἐδέξασθέ με, ὡς Χριστὸν Ἰησοῦν. τίς οὖν ἦν ὁ μακαρισμὸς ὑμῶν ; μαρτυρῶ γὰρ ὑμῖν ὅτι, εἰ δυνατὸν, τοὺς ὀφθαλμοὺς ὑμῶν ἐξορύξαντες ἂν ἐδώκατέ μοι.

When, therefore, St. Paul was suffering from this illness, or its effects, in Galatia, he may have communicated with St. Luke, and expressed a wish to meet him personally at Troas on account of the state of his health.

On this occasion St. Luke's medical services, if needed, were required no further than Philippi, for on St. Paul's departure from that city St. Luke was left behind, possibly in charge of the newly-founded Philippian Church. That he was not in St. Paul's company during the remainder of this second missionary journey is evident from the change again from the first to the third person plural at ch. xvii. 1: ἦλθον εἰς Θεσσαλονίκην, "*they* came to Thessalonica"; and we find him at Philippi seven years afterwards.

Second recorded meeting of St. Luke and St. Paul.

St. Paul, accompanied by Timothy and Erastus, set out from Antioch on his third missionary journey (Acts, xviii. 23): passing through Phrygia and Galatia, he came to Ephesus, where he remained three years: leaving Ephesus on account of the tumult raised by Demetrius, "he departed to go into Macedonia, and when he had gone over these parts, and had given them much exhortation, he came into Greece" (Acts, xx. 1, 2). The verses quoted are all St. Luke says of the period from St. Paul's leaving Ephesus till his arrival in Greece. We learn, however, from 2 Cor. ii. 12, that on his road he stopped at Troas, and from thence proceeded to Philippi. St. Luke was at this time living at Philippi, having been left there by St. Paul six years previously during the second missionary journey. After remaining some time in Macedonia, St. Paul went on to Corinth, where he spent three months. When about to take ship here for Syria he changed his mind, and returned through Macedonia. Having sent forward the other companions of his journey, either from Philippi or Corinth, he and St. Luke remained some time longer at Philippi, and rejoined them at Troas; and from thence to Jerusalem St. Luke accompanied him.

Now we learn from the Second Epistle to the Corinthians, which was written from Macedonia on his way to Greece during this journey, that just before coming there the Apostle had been suffering from an illness. He commences the Epistle (ch. i., verses 3–5) by thanking God for his deliverance from some great suffering and affliction—" Blessed be God, even the Father of our Lord Jesus Christ, the Father of mercies, and the God of all comfort ; who comforteth us in all our tribulation, that we may be able to comfort them which are in any trouble, by the comfort wherewith we ourselves are comforted of God. For as the sufferings of Christ abound in us, so our consolation also aboundeth by Christ." And in verses 8–10 he expressly tells the Corinthians that this affliction had befallen him in Asia—" for we would not, brethren, have you ignorant of our trouble (ὑπερ τῆς θλίψεως ἡμῶν) which came to us in Asia, that we were pressed out of measure, above strength, insomuch that we despaired even of life (ὥστε ἐξαπορηθῆναι ἡμᾶς καὶ τοῦ ζῆν), but we had the sentence of death in ourselves (ἀλλ' αὐτοὶ ἐν ἑαυτοῖς τὸ ἀπόκριμα τοῦ θανάτου ἐσχήκαμεν), that we should not trust in ourselves, but in God, which raiseth the dead: who delivered us from so great a death, and doth deliver: in whom we trust that he will yet deliver us." It has been supposed by some that the tribulation here alluded to was the danger St. Paul incurred in the disturbances at Ephesus. This is most unlikely, for, as Dean Alford remarks (*Gr. Test.*, Prol., 2 Cor.), " Anyone who has studied the character and history of the Apostle could scarcely refer this passage to the Ephesian tumult. The supposition lays to his charge a meanness of spirit and cowardice, which certainly never characterized him, and to avow which would have been in the highest degree out of place in an Epistle, one object of which was to vindicate his apostolic efficiency." "The words, also, ὥστε ἐξαπορηθῆναι ἡμᾶς καὶ τοῦ ζῆν, 'so that we utterly despaired even of life,' are such as would not be used of a tumult where life would have been *the first thing* in danger, if St. Paul had been at all mixed up in it, but are applicable to some wearing and tedious suffering, inducing despondency in minor matters which even reached the hope of life itself." And, further, the words of verse 9 (ἀλλ' αὐτοὶ ἐν ἑαυτοῖς τὸ ἀπόκριμα τοῦ θανάτου ἐσχήκαμεν, "moreover we had in ourselves the answer of death"—to the question of life or death, our answer, within ourselves, was death—we had no other expectation, so far as our judgment reached, than that we were to die) point to a dangerous illness, in which he despaired of recovery.

There is, besides, in the Epistle internal evidence that the Apostle, when he wrote it, was suffering from ill-health, coupled with deep and wearing anxiety. Mr. Conybeare (*Life of St. Paul*, ch. xvii.), while thinking that the "real weight which pressed upon him was the care of all the Churches," says, "it has been sometimes supposed that this dejection was occasioned by an increase of the chronic malady (σκόλοψ ἐν σαρκὶ) under which St. Paul suffered, and it seems not unlikely that this cause may have contributed to the result. He speaks much in the Epistle, written at this time from Macedonia, of the frailty of his bodily health (2 Cor. iv. 7 to 2 Cor. v. 10, and also 2 Cor. xii. 7-9), and in a very affecting passage he describes the earnestness with which he had besought his Lord to take from him this thorn in the flesh, this disease which continually impeded his efforts, and shackled his energy."

We thus find St. Paul, after a dangerous illness in Asia, and while still labouring under bodily weakness and dejection of spirit, setting out to Macedonia, taking Troas on his way, as he expected to meet Titus there with intelligence respecting the effect produced at Corinth by the First Epistle to the Corinthians, and, when he does not find him there, proceeding to Philippi, where he had left St. Luke six years before, and there, with St. Luke, waiting the return of Titus.

Taking all the circumstances into account, it cannot well be regarded as an improbable or arbitrary assumption that one at least of the Apostle's objects in this visit to Philippi was to have the benefit of "the beloved physician's" advice on the state of his health. This at all events is remarkable, that now, on a second occasion, we find St. Paul, after an illness, in company with St. Luke, and that these two occasions are the only ones, up to this period of the history, on which we have any record of their meeting one another. It may also have been with the object of continuing his professional services that St. Luke now, after presiding for seven years over the Philippian Church, left it, and accompanied St. Paul on his return to Jerusalem.

Third recorded meeting.— St. Luke accompanies St. Paul to Rome, and remains with him there during his first imprisonment.

Almost immediately after his arrival at Jerusalem from Philippi, St. Paul was seized by the Jews during the feast of Pentecost (Acts, xxi. 27, &c.). Rescued from their violence by the Roman Commander, he was sent to Caesarea, where he was kept in military custody for two years, and afterwards sent forward to Rome, where he was detained in the same kind of custody two years longer. St. Luke accompanied him from Caesarea to Rome, and remained with him during his imprisonment.

These are good grounds for concluding that during the voyage to Rome, at any rate at the beginning of it, St. Paul was in a delicate state of health. We have seen that at the close of his third missionary journey he was labouring under an illness of some kind; that he probably availed himself at that time of St. Luke's medical skill; and that possibly it was with the object of still further continuing his attention to him that St. Luke accompanied him to Jerusalem. We may also safely conclude that the chronic illness under which he suffered would not have been lessened by his imprisonment at Caesarea; for, although treated with indulgence, yet the nature of his confinement—chained as he was to the soldier who for the time being was his guard (Acts, xxiv. 27: κατέλιπε τὸν Παῦλον δεδεμένον, "Felix left Paul bound"; xxvi. 29: παρεκτὸς τῶν δεσμῶν τούτων, "except these bonds")—must have told severely on his impaired health and naturally delicate constitution. We are not, however, confined to considerations such as these alone to determine St. Paul's condition on this occasion, for we are told by St. Luke, if not expressly in so many words, yet in language not to be misunderstood, if interpreted by the medical character of the writer, that St. Paul's state of health was such as to require care and attention. He tells us (xxvii. 3) that at Sidon, "Julius courteously (φιλανθρώπως) entreated Paul, and gave him liberty to go unto his friends to refresh himself" (ἐπιμελείας τυχεῖν). The words ἐπιμελείας τυχεῖν, "to obtain their care and attention," coming as they do from a physician, may be fairly taken to imply the care and attention bestowed on a sick or delicate person. This is the meaning of the word ἐπιμέλεια in all medical language (*see* § 97), and St. Luke has already used the verb ἐπιμελεῖσθαι in this sense to describe the care bestowed by the Samaritan on the wounded traveller (Luke, x. 34: ἐπεμελήθη αὐτοῦ, *see* ἐπιμελεῖσθαι, § 21). Besides, another word used in this passage (φιλανθρώπως, courteously) tends somewhat to confirm this view. It is the very word a physician would be likely to apply to the kindly and sympathetic treatment of an invalid. Ancient physic inculcated on its professors the duties of courteousness, kindness, and humanity (φιλανθρωπίαν) towards patients, and pronounced those who practised physic with a view merely to advancement and gain unworthy of the art of Hippocrates. Hippocrates tells physicians that they should possess urbanity and gentleness, for roughness and rudeness were offensive to sick and sound alike (De Decor. 24), and that philanthropy in a physician ever accompanied a real love of his profession (Praecept. 27 : ἤν γὰρ παρῇ φιλανθρωπίη, πάρεστι καὶ φιλοτεχνίη·). Galen calls the medical profession itself the philanthropic profession, Optim. Medic. (i. 56): τέχνην οὕτω φιλάνθρωπον), and speaks of some who practised their profession from philanthropy, and others who did so with a view to gain merely (Hipp. et Plat. Decret. ix. 5 (v. 751): πρόδηλον οὖν, ὅτι καὶ ἰατρὸς, ᾗ μὲν ἰατρός ἐστι, ταυτῇ προνοεῖται τῆς τοῦ σώματος ὑγείας, ᾗ δὲ δι' ἄλλο τι τοῦτο πράττει, κατ' ἐκεῖνο καὶ τὴν προσηγορίαν ἔξει, τινὲς μὲν γὰρ ἕνεκα χρηματισμοῦ τὴν ἰατρικὴν τέχνην ἐργάζονται—ἔνιοι δὲ διὰ φιλανθρωπίαν—ὁ μέν τις φιλάνθρωπος ὁ δὲ φιλότιμος). He also draws an unfavourable comparison between the latter and Hippocrates and other distinguished physicians, who, he says, "healed men through philanthropy"—Διοκλεῖ δ' οὐ τοῦτο καθάπερ οὐδὲ Ἱπποκράτει καὶ Ἐμπεδοκλεῖ οὐδ' ἄλλοις τῶν παλαιῶν οὐκ ὀλίγοις, ὅσοι διὰ φιλανθρωπίαν ἐθεράπευον τοὺς ἀνθρώπους. Even a more generous diet given to the sick was called a more philanthropic one, φιλανθρωποτέρα τροφή, Galen. Opt. Sect. 44 (i. 211).

We may, therefore, not unreasonably conclude that one reason for St. Luke's accompanying St. Paul to Rome may have been that St. Paul might have the benefit of his advice and care on the voyage. He remained there with the Apostle during his first imprisonment, and is mentioned by St. Paul in an Epistle, written from Rome at that time, in the words: "Luke, the beloved physician, greets you" (Coloss. iv. 14). The title given to St. Luke in this passage may indicate that, at the time of penning this Epistle, St. Paul was availing himself of St. Luke's medical as well as other services.

Finally, it should not be left out of account that, in any illness from which he might be suffering, there was no one to whom St. Paul would be likely to apply with such confidence as to St. Luke, for it is probable that in the whole extent of the Roman Empire the only Christian physician at this time was St. Luke.

INDEX.

An Asterisk has been prefixed to those words which are peculiar to the third Gospel and the Acts of the Apostles. It has also been prefixed to some words, which, though not peculiar to these writings, are used in them alone of the New Testament in a medical sense.
The slanting figures indicate the page of this Work.

*ἀγωνία, Luke, xxii. 44, *81*.
*ἀδύνατος, Acts, xiv. 8, *46*.
*ἀθροίζειν, Luke, xxiv. 33, *181*.
ἀκοή, Luke, vii. 1 : Acts, xvii. 20, *63*.
*ἀκρίβεια, Acts, xxii. 3, *250*.
*ἀκριβής, Acts, xxvi. 5, *250*.
ἀκριβῶς, Luke, i. 3 : Acts, xviii. 25. 26 ; xxiii. 15. 20 ; xxiv. 22, *251*.
*ἀκωλύτως, Acts, xxviii. 31, *290*.
ἄλογος, Acts, xxv. 27, *265*.
*ἀναβάλλεσθαι, Acts, xxiv. 22, *138*.
*ἀναβολή, Acts, xxv. 17, *142*.
*ἀναδιδόναι, Acts, xxiii. 33, *260*.
ἀναιρεῖν, Luke, xxii. 2 ; xxiii. 32 : Acts, ii. 23 ; v. 33. 36 ; vii. 21. 28. 28 ; ix. 23. 24. 29 ; x. 39 ; xii. 2 ; xiii. 28 ; xvi. 27 ; xxii. 20 ; xxiii. 15. 21. 27 ; xxv. 3 ; xxvi. 10, *210*.
*ἀναίρεσις, Acts, viii. 1 ; xxii. 20, *209*.
*ἀνακαθίζειν, Luke, vii. 15 : Acts, ix. 40, *11*.
*ἀνακύπτειν, Luke, xiii. 11 ; xxi. 28, *21*.
ἀναλαμβάνειν, Acts, i. 2. 11. 22 ; vii. 43 ; x. 16 ; xx. 13. 14 ; xxiii. 31, *125*.
*ἀνάληψις, Luke, ix. 51, *124*.
ἀναπέμπειν, Luke, xxiii. 7. 11. 15 : Acts, xxv. 21, *235*.

*ἀνάπηρος, Luke, xiv. 13. 21, *148*.
*ἀναπτύσσειν, Luke, iv. 17, *106*.
ἀνασείειν, Luke, xxiii. 5, *103*.
ἀνασκευάζειν, Acts, xv. 24, *232*.
*ἀνασπᾶν, Luke, xiv. 5 : Acts, xi. 10, *169*.
*ἀνατρέφειν, Acts, vii. 20. 21 ; xxii. 3, *207*.
*ἀναφωνεῖν, Luke, i. 42, *95*.
*ἀνάψυξις, Acts, iii. 20, *166*.
ἄνεσις, Acts, xxiv. 23, *263*.
*ἀνεύθετος, Acts, xxvii. 12, *272*.
*ἀνευρίσκειν, Luke, ii. 16 : Acts, xxi. 4, *99*.
ἀνορθοῦν, Luke, xiii. 13 : Acts, xv. 16, *22*.
*ἀντιβάλλειν, Luke, xxiv. 17, *139*.
ἀντιπαρέρχεσθαι, Luke, x. 31. 32, *30*.
*ἀντιπίπτειν, Acts, vii. 51, *131*.
*ἀνωτερικός, Acts, xix. 1. *148*.
ἀνώτερον, Luke, xiv. 10, *147*.
*ἀπαιτεῖν, Luke, vi. 30 ; xii. 20, *118*.
*ἀπαλλάσσειν, Acts, xix. 12, *47*.
*ἀπελαύνειν, Acts, xviii. 16, *206*.
*ἀπελπίζειν, Luke, vi. 35, *118*.
*ἀποθλίβειν, Luke, viii. 45, *70*.
*ἀποκατάστασις, Acts, iii. 21, *194*.
*ἀποκλείειν, Luke, xiii. 25, *145*.
ἀπολούειν, Acts, xxii. 16. *110, 112*.
*ἀπολύειν, Luke, xiii. 12, *21*.
*ἀπομάσσειν, Luke, x. 11, *110, 111*.
*ἀποπίπτειν, Acts, ix. 18, *39*.

INDEX.

*ἀποπλύνειν, Luke, v. 2, *110.*
ἀπορεῖν, Luke, xxiv. 4 : Acts, xxv. 20, *163.*
*ἀπορία, Luke, xxi. 25, *163.*
*ἀπορρίπτειν, Acts, xxvii. 43, *282.*
*ἀποσκευάζειν, Acts, xxi. 15, *232.*
ἀποσπᾶν, Luke, xxii. 41 : Acts, xx. 30 ; xxi. 1, *168.*
ἀποτελεῖν, Luke, xiii. 32, *23.*
*ἀποτινάσσειν, Luke, ix. 5 : Acts, xxviii. 5, *240.*
*ἀποχωρεῖν, Luke, ix. 39, *18.*
ἀποχωρίζειν, Acts, xv. 39, *127.*
*ἀποψύχειν, Luke, xxi. 26, *166.*
*ἀρχή, Acts, x. 11 ; xi. 5, *218.*
*ἄσημος, Acts, xxi. 39, *249.*
*ἀσιτία, Acts, xxvii. 21, *276.*
*ἄσιτος, Acts, xxvii. 33, *276.*
*ἀσκεῖν, Acts, xxiv. 16 ; *263.*
ἀσφάλεια, Luke, i. 4 : Acts, v. 23, *199.*
ἀσφαλής, Acts, xxi. 34 ; xxii. 30 ; xxv. 26, *200.*
ἀσφαλῶς, Acts, ii. 36 ; xvi. 23, *200.*
*ἄτεκνος, Luke, xx. 28. 29. 30, *91, 92.*
ἀτενίζειν, Luke, iv. 20 ; xxii. 56 : Acts, i. 10 ; iii. 4. 12 ; vi. 15 ; vii. 55 ; x. 4 ; xi. 6 ; xiii. 9 ; xiv. 9 ; xxiii. 1, *76.*
*ἄτερ, Luke, xxii. 6. 35, *230.*
*ἄτοπος, Acts, xxviii. 6, *289.*
*αὐγή, Acts, xx. 11, *246.*
*αὐστηρός, Luke, xix. 21. 22, *188.*
*αὐτόπτης, Luke, i. 2, *89.*
ἄφεσις, Luke, i. 77 ; iii. 3 ; iv. 18 ; xxiv. 47 : Acts, ii. 38 ; v. 31 ; x. 43 ; xiii. 38 ; xxvi. 18, *101.*
*ἀφρός, Luke, ix. 39, *17.*
*ἀχλύς, Acts, xiii. 11, *44.*

*βαρύνειν, Luke, xxi. 34, *167.*
βασανίζειν, Matthew, viii. 6 : Luke, viii. 28, *63.*
βάσανος, Matthew, iv. 24 : Luke, xvi. 23, *63.*
*βάσις, Acts, iii. 7, *34.*
βάτος, Luke, vi. 44, *78.*
*βελόνη, Luke, xviii. 25, *61.*

*βία, Acts, v. 26 ; xxi. 35 ; xxiv. 7 ; xxvii. 41, *180.*
*βίαιος, Acts, ii. 2, *179.*
βιάζεσθαι, Luke, xvi. 16, *179.*
βλάπτειν, Luke, iv. 35, *2.*
βοήθεια, Acts, xxvii. 17, *274.*
*βολή, Luke, xxii. 41, *143.*
*βρύχειν, Acts, vii. 54, *208.*

γαστήρ—ἐν γαστρὶ ἔχειν, Luke, xxi. 23, *91, 92.*
*γῆρας, Luke, i. 36, *94.*
*γλεῦκος, Acts, ii. 13, *188.*

δεξιός—ἡ χεὶρ ἡ δεξιά, Luke, vi. 6, 7.
*διαβάλλειν, Luke, xvi. 1, *139.*
*διαγινώσκειν, Acts, xxiii. 15 ; xxiv. 22, *256.*
*διάγνωσις, Acts, xxv. 21, *256.*
*διαδέχεσθαι, Acts, vii. 45, *157.*
*διάδοχος, Acts, xxiv. 27, *157.*
*διαλείπειν, Luke, vii. 45, *120.*
*διαλύειν, Acts, v. 36, *204.*
*διαμάχεσθαι, Acts, xxiii. 9, *255.*
*διανέμειν, Acts, iv. 17, *196.*
*διανόημα, Luke, xi. 17, *72.*
*διανυκτερεύειν, Luke, vi. 12, *117.*
*διαπονεῖσθαι, Acts, iv. 2 ; xvi. 18, *195.*
*διαπορεῖν, Luke, ix. 7 ; xxiv. 4 : Acts, ii. 13 ; v. 24 ; x. 17, *165.*
*διαπραγματεύεσθαι, Luke, xix. 15, *159.*
*διαπρίειν, Acts, v. 33 ; vii. 54, *203.*
διαρρήγνυμι, Luke, v. 6 ; viii. 29 : Acts, xiv. 14, *113.*
*διασείειν, Luke, iii. 14, *102.*
διασπᾶν, Acts, xxiii. 10, *169.*
*διασπείρειν, Acts, viii. 1. 4 ; xi. 19, *211.*
*διάστημα, Acts, v. 7, *171.*
διαστρέφειν, Luke, ix. 41 ; xxiii. 2 : Acts, xiii. 8. 10 ; xx. 30, *172.*
διασώζειν, Luke, vii. 3 : Acts, xxiii. 24 ; xxvii. 43. 44 ; xxviii. 1. 4, 8, *284.*
*διαταράσσειν, Luke, i. 29, *94.*
*διατελεῖν, Acts, xxvii. 33, *278.*

*διατηρεῖν, Luke, ii. 51: Acts, xv. 29, *154*.
διατρίβειν, Acts, xii. 19; xiv. 3. 18. 28; xv. 35; xvi. 12; xx. 6; xxv. 6. 14, *221*.
*διαφεύγειν, Acts, xxvii. 42, *281*.
*διαχειρίζεσθαι, Acts, v. 30; xxvi. 21, *202*.
*διαχωρίζειν, Luke, ix. 33, *126*.
*διεξέρχεσθαι, Acts, xxviii. 3, *213*.
διέρχεσθαι, Luke, ii. 15. 35; iv. 30; v. 15; viii. 22; ix. 6; xi. 24; xvii. 11; xviii. 25; xix. 1. 4: Acts, viii. 4. 40; ix. 32. 38; x. 38; xi. 19. 22; xii. 10; xiii. 6. 14; xiv. 24; xv. 3. 41; xvi. 6; xvii. 23; xviii. 23, 27; xix. 1. 21; xx. 2. 25, *212*.
*διήγησις, Luke, i. 1, *87*.
*διϊστάναι, Luke, xxii. 59; xxiv. 51: Acts, xxvii. 28, *170*.
*διϊσχυρίζεσθαι, Luke, xxii. 59: Acts, xii. 15, *77*.
*διοδεύειν, Luke, viii. 1: Acts, xvii. 1, *217*.
*δοχή, Luke, v. 29; xiv. 13, *158*.
*δραχμή, Luke, xv. 8. 9, *150*.
*δυσεντερία, Acts, xxviii. 8, *52*.

*ἔγκυος, Luke ii. 5, *91*, *92*.
ἔθειν—εἴωθα, Luke, iv. 16: Acts, xvii. 2, *101*.
*ἐθίζειν, Luke, ii. 27, *100*.
ἔθος, Luke, i. 9; ii. 42; xxii. 39: Acts, vi. 14; xv. 1; xvi. 21; xxi. 21; xxv. 16; xxvi. 3; xxviii. 17, *101*.
*εἰσκαλεῖν, Acts, x. 23, *219*.
*ἐκβολή, Acts, xxvii. 18, *143*.
*ἐκδιηγεῖσθαι, Acts, xv. 3, *229*.
*ἐκκρέμασθαι, Luke, xix. 48, *160*.
*ἐκλείπειν, Luke, xvi. 9; xxii. 32, *120*, *121*.
ἐκμάσσειν, Luke, vii. 38. 44, *110*, *111*.
*ἐκπέμπειν, Acts, xiii. 4; xvii. 10, *234*.
*ἐκπηδᾶν, Acts, xiv. 14, *227*.

ἐκπίπτειν, Acts, xii. 7; xxvii. 17. 26. 29. 32, *130*.
*ἐκπληροῦν, Acts, xiii. 33, *122*.
*ἐκπλήρωσις, Acts, xxi. 26, *123*.
*ἔκστασις, Acts, x. 10; xi. 5; xxii. 17, *41*.
*ἐκταράσσειν, Acts, xvi. 20, *93*.
*ἐκτελεῖν, Luke, xiv. 29. 30. *278*.
ἐκτινάσσειν, Acts, xiii. 51; xviii. 6, *239*.
*ἐκχωρεῖν, Luke, xxi. 21, *115*.
*ἐκψύχειν, Acts, v. 5. 10; xii. 23, *37*.
*ἔλαιον καὶ οἶνος, Luke, x. 34, *28*.
ἕλκος, Luke, xvi. 21, *32*.
*ἑλκοῦν, Luke, xvi. 20, *31*.
*ἐμβάλλειν, Luke, xii. 5, *137*.
*ἐμβιβάζειν, Acts, xxvii. 6, *270*.
ἐμπιμπλάναι, Luke, i. 53; vi. 25: Acts, xiv. 17, *107*, *108*.
*ἐμπίπτειν, Luke, vi. 39; x. 36; xiv. 5, *130*.
*ἐμπνέειν, Acts, ix. 1, *236*.
*ἐνδεής, Acts, iv. 34, *198*.
*ἐνδέχεσθαι, Luke, xiii. 33, *158*.
*ἐνέδρα, Acts, xxiii. 16; xxv. 3, *259*.
*ἐνεδρεύειν, Luke, xi. 54; Acts, xxiii. 21, *260*.
*ἐνεῖναι—τὰ ἐνόντα, Luke, xi. 41, *137*.
*ἐνισχύειν, Luke, xxii. 43: Acts, ix. 19, *80*.
*ἐνοχλεῖν, Luke, vi. 18, 7.
ἐξαίφνης, Luke, ii. 13; ix. 39: Acts, ix. 3; xxii. 6, *19*.
*ἐξάλλεσθαι, Acts, iii. 8, *36*.
*ἐξωθεῖν, Acts, vii. 45; xxvii. 39, *303*.
*ἐπακροᾶσθαι, Acts, xvi. 25, *234*.
*ἐπανέρχεσθαι, Luke, x. 35; xix. 15, *29*.
*ἐπεγείρειν, Acts, xiii. 50; xiv. 2, *225*.
*ἐπιβλέπειν, Luke, ix. 38, *18*.
*ἐπιγίνεσθαι, Acts, xxvii. 27; xxviii. 13, *290*.
*ἐπιδημεῖν, Acts, ii. 10; xvii. 21, *188*.
*ἐπικουρία, Acts, xxvi. 22, *266*.
*ἐπιμέλεια, Acts, xxvii. 3, *269*.
*ἐπιμελεῖσθαι, Luke, x. 34. 35, *29*.
*ἐπιμελῶς, Luke, xv. 8, *270*.

*ἐπινεύειν, Acts, xviii. 20, *240*.
*ἐπιπίπτειν, Acts, xiii. 11, *44*.
*ἐπιστροφή, Acts, xv. 3, *172*.
*ἐπισφαλής, Acts, xxvii. 9, *201*.
*ἐπισχύειν, Luke, xxiii. 5, *175*.
*ἐπιχειρεῖν, Luke, i. 1 : Acts, ix. 29 ; xix. 13, *86*.
*ἐπιχέειν, Luke, x. 34, *28*.
ἐργασία, Luke, xii. 58 : Acts, xvi. 16. 19 ; xix. 24. 25, *243*.
*ἐρείδειν, Acts, xxvii. 41, *280*.
*ἑσπέρα, Luke, xxiv. 29 : Acts, iv. 3 ; xxviii: 23, *132, 133*.
εὔθετος, Luke, ix. 62 ; xiv. 35, *74*.
εὐθυμεῖν, Acts, xxvii. 22. 25, *279*.
*εὔθυμος, Acts, xxvii. 36, *279*.
*εὐθύμως, Acts, xxiv. 10, *279*.
*εὐπορεῖσθαι, Acts, xi. 29, *165*.
*εὐπορία, Acts, xix. 25, *164*.
*εὐτόνως, Luke, xxiii. 10 : Acts, xviii. 28, *241*.
*εὐφορεῖν, Luke, xii. 16, *144*.

*ζεῦγος, Luke, xiv. 19, *149*.
*ζήτημα, Acts, xv. 2 ; xviii. 15 ; xxiii. 29 ; xxv. 19 ; xxvi. 3, *228*.
*ζωογονεῖν, Luke, xvii. 33 : Acts, vii. 19, *155*.

*ἡμιθανής, Luke, x. 30, *27*.
ἡσυχάζειν, Luke, xiv. 4 ; xxiii. 56 : Acts, xi. 18 ; xxi. 14, *220*.
*ἦχος, Luke, iv. 37 ; xxi. 25 : Acts, ii. 2, *63*.

θεραπεία, Luke, ix. 11 ; xii. 42, *16*.
*θέρμη, Acts, xxviii. 3, *287*.
*θεωρία, Luke, xxiii. 48, *177*.
*θηρίον = ἔχιδνα, Acts, xxviii. 4. 5, *51*.
*θρόμβοι αἵματος, Luke, xxii. 44, *82*.
*θυμιᾶν, Luke, i. 9, *90*.

ἰᾶσθαι, Luke, iv. 18 ; v. 17 ; vi. 17. 19 ; vii. 7 ; viii. 47 ; ix. 2. 11. 42 : xiv. 4 ; xvii. 15 ; xxii. 51 : Acts, iii. 11 ; ix. 34 ; x. 38 ; xxviii. 8. 27, *8*.
*ἴασις, Luke, xiii. 32 : Acts, iv. 22. 30, *23*.

*ἱδρώς, Luke, xxii. 44, *82*.
*ἰκμάς, Luke, viii. 6, *57*.
*ἱστάναι, Luke, viii. 44, *15*.
ἰσχύειν, Luke, vi. 48 ; viii. 43 ; xiii. 24 ; xiv. 6. 29. 30 ; xvi. 3 ; xx. 26 : Acts, vi. 10 ; xv. 10 ; xix. 16. 20 ; xxv. 7 ; xxvii. 16, *175*.

*καθάπτειν, Acts, xxviii. 3, *288*.
*καθημερινός, Acts, vi. 1, *134*.
*καθόλου, Acts, iv. 18, *197*.
κακοῦν, Acts, vii. 6. 19 ; xii. 1 ; xiv. 2 ; xviii. 10, *205*.
καταβαίνειν, Luke, xxii. 44, *83*.
*κατάβασις, Luke, xix. 37, *147*.
*καταδεεῖν, Luke, x. 34, *27*.
*κατακλείειν, Luke, iii. 20 : Acts, xxvi. 10, *66*.
*κατακλίνειν, Luke, vii. 36 ; ix. 14 ; xiv. 8 ; xxiv. 30, *69*.
*καταπίπτειν, Acts, xxvi. 14 ; xxviii. 6, *50*.
καταπονεῖν, Acts, vii. 24, *196*.
*κατασείειν, Acts, xii. 17 ; xiii. 16 ; xix. 33 ; xxi. 40, *103*.
*καταστέλλειν, Acts, xix, 35. 36, *247*.
*κατατρέχειν, Acts, xxi. 32, *193*.
*καταφέρειν, Acts, xx. 9 ; xxv. 7 ; xxvi. 10, *48*.
*καταψύχειν, Luke, xvi. 24, *32*.
κατέρχεσθαι, Luke, iv. 31 ; ix. 37 : Acts, viii. 5 ; ix. 32 ; xi. 27 ; xii. 19 ; xiii. 4 ; xv. 1. 30 ; xviii. 5. 22 ; xix. 1 ; xxi. 3. 10 ; xxvii. 5, *212*.
*κατόρθωμα, Acts, xxiv. 2, *261*.
*κηρίον, Luke, xxiv. 42, *183*.
*κλινάριον, Acts, v. 15, *110*.
κλίνη, Luke, v. 18 ; viii. 16 ; xvii. 34, *116*.
*κλινίδιον, Luke, v. 19. 24, *116*.
κολλᾶσθαι, Luke, x. 11 ; xv. 15 : Acts, v. 13 ; viii. 29 ; ix. 26 : x. 28 ; xvii. 34, *128*.
*κολυμβᾶν, Acts, xxvii. 43, *283*.
*κουφίζειν, Acts, xxvii. 38, *281*.
κράββατος, Acts, v. 15 ; ix. 33, *110*.
*κραιπάλη, Luke, xxi. 34, *167*.

*λεπίς, Acts, ix. 18, 39.
λέπρα, Luke, v. 12, 5.
λεπρός, Luke, xvii. 12, 5.
*λῆρος, Luke, xxiv. 11, 177.
*λόγος—κατὰ λόγον, Acts, xviii. 14, 266.
λούειν, Acts, ix. 37; xvi. 32, 110, 112.
*λυμαίνεσθαι, Acts, viii. 3, 211.
λύπη, Luke, xxii. 45, 84.
*λυσιτελεῖν, Luke, xvii. 2, 151.

μαλακία, Matthew, iv. 23; ix. 35; x. 1, 63.
*μανία, Acts, xxvi. 24, 267.
*μαστίζειν, Acts, xxii. 25, 255.
*μεσημβρία, Acts, xxii. 6, 132.
μεσονύκτιον, Luke, xi. 5 : Acts, xvi. 25; xx. 7, 132, 133.
*μεστοῦσθαι, Acts, ii. 13, 189.
*μεταβάλλεσθαι, Acts, xxviii. 6, 140.
*μετακαλεῖσθαι, Acts, vii. 14; x. 32; xx. 17; xxiv. 25, 219.
*μετεωρίζεσθαι, Luke, xii. 29, 145.
*μνᾶ, Luke, xix. 13. 16. 18. 20. 24. 25, 150.

*ὁδοιπορεῖν, Acts, x. 9, 216.
*ὀδυνᾶσθαι, Luke, ii. 48; xvi. 24. 25.: Acts, xx. 38, 32.
*ὀθόνη, Acts, x. 11; xi. 5, 218.
*οἶνος καὶ ἔλαιον, Luke, x. 34, 28.
*ὁλοκληρία, Acts, iii. 16, 193.
*ὁμιλεῖν, Luke, xxiv. 14. 15: Acts, xx. 11; xxiv. 26, 178.
*ὁμότεχνος, Acts, xviii. 3, 239.
*ὀπτός, Luke, xxiv. 42, 182.
*ὀρθός, Acts, xiv. 10, 46.
*ὄρθριος, Luke, xxiv. 22, 132, 134.
ὄρθρος, Luke, xxiv. 1: Acts, v. 21, 132, 133.
ὁρίζειν, Luke, xxii. 22: Acts, ii. 23; x. 42; xi. 29; xvii. 26. 31, 237.
*ὀφρύς, Luke, iv. 29, 109.
*ὀχλεῖσθαι, Acts, v. 16, 7.
*ὀχλοποιεῖν, Acts, xvii. 5, 230.
ὄχλος, Luke, xxii. 6, 230.

*παραβιάζεσθαι, Luke, xxiv. 29: Acts, xvi. 15, 179.

*παράδοξον, Luke, v. 26, 71.
*παραινεῖν, Acts, xxvii. 9. 22, 271.
παρακολουθεῖν, Luke, i. 3, 90.
*παραλύεσθαι, Luke, v. 18. 24: Acts, viii. 7; ix. 33, 6.
*παρατείνειν, Acts, xx. 7, 245.
παρατηρεῖν, Luke, vi. 7; xiv. 1; xx. 20: Acts, ix. 24, 153.
*παρατήρησις, Luke, xvii. 20, 153.
παραχρῆμα, Luke, i. 64; iv. 39; v. 25; viii. 44. 47. 55; xiii. 13; xviii. 43; xix. 11; xxii. 60: Acts, iii. 7; v. 10; ix. 18; xii. 23; xiii. 11; xvi. 26. 33, 96.
*παρενοχλεῖν, Acts, xv. 19, 230.
παροξύνεσθαι, Acts, xvii. 16, 233.
παροξυσμός, Acts, xv. 39, 233.
*παροτρύνειν, Acts, xiii. 50, 225.
πειρᾶσθαι, Acts, ix. 26; xxvi. 21, 215.
*περιμένειν, Acts, i. 4, 184.
περιπίπτειν, Luke, x. 30: Acts, xxvii. 41, 129.
*περιρρήγνυμι, Acts, xvi. 22, 114.
*περισπᾶσθαι, Luke, x. 40, 170.
*περιτρέπειν, Acts, xxvi. 24, 268.
*πιέζειν, Luke, vi. 38, 119.
πίμπλημι, Luke, i. 15. 23. 41. 57. 67; ii. 6. 21. 22; iv. 28; v. 7. 26; vi. 11; xxi. 22: Acts, ii. 4; iii. 10; iv. 8. 31; v. 17; ix. 17; xiii. 9. 45; xix. 29, 107.
*πίμπρασθαι, Acts, xxviii. 6, 50.
*πινακίδιον, Luke, i. 63, 95.
πλῆθος, Luke, i. 10; ii. 13; v. 6; vi. 17; viii. 37; xix. 37; xxiii. 1. 27: Acts, ii. 6; iv. 32; v. 14. 16; vi. 2. 5; xiv. i. 4; xv. 12. 30; xvii. 4; xix. 9; xxi. 22. 36; xxiii. 7; xxv. 24; xxviii. 3, 107, 108.
*πλημμύρα, Luke, vi. 48, 55.
*πλήρης, Luke, v. 12, 5.
πνεῦμα, Luke, viii. 55, 16.
*πνοή, Acts, ii. 2; xvii. 25, 236.
πονηρός, Luke, vii. 21; viii. 2; xi. 26: Acts, xix. 12. 13. 15. 16, 12.
*πραγματεύεσθαι, Luke, xix. 13, 159.
*πρηνής, Acts, i. 18, 186.

*προβάλλειν, Luke, xxi. 30 : Acts, xix. 33, 75, *140*.
προγινώσκειν, Acts, xxvi. 5, *258*.
πρόγνωσις, Acts, ii. 23, *258*.
προσάγειν, Luke, ix. 41 : Acts, xvi. 20 ; xxvii. 27, *25*.
*προσαναβαίνειν, Luke, xiv. 10, *147*.
*προσαναλίσκειν, Luke, viii. 43, *16*.
*προσδεῖσθαι, Acts, xvii. 25, *198*.
προσδοκᾷν, Luke, i. 21 ; iii. 15 ; vii. 19. 20 ; viii. 40 ; xii. 46 : Acts, iii. 5 ; x. 24 ; xxvii. 33 ; xxviii. 6, *162*.
*προσδοκία, Luke, xxi. 26 : Acts, xii. 11, *161*.
*προσκολλᾶσθαι, Acts, v. 36, *128*.
*προσπήγνυμι, Acts, ii. 23, *190*.
*προσρήγνυμι, Luke, vi. 48, 49, *57*.
προστιθέναι, Luke, iii. 20 : xii. 25. 31 ; xvii. 5 ; xix. 11 ; xx. 11. 12 : Acts, ii. 41. 47 ; v. 14 ; xi. 24 ; xii. 3 ; xiii. 36, *104*.
*προσφάτως, Acts, xviii. 2, *238*.
*προσψαύειν, Luke, xi. 46, *62*.
*προτρέπεσθαι, Acts, xviii. 27, *225, 226*.
*προϋπάρχειν, Luke, xxiii. 12 : Acts, viii. 9, *214*.
*προχειρίζεσθαι, Acts, iii. 20 ; xxii. 14 ; xxvi. 16, *202*.
*πτύσσειν, Luke, iv. 20, *107*.
*πυρετὸς μέγας, Luke, iv. 38, *4*.
*πυρετοί, Acts, xxviii. 8, *52*.

*ῥῆγμα, Luke, vi. 49, *56*.
*ῥίπτειν, Luke, iv. 35, *2*.
ῥύσις αἵματος, Luke, viii. 43. 44, *15*.

*σάλος, Luke, xxi. 25, *275*.
*σιτίον, Acts, vii. 12, *277*.
*σκάφη, Acts, xxvii. 16. 30. 32, *279*.
*σκληροτράχηλος, Acts, vii. 51, *209*.
σκορπίος, Luke, xi. 12 ; x. 19, *135, 136*.
*σκότος, Acts, xiii. 11, *45*.
*σκωληκόβρωτος, Acts, xii. 23, *42*.
*σπαργανοῦν, Luke, ii. 7. 12, *99*.
*στεῖρα, Luke, i. 7. 36 ; xxiii. 29, *91, 92*.
*στερεοῦν, Acts, iii. 7. 16 ; xvi. 5, *35*.

στηρίζειν, Luke, xvi. 26 ; ix. 51, *33*.
*συγγένεια, Luke, 1, 61 : Acts, vii. 14, *224*.
*συγκινεῖν, Acts, vi. 12, *204*.
*συγκυρία, Luke, x. 31, *30*.
*συγχέειν, Acts, ii. 6 ; ix. 22 ; xix. 32 ; xxi. 27. 31, *186*.
*σύγχυσις, Acts, xix. 29, *187*.
*συκάμινος, Luke, xvii. 6, *152*.
*συκομορέα, Luke, xix. 4, *152*.
*συλλαμβάνειν, Luke, i. 24. 36, *91*.
*συλλαμβάνειν ἐν γαστρί, Luke, i. 31 ; ii. 21, *91, 92*.
*συμβάλλειν, Luke, ii. 19 ; xiv. 31 : Acts, iv. 15 ; xvii. 18 ; xviii. 27 ; xx. 14, *141*.
*συμπαρεῖναι, Acts, xxv. 24, *253*.
*συμπεριλαμβάνειν, Acts, xx. 10, *126*.
*συμπίπτειν, Luke, vi. 49, *56*.
*συμπληροῦν, Luke, viii. 23 ; ix. 51 : Acts, ii. 1, *122*.
*συμφύεσθαι, Luke, viii. 7, *59*.
σύν, Luke, i. 56 ; ii. 5. 13, &c., *253*.
*συναθροίζειν, Luke, xxiv. 33 : Acts, xii. 12 ; xix. 25, *181*.
συνακολουθεῖν, Luke, xxiii. 49, *176*.
*συναλίζεσθαι, Acts, i. 4, *182*.
*συναρπάζειν, Luke, viii. 29 : Acts, vi. 12 ; xix. 29 ; xxvii. 15, *243*.
*συνδρομή, Acts, xxi. 30, *191*.
*συνεῖναι, Luke, ix. 18 : Acts, xxii. 11, *252*.
*συνελαύνειν, Acts, vii. 26, *206*.
*συνέπεσθαι, Acts, xx. 4, *244*.
συνέχεσθαι, Luke, iv. 38 : Acts, xxviii. 8, *3*.
*συνθρύπτειν, Acts, xxi. 13, *248*.
*συντόμως, Acts, xxiv. 4, *262*.
συντρέχειν, Acts, iii. 11, *191*.
*σύντροφος, Acts, xiii. 1, *223*.
συστέλλειν, Acts, v. 6, *37*.
*συστρέφειν, Acts, xviii. 3, *173*.
*συστροφή, Acts, xix. 40 ; xxiii. 12, *174*.
*σφυρά, Acts, iii. 7, *35*.
σώζειν, Luke, viii. 36, *8, 285*.
σωτηρία, Luke, i. 69. 71. 77 ; xix. 9 : Acts, iv. 12 ; vii. 25 ; xiii. 26. 47 ; xvi. 17 ; xxvii. 34, *286*.

INDEX.

*τακτός, Acts, xii. 21, *222.*
*τάραχος, Acts, xii. 18 ; xix. 23, *93.*
*τεκμήριον, Acts, i. 3, *183.*
*τελεσφορεῖν, Luke, viii. 14, *65.*
τήρησις, Acts, iv. 3 ; v. 18, *154.*
*τιμωρεῖν, Acts, xxii. 5 ; xxvi. 11, *252.*
*τραῦμα, Luke, x. 34, *28.*
*τρῆμα, Luke, xviii. 25, *60.*

ὑγιαίνειν, Luke, v. 31 ; vii. 10 ; xv. 27, *10.*
*ὑγρός, Luke, xxiii. 31, *175.*
*ὑδρωπικός, Luke, xiv. 2, *24.*
ὑπάρχειν, Luke, vii. 25; viii. 41; ix. 48; xi. 13 ; xvi. 14. 23; xxiii. 50 : Acts, ii. 30 ; iii. 2. 6 ; iv. 34. 34. 37 ; v. 4 ; vii. 55 ; viii. 16 ; x. 12; xiv. 8 ; xvi. 3. 20. 37; xvii. 24. 27. 29 ; xix. 36. 40 ; xxi. 20; xxii. 3; xxvii. 12. 21. 34 ; xxviii. 7. 18, *215.*
*ὑπερορᾶν, Acts, xvii. 30, *237.*
*ὑπερῷον, Acts, i. 13 ; ix. 37. 39 ; xx. 8, *185.*
*ὑπηρετεῖν, Acts, xiii. 36 ; xx. 34 ; xxiv. 23, *224.*
ὑπηρέτης, Luke, i. 2 ; iv. 20 : Acts, v. 22. 26 ; xiii. 5 ; xxvi. 16, *88.*
*ὕπνος βαθύς, Acts, xx. 9, *49.*
*ὑποβάλλειν, Acts, vi. 11, *141.*

ὑποδέχεσθαι, Luke, x. 38 ; xix. 6 : Acts, xvii. 7, *156.*
*ὑποζώννυμι, Acts, xxvii. 17, *272.*
ὑπολαμβάνειν, Luke, vii. 43; x. 30 : Acts, i. 9 ; ii. 15, *125.*
ὑποστέλλειν, Acts, xx. 20. 27, *246.*
ὑποστρέφειν, Luke, i. 56 ; ii. 20. 39. 43. 45; iv. 1. 14 ; vii. 10 ; viii. 37. 39. 40 ; ix. 10; x. 17 ; xi. 24 ; xvii. 15. 18 ; xix. 12 ; xxiii. 48. 56 ; xxiv. 9. 33. 52 : Acts, i. 12 ; viii. 25. 28 ; xii. 25; xiii. 13. 34 ; xiv. 21; xx. 3 ; xxi. 6; xxii. 17; xxiii. 32, *174.*
*ὑποστρώννυμι, Luke, xix. 36, *73.*
*ὑποτρέχειν, Acts, xxvii. 16, *192.*
*ὑποχωρεῖν, Luke, v. 16 ; ix. 10, *114.*

*φαντασία, Acts, xxv. 23, *265.*
*φιλανθρώπως, Acts, xxvii. 3, *296.*
*φόβητρον, Luke, xxi. 11, *161.*
*φρύγανον, Acts, xxviii. 3, *286.*
*φύειν, Luke, viii. 6. 8, *58.*

χαλᾶν, Luke, v. 4. 5 : Acts, ix. 25 ; xxvii. 17. 30, *112.*
*χάσμα, Luke, xvi. 26, *33.*
*χειμάζεσθαι, Acts, xxvii. 18, *275.*
*χρώς, Acts, xix. 12, *242.*

*ᾠόν, Luke, xi. 12, *135.*

THE END.

DUBLIN UNIVERSITY PRESS SERIES.

THE Provost and Senior Fellows of Trinity College have undertaken the publication of a Series of Works, chiefly Educational, to be entitled the DUBLIN UNIVERSITY PRESS SERIES.

The following volumes of the Series are now ready, viz.:—

Six Lectures on Physical Geography. By the REV. S. HAUGHTON, M.D., Dubl., D.C.L., Oxon., F.R.S., *Fellow of Trinity College, and Professor of Geology in the University of Dublin.*

An Introduction to the Systematic Zoology and Morphology of Vertebrate Animals. By ALEXANDER MACALISTER, M.D., Dubl., *Professor of Comparative Anatomy in the University of Dublin.*

The Codex Rescriptus Dublinensis of St. Matthew's Gospel (Z). First Published by Dr. Barrett in 1801. A New Edition, Revised and Augmented. Also, Fragments of the Book of Isaiah, in the LXX. Version, from an Ancient Palimpsest, now first Published. Together with a newly discovered Fragment of the Codex Palatinus. By T. K. ABBOTT, B.D., *Fellow of Trinity College, and Professor of Biblical Greek in the University of Dublin.* With two Plates of Facsimiles.

The Parabola, Ellipse, and Hyperbola, treated Geometrically. By ROBERT WILLIAM GRIFFIN, A.M., LL.D., *Ex-Scholar, Trinity College, Dublin.*

An Introduction to Logic. By WILLIAM HENRY STANLEY MONCK, M.A. *Professor of Moral Philosophy in the University of Dublin.*

Essays in Political and Moral Philosophy. By T. E. CLIFFE LESLIE, Hon. LL.D., Dubl., *of Lincoln's Inn, Barrister-at-Law, late Examiner in Political Economy in the University of London, Professor of Jurisprudence and Political Economy in the Queen's University.*

The Correspondence of Cicero: a revised Text, with Notes and Prolegomena.—Vol. I., The Letters to the end of Cicero's Exile. By ROBERT Y. TYRRELL, M.A., *Fellow of Trinity College, and Professor of Latin in the University of Dublin.*

Faust, from the German of Goethe. By THOMAS E. WEBB, LL.D., Q.C., *Regius Professor of Laws, and Public Orator in the University of Dublin.*

[Over.

The Correspondence of Robert Southey with Caroline Bowles:
to which are added — Correspondence with Shelley, and Southey's Dreams.
Edited, with an Introduction, by EDWARD DOWDEN, LL.D., *Professor of English Literature in the University of Dublin.*

Life of Sir Wm. Rowan Hamilton, Knt., LL.D., D.C.L., M.R.I.A.,
Andrews Professor of Astronomy in the University of Dublin, and Royal Astronomer of Ireland, &c. &c.: including Selections from his Poems, Correspondence, and Miscellaneous Writings. By ROBERT PERCEVAL GRAVES, M.A., *Sub-Dean of the Chapel Royal, Dublin, and formerly Curate in charge of Windermere.* Vol. I.

The Mathematical and other Tracts of the late James M'Cullagh,
F.T.C.D., *Professor of Natural Philosophy in the University of Dublin.* Now first collected, and edited by REV. J. H. JELLETT, B.D., and REV. SAMUEL HAUGHTON, M.D., *Fellows of Trinity College, Dublin.*

A Sequel to the First Six Books of the Elements of Euclid, containing an Easy Introduction to Modern Geometry. With numerous Examples. By JOHN CASEY, LL.D., F.R.S., *Vice-President, Royal Irish Academy; Member of the London Mathematical Society; and Professor of the Higher Mathematics and Mathematical Physics in the Catholic University of Ireland.*

Theory of Equations: with an Introduction to the Theory of Binary Algebraic Forms. By WILLIAM SNOW BURNSIDE, M.A., *Erasmus Smith's Professor of Mathematics in the University of Dublin:* and ARTHUR WILLIAM PANTON, M.A., *Fellow and Tutor, Trinity College, Dublin.*

The Medical Language of St. Luke: a Proof from Internal Evidence that "The Gospel according to St. Luke" and "The Acts of the Apostles" were written by the same Person, and that the writer was a Medical Man. By the REV. WILLIAM KIRK HOBART, LL.D., *Ex-Scholar, Trinity College, Dublin.*

In the Press:—

Evangelia Antehieronymiana ex Codice vetusto Dublinensi.
Ed. T. K. ABBOTT, B.D.

The Veil of Isis; or, Idealism. By THOMAS E. WEBB, LL.D., Q.C., *Regius Professor of Laws, and Public Orator in the University of Dublin.*

DUBLIN: HODGES, FIGGIS, AND CO.
LONDON: LONGMANS, GREEN, AND CO.

www.ingramcontent.com/pod-product-compliance
Lightning Source LLC
Chambersburg PA
CBHW030324240426
43673CB00040B/1266